中華古籍保護計劃

ZHONG HUA GU JI BAO HU JI HUA CHENG GUO

·成果·

江西省景德镇地区
古籍普查登记目录

全国古籍普查登记目录

国家图书馆出版社
National Library of China Publishing House

圖書在版編目（CIP）數據

江西省景德鎮地區古籍普查登記目錄/《江西省景德鎮地區古籍普查登記目錄》編委會
編. --北京:國家圖書館出版社,2018.8
（全國古籍普查登記目錄）
ISBN 978 - 7 - 5013 - 6480 - 0

Ⅰ.①江…　Ⅱ.①江…　Ⅲ.①公共圖書館—古籍—圖書館目録—景德鎮　Ⅳ.①Z838

中國版本圖書館 CIP 數據核字(2018)第 153982 號

書　　　名	江西省景德鎮地區古籍普查登記目録	
著　　　者	《江西省景德鎮地區古籍普查登記目録》編委會　編	
責任編輯	許海燕	

出　　　版　國家圖書館出版社(100034　北京市西城區文津街 7 號)
　　　　　　　(原書目文獻出版社　北京圖書館出版社)
發　　　行　010 - 66114536　66126153　66151313　66175620
　　　　　　　66121706(傳真)　66126156(門市部)
E-mail　　　nlcpress@ nlc. cn(郵購)
Website　　www. nlcpress. com→投稿中心
經　　　銷　新華書店
印　　　裝　河北三河弘翰印務有限公司
版　　　次　2018 年 8 月第 1 版　2018 年 8 月第 1 次印刷

開　　　本　787 × 1092(毫米)　1/16
印　　　張　19.25
字　　　數　400 千字

書　　　號　ISBN 978 - 7 - 5013 - 6480 - 0
定　　　價　200.00 圓

《全國古籍普查登記目錄》

工作委員會

主　任：周和平

副主任：張永新　詹福瑞　劉小琴　李致忠　張志清

委　員（按姓氏筆畫排序）：

于立仁	王水喬	王　沛	王紅蕾	王筱雯
方自今	尹壽松	包菊香	任　競	全　勤
李西寧	李　彤	李忠昊	李春來	李　培
李曉秋	吳建中	宋志英	努　木	林世田
易向軍	周建文	洪　琰	倪曉建	徐欣祿
徐　蜀	高文華	郭向東	陳荔京	陳紅彥
張　勇	湯旭岩	楊　揚	賈貴榮	趙　嫄
鄭智明	劉洪輝	歷　力	鮑盛華	韓　彬
魏存慶	鍾海珍	謝冬榮	謝　林	應長興

《全國古籍普查登記目録》

序　言

　　全國古籍普查登記工作是"中華古籍保護計劃"的首要任務,是全面開展古籍搶救、保護和利用工作的基礎,也是有史以來第一次由政府組織、參加收藏單位最多的全國性古籍普查登記工作。

　　2007年國務院辦公廳發布《關於進一步加强古籍保護工作的意見》(國辦發[2007]6號),明確了古籍保護工作的首要任務是對全國公共圖書館、博物館和教育、宗教、民族、文物等系統的古籍收藏和保護狀況進行全面普查,建立中華古籍聯合目録和古籍數字資源庫。2011年12月,文化部下發《文化部辦公廳關於加快推進全國古籍普查登記工作的通知》(文辦發[2011]518號),進一步落實了全國古籍普查登記工作。根據文化部2011年518號文件精神,國家古籍保護中心擬訂了《全國古籍普查登記工作方案》,進一步規範了古籍普查登記工作的範圍、内容、原則、步驟、辦法、成果和經費。目前進行的全國古籍普查登記工作的中心任務是通過每部古籍的身份證——"古籍普查登記編號"和相關信息,建立古籍總臺賬,全面瞭解全國古籍存藏情況,開展全國古籍保護的基礎性工作,加强各級政府對古籍的管理、保護和利用。

　　《全國古籍普查登記工作方案》規定了全國古籍普查登記工作的三個主要步驟:一、開展古籍普查登記工作;二、在古籍普查登記基礎上,編纂出版館藏古籍普查登記目録,形成《全國古籍普查登記目録》;三、在古籍普查登記工作基本完成的前提下,由省級古籍保護中心負責編纂出版本省古籍分類聯合目録《中華古籍總目》分省卷,由國家古籍保護中心負責編纂出版《中華古籍總目》統編卷。

　　在黨和政府領導下,在各地區、各有關部門和全社會共同努力下,古籍普查登記工作得以扎實推進。古籍普查已在除臺、港、澳之外的全國各省級行政區域開展,普查内容除漢文古籍外,還包括各少數民族文字古籍,特別是於2010年分別啓動了新疆古籍保護和西藏古籍保護專項,因地制宜,開展古籍普查登記工作;國家古籍保護中心研製的"全國古籍普查登記平臺"已覆蓋到全國各省級古籍保護中心,并進一步研發了"中華古籍索引庫",爲及時展現古籍普查成果提供有力支持;截至目前,已有11375部古籍進入《國家珍貴古籍名録》,浙江、江蘇、山東、河北等省公布了省級《珍貴古籍名録》，古籍分級保護機制初步形成。

《全國古籍普查登記目録》是古籍普查工作的階段性成果，旨在摸清家底，揭示館藏，反映古籍的基本信息。原則上每申報單位獨立成冊，館藏量少不能獨立成冊者，則在本省範圍内幾個館目合并成冊。無論獨立成冊還是合并成冊，均編製獨立的書名筆畫索引附於書後。著録的必填基本項目有：古籍普查登記編號、索書號、題名卷數、著者（含著作方式）、版本、冊數及存缺卷數。其他擴展項目有：分類、批校題跋、版式、裝幀形式、叢書子目、書影、破損狀況等。有條件的收藏單位多著録的一些擴展項目，也反映在《全國古籍普查登記目録》上。目録編排按古籍普查登記編號排序，内在順序給予各古籍收藏單位較大自由度，可按分類排列古籍普查登記編號，也可按排架號、按同書名等排列古籍普查登記編號，以反映各館特色。

此次全國古籍普查登記工作，克服了古籍數量多、普查人員少、普查難度大等各種困難，也得到了全國古籍保護工作者的極大支持。在古籍普查登記過程中，國家古籍保護中心、各省古籍保護中心爲此舉辦了多期古籍普查、古籍鑒定、古籍普查目録審校等培訓班，全國共 1600 餘家單位參加了培訓，爲古籍普查登記工作培養了大量人才。同時在古籍普查登記工作中，也鍛煉了普查員的實踐能力，爲將來古籍保護事業發展奠定了良好的基礎。

《全國古籍普查登記目録》的出版，將摸清我國古籍家底，爲古籍保護和利用工作提供依據，也將是古籍保護長期工作的一個里程碑。

國家古籍保護中心
2013 年 10 月

《全國古籍普查登記目録》

編纂凡例

一、收録範圍爲我國境内各收藏機構或個人所藏，産生於 1912 年以前，具有文物價值、學術價值和藝術價值的文獻典籍，包括漢文古籍和少數民族文字古籍以及甲骨、簡帛、敦煌遺書、碑帖拓本、古地圖等文獻。其中，部分文獻的收録年限適當延伸。

二、以各收藏機構爲分册依據，篇幅較小者，適當合并出版。

三、一部古籍一條款目，複本亦單獨著録。

四、著録基本要求爲客觀登記、規範描述。

五、著録款目包括古籍普查登記編號、索書號、題名卷數、著者、版本、册數、存缺卷等。古籍普查登記編號的組成方式是：省級行政區劃代碼—單位代碼—古籍普查登記順序號。

六、以古籍普查登記編號順序排序。

《江西省古籍普查登記目錄》

工作委員會

主　任：何振作

副主任：程學軍

委　員（按姓氏筆畫排序）：

王昭勇　王　晴　文興國　何振作　周　丹

程學軍　楊豫東　漆德文　劉景會　饒恩惠

《江西省古籍普查登記目録》

序　言

　　古籍普查登記是"中華古籍保護計劃"的重要内容，是開展古籍保護與利用的基礎工作。

　　江西省歷史悠久，文化昌盛，保存在贛鄱大地上的豐厚古籍，是先賢留給我們的寶貴財富，是各地歷史文脉的重要見證。將這些珍貴典籍保護好，安全地傳給子孫後代，是我們這一代人義不容辭的責任。古籍保護的前提是開展普查登記，摸清古籍家底。自 2007 年"中華古籍保護計劃"實施以來，在江西省委、省政府的高度重視下，在國家古籍保護中心的大力支持與各古籍收藏單位的共同努力下，江西省古籍普查工作穩步推進。

　　古籍普查登記工作的中心任務是通過每部古籍的"身份證"——"古籍普查登記編號"和相關信息，建立古籍總臺賬，全面瞭解古籍存藏情況，加強政府對古籍的管理、保護和利用。面對我省古籍藏量豐富、收藏單位衆多、專業人才不足的實際情況，除了舉辦培訓班，加強基層古籍保護人才隊伍建設外，我省古籍保護中心還積極利用人才支持計劃等項目，組織古籍普查骨幹力量，對全省古籍收藏單位開展普查幫扶工作。截至 2017 年底，全省 92 家公立古籍收藏單位的普查工作初步完成，共有數據 8 萬餘條。

　　隨着普查登記工作的扎實推進，全省古籍分級保護機制也初步形成。目前，江西省圖書館、萍鄉市圖書館、贛州市圖書館、江西省博物館、樂平市圖書館、廬山圖書館、景德鎮市圖書館等 7 家單位被評爲"全國古籍重點保護單位"，全省有 125 部古籍入選第一至五批《國家珍貴古籍名録》。2012 年江西省政府公布《江西省第一批珍貴古籍名録》340 部，江西省古籍重點保護單位 15 家。

　　《江西省古籍普查登記目録》是我省古籍普查工作的階段性成果，旨在摸清家底，揭示館藏，反映古籍的基本信息。按照《全國古籍普查登記手册》要求，遵循簡明扼要、客觀著録原則，著録的必填項目有：古籍普查登記編號、索書號、題名卷數、著者（含著作方式）、版本、册數及存（缺）卷數。其他擴展項目有：分類號、批校題跋、版式、裝幀形式、叢書子目、書影、破損狀況等。

　　古籍普查登記是一項專業性和實踐性很強的工作，普查員不僅要有對古代典籍的熱愛之心、對傳統文化的敬畏之心,更要有幾十年如一日的耐心和恒心。《江西省古籍普查登記目録》即將陸續出版,不僅傾注了全省古籍普查員的大量精力和心血,也包含着國家古籍保護中心和江西省古籍保護中心諸位專家爲數據審校所付出的辛勞與汗水,在此向他們表示崇高的敬意和誠摯的感謝。

《江西省古籍普查登記目録》的陸續出版,將全面摸清江西省古籍存藏家底,爲全省古籍保護與利用奠定堅實基礎。

江西省古籍保護中心

2018 年 7 月

目　　録

江西省景德鎮市圖書館古籍普查登記目錄

全國古籍普查登記目錄

國家圖書館出版社
National Library of China Publishing House

吳絲蜀桐張高秋

愁李憑中國彈箜篌崑山玉碎鳳凰叫芙蓉泣露香

蘭笑十二門前融冷光二十三絲動紫皇女媧煉石

補天處石破天驚逗秋雨夢入神山教神嫗老魚跳

波瘦蛟舞吳質不眠倚桂樹露腳斜飛濕寒兔

殘絲曲

垂楊葉老鶯哺兒殘絲欲斷黃蜂歸綠鬢少年金釵

《江西省景德鎮市圖書館古籍普查登記目録》

編委會

主　編：徐田華

副主編：白小燕　陸宇紅　張東偉

編　委（按姓氏筆畫排序）：

白小燕　桂麗珍　夏景枝　徐田華　陸宇紅

張東偉　黎　波

《江西省景德鎮市圖書館古籍普查登記目録》

前　言

　　江西省景德鎮市圖書館創建於 1954 年,當時内設采編部和閱覽部,藏書 29794 册。1955 年 2 月,根據省文化廳指示,館内設立古舊圖書清理委員會,共收集、清理出古舊書籍 1706 部 4574 册。1959 年,浮梁縣文化館與市文化館合并,將部分古舊圖書撥歸市圖書館,這就是我館古籍的主要來源。

　　1960 年,景德鎮市圖書館遷入位於市中心休閒廣場邊的群藝宫。1969 年 5 月,由於群藝宫年久失修,瀕於倒塌,在市領導的主持下,於原群藝宫地基上建設新館,9 月底竣工,使用面積爲 1000 平方米。時光荏苒,歲月匆匆,經過逐年添購和接受捐贈,到 1980 年爲配合全國善本書編目工作,對館藏進行了清理,共清理出綫裝書 32615 册。清康熙二十一年(1682)刻《浮梁縣志》也在這次清理中被發現,經省古籍善本書目驗收小組鑒定爲孤本。

　　因舊的館舍已不能適應圖書館的發展,1999 年在原址上又重建館舍,館名由我國著名學者、前國家圖書館館長任繼愈先生題寫。新館將於 2018 年年底正式投入使用。發展至今,景德鎮市圖書館成爲國家一級圖書館,古籍特藏部入藏古籍、民國綫裝書以及民國文獻共 3 萬餘册,其中善本古籍 3020 册。善本古籍中以地方志、史書、名人文集爲其特色藏品,另有陶瓷類古籍 40 多部 200 餘册和各類宗譜 30 部 226 册。

　　景德鎮市圖書館歷年來一貫重視古籍保護工作。2007 年,國務院辦公廳、省政府辦公廳先後下發《關於進一步加強古籍保護工作的意見》。我館根據文件精神,制定了"關於開展全市古籍普查工作的方案",成立了以館長爲主任的古籍普查工作辦公室。景德鎮市圖書館遵循"保護爲主、搶救第一、合理利用、加強管理"的原則,進一步加強了古籍保護管理工作,多次派人參加古籍編目、普查以及修復培訓學習,提升業務水平。2010 年,清康熙二十一年刻《浮梁縣志》入選第三批《國家珍貴古籍名録》,隨後《東坡書傳》等 9 部古籍入選《江西省珍貴古籍名録》。繼 2012 年被評爲"江西省古籍重點保護單位"後,2015 年我館被評爲"全國古籍重點保護單位"。

　　按照古籍普查工作的要求,我們對我館古籍進行拆箱、拼部、編目和整理,編製出《江西省景德鎮市圖書館古籍普查登記目録》,并對本市所轄各區、縣圖書館古籍進行了摸底、調查,并幫助普查,完成了本市的古籍普查工作。經此次普查統計,景德鎮市圖書館古籍數量爲 3002 部 18920 册。

本書編委會
2017 年 5 月

360000－1903－0000001　0167－1

新訂四書補註備旨十卷　（明）鄧林撰　（清）杜定基增訂　清末刻本　一冊　存二卷（上孟一至二）

360000－1903－0000002　0002

周易四卷　（宋）朱熹本義　清刻本　二冊

360000－1903－0000003　0004

周易四卷　清刻本　二冊

360000－1903－0000004　4071

千金裘初集二十七卷二集二十六卷　（清）蔣義彬輯　清咸豐三年（1853）兩儀堂刻本　四冊　存十四卷（初集一至三、二集一至十一）

360000－1903－0000005　4070

繪圖解人頤廣集二卷　（清）胡澹菴輯　（清）錢德蒼增輯　清末石印本　一冊　存一卷（下）

360000－1903－0000006　0009

御案易經備旨七卷首一卷　（清）鄒聖脈輯　清刻本　三冊

360000－1903－0000007　0007

伊川易傳四卷　（宋）程頤撰　清刻本　三冊　存三卷（二至四）

360000－1903－0000008　0008

周易四卷　（宋）朱熹本義　清同治十三年（1874）刻本　二冊

360000－1903－0000009　4069

類林新詠三十六卷　（清）姚之駰撰　清刻本　三冊　存六卷（二十三至二十四、二十八至三十一）

360000－1903－0000010　0012

易堂問目四卷　（清）吳鼎輯　清乾隆三十七年（1772）刻本　二冊

360000－1903－0000011　0013

易經十二卷首一卷末一卷　（宋）朱熹本義　清刻本　二冊

360000－1903－0000012　4068

策學備纂三十二卷首一卷　（清）蔡啟盛輯

清光緒袖海山房石印本　一冊　存一卷（四）

360000－1903－0000013　4067

策學備纂三十二卷首一卷　（清）蔡啟盛輯　清光緒二十六年（1900）石印本　四十七冊

360000－1903－0000014　4066

策府統宗六十五卷　（清）劉昌齡編　清末石印本　十八冊　存五十五卷（一至十七、二十八至六十五）

360000－1903－0000015　0014

重栞宋本十三經注疏　附校勘記　（清）阮元撰　（清）盧宣旬摘錄　清同治十二年（1873）刻本　十八冊

360000－1903－0000016　0020

書經六卷首一卷末一卷　（宋）蔡沈集傳　清同治五年（1866）刻本　四冊

360000－1903－0000017　0014－1

易經八卷　（宋）程頤傳　清同治五年（1866）刻本　三冊

360000－1903－0000018　0015

書經六卷首一卷末一卷　（宋）蔡沈集傳　清同治十三年（1874）刻本　四冊

360000－1903－0000019　0016

書經六卷　（宋）蔡沈集傳　清同治十三年（1874）刻本　四冊

360000－1903－0000020　0017

書經六卷首一卷末一卷　（宋）蔡沈集傳　清同治十三年（1874）刻本　四冊

360000－1903－0000021　0006

重栞宋本十三經注疏　附校勘記　（清）阮元撰　（清）盧宣旬摘錄　清同治十二年（1873）刻本　十二冊　存二種

360000－1903－0000022　0027

寄傲山房塾課纂輯書經備旨蔡註捷錄七卷　(清)鄒聖脈輯　（清）鄒廷猷編　清文秀堂刻本　四冊

360000－1903－0000023　0021

寄傲山房塾課纂輯書經備旨蔡註捷錄七卷首

一卷　（清）鄒聖脈輯　（清）鄒廷猷編　清刻本　三冊

360000－1903－0000024　0022
寄傲山房塾課纂輯書經備旨蔡註捷錄七卷 （清）鄒聖脈輯　（清）鄒廷猷編　清光緒三十年(1904)石印本　四冊

360000－1903－0000025　0028
書經體注六卷　（宋）蔡沈集傳　（清）錢希祥輯　清雍正三年(1725)刻本　四冊

360000－1903－0000026　0023
書經增訂旁訓四卷　（宋）蔡沈集傳　清刻本　二冊

360000－1903－0000027　0024
附釋音尚書注疏二十卷　（漢）孔安國傳 （唐）陸德明音義　（唐）孔穎達疏　附校勘記二十卷　（清）阮元撰　（清）盧宣旬摘錄　清光緒二十九年(1903)石印本　二冊

360000－1903－0000028　0029
欽定書經傳說彙纂二十一卷首二卷　（清）王頊齡等撰　清同治七年(1868)刻本　十二冊

360000－1903－0000029　0025
附釋音尚書注疏二十卷　（漢）孔安國傳 （唐）陸德明音義　（唐）孔穎達疏　附校勘記二十卷　（清）阮元撰　（清）盧宣旬摘錄　清光緒十三年(1887)石印本　二冊

360000－1903－0000030　4065
策府統宗六十五卷　（清）劉昌齡編　清光緒十四年(1888)同文書局石印本　十八冊　存五十五卷(一至二十、二十五至五十九)

360000－1903－0000031　4064
四書古註羣義彙解十種　（清）□□輯　清末石印本　四冊

360000－1903－0000032　4063
五經備旨　（清）鄒聖脈輯　清光緒十二年(1886)上海點石齋石印本　一冊

360000－1903－0000033　0030
欽定書經圖說五十卷　（清）孫家鼐等撰　清

光緒三十一年(1905)刻本　十六冊

360000－1903－0000034　0032
詩八卷　（宋）朱熹集傳　清刻本　四冊

360000－1903－0000035　0034
詩經四卷　（宋）朱熹集傳　清刻本　四冊

360000－1903－0000036　0033
詩經八卷　（宋）朱熹集傳　清同治十三年(1874)刻本　四冊

360000－1903－0000037　2000
心學宗四卷　（明）方學漸輯　續編四卷 （清）方中通輯　清康熙繼聲堂刻本　四冊

360000－1903－0000038　3324
文選六十卷　（南朝梁）蕭統輯　（唐）李善注　清乾隆三十七年(1772)刻朱墨套印本　十六冊

360000－1903－0000039　1262
漢書纂二十二卷　（明）凌稚隆輯　明萬曆十一年(1583)刻本　四冊

360000－1903－0000040　1733
齊氏統宗世譜十卷　（明）朱德洪纂修　明萬曆四十五年(1617)刻本　一冊　存三卷(一至三)

360000－1903－0000041　0065
禮記省度四卷　（清）彭頤撰　清康熙十一年(1672)刻三色套印本　二冊

360000－1903－0000042　1219
歷代史論一編四卷二編十卷　（明）張溥撰　明刻本　十冊

360000－1903－0000043　2153
東坡書傳二十卷　（宋）蘇軾撰　明閔氏刻朱墨套印本　八冊

360000－1903－0000044　3214
新刊秦漢文選十四卷　（明）詹惟修輯　明萬曆十一年(1583)鄭立齋刻本　五冊

360000－1903－0000045　3159
漁洋山人精華錄十二卷　（清）王士禎撰

(清)金榮箋注　清雍正十二年(1734)刻本
六冊

360000－1903－0000046　3190
温飛卿詩集九卷　(唐)温庭筠撰　(明)曾益
注　(清)顧予咸補注　清康熙三十六年
(1697)刻本　二冊

360000－1903－0000047　3304
古詩源十四卷　(清)沈德潛輯　清康熙五十
八年(1719)刻本　四冊

360000－1903－0000048　1099
晉書一百三十卷　(唐)房玄齡等撰　明崇禎
元年(1628)毛氏汲古閣刻本　二十四冊

360000－1903－0000049　2433
子史精華一百六十卷　(清)吳士玉　(清)吳
襄等輯　清雍正五年(1727)武英殿刻本　四
十八冊

360000－1903－0000050　1001
[康熙]浮梁縣志八卷首一卷　(清)王臨元修
　(清)曹鼎元等纂　清康熙十二年(1673)刻
本　六冊

360000－1903－0000051　0038
附釋音毛詩注疏七十卷　(漢)毛亨傳　(漢)
鄭玄箋　(唐)陸德明音義　(唐)孔穎達疏
附校勘記七十卷　(清)阮元撰　(清)盧宣旬
摘錄　清同治十二年(1873)刻重刊宋本十三
經注疏本　二十三冊　存四十六卷(一至四、
六至二十四,校勘記一至四、六至二十四)

360000－1903－0000052　0039
詩經備旨八卷　(清)鄒聖脈輯　清乾隆二十
八年(1763)刻本　四冊

360000－1903－0000053　0040
詩經詮義十二卷首一卷末二卷　(清)汪烜撰
　清刻本　十二冊　存十二卷(一至二、四至
六、八至十二,末二卷)

360000－1903－0000054　0041
詩經增訂旁訓四卷　(清)徐立綱撰　清刻本
三冊

360000－1903－0000055　0043
詩經體註大全八卷　(清)高朝瓔撰　清康熙
五十五年(1716)刻本　四冊

360000－1903－0000056　0045
詩經傳說彙纂二十一卷首二卷　(清)王鴻緒
等撰　清末刻本　十冊

360000－1903－0000057　0044
毛詩稽古編三十卷　(清)陳啟源撰　清嘉慶
十九年(1814)刻本　五冊　存十八卷(十三
至三十)

360000－1903－0000058　0046
詩經八卷　(宋)朱熹集傳　清同治五年
(1866)刻本　五冊

360000－1903－0000059　0047
詩經八卷　(宋)朱熹集傳　清光緒十一年
(1885)刻本　三冊　存六卷(一至二、五至
八)

360000－1903－0000060　0048
詩經八卷　(宋)朱熹集傳　清末刻本　四冊

360000－1903－0000061　0049
詩經八卷　(宋)朱熹集傳　清宣統二年
(1910)石印本　四冊

360000－1903－0000062　0049－1
詩經八卷　(宋)朱熹集傳　清宣統二年
(1910)石印本　四冊

360000－1903－0000063　0049－2
詩經八卷　(宋)朱熹集傳　清宣統二年
(1910)石印本　四冊

360000－1903－0000064　0049－3
詩經八卷　(宋)朱熹集傳　清宣統二年
(1910)石印本　四冊

360000－1903－0000065　0049－4
詩經八卷　(宋)朱熹集傳　清宣統二年
(1910)石印本　四冊

360000－1903－0000066　0049－5
詩經八卷　(宋)朱熹集傳　清宣統二年
(1910)石印本　四冊

360000－1903－0000067　0049－6

詩經八卷　（宋）朱熹集傳　清宣統二年
(1910)石印本　四冊

360000－1903－0000068　0051

全本禮記體註大全十卷　（清）范翔輯　（清）
徐瑄補輯　清乾隆三十一年(1766)刻本
十冊

360000－1903－0000069　0050－1

欽定詩經傳說彙纂二十一卷首二卷　（清）王
鴻緒等撰　清末刻本　九冊　存十四卷(一
至三、五至七、十三至十八、二十至二十一)

360000－1903－0000070　0052

附釋音周禮注疏四十二卷　（漢）鄭玄注
(唐)陸德明音義　（唐)賈公彥疏　附校勘記
四十二卷　（清）阮元撰　（清）盧宣旬摘錄
清同治十二年(1873)刻重刊宋本十三經注疏
本　二十冊

360000－1903－0000071　0054

附釋音周禮注疏四十二卷　（漢）鄭玄注
(唐)陸德明音義　（唐)賈公彥疏　附校勘記
四十二卷　（清）阮元撰　（清）盧宣旬摘錄
清同治十二年(1873)刻重刊宋本十三經注疏
本　十三冊　存二十四卷(一至八、十九至二
十、二十三、四十二,校勘記一至八、十九至二
十、二十三、四十二)

360000－1903－0000072　0055

周禮不分卷　（漢）鄭玄注　（唐)陸德明音義
　清清芬閣刻本　六冊

360000－1903－0000073　0056

周官經六卷　清刻本　六冊

360000－1903－0000074　0058

禮記約編十卷　（清）汪基輯　清宣統二年
(1910)石印本　六冊

360000－1903－0000075　0063

禮記省度四卷　（清）彭頤撰　清光緒七年
(1881)刻朱墨套印本　四冊

360000－1903－0000076　0061－3

禮記注疏六十三卷　（漢）鄭玄注　（唐)陸德
明音義　（唐)孔穎達疏　附校勘記六十三卷
　（清）阮元撰　（清）盧宣旬摘錄　清光緒十
三年(1887)石印本　二冊　存六十六卷(一
至十三、四十四至六十三,校勘記一至十三、
四十四至六十三)

360000－1903－0000077　0061－2

周禮注疏四十二卷　（漢）鄭玄注　（唐)陸德
明音義　（唐)賈公彥疏　附校勘記四十二卷
　（清）阮元撰　（清）盧宣旬摘錄　清光緒十
三年(1887)石印本　三冊

360000－1903－0000078　0060

禮記注疏六十三卷　（漢）鄭玄注　（唐)陸德
明音義　（唐)孔穎達疏　附校勘記六十三卷
　（清）阮元撰　（清）盧宣旬摘錄　清光緒十
三年(1887)石印本　七冊

360000－1903－0000079　0061

春秋公羊傳注疏二十八卷　（漢）何休解詁
(唐)徐彥疏　附校勘記二十八卷　（清）阮元
撰　（清）盧宣旬摘錄　清光緒十三年(1887)
石印本　三冊

360000－1903－0000080　0062

禮記全本備旨十一卷　（清）鄒聖脈輯　清光
緒八年(1882)刻本　五冊　存九卷(一至五、
八至十一)

360000－1903－0000081　0061－1

禮記增訂旁訓六卷　（清）徐立綱撰　清吳郡
張氏兩儀堂刻本　六冊

360000－1903－0000082　0068

全本禮記體註十卷　（清）范翔輯　（清）徐瑄
補輯　清乾隆三十一年(1766)刻本　十冊

360000－1903－0000083　0067

禮記恒解四十九卷　（清）劉沅輯注　清刻本
　四冊　存二十六卷(四至六、十二至十五、
二十一至二十五、三十六至四十九)

360000－1903－0000084　0066

御纂禮記全文備旨十一卷　（清）鄒聖脈輯
清乾隆二十九年(1764)刻本　六冊

360000－1903－0000085　0064

周禮政要二卷　（清）孫詒讓撰　清光緒二十八年(1902)鉛印本　二冊

360000－1903－0000086　0070

儀禮鄭注句讀十七卷　（清）張爾岐撰　清同治十三年(1874)刻本　十冊

360000－1903－0000087　0069

周禮精華六卷　（清）陳龍標輯　清嘉慶十一年(1806)刻本　六冊

360000－1903－0000088　0072

儀禮鄭注句讀十七卷　（清）張爾岐撰　清同治七年(1868)刻本　四冊

360000－1903－0000089　0071

全本禮記體註十卷　（清）范翔輯　（清）徐瑄補輯　清兩儀堂刻本　十冊

360000－1903－0000090　0077

儀禮注疏五十卷　（漢）鄭玄注　（唐）陸德明音義　（唐）賈公彥撰　附校勘記五十卷　（清）阮元撰　（清）盧宣旬摘錄　清同治十二年(1873)刻重刊宋本十三經注疏本　十五冊　存九十四卷(一至四十七、校勘記一至四十七)

360000－1903－0000091　0076

漱芳軒合纂禮記體註四卷　（清）范翔輯　清刻本　四冊

360000－1903－0000092　0075

禮記客難四卷　（清）龔元玠撰　清乾隆三十八年(1773)刻本　二冊

360000－1903－0000093　0074

禮記體註大全四卷　（清）范翔輯　清康熙五十二年(1713)刻本　四冊

360000－1903－0000094　0078

附釋音禮記注疏六十三卷　（漢）鄭玄注　（唐）陸德明音義　（唐）孔穎達疏　附校勘記六十三卷　（清）阮元撰　（清）盧宣旬摘錄　清同治十二年(1873)刻重刊宋本十三經注疏本　三十冊　存一百二十卷(一至七、九至二

十九、三十二至六十三,校勘記一至七、九至二十九、三十二至六十三)

360000－1903－0000095　0079

禮記集說十卷　（元）陳澔撰　清同治十一年(1872)刻本　十冊

360000－1903－0000096　0080

禮記集說十卷　（元）陳澔撰　清兩儀堂刻本　十冊

360000－1903－0000097　0081

禮記十卷　（元）陳澔集說　清同治十一年(1872)刻本　十冊

360000－1903－0000098　0082

全本禮記體註十卷　（清）范翔輯　（清）徐瑄補輯　清乾隆三十一年(1766)刻本　十冊

360000－1903－0000099　0084

欽定春秋傳說彙纂三十八卷首二卷　（清）王掞等撰　清同治九年(1870)刻本　二十冊

360000－1903－0000100　0085

監本附音春秋公羊注疏二十八卷　（漢）何休注　（唐）徐彥疏　（唐）陸德明音義　清刻本　九冊　存二十六卷(一至十四、十七至二十八)

360000－1903－0000101　0088

御纂春秋備旨十二卷　（清）鄒聖脈輯　清乾隆二十三年(1758)刻本　六冊

360000－1903－0000102　0087

讀左補義五十卷首一卷　（清）姜炳璋輯　清乾隆三十八年(1773)刻本　十三冊　存四十七卷(一至三十九、四十三至五十)

360000－1903－0000103　0089

批點春秋綱目左傳句解彙雋六卷　（清）韓菼撰　清刻本　六冊

360000－1903－0000104　0089－1

評點春秋綱目左傳句解彙雋六卷　（清）韓菼撰　清刻本　六冊

360000－1903－0000105　0094

春秋公羊經傳解詁十二卷　（漢）何休撰　清

同治二年(1863)揚州汪氏問禮堂刻本　二冊

360000－1903－0000106　0093

春秋穀梁傳十二卷　(晉)范甯集解　(唐)陸
德明音義　清光緒十二年(1886)刻本　四冊

360000－1903－0000107　0095

新訂批注左傳快讀十八卷首一卷　(清)李紹
崧輯　清乾隆五十四年(1789)刻本　十六冊

360000－1903－0000108　0098

評點春秋綱目左傳句解彙雋六卷　(清)韓菼
撰　清刻本　六冊

360000－1903－0000109　0097

于埜左氏錄二卷　(清)盛大謨撰　清同治五
年(1866)刻本　二冊

360000－1903－0000110　0099

春秋左傳分類賦四卷　(清)夏大觀撰　清乾
隆三十七年(1772)刻本　四冊

360000－1903－0000111　0103

春秋左傳杜注三十卷首一卷　(清)姚培謙輯
　清同治十一年(1872)刻本　十二冊

360000－1903－0000112　0102

春秋增訂旁訓四卷　(清)徐立綱撰　清吳郡
張氏刻本　二冊

360000－1903－0000113　0101

春秋穀梁傳十二卷　(晉)范甯集解　清同治
七年(1868)刻本　二冊

360000－1903－0000114　0100

兩宜堂春秋體注四卷　(清)周熾輯　清康熙
五十年(1711)刻本　四冊

360000－1903－0000115　0104

春秋集傳十六卷首一卷末一卷　(清)汪紱撰
　清光緒二十一年(1895)刻本　四冊

360000－1903－0000116　0110

春秋五傳十七卷首一卷　(清)張岐然輯　清
乾隆五十九年(1794)刻本　十冊　存十卷
(一至二、六、十至十三、十五至十六,首一卷)

360000－1903－0000117　0109

春秋左傳杜注三十卷首一卷　(清)姚培謙輯
　清刻本　十冊

360000－1903－0000118　0111

左繡三十卷首一卷　(清)馮李驊　(清)陸浩
評輯　清大文堂刻本　十二冊

360000－1903－0000119　0111－1

左繡三十卷首一卷　(清)馮李驊　(清)陸浩
評輯　清康熙五十九年(1720)刻本　十二冊

360000－1903－0000120　0112

左繡三十卷首一卷　(清)馮李驊　(清)陸浩
評輯　清康熙五十九年(1720)刻本　十三冊
　存二十九卷(一至二十八、首一卷)

360000－1903－0000121　0113

春秋體注大全四卷　(清)周熾輯　清大文堂
刻本　四冊

360000－1903－0000122　0116

春秋左傳三十卷首一卷　(晉)杜預注　清光
緒十六年(1890)刻本　十冊　存二十六卷
(一至二十一、二十七至三十,首一卷)

360000－1903－0000123　0115

評點春秋綱目左傳句解彙雋六卷　(清)韓菼
撰　清刻本　六冊

360000－1903－0000124　0117

附釋音春秋左傳注疏六十卷　(晉)杜預注
(唐)陸德明音義　(唐)孔穎達疏　**附校勘記
六十卷**　(清)阮元撰　(清)盧宣旬摘錄　清
同治十二年(1873)刻重刊宋本十三經注疏本
　二十九冊　存一百十二卷(一至五十六、校
勘記一至五十六)

360000－1903－0000125　0119

監本附音春秋穀梁注疏二十卷　(晉)范甯集
解　(唐)陸德明音義　(唐)楊士勛疏　**附校
勘記二十卷**　(清)阮元撰　(清)盧宣旬摘錄
　清同治十二年(1873)刻重刊宋本十三經注
疏本　六冊

360000－1903－0000126　0120

春秋穀梁傳十二卷　(晉)范甯集解　清同治

七年(1868)刻本　二冊

360000－1903－0000127　0121
春秋公羊經傳解詁十二卷　（漢）何休撰　清
道光四年(1824)刻本　二冊

360000－1903－0000128　0123
監本附音春秋穀梁注疏二十卷　（晉）范甯集
解　（唐）陸德明音義　（唐）楊士勛疏　**附校
勘記二十卷**　（清）阮元撰　（清）盧宣旬摘錄
　清同治十二年(1873)刻重刊宋本十三經注
疏本　六冊

360000－1903－0000129　0127
孝經注疏九卷　（唐）玄宗李隆基注　（宋）邢
昺校　**附校勘記九卷**　（清）阮元撰　（清）盧
宣旬摘錄　清同治十二年(1873)刻重刊宋本
十三經注疏本　二冊

360000－1903－0000130　0126
孝經注疏九卷　（唐）玄宗李隆基注　（宋）邢
昺校　**附校勘記九卷**　（清）阮元撰　（清）盧
宣旬摘錄　清同治十二年(1873)刻重刊宋本
十三經注疏本　二冊

360000－1903－0000131　0124
新訂批註左傳快讀十八卷首一卷　（清）李紹
崧輯　清刻本　十六冊

360000－1903－0000132　0128
經學輯要二十四卷　（清）吳潁炎輯　清光緒
二十六年(1900)石印本　三十二冊

360000－1903－0000133　0129
雪樵經解三十卷附錄三卷　（清）馮世瀛撰
清光緒八年(1882)刻本　三十冊

360000－1903－0000134　0130
十三經註疏校勘記識語四卷　（清）汪文臺撰
　清光緒三年(1877)刻本　二冊

360000－1903－0000135　0131
十三經客難　（清）龔元玠撰　清道光二十六
年(1846)刻本　十一冊　存五種三十九卷
(周易一卷,書經三卷,詩經二卷,春秋二十四
卷、首一卷,周禮八卷)

360000－1903－0000136　0132
爾雅注疏十卷　（晉）郭璞注　（宋）邢昺疏
附校勘記十卷　（清）阮元撰　（清）盧宣旬摘
錄　清同治十二年(1873)刻重刊宋本十三經
注疏本　六冊

360000－1903－0000137　0133
爾雅三卷　（晉）郭璞注　（唐）陸德明音義
清嘉慶二十二年(1817)刻本　三冊

360000－1903－0000138　0134
爾雅注疏十卷　（晉）郭璞注　（宋）邢昺疏
附校勘記十卷　（清）阮元撰　（清）盧宣旬摘
錄　清同治十二年(1873)刻重刊宋本十三經
注疏本　六冊

360000－1903－0000139　0135
鄉黨圖考十卷　（清）江永撰　清乾隆三十九
年(1774)刻本　四冊

360000－1903－0000140　0136
爾雅註疏十卷　（晉）郭璞注　（宋）邢昺疏
清刻本　五冊

360000－1903－0000141　0137
爾雅義疏二十卷　（清）郝懿行撰　清光緒十
年(1884)刻本　八冊

360000－1903－0000142　0139
經解萃精二集十三卷　（清）□□輯　清光緒
十九年(1893)石印本　五冊

360000－1903－0000143　0138
五經集解三十卷　（清）馮世瀛輯　清光緒十
年(1884)刻本　十五冊

360000－1903－0000144　0140
經義聯珠二十卷　（清）郭檡撰　清嘉慶十九
年(1814)刻本　十冊

360000－1903－0000145　0141
五經味根錄四十二卷　（清）劉昌齡撰　清光
緒十八年(1892)石印本　十六冊

360000－1903－0000146　0146
四書味根錄三十七卷　（清）金瀓輯　清光緒
十六年(1890)石印本　七冊

360000－1903－0000147　0145

四書味根錄三十七卷　（清）金灃輯　清道光
十五年(1835)刻本　十二冊

360000－1903－0000148　0147

四書朱子本義匯參不分卷　（清）王步青輯
清光緒十二年(1886)石印本　五冊

360000－1903－0000149　0148

四書襯十九卷　（清）駱培撰　清乾隆八年
(1743)刻本　六冊

360000－1903－0000150　0149

四書纂疏二十六卷　（宋）趙順孫撰　清末石
印本　八冊

360000－1903－0000151　0150

四書義精騎集四卷　（清）曹元弼輯　清光緒
二十八年(1902)石印本　四冊

360000－1903－0000152　0151

四書義匯海不分卷　（清）沈容選　清光緒二
十八年(1902)石印本　十冊

360000－1903－0000153　0152

四書集註十九卷　（宋）朱熹撰　清光緒三十
二年(1906)鉛印本　六冊

360000－1903－0000154　0154

四書疏註撮言大全三十七卷　（清）胡蓉芝輯
　清道光二十一年(1841)文德堂刻本　二
十冊

360000－1903－0000155　0155

四書合講不分卷　（清）翁復編　清光緒石印
本　六冊

360000－1903－0000156　0156

四書左國彙纂四卷　（清）高其名　（清）鄭師
成輯　清乾隆四十九年(1784)刻本　四冊

360000－1903－0000157　0157

監本四書十九卷　（宋）朱熹集注　清同治十
三年(1874)刻本　一冊　存二卷(大學一、中
庸一)

360000－1903－0000158　0158

畏齋四書客難四卷　（清）龔元玠撰　清刻本

四冊

360000－1903－0000159　0159

重鐫四書遵註合講不分卷　（清）翁復輯　清
乾隆四十五年(1780)刻本　六冊

360000－1903－0000160　0160

增補四書左國輯要四卷　（清）高其名　（清）
鄭師成輯　清乾隆四十九年(1784)刻本
四冊

360000－1903－0000161　0165

增廣四書題鏡味根錄三十七卷　（清）金灃輯
　清光緒二十一年(1895)石印本　八冊

360000－1903－0000162　0163

新訂四書補注備旨十卷　（明）鄧林撰　（清）
杜定基增訂　清光緒十八年(1892)刻本　五
冊　缺二卷(下論三至四)

360000－1903－0000163　0162

四書圖像人物備考十二卷　（明）薛應旂撰
(清)陳仁錫增定　清康熙五十六年(1717)刻
本　八冊

360000－1903－0000164　0161

新訂四書補注備旨十卷　（明）鄧林撰　（清）
杜定基增訂　清乾隆四十四年(1779)刻本
五冊　缺一卷(下孟四)

360000－1903－0000165　0164

增訂批點四書讀本十九卷　（宋）朱熹集注
清同治四年(1865)刻本　六冊

360000－1903－0000166　0166

增補四書類典賦注釋二十四卷附年譜一卷
(清)甘紱撰　清乾隆十一年(1746)刻本　十
二冊

360000－1903－0000167　0167

新訂四書補註備旨十卷　（明）鄧林撰　（清）
杜定基增訂　清末刻本　四冊　缺二卷(下
孟三至四)

360000－1903－0000168　0172

新訂四書補註備旨十卷　（明）鄧林撰　（清）
杜定基增訂　清乾隆二十年(1755)刻本

六冊

360000 – 1903 – 0000169　0173

欽定化治四書文不分卷　（清）方苞等輯　清光緒十五年(1889)刻本　二冊

360000 – 1903 – 0000170　0174

欽定隆萬四書文不分卷　（清）方苞等輯　清光緒二年(1876)刻本　四冊

360000 – 1903 – 0000171　0175

欽定啟禎四書文不分卷　（清）方苞等輯　清光緒二年(1876)刻本　七冊

360000 – 1903 – 0000172　0177

論語十卷　（宋）朱熹集注　清末刻本　二冊

360000 – 1903 – 0000173　0176

論語注疏解經二十卷　（三國魏）何晏集解（宋）邢昺疏　**附校勘記二十卷**　（清）阮元撰（清）盧宣旬摘錄　清嘉慶二十年(1815)刻重刊宋本十三經注疏本　四冊

360000 – 1903 – 0000174　0178

論語十卷　（宋）朱熹集注　清刻本　二冊

360000 – 1903 – 0000175　0179

孟子七卷　（宋）朱熹集注　清末刻本　三冊

360000 – 1903 – 0000176　0180

孟子注疏解經十四卷　（漢）趙岐注　（宋）孫奭疏並音義　**附校勘記十四卷**　（清）阮元撰（清）盧宣旬摘錄　清嘉慶二十年(1815)刻重刊宋本十三經注疏本　六冊

360000 – 1903 – 0000177　0181

孟子注疏解經十四卷　（漢）趙岐注　（宋）孫奭疏並音義　**附校勘記十四卷**　（清）阮元撰（清）盧宣旬摘錄　清同治十二年(1873)刻重刊宋本十三經注疏本　八冊

360000 – 1903 – 0000178　0182

孟子七卷　（宋）朱熹集注　清刻本　三冊

360000 – 1903 – 0000179　0185

孟子注疏解經十四卷　（漢）趙岐注　（宋）孫奭疏並音義　**附校勘記十四卷**　（清）阮元撰（清）盧宣旬摘錄　清同治十二年(1873)刻

重刊宋本十三經注疏本　七冊　存二十六卷（一至十三、校勘記一至十三）

360000 – 1903 – 0000180　0184

孟子七卷　（宋）朱熹集注　清光緒十二年(1886)刻本　三冊

360000 – 1903 – 0000181　0183

孟子七卷　（宋）朱熹集注　清末刻本　三冊

360000 – 1903 – 0000182　0187

大學衍義四十三卷　（宋）真德秀撰　清光緒二十二年(1896)刻本　六冊　存三十五卷（一至五、十二至四十一）

360000 – 1903 – 0000183　0186

大學古本質言一卷　（清）劉沅撰　清宣統元年(1909)刻本　一冊

360000 – 1903 – 0000184　0189

袖珍考卷雋快初集四卷二集四卷三集四卷（清）翁心存評點　清光緒十一年(1885)刻本　十冊　存十卷（初集一至二、二集四卷、三集四卷）

360000 – 1903 – 0000185　0190

目耕齋讀本不分卷　（清）沈叔眉輯　（清）徐楷評　清道光二十一年(1841)刻本　二冊

360000 – 1903 – 0000186　0187 – 1

小題文府不分卷　（□）□□輯　清光緒十二年(1886)石印本　二十冊

360000 – 1903 – 0000187　0188

大學章句一卷論語集註十五卷孟子七卷中庸章句一卷　（宋）朱熹撰　清末刻本　六冊存十九卷（大學章句一卷、論語集註一至十、孟子七卷、中庸章句一卷）

360000 – 1903 – 0000188　0191

子問二卷　（清）劉沅撰　清咸豐七年(1857)刻本　二冊

360000 – 1903 – 0000189　0194

三字錦九卷末一卷　（清）趙暄編　清道光二十二年(1842)刻本　三冊　存四卷（一至四）

360000 – 1903 – 0000190　0193

說文解字三十二卷　（漢）許慎撰　（清）段玉裁注　清同治十一年（1872）刻本　十七冊　存十二卷（一至二、四至五下、六下至八上、十一上至十五下）

360000－1903－0000191　0196

六書分類十二卷首一卷　（清）傅世垚撰　清康熙三十八年（1699）刻本　十二冊　存十一卷（一、三至十一，首一卷）

360000－1903－0000192　0197

正字通十二卷　（明）張自烈撰　（清）廖文英輯　清刻本　三十七冊　存十二卷（一至二上，三至十一上、下，十二中）

360000－1903－0000193　0198

字彙十二集首一卷韻法直圖一卷　（明）梅膺祚編　清乾隆六十年（1795）刻本　十三冊　缺一集（八）

360000－1903－0000194　0199

康熙字典四十二卷　（清）張玉書等纂修　清道光七年（1827）刻本　四十冊

360000－1903－0000195　0206

積古齋鐘鼎彝器款識十卷　（清）阮元撰　清末石印本　三冊　存五卷（五至九）

360000－1903－0000196　0207

歷代鐘鼎彝器欵識法帖二十卷　（宋）薛尚功撰　清光緒八年（1882）石印本　四冊

360000－1903－0000197　0208

積古齋鐘鼎彝器款識十卷　（清）阮元撰　清光緒五年（1879）石印本　六冊

360000－1903－0000198　0215

說文通訓定聲十八卷柬韻一卷說雅十九篇古今韻準一卷　（清）朱駿聲撰　行述一卷　（清）朱孔彰撰　清光緒十三年（1887）石印本　八冊

360000－1903－0000199　0210

小學集解六卷　（清）張伯行輯注　清光緒十三年（1887）刻本　三冊

360000－1903－0000200　0214－1

輶軒使者絕代語釋別國方言十三卷　（漢）揚雄撰　（晉）郭璞注　清末刻朱印本　一冊

360000－1903－0000201　0214

輶軒使者絕代語釋別國方言十三卷　（漢）揚雄撰　（晉）郭璞注　清刻本　三冊

360000－1903－0000202　0213

重訂類字蒙求不分卷　（□）□□撰　清光緒二十六年（1900）刻本　二冊

360000－1903－0000203　0220

漁古軒詩韻五卷　（清）余照撰　（清）朱德蕃增訂　清光緒八年（1882）刻本　五冊

360000－1903－0000204　0219

增廣詩韻全璧五卷首一卷　（清）湯文潞編　清末石印本　六冊

360000－1903－0000205　1003－1

[乾隆]浮梁縣志十二卷　（清）程廷濟修　（清）凌汝錦纂　清乾隆四十八年（1783）刻本　一冊　存一卷（四）

360000－1903－0000206　1004

[道光]浮梁縣志二十二卷首一卷　（清）喬溎修　（清）賀熙齡纂　（清）游際盛增補　清道光十二年（1832）刻本　十四冊

360000－1903－0000207　1010

奏定景德鎮商務總會章程不分卷　（□）□□撰　清宣統元年（1909）石印本　一冊

360000－1903－0000208　1016

匋雅二卷　（清）陳瀏撰　清宣統二年（1910）石印本　四冊

360000－1903－0000209　1018

景德鎮陶錄十卷　（清）藍浦撰　（清）鄭廷桂補輯　清同治九年（1870）木刻本　四冊

360000－1903－0000210　1021

景德鎮陶錄十卷　（清）藍浦撰　（清）鄭廷桂補輯　清光緒十七年（1891）刻本　四冊

360000－1903－0000211　1024

景德鎮陶錄十卷　（清）藍浦撰　（清）鄭廷桂補輯　清光緒十七年（1891）刻本　一冊　存

一卷(五)

360000－1903－0000212　1038

柴窯考證一卷　題程村居士撰　程知恥譯
清宣統三年(1911)鉛印本　一冊

360000－1903－0000213　1059

史記一百三十卷　(漢)司馬遷撰　(南朝宋)
裴駰集解　(唐)司馬貞索隱　(唐)張守節正
義　清光緒三十三年(1907)鉛印本　十四冊
　存一百十卷(一至一百十)

360000－1903－0000214　1064

後漢書一百二十卷　(南朝宋)范曄撰　(唐)
李賢注　(晉)司馬彪撰志　(南朝梁)劉昭注
補　清光緒十年(1884)刻本　二十八冊

360000－1903－0000215　1080

後漢書九十卷　(南朝宋)范曄撰　(唐)李賢
注　續漢書八志三十卷　(晉)司馬彪撰
(南朝梁)劉昭注補　清光緒刻本　十三冊
存六十八卷(一至五、十一至二十六、四十至
六十、六十七至九十,志一至二)

360000－1903－0000216　1095

魏書一百十四卷　(北齊)魏收撰　清光緒三
十四年(1908)鉛印本　十六冊

360000－1903－0000217　1112

北史一百卷　(唐)李延壽撰　清毛氏汲古閣
刻本　十八冊　存七十八卷(十九至二十二、
二十七至一百)

360000－1903－0000218　1126

陳書三十六卷　(唐)姚思廉撰　清同治十年
(1871)刻本　二冊

360000－1903－0000219　1127

欽定陳書三十六卷　(唐)姚思廉撰　清光緒
三十三年(1907)影印本　四冊

360000－1903－0000220　1130

周書五十卷　(唐)令狐德棻等撰　清光緒三
十三年(1907)石印本　四冊

360000－1903－0000221　1134

隋書八十五卷　(唐)魏徵撰　清光緒十八年

(1892)石印本　六冊

360000－1903－0000222　1136

舊唐書二百卷　(五代)劉昫等撰　清同治十
一年(1872)刻本　四十八冊

360000－1903－0000223　4062

校正四書古註羣義十種　(□)□□輯　清末
文盛堂書局石印本　十四冊

360000－1903－0000224　1147

欽定五代史七十四卷　(宋)歐陽修撰　(宋)
徐無黨注　清光緒三十三年(1907)影印本
六冊

360000－1903－0000225　1161

元史二百十卷　(明)宋濂　(明)王禕等撰
清同治十三年(1874)刻本　六十冊

360000－1903－0000226　1162

宋書一百卷　(南朝梁)沈約撰　清光緒十八
年(1892)石印本　六冊

360000－1903－0000227　1166

欽定宋史四百九十六卷　(元)脫脫等撰　清
光緒三十四年(1908)刻本　六十冊　存四百
五十六卷(十三至四百八、四百十八至四百二
十七、四百四十七至四百九十六)

360000－1903－0000228　1174

欽定遼史一百十六卷　(元)脫脫等撰　清光
緒三十四年(1908)石印本　八冊

360000－1903－0000229　1177

金史一百三十五卷　(元)脫脫等撰　清光緒
十八年(1892)石印本　八冊

360000－1903－0000230　1179

元史二百十卷　(明)宋濂　(明)王禕等撰
清光緒十八年(1892)石印本　十四冊

360000－1903－0000231　1192

續資治通鑑綱目二十七卷末一卷　(明)商輅
撰　清刻本　二十七冊　存二十一卷(八至
十二、十四至二十八,末一卷)

360000－1903－0000232　1202

歷代史事論海三十二卷　(清)□□輯　清光

緒三十一年(1905)石印本　二十三冊

360000－1903－0000233　1234

元朝秘史十五卷　（元）□□撰　清末石印本
四冊

360000－1903－0000234　1084

後漢書一百二十卷　（南朝宋）范曄撰　（唐）
李賢注　（晉）司馬彪撰志　（南朝梁）劉昭注
補　清光緒十八年(1892)石印本　八冊

360000－1903－0000235　1245

國語二十一卷　（三國吳）韋昭注　清光緒二
十二年(1896)石印本　三冊

360000－1903－0000236　1246

國語解二十一卷攷異四卷　（三國吳）韋昭撰
清嘉慶五年(1800)刻本　六冊

360000－1903－0000237　1247

國語韋解補正二十一卷　（清）吳曾祺撰　清
宣統元年(1909)鉛印本　二冊

360000－1903－0000238　1250

歐羅巴通史不分卷　（日本）箕作元八撰　胡
景伊等譯　清光緒二十六年(1900)鉛印本
四冊

360000－1903－0000239　1251

東洋史要二卷　（日本）桑原騭藏撰　（清）樊
炳清譯　清光緒二十五年(1899)石印本
四冊

360000－1903－0000240　1252

西洋通史前編十一卷　（法國）駝悷屢撰
(日本)村上義茂譯　清光緒二十八年(1902)
石印本　七冊　存九卷(一至九)

360000－1903－0000241　1253

日本國志四十卷首一卷　（清）黃遵憲撰　清
末刻本　六冊　存十五卷(四至十八)

360000－1903－0000242　1254

歐羅巴通史不分卷　（日本）箕作元八撰　胡
景伊等譯　清光緒二十六年(1900)鉛印本
一冊

360000－1903－0000243　1256

東洋史要二卷　（日本）桑原騭藏撰　（清）樊
炳清譯　清光緒二十五年(1899)石印本
四冊

360000－1903－0000244　1260

廣治平略四十四卷　（清）蔡方炳輯　清康熙
三年(1664)刻本　十一冊　存四十卷(一至
三、八至四十四)

360000－1903－0000245　1263

廿四史論精萃十八卷　（清）張兆蓉輯　清光
緒二十八年(1902)石印本　五冊　存十五卷
(一至十三、十七至十八)

360000－1903－0000246　1274

皇朝文獻通考詳節二十六卷　（清）嚴虞惇輯
清光緒二十七年(1901)石印本　八冊

360000－1903－0000247　1275

皇朝文獻通考輯要二十六卷　湯壽潛輯　清
末石印本　十冊

360000－1903－0000248　1276

文獻通考二十四卷　（元）馬端臨撰　清光緒
二十年(1894)石印本　十九冊

360000－1903－0000249　1279

通典二百卷　（唐）杜佑撰　清光緒二十七年
(1901)鉛印本　十六冊

360000－1903－0000250　1281

文獻通考詳節二十四卷　（元）馬端臨撰
(清)嚴虞惇輯　清光緒二十五年(1899)石印
本　四冊

360000－1903－0000251　1289

大清律例刑案彙纂集成四十卷　（清）姚潤輯
（清）胡璋增輯　清刻本　十七冊　存十五
卷(五、八、十六、十八、二十三至二十八、三
十、三十三、三十五至三十七)

360000－1903－0000252　1283

鄂省丁漕指掌十卷　（清）林之望輯　清光緒
元年(1875)刻本　十冊

360000－1903－0000253　1288

大清律例增修統纂集成四十卷附二卷　（清）

姚潤輯　（清）陶駿　（清）陶念霖增輯　清光緒三十三年(1907)影印本　二十一冊　存三十七卷(一至五、七至八、十三至四十,附二卷)

360000－1903－0000254　1285
大清教育新法令續編不分卷　商務印書館編譯所編　清宣統三年(1911)鉛印本　三冊

360000－1903－0000255　1286
二十四史九通政典類要合編三百二十卷　(清)黃書霖輯　清光緒二十八年(1902)石印本　六十冊

360000－1903－0000256　1287
大清律例增修統纂集成四十卷　(清)姚潤輯　（清）陶駿　（清）陶念霖增輯　清光緒二十五年(1899)刻本　八冊　存十二卷(一、二十四、二十六、三十、三十三至四十)

360000－1903－0000257　1290
大清律例增修統纂集成四十卷　(清)姚潤輯　（清）陶駿　（清）陶念霖增輯　清末刻本　十冊　存二十二卷(三至四、十一至十五、十八至十九、二十五至三十七)

360000－1903－0000258　1293
欽定大清會典一百卷　(清)崑岡等纂修　清光緒二十五年(1899)石印本　六冊

360000－1903－0000259　1302
秋審實緩比較成案二十四卷　(清)英祥編　清光緒二年(1876)刻本　十六冊　存十六卷(一至三、五至十一、十八、二十至二十四)

360000－1903－0000260　1303
史林測義三十八卷　(清)計大受撰　清刻本　六冊

360000－1903－0000261　1304
史論薈萃十卷　(清)鄭權輯　清光緒二十七年(1901)石印本　五冊　存八卷(一、三至九)

360000－1903－0000262　1307
史通削繁四卷　(清)紀昀撰　清光緒八年

(1882)刻本　三冊　存三卷(一、三至四)

360000－1903－0000263　1310
廿二史劄記三十六卷　(清)趙翼撰　清光緒二十七年(1901)石印本　八冊

360000－1903－0000264　1315
歷代名臣傳三十五卷　(清)朱軾　(清)蔡世遠輯　清雍正七年(1729)刻本　九冊　存二十九卷(一至二十九)

360000－1903－0000265　1317
列女傳集註八卷　(清)蕭道管撰　清刻本　五冊

360000－1903－0000266　1371
江西全省輿圖十四卷　(清)朱兆麟等編　清宣統元年(1909)石印本　十四冊

360000－1903－0000267　1324
史外八卷　(清)汪有典撰　清同治三年(1864)刻本　八冊

360000－1903－0000268　1378
[康熙]饒州府志四十卷　(清)王澤洪修　(清)吳俊等纂　(清)黃家遴續修　(清)王用佐續纂　清康熙二十二年(1683)刻本　十一冊　存三十四卷(一至三十四)

360000－1903－0000269　1337
古今人物論三十六卷　(清)鄭賢輯　清同治十年(1871)刻本　六冊　存二十八卷(一至十三、十七至二十五、三十一至三十六)

360000－1903－0000270　1344
朱子年譜四卷攷異四卷附朱子論學切要語二卷校勘記二卷　(清)王懋竑訂　清光緒九年(1883)刻本　四冊

360000－1903－0000271　1349
李文忠公海軍函稿四卷　(清)李鴻章撰　(清)吳汝綸編輯　清光緒二十八年(1902)年鉛印本　二冊

360000－1903－0000272　1351
曾文正公奏稿三十六卷　(清)曾國藩撰　清光緒二年(1876)刻本　十八冊

360000－1903－0000273　1352

唐陸宣公集二十二卷　（唐）陸贄撰　清光緒
二十四年(1898)石印本　三冊　存十八卷
(一至十八)

360000－1903－0000274　1353

南巡盛典一百二十卷　（清）高晉等纂修　清
光緒八年(1882)石印本　八冊

360000－1903－0000275　1354

聖祖仁皇帝聖訓六十卷　（清）聖祖玄燁撰
清刻本　十二冊　存五十五卷(一至四、十至
六十)

360000－1903－0000276　1355

聖祖仁皇帝聖訓六十卷　（清）聖祖玄燁撰
清末石印本　六冊

360000－1903－0000277　1367

廬山志十五卷首一卷　（清）毛德琦撰　清同
治十年(1871)刻本　十六冊

360000－1903－0000278　1366

廬山志十五卷首一卷　（清）毛德琦撰　清宣
統二年(1910)刻本　十六冊

360000－1903－0000279　1380

[道光]祁門縣志三十六卷首一卷　（清）王讓
修　（清）桂超萬纂　清道光七年(1827)刻本
八冊

360000－1903－0000280　1381

[光緒]婺源縣志六十四卷首一卷　（清）吳鄂
修　（清）汪正元纂　清光緒九年(1883)刻本
十八冊　存五十二卷(一、四至六、十一至
十七、二十至二十六、二十九至三十九、四十
三至六十四,首一卷)

360000－1903－0000281　1382

[乾隆]祁州志八卷　（清）羅以桂　（清）王
楷修　（清）張萬銓　（清）刁錦纂　清乾隆二
十年(1755)刻本　四冊

360000－1903－0000282　1396

經心書院輿地學課程不分卷　（清）姚炳奎撰
清刻本　六冊

360000－1903－0000283　1409

白鹿書院志十九卷　（清）毛德琦纂修　清乾
隆六十年(1795)刻本　八冊

360000－1903－0000284　1415

水經注四十卷首一卷末一卷　（北魏）酈道元
撰　清光緒二十三年(1897)刻本　二十冊

360000－1903－0000285　1416

山海經十八卷　（晉）郭璞注　清刻本　一冊
存十四卷(五至十八)

360000－1903－0000286　1417

出使日記續編十卷　（清）薛福成撰　清光緒
二十七年(1901)石印本　十冊

360000－1903－0000287　1418

開闢新世界之鼻祖二十四章　（美國）勃臘忒
撰　（清）丁疇隱譯　清光緒二十八年(1902)
文明書局鉛印本　一冊

360000－1903－0000288　1419

出使日記續編十卷　（清）薛福成撰　清光緒
二十七年(1901)石印本　九冊　存九卷(一
至八、十)

360000－1903－0000289　1420

萬國史記二十卷　（日本）岡本監輔撰　清光
緒二十七年(1901)上海書局石印本　六冊

360000－1903－0000290　1421

彼得大帝不分卷　（日本）佐藤信安撰　（清）
愈愚譯　清光緒二十八年(1902)文明書局鉛
印本　一冊

360000－1903－0000291　1422

辛丑各國和約不分卷　（清）總理各國事務衙
門編　清光緒二十七年(1901)石印本　一冊

360000－1903－0000292　1375

[同治]饒州府志三十二卷首一卷　（清）錫德
修　（清）石景芬等纂　清同治十一年(1872)
刻本　十六冊

360000－1903－0000293　1374－1

[同治]饒州府志三十二卷首一卷　（清）錫德
修　（清）石景芬等纂　清同治十一年(1872)

刻本 十二冊 存二十四卷(一至四、八至十五、二十至二十八、三十一至三十二,首一卷)

360000－1903－0000294 1425

地理辨正直解五卷 (明)蔣平階補傳 清道光元年(1821)刻本 二冊

360000－1903－0000295 1426

水行峽江圖攷□□卷 (□)□□撰 清光緒二十年(1894)石印本 一冊 存一卷(下)

360000－1903－0000296 1428

欽定四庫全書簡明目錄二十卷 (清)紀昀等撰 清刻本 十冊

360000－1903－0000297 1431

時務通攷三十一卷首一卷 (清)杞廬主人輯 清光緒二十三年(1897)點石齋石印本 二十三冊

360000－1903－0000298 1700

[江西婺源]尚書方氏宗譜十五卷末一卷 (清)胡榮纂修 清光緒三十二年(1906)刻本 十三冊 存十三卷(一、三至十三,末一卷)

360000－1903－0000299 1701

[江西浮梁]湘湖馮氏家譜八卷 (清)馮懷一等纂修 清光緒三十四年(1908)刻本 八冊

360000－1903－0000300 1703

[江西][湖北]劉氏宗譜十二卷 (清)□□纂修 清光緒三十一年(1905)刻本 十一冊 存八卷(一至二、四、六至十)

360000－1903－0000301 1702－1

[江西浮梁]湘湖馮氏家譜八卷首一卷 (清)馮應元修 清道光二十八年(1848)刻本 三冊 存五卷(一、三、五至六,首一卷)

360000－1903－0000302 1704

[江西浮梁][江西弋陽][江西樂平][江西德興]嵩峽齊氏宗譜七卷首一卷 (清)齊學榮纂修 清光緒二十七年(1901)刻本 二十一冊

360000－1903－0000303 1705

[江西婺源]齊氏宗譜二十五卷乾坤一卷 (清)齊元銓等纂修 清雍正四年(1726)木活字印本 十二冊

360000－1903－0000304 1706

[安徽][浙江]范陽湯氏宗譜□□卷 (清)□□纂修 清末刻本 三十二冊 存二十六卷(一至十、十三至二十、二十四至二十八、三十、三十二、三十四)

360000－1903－0000305 1707

[江西][湖北][安徽]劉氏宗譜十四卷首二卷 (清)□□纂修 清光緒十一年(1885)木活字印本 十三冊 存十四卷(二、四至十四,首二卷)

360000－1903－0000306 1710

[江西都昌]蒲塘劉氏集成宗譜三十一卷首一卷 (清)劉煥藻等纂修 清光緒二十七年(1901)刻本 二冊 存三卷(一至二、首一卷)

360000－1903－0000307 1720

[江西浮梁]羅氏宗譜□□卷 (□)□□纂修 清道光二十七年(1847)刻本 一冊 存二卷(一至二)

360000－1903－0000308 1721

[江西浮梁]汝南項氏宗譜八卷首一卷 (清)項珠等纂修 清光緒十七年(1891)惇敘堂刻本 一冊 存三卷(一至二、首一卷)

360000－1903－0000309 1724

[江西][安徽][浙江]夏氏宗譜十三卷 (清)夏承佐纂修 清道光二十四年(1844)刻本 十二冊 存九卷(三至八、十至十二)

360000－1903－0000310 1725

[江西][安徽][浙江]夏氏宗譜十三卷首一卷 (清)夏明銳等纂修 清光緒十年(1884)無餘公祠刻本 十五冊 存十卷(一、三至四、六、八至十一、十三,首一卷)

360000－1903－0000311 3438

李笠翁曲話六種 (清)李漁撰 清刻本 三冊 存三種六卷(比目魚傳奇二卷、鳳求凰二卷、奈何天二卷)

360000－1903－0000312　3440

百末詞六卷　（清）尤侗撰　清刻本　二冊

360000－1903－0000313　3441

杏花村傳奇二卷　（清）夏綸撰　清乾隆十七年(1752)刻本　二冊

360000－1903－0000314　3442

詞選二卷　（清）張惠言輯　**續詞選二卷**（清）董毅輯　清同治十一年(1872)刻本　二冊

360000－1903－0000315　1377

[同治]德興縣志十卷首一卷末一卷　（清）孟慶雲修　（清）楊重雅等纂　清同治十一年(1872)刻本　十冊　存九卷(一至九)

360000－1903－0000316　3002

楚辭章句十七卷　（漢）王逸撰　清光緒九年(1883)刻本　四冊　存五卷(一至五)

360000－1903－0000317　3003

十國雜事詩十七卷敘目二卷　（清）饒智元撰　清光緒十七年(1891)刻本　一冊　存五卷(一至五)

360000－1903－0000318　3006

二曲集二十六卷　（清）李顒撰　清嘉慶十五年(1810)刻本　六冊

360000－1903－0000319　3006－1

四書反身錄□□卷　（清）李顒撰　清嘉慶十五年(1810)刻本　四冊　存十七卷(大學一、中庸一、論語一至十、孟子一至五)

360000－1903－0000320　3007

入蜀記四卷　（宋）陸游撰　清刻本　二冊

360000－1903－0000321　3008

二曲先生全集四十六卷　（清）李顒撰　清光緒三年(1877)刻本　十二冊

360000－1903－0000322　3009

少嵒賦草四卷　（清）夏思沺撰　清同治九年(1870)刻本　二冊

360000－1903－0000323　3009－1

註釋少嵒賦草四卷　（清）夏思沺撰　清同治

九年(1870)刻本　二冊

360000－1903－0000324　3011

山谷詩集註三十九卷　（宋）黃庭堅撰　（宋）任淵注　清宣統二年(1910)刻本　十九冊

360000－1903－0000325　3014－1

三魚堂文集十二卷外集六卷附錄一卷　（清）陸隴其撰　清宣統三年(1911)石印本　六冊

360000－1903－0000326　3013

三魚堂文集十二卷外集六卷賸言十二卷（清）陸隴其撰　清末石印本　六冊

360000－1903－0000327　3014

三魚堂文集十二卷外集六卷附錄一卷　（清）陸隴其撰　清宣統三年(1911)石印本　六冊

360000－1903－0000328　3015

山谷詩全集五十八卷　（宋）黃庭堅撰　（宋）任淵注　清乾隆五十三年(1788)刻本　十二冊　存三十三卷(內集一至八、外集一至十四、外集補一至四、年譜一至七)

360000－1903－0000329　3012

三魚堂文集十二卷外集六卷附錄一卷　（清）陸隴其撰　清末刻本　八冊

360000－1903－0000330　3019

王右丞集六卷　（唐）王維撰　清末影印本一冊　存一卷(一)

360000－1903－0000331　3021

六如居士外集六卷　（明）唐寅撰　（清）唐仲冕輯　清嘉慶六年(1801)刻本　二冊

360000－1903－0000332　3022

六如居士全集　（明）唐寅撰　清嘉慶六年(1801)刻本　三冊

360000－1903－0000333　3025

元遺山先生全集四十卷附一卷　（金）元好問撰　（元）張德輝輯　清光緒八年(1882)刻本十一冊

360000－1903－0000334　3026

秋崖先生小藁全集八十三卷　（宋）方岳撰清光緒二十一年(1895)影印本　十冊

360000－1903－0000335　3027

水南灌叟遺稿六卷　（清）羅暹春撰　清乾隆四十八年（1783）刻本　五冊　存五卷（一至五）

360000－1903－0000336　3028

升菴外集一百卷　（明）楊慎撰　清乾隆六十年（1795）刻本　二十二冊　存七十一卷（一至十三、二十三至二十八、四十至四十三、四十八至七十六、七十九至八十六、九十至一百）

360000－1903－0000337　3029

升菴全集八十一卷　（明）楊慎撰　清乾隆六十年（1795）刻本　二十八冊　存七十三卷（一至十八、二十二至三十、三十六至八十一）

360000－1903－0000338　3031

注釋水竹居賦不分卷　（清）盛觀潮撰　清刻本　二冊

360000－1903－0000339　3032

重訂少嵒賦草四卷　（清）夏思沺撰　清光緒四年（1878）刻本　二冊

360000－1903－0000340　3033

少嵒賦草四卷　（清）夏思沺撰　清同治九年（1870）刻本　二冊

360000－1903－0000341　3033－1

注釋少嵒賦草四卷　（清）夏思沺撰　清光緒四年（1878）刻本　二冊

360000－1903－0000342　3034

箋注少嵒賦草四卷　（清）夏思沺撰　清刻本　四冊

360000－1903－0000343　3036

尤西堂全集六十卷　（清）尤侗撰　清末上海文瑞樓石印本　十六冊　缺二十二卷（看雲草堂集一至八、述祖詩一、于京集一至五、哀絃集一、哀絃集後一、湘中草一至六）

360000－1903－0000344　3040

冬心先生集四卷　（清）金農撰　清宣統二年（1910）刻本　四冊

360000－1903－0000345　3044

石南書院課士草不分卷　（清）鍾聲撰　清光緒十五年（1889）刻本　一冊

360000－1903－0000346　3045

古微堂內集二卷外集八卷　（清）魏源撰　清宣統元年（1909）鉛印本　六冊

360000－1903－0000347　3048

西堂小草一卷　（清）尤侗撰　清刻本　一冊

360000－1903－0000348　3049

西堂剩槀二卷　（清）尤侗撰　清刻本　一冊

360000－1903－0000349　3050

西堂全集七十七卷　（清）尤侗撰　清刻本八冊　存二十四卷（西堂雜俎一集一至八、二集一至八、三集一至八）

360000－1903－0000350　3051

西堂文集　（清）尤侗撰　清刻本　十三冊缺十卷（論語詩一、右北平集一、看雲草堂集一至八）

360000－1903－0000351　3052

有一得齋詩鈔十卷　（清）董發盛撰　清道光三十年（1850）刻本　四冊

360000－1903－0000352　3053

有正味齋駢文十六卷　（清）吳錫麒撰　清光緒二十年（1894）刻本　八冊

360000－1903－0000353　3054

有正味齋續集□□卷　（清）吳錫麒撰　清文德堂刻本　二冊

360000－1903－0000354　3055

西堂全集七十七卷　（清）尤侗撰　清刻本十六冊　存五十四卷（西堂雜俎一集一至八、二集一至八、三集一至八，西堂剩稿一至二，西堂秋夢錄一，西堂小草一，論語詩一，右北平集一，看雲草堂集一至八，述祖詩一，于京集一至五，哀絃集一至二，擬明史樂府一，外國竹枝詞一，百末詞一至四,性理吟一至二）

360000－1903－0000355　3056

岑嘉州集八卷　（唐）岑參撰　清光緒十年

(1884)石印本　一冊　存四卷(一至四)

360000－1903－0000356　3057
朱子可聞詩集五卷　（宋）朱熹撰　（清）洪力行抄釋　清刻本　四冊

360000－1903－0000357　3062
壯悔堂文集十一卷　（清）侯方域撰　清宣統元年(1909)石印本　三冊

360000－1903－0000358　3064
全謝山先生文鈔十六卷　（清）全祖望撰　清宣統二年(1910)石印本　八冊

360000－1903－0000359　3065
杜少陵全集詳注□□卷　（唐）杜甫撰　（清）仇兆鰲輯注　清刻本　七冊　存十二卷(一至四、六至七、十至十三、十八至十九)

360000－1903－0000360　3066
樊川詩集四卷　（唐）杜牧撰　（清）馮集梧注　清光緒十六年(1890)刻本　四冊

360000－1903－0000361　3067
杜少陵全集詳注三十一卷首一卷　（唐）杜甫撰　（清）仇兆鰲輯注　清刻本　十一冊　存二十二卷(一至十六、十九至二十、二十三至二十五,首一卷)

360000－1903－0000362　3068
李長吉集四卷外集一卷　（唐）李賀撰　（明）黃淳耀評點　清光緒十八年(1892)刻本　一冊　存三卷(三至四、外集一卷)

360000－1903－0000363　3070
李文忠公朋僚函稿二十四卷　（清）李鴻章撰　清光緒鉛印本　十一冊　存二十二卷(一至八、十一至二十四)

360000－1903－0000364　3071
杜少陵全集詳注二十五卷首一卷附錄二卷（唐）杜甫撰　（清）仇兆鰲輯注　清刻本　二十八冊

360000－1903－0000365　3073
陳檢討四六二十卷　（清）陳維崧撰　（清）程師恭注　清末石印本　七冊　存十七卷(一至十、十四至二十)

360000－1903－0000366　3078
鄭板橋全集　（清）鄭燮撰　清宣統元年(1909)石印本　四冊

360000－1903－0000367　3080
吳詩集覽二十卷首一卷　（清）吳偉業撰　清乾隆四十年(1775)刻本　十六冊

360000－1903－0000368　3081
吳梅村詩集四十卷　（清）吳偉業撰　清光緒十年(1884)刻本　十二冊

360000－1903－0000369　3084
張太史塾課注釋八卷　（清）張江撰　（清）周汝調編　清乾隆四十九年(1784)刻本　四冊

360000－1903－0000370　3085
陶淵明集十卷　（晉）陶潛撰　清咸豐七年(1857)刻本　四冊

360000－1903－0000371　3086
蘇東坡詩集注三十二卷　（宋）蘇軾撰　（宋）呂祖謙編　（宋）王十朋集注　清康熙刻本　十二冊

360000－1903－0000372　3086－1
東坡文集一卷東坡詩集一卷　（清）熊士鵬撰　清道光六年(1826)刻本　二冊

360000－1903－0000373　3088
東萊博議四卷　（宋）呂祖謙撰　清光緒八年(1882)刻本　四冊

360000－1903－0000374　3090
東萊博議四卷　（宋）呂祖謙撰　清光緒十八年(1892)刻本　四冊

360000－1903－0000375　3091
註釋思綺堂四六全集十卷　（清）章藻功撰　清康熙六十一年(1722)刻本　十冊

360000－1903－0000376　3092
昌黎先生集四十卷外集十卷　（唐）韓愈撰　清宣統三年(1911)石印本　十二冊

360000－1903－0000377　3093

昌黎先生集四十卷外集十卷點勘四卷　（唐）韓愈撰　清宣統三年(1911)石印本　十一冊

360000－1903－0000378　3095

昌黎先生集四十卷　（唐）韓愈撰　清宣統三年(1911)石印本　五冊

360000－1903－0000379　3078－1

鄭板橋全集　（清）鄭燮撰　清宣統元年(1909)石印本　二冊

360000－1903－0000380　3105

制義叢話二十五卷　（清）梁章鉅撰　清咸豐七年(1857)刻本　八冊

360000－1903－0000381　3106

孟東野集十卷　（唐）孟郊撰　清宣統二年(1910)石印本　三冊

360000－1903－0000382　3107

松雪齋全集十卷外集一卷　（元）趙孟頫撰　清末石印本　五冊

360000－1903－0000383　3109

柳河東文集六卷　（唐）柳宗元撰　清宣統二年(1910)石印本　三冊　存三卷(一、五至六)

360000－1903－0000384　3111

庾子山集十六卷　（北周）庾信撰　（清）倪璠注　清刻本　十一冊

360000－1903－0000385　3112

明詩別裁集十二卷　（清）沈德潛　（清）周準輯　清乾隆四年(1739)刻本　十二冊

360000－1903－0000386　3113

忠雅堂全集□□卷　（清）蔣士銓撰　清刻本　六冊　存九卷(四至六、十三至十五、二十五至二十七)

360000－1903－0000387　3114

忠雅堂詩集二十七卷補遺二卷銅絃詞二卷（清）蔣士銓撰　清乾隆二十七年(1762)刻本　十二冊

360000－1903－0000388　3115

帶經堂詩話三十卷　（清）王士禎撰　清同治

十二年(1873)刻本　九冊　存二十五卷(一至九、十五至三十)

360000－1903－0000389　3116

帶經堂詩話三十卷首一卷　（清）王士禎撰　清同治十二年(1873)刻本　十二冊

360000－1903－0000390　3117

海峰稿一卷　（清）劉大櫆撰　清光緒元年(1875)刻本　一冊

360000－1903－0000391　3118

海峰文集八卷　（清）劉大櫆撰　清光緒元年(1875)刻本　三冊

360000－1903－0000392　3129

紅豆村人詩續稿四卷　（清）袁樹撰　清末鉛印本　一冊

360000－1903－0000393　3078－1

鄭板橋全集　（清）鄭燮撰　清宣統元年(1909)石印本　四冊

360000－1903－0000394　3446

古文筆法百篇二十卷首一卷　（清）李扶九輯　（清）黃仁黼注　清光緒八年(1882)刻本　四冊

360000－1903－0000395　3132

樊山全集八十二卷　樊增祥撰　清光緒十九年(1893)刻本　十八冊　存六十一卷(樊山公牘一至三,樊山批判一至二、十二至十四,樊山集一至二十八,樊山續集一至八、十四至二十八,二家詠古詩一至二)

360000－1903－0000396　3133

補校袁文箋正八卷首一卷　（清）袁枚撰（清）石韞玉箋　清刻本　三冊　存五卷(一、四、七至八,首一卷)

360000－1903－0000397　3134

袁文箋正十六卷　（清）袁枚撰　（清）石韞玉箋　增訂袁文箋正四卷　（清）袁枚撰　（清）魏大縉箋　清光緒十四年(1888)石印本　三冊

360000－1903－0000398　3135

袁太史稿不分卷 （清）袁枚撰 清末刻本
一冊

360000－1903－0000399 3136

袁太史稿不分卷 （清）袁枚撰 清光緒十八
年(1892)刻本 一冊

360000－1903－0000400 3139

袁文箋正十六卷 （清）袁枚撰 （清）石韞玉
箋 清光緒八年(1882)刻本 八冊

360000－1903－0000401 3140

曾惠敏公文集五卷 （清）曾紀澤撰 清光緒
鉛印本 一冊

360000－1903－0000402 3141

曾南豐全集五十卷集外文二卷附一卷 （宋）
曾鞏撰 清刻本 十冊

360000－1903－0000403 3143

項太史全稿不分卷 （清）項煜撰 清末刻本
一冊

360000－1903－0000404 3144

鵠山小隱文集十卷 （清）熊士鵬撰 清刻本
四冊

360000－1903－0000405 3146

曾文正公家書十卷家訓二卷 （清）曾國藩撰
大事記四卷 （清）王定安撰 清光緒二十
五年(1899)石印本 三冊 存六卷(一至六)

360000－1903－0000406 3147

曾文正公家書四種 （清）曾國藩撰 清末石
印本 七冊 存三種十三卷(家書十卷、家訓
二卷、榮哀錄一卷)

360000－1903－0000407 3148

曾文正公文集三卷 （清）曾國藩撰 清光緒
二年(1876)刻本 三冊

360000－1903－0000408 3149

曾文正公雜著二卷 （清）曾國藩撰 清光緒
二年(1876)刻本 二冊

360000－1903－0000409 3151

曾文正公批牘六卷 （清）曾國藩撰 清光緒
二年(1876)刻本 六冊

360000－1903－0000410 3152

曾文正公詩集三卷 （清）曾國藩撰 清光緒
二年(1876)刻本 一冊

360000－1903－0000411 3156

湘綺樓全集三十卷 王闓運撰 清宣統二年
(1910)石印本 十二冊

360000－1903－0000412 3157

湘中草六卷 （明）湯傳楹撰 清康熙二十四
年(1685)刻本 二冊

360000－1903－0000413 3157－1

湘中草六卷 （明）湯傳楹撰 清康熙二十四
年(1685)刻本 二冊

360000－1903－0000414 3158

漁洋山人精華錄箋注十二卷補注一卷 （清）
王士禎撰 （清）金榮箋注 （清）徐准輯 清
末石印本 六冊 存九卷(三、六至十二，補
注一卷)

360000－1903－0000415 3163

新編分類飲冰室文集二十卷 梁啟超撰 清
光緒二十九年(1903)石印本 五冊

360000－1903－0000416 3168

隨園瑣記二卷附談瀛錄□□卷 （清）袁祖志
輯 清光緒石印本 一冊

360000－1903－0000417 3169－1

隨園隨筆二十八卷 （清）袁枚撰 清同治五
年(1866)刻本 四冊 存十六卷(一至十六)

360000－1903－0000418 3172

陸宣公集二十二卷 （唐）陸贄撰 清刻本
五冊 存二十卷(三至二十二)

360000－1903－0000419 3175

飲冰室壬寅文集十八卷 梁啟超撰 清光緒
二十九年(1903)維新學社石印本 十五冊
存十六卷(一至十六)

360000－1903－0000420 3176

飲冰室文集十八卷 梁啟超撰 清光緒二十
八年(1902)鉛印本 十八冊

360000－1903－0000421 3177

韞山堂時文初集一卷二集二卷三集一卷
（清）管世銘撰　清光緒八年（1882）刻本
四冊

360000－1903－0000422　3178

韞山堂時文三卷　（清）管世銘撰　清光緒六
年（1880）刻本　三冊

360000－1903－0000423　3179

震川先生別集十卷　（明）歸有光撰　清光緒
元年（1875）刻本　六冊

360000－1903－0000424　3180

震川先生文集三十卷　（明）歸有光撰　清光
緒六年（1880）刻本　十二冊

360000－1903－0000425　3181

陶元暉中丞遺集續編一卷　（明）陶朗先撰
清末石印本　一冊

360000－1903－0000426　3182

陶淵明集八卷首一卷末一卷　（晉）陶潛撰
清光緒五年（1879）刻本　二冊

360000－1903－0000427　3185

擬明史樂府一卷　（清）尤侗撰　清刻本
一冊

360000－1903－0000428　3186

勸學篇二卷　（清）張之洞撰　清刻本　二冊

360000－1903－0000429　3187

鉅鹿東觀集十卷　（宋）魏野撰　清宣統刻本
二冊

360000－1903－0000430　3187－1

鉅鹿東觀集十卷　（宋）魏野撰　清宣統刻本
二冊

360000－1903－0000431　3189

戴東原集十二卷附年譜一卷札記一卷　（清）
戴震撰　清宣統二年（1910）刻本　六冊

360000－1903－0000432　3192

伊川先生文集八卷　（宋）程頤撰　清刻本
二冊

360000－1903－0000433　3193

睫闇詩鈔十卷　裴景福撰　清末鉛印本　三
冊　存七卷（一至七）

360000－1903－0000434　3194

詒晉齋集八卷後集一卷隨筆一卷　（清）永瑆
撰　清道光二十八年（1848）刻本　四冊

360000－1903－0000435　3195

善卷堂四六卷　（清）陸繁弨撰　清刻本
二冊　存六卷（三至四、七至十）

360000－1903－0000436　3196

劍南詩鈔不分卷　（宋）陸游撰　清刻本
五冊

360000－1903－0000437　3197

惜抱軒詩集十卷　（清）姚鼐撰　清嘉慶三年
（1798）刻本　四冊

360000－1903－0000438　3198

錢牧齋文鈔不分卷　（清）錢謙益撰　清宣統
元年（1909）鉛印本　四冊

360000－1903－0000439　3200

曹子建集十卷　（三國魏）曹植撰　清末鉛印
本　二冊

360000－1903－0000440　3203

紫竹山房文稾二刻□□卷　（清）陳兆崙撰
清刻本　三冊

360000－1903－0000441　3204

龍尾山房詩存六卷　（清）胡永煥撰　清光緒
十五年（1889）刻本　一冊

360000－1903－0000442　3205

鳴原堂論文二卷　（清）曾國藩撰　清同治十
二年（1873）刻本　二冊

360000－1903－0000443　3207

歐陽文忠公全集一百五十三卷附錄五卷
（宋）歐陽修撰　清末石印本　十八冊　存一
百十四卷（一至九十四、一百三十四至一百五
十三）

360000－1903－0000444　3208

詳注嚶求集二卷　（清）繆艮撰　清光緒三十
四年（1908）石印本　二冊

360000 – 1903 – 0000445　3209

韓慕廬先生稿不分卷　（清）韓菼撰　清末刻本　二冊

360000 – 1903 – 0000446　3210

堯峰文鈔四十卷　（清）汪琬撰　清宣統二年(1910)石印本　八冊

360000 – 1903 – 0000447　3213 – 1

隨園三十八種　（清）袁枚撰　清光緒十八年(1892)鉛印本　一冊　存二種十卷(碧腴齋詩存八卷、南園詩選二卷)

360000 – 1903 – 0000448　3219

寇忠愍公詩集三卷　（宋）寇準撰　清宣統三年(1911)影印本　二冊

360000 – 1903 – 0000449　3224

戴東原集七卷　（清）戴震撰　清刻本　一冊　存四卷(四至七)

360000 – 1903 – 0000450　3227

硃批七家詩選箋注七卷　（清）張熙宇輯評　清道光十二年(1832)刻本　四冊

360000 – 1903 – 0000451　3228

硃批七家詩選箋注七卷　（清）張熙宇輯評　清咸豐七年(1857)刻本　四冊

360000 – 1903 – 0000452　3229

七家詩輯注不分卷　（清）張熙宇輯　清光緒十六年(1890)石渠山房刻本　八冊

360000 – 1903 – 0000453　3231

賦學指南十二卷　（清）余丙照輯　清道光二十三年(1843)刻本　三冊

360000 – 1903 – 0000454　3232

春雲詩鈔六卷　（清）張襄編輯　清道光十三年(1833)刻本　四冊

360000 – 1903 – 0000455　3233

考卷清雅□□卷　（清）何希軾編　清末刻本　十三冊

360000 – 1903 – 0000456　3234

連元閣詳訂古文評注十卷　（清）過珙　（清）黃越選評　清宣統元年(1909)石印本　四冊

360000 – 1903 – 0000457　3236

十八家詩鈔二十八卷　（清）曾國藩輯　清同治十三年(1874)刻本　二十四冊　存二十二卷(一至二、五至八、十至二十五)

360000 – 1903 – 0000458　3240

甌北詩話十二卷　（清）趙翼撰　清同治十三年(1874)刻本　四冊

360000 – 1903 – 0000459　3241

皇朝經世文編一百二十卷姓名總目二卷　（清）賀長齡輯　清光緒二十五年(1899)石印本　六冊　存六十二卷(一至六十、姓名總目二卷)

360000 – 1903 – 0000460　3242

五七言今體詩鈔十八卷　（清）姚鼐輯　清同治七年(1868)刻本　三冊　存十四卷(五言詩鈔一至九、七言詩鈔一至五)

360000 – 1903 – 0000461　3243

林嚴文鈔四卷　林紓　嚴復撰　清宣統元年(1909)鉛印本　三冊　存三卷(二至四)

360000 – 1903 – 0000462　3111 – 1

庚子山集十六卷　（北周）庾信撰　（清）倪璠注　清刻本　九冊　存十一卷(一、三至六、十一至十六)

360000 – 1903 – 0000463　3247

瑞芝山房詩鈔八卷　（清）戴燮元輯　清光緒元年(1875)刻本　四冊

360000 – 1903 – 0000464　3078 – 2

鄭板橋全集　（清）鄭燮撰　清宣統元年(1909)石印本　三冊

360000 – 1903 – 0000465　3249

三蘇文範十八卷　（宋）蘇洵等撰　（明）楊慎輯　清刻本　七冊　存十三卷(一至十三)

360000 – 1903 – 0000466　3250

荊湖知舊詩鈔二卷　（清）陳詩等撰　清末刻本　二冊

360000 – 1903 – 0000467　3253

中州名賢文表三十卷　（明）劉昌輯　清光緒

三十年(1904)石印本　六册

360000－1903－0000468　3254
續中州名賢文表六十八卷　(清)邵松年輯
清光緒三十年(1904)石印本　二十一册　存
六十四卷(一至六十四)

360000－1903－0000469　3255
注釋八銘塾鈔二集不分卷　(清)吳懋政編
清乾隆四十七年(1782)刻本　五册

360000－1903－0000470　3256
八銘堂塾鈔初集不分卷　(清)吳懋政編　清
同治九年(1870)刻本　四册

360000－1903－0000471　3257
八銘堂塾鈔初集不分卷二集不分卷　(清)吳
懋政編　清兩儀堂刻本　四册

360000－1903－0000472　3258
八銘堂塾鈔全集不分卷　(清)吳懋政編　清
光緒二十年(1894)刻本　七册

360000－1903－0000473　3259
八銘堂塾鈔初集不分卷二集不分卷　(清)吳
懋政編　清刻本　七册

360000－1903－0000474　3260
八銘堂塾鈔二集不分卷　(清)吳懋政編　清
光緒二十年(1894)刻本　十册

360000－1903－0000475　3274
尺牘初桄二卷　(□)□□撰　清光緒十二年
(1886)刻本　二册

360000－1903－0000476　3275
知愧軒尺牘四卷　(清)管士駿撰　清光緒十
四年(1888)刻本　四册

360000－1903－0000477　3281
古文釋義新編八卷　(清)余誠輯　清乾隆八
年(1743)刻本　四册

360000－1903－0000478　3282
重訂古文釋義新編八卷　(清)余誠評注　清
宣統二年(1910)石印本　八册

360000－1903－0000479　3285

古文析義六卷　(清)林雲銘評注　清康熙五
十一年(1712)刻本　六册

360000－1903－0000480　3286
古文析義六卷　(清)林雲銘評注　清刻本
六册

360000－1903－0000481　3286－1
古文析義二編八卷　(清)林雲銘評注　清刻
本　八册

360000－1903－0000482　3289
重訂古文釋義新編八卷　(清)余誠評注　清
刻本　六册

360000－1903－0000483　3290
古文析義初編六卷　(清)林雲銘評注　清刻
本　六册

360000－1903－0000484　3291
續古文辭類纂三十四卷　王先謙輯　清光緒
八年(1882)刻本　八册

360000－1903－0000485　3292
續古文辭類纂三十四卷　王先謙輯　清光緒
八年(1882)刻本　十册

360000－1903－0000486　3293
古文辭類纂七十四卷　(清)姚鼐輯　清光緒
二十年(1894)刻本　十六册

360000－1903－0000487　3294
類纂古文雲蒸六卷　(清)燕毅輯　清光緒三
年(1877)刻本　五册　存五卷(一至二、四至
六)

360000－1903－0000488　3296
正續古文辭類纂三十四卷　(清)姚鼐　王先
謙輯　清末鉛印本　四册

360000－1903－0000489　3297
續古文辭類纂三十四卷　王先謙輯　清光緒
刻本　八册

360000－1903－0000490　3298
古文辭類纂七十五卷校勘記一卷　(清)姚鼐
輯　清光緒二十七年(1901)刻本　九册　存
六十一卷(一至六、十六至四十六、五十二至

七十五)

360000－1903－0000491　3301

古文分編集評初集三卷　（清）于光華輯　清乾隆四十年(1775)刻本　四冊

360000－1903－0000492　3302

古文分編集評初集五卷二集五卷三集八卷四集四卷　（清）于光華輯　清乾隆四十年(1775)刻本　二十冊

360000－1903－0000493　3303

古文淵鑒六十四卷　（清）徐乾學等輯注　清末石印本　十六冊

360000－1903－0000494　3305

漁洋山人古詩選三十二卷　（清）王士禎輯　清同治五年(1866)刻本　六冊

360000－1903－0000495　3309

古文翼八卷　（清）唐德宜編　清光緒十九年(1893)刻本　十四冊　存六卷(一、三至六、八)

360000－1903－0000496　3312

文林綺繡五種　（明）凌迪知輯　清光緒十九年(1893)石印本　六冊

360000－1903－0000497　3314

文變三卷　蔡元培輯　清光緒二十八年(1902)鉛印本　二冊

360000－1903－0000498　3316

文苑英華一千卷　（宋）李昉等輯　清刻本　十二冊　存三十九卷(四至十一、十九至二十四、二十七至二十九、三十三至三十五、三十九至四十四、四十八至六十)

360000－1903－0000499　3318

文選六十卷　（南朝梁）蕭統輯　（唐）李善注　清乾隆二十四年(1759)刻本　十五冊　存五十六卷(一至五十二、五十七至六十)

360000－1903－0000500　3321

文選集評十五卷首一卷末一卷　（清）于光華輯　清乾隆四十三年(1778)刻本　十四冊

360000－1903－0000501　3323

重訂文選集評十五卷首一卷末一卷　（清）于光華輯　清同治九年(1870)刻本　十六冊

360000－1903－0000502　3319

文選六十卷　（南朝梁）蕭統輯　（唐）李善注　清乾隆三十七年(1772)刻朱墨套印本　十四冊　存五十二卷(一至四十四、四十九至五十二、五十七至六十)

360000－1903－0000503　3325

文選六十卷　（南朝梁）蕭統輯　（唐）李善注　清末影印本　八冊　存四十八卷(十三至六十)

360000－1903－0000504　3326

評注昭明文選七卷　（清）于光華輯　清末石印本　七冊

360000－1903－0000505　3327

分韻文選題解十卷　（清）李麟閣輯　清嘉慶十四年(1809)刻本　七冊

360000－1903－0000506　3328

重訂文選集評十五卷首一卷末一卷　（清）于光華輯　清乾隆四十三年(1778)刻本　十五冊　存十六卷(一、三至十五,首一卷,末一卷)

360000－1903－0000507　3329

重刻宋本文選六十卷　（南朝梁）蕭統輯　（唐）李善注　**考異十卷**　（清）胡克家撰　清宣統三年(1911)石印本　十六冊

360000－1903－0000508　3330

重刻昭明文選李善注六十卷　（南朝梁）蕭統輯　（唐）李善注　清刻本　十二冊

360000－1903－0000509　3331

重刻昭明文選李善注六十卷　（南朝梁）蕭統輯　（唐）李善注　清刻本　十六冊

360000－1903－0000510　3332

唐宋八大家文鈔十九卷首一卷　（清）張伯行輯　清同治八年(1869)刻本　八冊

360000－1903－0000511　3333

唐宋八大家文鈔一百六十四卷　（明）茅坤輯

清刻本　二十一册

360000－1903－0000512　3334

欽定全唐文一千卷　(清)董誥等輯　清光緒二十二年(1896)上海點石齋石印本　二十二册　存八十九卷(九十三至九十七、一百九十六至二百、二百二十一至二百二十四、二百五十四至二百六十五、二百七十至二百七十三、三百三十二至三百三十五、三百五十五至三百五十八、三百七十至三百七十三、四百六十四至四百六十七、四百八十三至四百八十七、五百四至五百七、五百二十六至五百二十九、五百三十四至五百三十八、七百八十三至七百八十九、八百至八百二、八百六十三至八百六十七、八百八十七至八百九十一、八百九十七至九百一)

360000－1903－0000513　3335

御選唐宋文醇五十八卷　(清)高宗弘曆輯　清光緒十年(1884)刻本　十六册

360000－1903－0000514　3336

御選唐宋文醇五十八卷　(清)高宗弘曆輯　清乾隆三年(1738)刻本　十四册　存三十九卷(一至五、十二至十六、二十至三十三、四十一至四十三、四十七至五十八)

360000－1903－0000515　3337

唐宋八家文讀本十卷　(清)沈德潛輯　清光緒二十四年(1898)石印本　四册

360000－1903－0000516　3338

唐人賦鈔六卷　(清)邱先德輯　清同治十三年(1874)刻本　四册　存四卷(一至三、五)

360000－1903－0000517　3339

御選唐宋文醇五十八卷　(清)高宗弘曆輯　清刻本　二十三册　存五十七卷(二至五十八)

360000－1903－0000518　3340

唐詩合解十二卷古詩合解四卷　(清)王堯衢注　清末石印本　一册　存三卷(唐詩合解一至三)

360000－1903－0000519　3342

唐詩三百首注疏六卷　(清)孫洙編　(清)章燮注　續選一卷　(清)于慶元編　清道光十七年(1837)刻本　三册

360000－1903－0000520　3343

唐詩三百首注疏六卷　(清)孫洙編　(清)章燮注　續選一卷　(清)于慶元編　清道光十七年(1837)刻本　六册

360000－1903－0000521　3345

唐詩三百首四卷　(清)孫洙編　清末石印本　四册

360000－1903－0000522　3347

唐詩三百首注釋六卷　(清)孫洙編　**續選一卷**　(清)于慶元編　清光緒十年(1884)刻本　四册

360000－1903－0000523　3348

唐詩三百首注疏六卷　(清)孫洙編　(清)章燮注　清道光十五年(1835)刻本　六册

360000－1903－0000524　3352

古唐詩合解十二卷古詩四卷　(清)王堯衢注　清光緒十八年(1892)刻本　六册

360000－1903－0000525　3353

古唐詩合解十二卷　(清)王堯衢注　清光緒十八年(1892)刻本　五册

360000－1903－0000526　3354

唐詩合解十二卷古詩合解四卷　(清)王堯衢注　清刻本　六册

360000－1903－0000527　3355

唐詩合解十二卷古詩合解四卷　(清)王堯衢注　清刻本　六册

360000－1903－0000528　3356

古唐詩合解十二卷　(清)王堯衢注　清光緒十八年(1892)刻本　三册

360000－1903－0000529　3158－1

漁洋山人精華錄箋注十二卷補注一卷　(清)王士禛撰　(清)金榮箋注　(清)徐准輯　清末石印本　三册　存四卷(七至八、十一至十二)

360000－1903－0000530　3358

江西闈墨一卷　(清)龍元勛等撰　清光緒二十八年(1902)刻本　一冊

360000－1903－0000531　3359

江西試牘立誠編不分卷　(清)汪廷珍編　清嘉慶十五年(1810)刻本　一冊

360000－1903－0000532　3360

目耕齋小題不分卷　(清)沈叔眉輯　清光緒三年(1877)刻本　二冊

360000－1903－0000533　3361

目耕齋二刻不分卷　(清)沈叔眉輯　清光緒二年(1876)刻本　二冊

360000－1903－0000534　3362

目耕齋讀本不分卷　(清)沈叔眉輯　清光緒二年(1876)刻本　二冊

360000－1903－0000535　3363－1

目耕齋讀本全集不分卷　(清)沈叔眉輯　清光緒十四年(1888)刻本　八冊

360000－1903－0000536　3363

目耕齋讀本不分卷　(清)沈叔眉輯　(清)徐楷評　清光緒八年(1882)刻本　六冊

360000－1903－0000537　3364

目耕齋三集不分卷　(清)沈叔眉輯　清光緒十八年(1892)刻本　二冊

360000－1903－0000538　3365

目耕齋二集不分卷　(清)沈叔眉輯　清光緒二十年(1894)刻本　二冊

360000－1903－0000539　3366

目耕齋小題偶編不分卷　(清)沈叔眉編　清光緒二十年(1894)刻本　二冊

360000－1903－0000540　4061

校正四書古註羣義十種　(□)□□輯　清光緒二十九年(1903)上海簡青齋石印本　十八冊

360000－1903－0000541　3367

國朝律賦新機初集一卷二集一卷續集一卷　(清)孫理評輯　清嘉慶十六年(1811)刻本　四冊

360000－1903－0000542　3368

律賦韻蘭集註釋六卷　(清)陸雲槎輯　清道光元年(1821)刻本　二冊　存四卷(一至四)

360000－1903－0000543　3369

明文明不分卷　(清)路德等撰　清道光二十六年(1846)刻本　三冊

360000－1903－0000544　3370

御製圓明園圖詠二卷　(清)高宗弘曆撰　(清)張廷玉等註　清光緒十三年(1887)石印本　二冊

360000－1903－0000545　3372

東萊博議四卷　(宋)呂祖謙撰　清光緒三十年(1904)石印本　四冊

360000－1903－0000546　3373

增批輯注東萊博議四卷　(宋)呂祖謙撰　(清)劉鍾英輯注　清光緒三十一年(1905)上海鉛印本　四冊

360000－1903－0000547　3375

國朝駢體正宗十二卷　(清)曾燠輯　清末石印本　四冊

360000－1903－0000548　3376

國朝文雅正所見集十六卷　(清)林有席輯　清嘉慶刻本　十二冊

360000－1903－0000549　3377

國朝駢體正宗十二卷　(清)曾燠輯　清刻本　六冊

360000－1903－0000550　3379

國朝名文約編不分卷　(清)陳詩輯　清道光四年(1824)刻本　四冊

360000－1903－0000551　3381

國朝名文約編二卷　(清)徐斐然輯　清道光二十七年(1847)刻本　四冊

360000－1903－0000552　3383

欽定四書文不分卷　(清)方苞等輯　清刻本　十五冊

360000－1903－0000553　3384

欽定本朝四書文不分卷　(清)方苞等輯　清

光緒二年（1876）刻本　八冊

360000－1903－0000554　3387
注釋韻蘭賦鈔二集二卷　（清）屈塵菴評選
清道光十六年（1836）刻本　一冊

360000－1903－0000555　3389
評注時藝雲蒸不分卷　（清）燕毅編　清同治
十三年（1874）刻本　五冊

360000－1903－0000556　3390
詩比興箋四卷　（清）陳沆撰　清光緒九年
（1883）刻本　二冊

360000－1903－0000557　3391
諸家詠杜二卷　（清）仇兆鰲輯　清刻本
一冊

360000－1903－0000558　3392
評選四六法海八卷　（清）蔣士銓評選　清同
治刻本　八冊

360000－1903－0000559　3394
續同人集不分卷　（清）袁枚輯　清刻本
六冊

360000－1903－0000560　3395
經訓書院課藝四卷　（清）歐陽熙等編　清光
緒十三年（1887）刻本　二冊

360000－1903－0000561　3396
經史百家雜鈔二十六卷　（清）曾國藩輯　清
光緒二年（1876）刻本　十九冊　存十九卷
（一至二、五至十三、十九至二十六）

360000－1903－0000562　3397
歷代史事論海三十二卷　（清）□□輯　清光
緒二十八年（1902）石印本　二十四冊

360000－1903－0000563　3400
歷朝名媛詩詞十二卷　（清）陸昶輯　清末石
印本　四冊

360000－1903－0000564　3402
塾課小題正鵠初集不分卷　（清）李元度輯
清光緒八年（1882）刻本　二冊

360000－1903－0000565　3403
賦鈔箋略十五卷　（清）雷琳　（清）張杏濱箋
清乾隆三十一年（1766）刻本　八冊

360000－1903－0000566　3404
墨香書屋時文摘艷四卷　（清）蕭萬堂編　清
光緒二十三年（1897）刻本　四冊

360000－1903－0000567　3405
賦學正鵠十卷　（清）李元度輯　清刻本
五冊

360000－1903－0000568　3406
惜抱軒今體詩選十八卷　（清）姚鼐輯　清同
治五年（1866）刻本　二冊

360000－1903－0000569　3407
養雲山館試帖四卷　（清）許球撰　清光緒十
四年（1888）刻本　二冊

360000－1903－0000570　3408
史論正鵠初集四卷二集四卷三集八卷　（清）
王樹敏評　清光緒二十七年（1901）石印本
十三冊

360000－1903－0000571　3409
普天忠憤全集十四卷首一卷　（清）孔廣德編
清光緒二十一年（1895）石印本　十二冊

360000－1903－0000572　3410
大題三萬選不分卷　（清）□□輯　清光緒十
四年（1888）石印本　四十一冊

360000－1903－0000573　3414
館律分韻初編六卷　（清）春暉閣主人輯　清
末石印本　六冊

360000－1903－0000574　3415
皇朝經世文三編八十卷　（清）陳忠倚輯　清
光緒二十八年（1902）石印本　十六冊

360000－1903－0000575　3419
聖嘆秘書七種　（清）金人瑞撰　（清）證嫘社
輯　清光緒三十一年（1905）證嫘社鉛印本
一冊

360000－1903－0000576　3421
文字發凡四卷　（清）龍志澤編　清光緒三十
一年（1905）鉛印本　二冊

360000 - 1903 - 0000577 3422

文心雕龍十卷 (南朝梁)劉勰撰 清光緒石印本 四冊

360000 - 1903 - 0000578 3423

文心雕龍十卷 (南朝梁)劉勰撰 (清)黃叔琳輯注 清末石印本 四冊

360000 - 1903 - 0000579 3424

文心雕龍輯注十卷 (南朝梁)劉勰撰 (清)黃叔琳輯注 清刻本 四冊

360000 - 1903 - 0000580 3425

陳眉公批評紅拂記二卷 (明)陳繼儒評 清刻本 二冊

360000 - 1903 - 0000581 3427

殺狗記二卷 (明)徐㬎撰 清夢鳳樓暖紅室刻本 二冊

360000 - 1903 - 0000582 3428

桃花扇二卷 (清)孔尚任撰 清刻本 二冊

360000 - 1903 - 0000583 3429

無瑕璧傳奇二卷 (清)夏綸撰 清乾隆十七年(1752)刻本 二冊

360000 - 1903 - 0000584 3432

牡丹亭還魂記二卷 (明)湯顯祖撰 清光緒十二年(1886)石印本 四冊

360000 - 1903 - 0000585 3434

繡像歸西甯鼓詞四卷 (□)□□撰 清末石印本 二冊

360000 - 1903 - 0000586 3437

木樨香一卷 (清)歗嵐道人(鄭由熙)撰 清光緒十六年(1890)刻本 一冊

360000 - 1903 - 0000587 2001

約書十二卷 (清)謝楷樹撰 清光緒二十八年(1902)刻本 四冊

360000 - 1903 - 0000588 2002

在官法戒錄摘鈔四卷 (清)陳弘謀輯 清同治七年(1868)刻本 二冊

360000 - 1903 - 0000589 2003

360000 - 1903 - 0000590 2003 - 1

三魚堂賸言十二卷 (清)陸隴其撰 清宣統三年(1911)石印本 二冊

三魚堂賸言十二卷 (清)陸隴其撰 清宣統三年(1911)石印本 二冊

360000 - 1903 - 0000591 2004

中論二卷 (漢)徐幹撰 清刻本 一冊

360000 - 1903 - 0000592 2005

潛夫論十卷 (漢)王符撰 清刻本 二冊

360000 - 1903 - 0000593 2006

中說二卷 (隋)王通撰 清刻本 一冊

360000 - 1903 - 0000594 2007

朱子白鹿洞講學錄六卷末一卷 (清)王岐瑞輯 清同治四年(1865)刻本 四冊

360000 - 1903 - 0000595 2009

孔子集語十七卷 (清)孫星衍輯 清光緒二十四年(1898)刻本 二冊

360000 - 1903 - 0000596 2010

孔子家語十卷附札記一卷 題(三國魏)王肅注 清光緒二十二年(1896)刻本 四冊

360000 - 1903 - 0000597 2013

孔子家語十卷 題(三國魏)王肅注 清聚盛堂刻本 二冊

360000 - 1903 - 0000598 2014

二程全書三十七卷 (宋)程顥 (宋)程頤撰 清刻本 五冊

360000 - 1903 - 0000599 2015

二程粹言二卷 (宋)楊時輯 清刻本 二冊

360000 - 1903 - 0000600 2016

程氏家塾讀書分年日程三卷綱領一卷 (元)程端禮撰 清同治七年(1868)刻本 二冊

360000 - 1903 - 0000601 2017

五子近思錄發明十四卷 (清)施璜輯 清康熙刻本 六冊

360000 - 1903 - 0000602 2018

增補五子近思錄詳解十四卷 (清)汪佑輯

清刻本　四冊

360000 – 1903 – 0000603　2019

五子近思錄十卷　（清）汪佑輯　清刻本
五冊

360000 – 1903 – 0000604　2022

明夷待訪錄一卷　（清）黃宗羲撰　清刻本
二冊

360000 – 1903 – 0000605　2023

近思錄十四卷　（宋）朱熹　（宋）呂祖謙撰
（清）江永集注　清同治七年(1868)刻本
四冊

360000 – 1903 – 0000606　2025

崇文課藝不分卷　（清）梁寶常編　清道光十
五年(1835)刻本　四冊

360000 – 1903 – 0000607　2026

伊川經說八卷　（宋）程頤撰　清刻本　二冊

360000 – 1903 – 0000608　2029

性理綜要二十二卷　（明）詹淮輯　清刻本
五冊　存十八卷(一至十五、二十至二十二)

360000 – 1903 – 0000609　2030

御纂性理精義十二卷　（清）李光地等編　清
道光三十年(1850)刻本　四冊

360000 – 1903 – 0000610　2031

御纂性理精義十二卷　（清）李光地等編　清
咸豐元年(1851)刻本　四冊

360000 – 1903 – 0000611　2035

韓非子集解二十卷　（清）王先慎撰　清末成
都昌福公司鉛印本　六冊

360000 – 1903 – 0000612　2036

韓非子集解二十卷首一卷　（清）王先慎撰
清光緒二十二年(1896)刻本　六冊

360000 – 1903 – 0000613　2038

管子二十四卷　清刻本　八冊

360000 – 1903 – 0000614　2039

戊笈談兵十卷附二卷　（清）汪紱撰　清光緒
二十年(1894)刻本　十冊

360000 – 1903 – 0000615　2040

孫子十家註十三卷首一卷末一卷　（宋）吉天
保輯　（清）孫星衍校　清育文書局石印本
一冊

360000 – 1903 – 0000616　2043

紀效新書十八卷首一卷　（明）戚繼光撰　清
咸豐三年(1853)慎德堂刻本　八冊

360000 – 1903 – 0000617　2044

聖武記十四卷　（清）魏源撰　清末和記書莊
石印本　六冊

360000 – 1903 – 0000618　2055

七政臺歷全書不分卷　（清）楊夢祿撰　清光
緒二十三年(1897)刻本　二冊

360000 – 1903 – 0000619　2056

孫子算經三卷海島算經一卷　（唐）李淳風等
注　清刻本　一冊

360000 – 1903 – 0000620　2057

夏侯陽算經三卷　（□）夏侯陽撰　（隋）韓延
傳　**五曹算經五卷**　（北周）甄鸞撰　（唐）李
淳風等注　清刻本　一冊

360000 – 1903 – 0000621　2058

周髀算經二卷　（漢）趙爽注　（唐）李淳風釋
清刻本　二冊

360000 – 1903 – 0000622　2059

九章算術九卷　（晉）劉徽撰　（唐）李淳風注
清刻本　二冊　存五卷(三至五、八至九)

360000 – 1903 – 0000623　2060

溥通新代數六卷　（清）徐虎臣選譯　清光緒
二十九年(1903)刻本　三冊　存三卷(一、三
至四)

360000 – 1903 – 0000624　2061

學算筆談十二卷　（清）華蘅芳撰　清刻本
一冊　存三卷(二至四)

360000 – 1903 – 0000625　2062

白芙堂算學叢書二十一種八十五卷　（清）丁
取忠輯　清刻本　七冊

360000 – 1903 – 0000626　2063

八線備旨四卷 （美國）羅密士撰 清光緒十
九年(1893)刻本 一冊 存一卷(一)

360000－1903－0000627 2064
新鐫校正指明算法二卷 （□）□□撰 清末
刻本 一冊 存一卷(下)

360000－1903－0000628 2065
欽定協紀辨方書三十六卷 （清）允祿等撰
清刻本 十二冊 存二十五卷(一、四至十、
十四至十九、二十三至二十八、三十二至三十
六)

360000－1903－0000629 2069
農學叢書初集 （清）江南總農會輯 清光緒
二十七年(1901)石印本 三十六冊

360000－1903－0000630 2072
欽定協紀辨方書三十六卷 （清）允祿等撰
清末石印本 八冊

360000－1903－0000631 2074
天律聖典大全十卷 （清）李厚傑校 清末鉛
印本 三冊 存七卷(四至十)

360000－1903－0000632 2075
心眼指要四卷 （清）章甫輯 清道光十六年
(1836)刻本 二冊

360000－1903－0000633 2077
合併評註淵海子平二卷 （宋）徐升撰 清刻
本 一冊

360000－1903－0000634 2078
六壬际斯二卷 （清）葉悔亭撰 清乾隆四十
年(1775)刻本 二冊

360000－1903－0000635 2082
十四層啓蒙捷訣二卷 （清）曹原亮撰 清道
光十四年(1834)刻本 一冊

360000－1903－0000636 2085
靈樞素問節要淺註十二卷 （清）陳念祖撰
清光緒二十六年(1900)刻本 六冊

360000－1903－0000637 2087
黃帝內經素問九卷 （清）張志聰集注 清刻
本 六冊 存七卷(一至二、五至九)

360000－1903－0000638 2088
補註黃帝內經素問二十四卷 （唐）王冰撰
清光緒二十二年(1896)石印本 四冊

360000－1903－0000639 2091
黃帝內經靈樞九卷 （清）張志聰集注 清刻
本 七冊

360000－1903－0000640 2092
精校傷寒論四卷 （漢）張機撰 （清）張志聰
集注 清光緒三十四年(1908)石印本 四冊

360000－1903－0000641 2092－1
精校傷寒論四卷 （漢）張機撰 （清）張志聰
集注 清光緒三十四年(1908)石印本 四冊

360000－1903－0000642 2092－2
精校傷寒論四卷 （漢）張機撰 （清）張志聰
集注 清光緒三十四年(1908)石印本 四冊

360000－1903－0000643 2093
傷寒論淺註六卷 （漢）張機撰 （清）陳念祖
注 清末石印本 一冊

360000－1903－0000644 2094
張仲景傷寒論淺註六卷 （清）陳念祖撰 清
光緒十五年(1889)刻本 二冊

360000－1903－0000645 2096
傷寒真方歌括六卷 （清）陳念祖撰 清光緒
三十年(1904)石印本 一冊

360000－1903－0000646 2097
鍼灸大成十卷 （明）楊繼洲撰 清末刻本
四冊

360000－1903－0000647 2098
傷寒醫訣串解六卷 （清）陳念祖撰 清光緒
三十年(1904)石印本 一冊

360000－1903－0000648 2099
傷寒說意十卷 （清）黃元御撰 清道光十四
年(1834)刻本 二冊

360000－1903－0000649 2100
金匱要略淺註十卷 （漢）張機撰 （清）陳念
祖注 清道光二十五年(1845)刻本 四冊

360000－1903－0000650　2101

金匱要略淺註補正九卷 （清）唐宗海撰　清光緒三十四年(1908)石印本　三冊

360000－1903－0000651　2104

雷公炮製藥性解六卷 （明）李中梓編　清末石印本　一冊

360000－1903－0000652　2107

神農本草經讀四卷 （清）陳念祖撰　清嘉慶八年(1803)刻本　二冊

360000－1903－0000653　2109

本草從新六卷 （清）吳儀洛撰　清乾隆二十二年(1757)兩儀堂刻本　四冊

360000－1903－0000654　2113

本草求真九卷主治二卷脈理一卷 （清）黃宮繡撰　清乾隆三十八年(1773)刻本　七冊　存十一卷(一至五、七至九,主治二卷,脈理一卷)

360000－1903－0000655　2114

增補珍珠囊藥性全書十卷 （明）羅必煒輯　清光緒十四年(1888)刻本　二冊

360000－1903－0000656　2216

景岳全書六十四卷 （明）張介賓撰　清大文堂刻本　二十一冊　存六十一卷(一至二、六至六十四)

360000－1903－0000657　2221

時方妙用四卷 （清）陳念祖撰　清刻本　二冊

360000－1903－0000658　2222

時方歌括二卷 （清）陳念祖撰　清光緒十五年(1889)刻本　一冊

360000－1903－0000659　2223

時方歌括二卷 （清）陳念祖撰　清末石印本　一冊

360000－1903－0000660　2224

長沙方歌括六卷首一卷 （清）陳念祖撰　清光緒三十四年(1908)石印本　一冊

360000－1903－0000661　2225

長沙方歌括六卷 （清）陳念祖撰　清光緒十

五年(1889)刻本　二冊

360000－1903－0000662　2227

驗方新編十六卷 （清）鮑相璈輯　清同治五年(1866)刻本　七冊

360000－1903－0000663　2228

驗方新編十六卷 （清）鮑相璈輯　清刻本　九冊　存十三卷(四至十六)

360000－1903－0000664　2229

醫方本草合編十四卷 （清）汪昂輯　清末刻本　六冊

360000－1903－0000665　2230

本草綱目五十二卷圖三卷 （明）李時珍撰　清刻本　二十四冊　存三十卷(一、三至七、九、十一至十六、十九至二十三、三十一至三十三、三十七至三十八、四十一至四十二、四十五至四十六、五十一至五十二,圖一)

360000－1903－0000666　2230－1

本草萬方鍼線四卷 （清）蔡烈先輯　清刻本　一冊

360000－1903－0000667　2230－2

奇經八脈考一卷 （明）李時珍撰　清刻本　一冊

360000－1903－0000668　2231

御纂醫宗金鑑九十卷首一卷 （清）吳謙等編　清刻本　三十一冊　存六十四卷(一、五至九、十七至五十六、五十八至七十四,首一卷)

360000－1903－0000669　2232

御纂醫宗金鑑外科十六卷 （清）吳謙等編　清光緒三十二年(1906)石印本　四冊

360000－1903－0000670　2233

御纂醫宗金鑑十六卷 （清）吳謙等編　清末石印本　四冊　存十二卷(五至十六)

360000－1903－0000671　2238

御纂醫宗金鑑九十卷首一卷 （清）吳謙等編　清末刻本　二十三冊　存七十三卷(一至五十五、五十八至七十四,首一卷)

360000－1903－0000672　2239

新刊医林状元壽世保元十卷　（明）龔廷賢撰
清刻本　四冊　存四卷(一至二、六、十)

360000－1903－0000673　2241
古吳童氏重校醫宗必讀十卷　（明）李中梓撰
清末石印本　四冊

360000－1903－0000674　2242
醫宗必讀十卷　（明）李中梓撰　清刻本　十
二冊

360000－1903－0000675　2243
醫門法律六卷　（清）喻昌撰　清光緒二十六
年(1900)石印本　三冊

360000－1903－0000676　2244
醫門法律六卷　（清）喻昌撰　清刻本　六冊

360000－1903－0000677　2245
御纂醫宗金鑑外科十六卷　（清）吳謙等編
清光緒三十二年(1906)鉛印本　二冊　存四
卷(一至四)

360000－1903－0000678　2250
血證論八卷　（清）唐宗海撰　清光緒三十四
年(1908)石印本　一冊　存五卷(一至五)

360000－1903－0000679　2251
傅青主女科二卷　（清）傅山撰　清末石印本
一冊

360000－1903－0000680　2252
女科要旨四卷　（清）陳念祖撰　清光緒十五
年(1889)刻本　一冊

360000－1903－0000681　2253
女科要旨四卷　（清）陳念祖撰　清末石印本
一冊

360000－1903－0000682　2256
達生編二卷　（清）亟齋居士撰　清同治元年
(1862)刻本　一冊

360000－1903－0000683　2259
幼幼集成六卷　（清）陳復正輯　清刻本
四冊

360000－1903－0000684　2260

幼幼集成六卷　（清）陳復正輯　清刻本
六冊

360000－1903－0000685　2261
幼幼集成六卷　（清）陳復正輯　清刻本　五
冊　存五卷(一至五)

360000－1903－0000686　2265
血證論八卷　（清）唐宗海撰　清光緒三十四
年(1908)石印本　二冊

360000－1903－0000687　2269
醫學從衆錄八卷　（清）陳念祖撰　清末石印
本　二冊

360000－1903－0000688　2271
醫學三字經四卷　（清）陳念祖撰　清嘉慶九
年(1804)刻本　二冊

360000－1903－0000689　2272
傷寒論淺註補正七卷　（漢）張機撰　（清）陳
念祖注　（清）唐宗海補正　清光緒三十四年
(1908)石印本　四冊

360000－1903－0000690　2273
本草問答二卷　（清）唐宗海撰　清光緒三十
四年(1908)石印本　一冊

360000－1903－0000691　2274
中西匯通醫經精義二卷　（清）唐宗海撰　清
光緒三十四年(1908)石印本　二冊

360000－1903－0000692　2275
陳修園醫書三十種　（清）陳念祖撰　清光緒
三十四年(1908)石印本　十二冊

360000－1903－0000693　2276
增輯陳修園醫書七十種　（清）陳念祖撰　清
末石印本　十六冊

360000－1903－0000694　2277
醫學心悟五卷　（清）程國彭撰　清乾隆五十
六年(1791)刻本　二冊　存二卷(一至二)

360000－1903－0000695　2278
醫學心悟五卷　（清）程國彭撰　清乾隆五十
六年(1791)刻本　四冊　存四卷(一至四)

360000－1903－0000696　2282

張氏醫通十二卷　（清）張璐撰　清光緒三十三年(1907)石印本　二冊　存二卷(一、三)

360000－1903－0000697　2283

辨證奇聞十卷　（清）錢松撰　清末石印本六冊

360000－1903－0000698　2285

筆花醫鏡四卷　（清）江涵暾撰　清道光二十四年(1844)石印本　一冊

360000－1903－0000699　2286

醫學實在易八卷　（清）陳念祖撰　清刻本四冊

360000－1903－0000700　2287

瘍醫大全四十卷　（清）顧世澄撰　清同治九年(1870)刻本　三十四冊　存三十五卷(一至二、五至二十八、三十至三十六、三十九至四十)

360000－1903－0000701　2289

痘證慈航一卷　（清）歐陽調律撰　（清）郭士珩輯　清同治四年(1865)刻本　一冊

360000－1903－0000702　2292－1

白喉全生集不分卷　（清）李紀方撰　清宣統元年(1909)刻本　一冊

360000－1903－0000703　2292

白喉治法要言不分卷　（清）劉昌祁撰　清光緒二十六年(1900)石印本　一冊

360000－1903－0000704　2070

破邪顯證鑰匙二卷　（明）羅清撰　清光緒七年(1881)刻本　一冊　存一卷(下)

360000－1903－0000705　2298

素靈微蘊四卷　（清）黃元御撰　清道光十年(1830)刻本　二冊

360000－1903－0000706　2299

四聖懸樞五卷　（清）黃元御撰　清同治七年(1868)刻本　二冊

360000－1903－0000707　2300

四聖心源十卷　（清）黃元御撰　清同治七年

(1868)刻本　三冊

360000－1903－0000708　2301

景岳新方砭四卷　（清）陳念祖撰　清末石印本　一冊

360000－1903－0000709　2302

景岳新方砭四卷　（清）陳念祖撰　清光緒十五年(1889)刻本　一冊

360000－1903－0000710　2313

春溫利症三字訣三卷　（清）張子培撰　清光緒十八年(1892)石印本　一冊

360000－1903－0000711　2314

寓意草不分卷　（清）喻昌撰　清光緒二十六年(1900)石印本　一冊

360000－1903－0000712　2315

三家醫案合刻三卷　（清）吳金壽輯　清光緒三十三年(1907)石印本　一冊

360000－1903－0000713　2317

種福堂續選醫案四卷　（清）葉桂撰　清刻本二冊

360000－1903－0000714　2322

百子金丹十卷　（明）郭偉選注　清光緒二十九年(1903)石印本　六冊

360000－1903－0000715　2323

百子金丹十卷　（明）郭偉選注　清光緒二十年(1894)石印本　六冊

360000－1903－0000716　2324

二十五子全書　（清）□□輯　清光緒三十年(1904)石印本　八冊　存二十四種

360000－1903－0000717　2325

子書二十二種　（清）浙江書局輯　清光緒二十三年(1897)上海圖書集成局鉛印本　三冊

360000－1903－0000718　2326

子書二十八種　（清）育文書局輯　清宣統三年(1911)影印本　十四冊　存十八種

360000－1903－0000719　2328

目耕帖三十一卷　（清）馬國翰編　清光緒十

年(1884)刻本　十五冊　存二十五卷(三至二十七)

360000－1903－0000720　2330
翁注困學紀聞二十卷首一卷　(宋)王應麟撰
(清)翁元圻注　清光緒十五年(1889)石印本　六冊

360000－1903－0000721　2331
困學紀聞集證二十卷首一卷末一卷　(宋)王應麟撰　(清)萬希槐輯　清嘉慶八年(1803)刻本　八冊

360000－1903－0000722　2332
校訂困學紀聞集證二十卷　(宋)王應麟撰清嘉慶十二年(1807)刻本　十二冊

360000－1903－0000723　2335
日知錄集釋三十二卷栞誤二卷續栞誤二卷(清)顧炎武撰　(清)黃汝成集釋　清光緒二十五年(1899)刻本　十六冊

360000－1903－0000724　2341
天演論二卷　(英國)赫胥黎撰　嚴復譯　清光緒鉛印本　二冊

360000－1903－0000725　2342
天演論二卷　(英國)赫胥黎撰　嚴復譯　清光緒二十九年(1903)石印本　二冊

360000－1903－0000726　2343
天演論二卷　(英國)赫胥黎撰　嚴復譯　清光緒二十四年(1898)刻本　二冊

360000－1903－0000727　2344
華陽國志十二卷　(晉)常璩撰　清刻本　一冊　存一卷(六)

360000－1903－0000728　2345
墨子十五卷　(清)畢沅校注　清光緒二年(1876)刻本　四冊

360000－1903－0000729　2346
果報錄圖說二卷　(清)梅岑撰　清光緒五年(1879)刻本　二冊

360000－1903－0000730　2347
養正遺規摘鈔一卷　(清)陳弘謀輯　清同治七年(1868)刻本　一冊

360000－1903－0000731　2348
教女遺規摘鈔一卷　(清)陳弘謀編　清同治七年(1868)刻本　一冊

360000－1903－0000732　2352
遺訓存略二卷　(清)顏續輯　清光緒二十二年(1896)刻本　二冊

360000－1903－0000733　2354
傳家寶初集八卷二集八卷三集八卷四集八卷(清)石成金撰　清大文堂刻本　十六冊

360000－1903－0000734　2356
校邠廬抗議二卷　(清)馮桂芬撰　清光緒十年(1884)刻本　二冊

360000－1903－0000735　2357
傳家必讀一卷　(清)王正朋輯　清光緒二十四年(1898)刻本　一冊

360000－1903－0000736　2359
經史百家雜鈔二十六卷　(清)曾國藩輯　清光緒三十二年(1906)鉛印本　十二冊

360000－1903－0000737　2360
胡子知言六卷疑義一卷附錄一卷　(宋)胡宏撰　清光緒元年(1875)湖北崇文書局刻本一冊

360000－1903－0000738　2362
經餘必讀八卷　(清)雷琳等輯　清光緒刻本八冊

360000－1903－0000739　2364
韞山堂時文初集一卷二集二卷三集一卷(清)管世銘撰　清光緒十六年(1890)刻本四冊

360000－1903－0000740　2365
格言聯璧不分卷　(清)金纓輯　清光緒二十四年(1898)刻本　一冊

360000－1903－0000741　2366
訓俗遺規摘鈔四卷　(清)陳弘謀編　清同治七年(1868)刻本　二冊

360000－1903－0000742　2368

龍威秘書　（清）馬俊良輯　清嘉慶元年(1796)刻本　五十五冊

360000－1903－0000743　2369

唐代叢書　（清）王文誥輯　清末刻本　二冊　存七種

360000－1903－0000744　2375

增訂漢魏叢書　（清）王謨輯　清乾隆五十七年(1792)刻本　八十一冊　存七十四種

360000－1903－0000745　2376

普通百科新大辭典不分卷　（清）黃人編　清宣統三年(1911)鉛印本　一冊

360000－1903－0000746　2377

玉函山房輯佚書　（清）馬國翰輯　清光緒十年(1884)刻本　二十一冊　存七種

360000－1903－0000747　2381

大佛頂首楞嚴經三卷　（唐）釋般剌密帝(唐)釋彌伽釋伽譯　清光緒二十四年(1898)刻本　一冊

360000－1903－0000748　2382

大方廣佛華嚴經七十六卷　（唐）釋實叉難陀譯　清光緒四年(1878)刻本　七冊　存二十五卷(十三至十六、二十一至二十四、五十三至六十、六十九至七十六,首一卷)

360000－1903－0000749　2385

瑜伽燄口一卷　（清）釋性圓編　清光緒二十二年(1896)刻本　一冊

360000－1903－0000750　2402

破邪顯證鑰匙二卷　（明）羅清撰　清光緒七年(1881)刻本　一冊　存一卷(下)

360000－1903－0000751　2403

華嚴普賢行願懺儀不分卷　（清）釋淨源編　清末石印本　一冊

360000－1903－0000752　2405

莊子集解八卷　王先謙撰　清宣統元年(1909)影印本　三冊

360000－1903－0000753　2406

莊子十卷　（晉）郭象注　清光緒二年(1876)刻本　六冊

360000－1903－0000754　2408

莊子約解四卷　（清）劉鴻典撰　清同治五年(1866)刻本　一冊　存一卷(一)

360000－1903－0000755　2409

莊子評註十卷　（晉）郭象注　清嘉慶九年(1804)刻本　四冊

360000－1903－0000756　2410

十子全書　（清）王子興輯　清嘉慶九年(1804)刻本　三十一冊

360000－1903－0000757　2412

呂祖醫道還元九卷　（唐）呂嵓撰　清末鉛印本　五冊

360000－1903－0000758　2414

太上感應篇集解四卷附淺說一卷　（清）華九□輯　清道光二十二年(1842)刻本　四冊

360000－1903－0000759　2416

中西政學問對三十六卷首一卷　（清）王仁俊撰　清光緒二十三年(1897)石印本　六冊

360000－1903－0000760　2417

古事比五十二卷　（清）方中德輯　清光緒十三年(1887)石印本　六冊

360000－1903－0000761　2424

駢字摘豔五卷　（清）任科職輯　清咸豐七年(1857)三雨堂刻本　三冊　存三卷(一至二、四)

360000－1903－0000762　2425

四書類典賦二十四卷　（清）甘綏撰　清刻本　十二冊

360000－1903－0000763　2427

新纂氏族箋釋八卷　（清）熊峻運撰　清乾隆四年(1739)刻本　四冊

360000－1903－0000764　2429

經史百家簡編二卷　（清）曾國藩輯　清同治十三年(1874)刻本　二冊

360000－1903－0000765　2434

策學備纂三十二卷　（清）蔡啟盛　（清）吳潁
炎輯　清光緒二十年（1894）石印本　二十
四冊

360000－1903－0000766　2435

繪圖東周列國志八卷　（清）蔡昇評點　清光
緒二十九年（1903）石印本　八冊

360000－1903－0000767　2436

東周列國志二十七卷一百八回　（清）蔡昇評
點　清光緒二十七年（1901）石印本　六冊
存二十卷（一至十、十五至二十四）

360000－1903－0000768　2438

增像全圖東周列國志二十七卷　（清）蔡昇評
點　清光緒三十四年（1908）石印本　八冊

360000－1903－0000769　2439

東周列國志二十三卷首一卷　（清）蔡昇評點
　清咸豐四年（1854）刻朱墨套印本　二十
四冊

360000－1903－0000770　2440

東周列國志二十三卷　（清）蔡昇評點　清刻
本　十四冊　存十四卷（一至十二、二十、二
十二）

360000－1903－0000771　2441

東周列國志二十三卷　（明）馮夢龍撰　清乾
隆十七年（1752）刻本　七冊　存七卷（十三
至十九）

360000－1903－0000772　2442

東周列國志二十三卷　（明）馮夢龍撰　清初
刻本　十一冊　存二十一卷（一至二十、二十
三）

360000－1903－0000773　2443

增像全圖三國演義六十卷一百二十回　（明）
羅本撰　清光緒十四年（1888）石印本　十冊

360000－1903－0000774　2446

增像全圖三國演義一百二十回　（明）羅本撰
　清宣統元年（1909）石印本　十一冊

360000－1903－0000775　2447

詳註聊齋志異圖詠十六卷　（清）蒲松齡撰
清光緒十二年（1886）石印本　八冊

360000－1903－0000776　2448

繪圖詳註聊齋志異十六卷　（清）蒲松齡撰
清末石印本　十四冊　存十四卷（一至十四）

360000－1903－0000777　2450

聊齋志異十六卷　（清）蒲松齡撰　清咸豐四
年（1854）刻本　九冊

360000－1903－0000778　2451

聊齋志異十六卷　（清）蒲松齡撰　清道光二
十六年（1846）刻本　十一冊　存十一卷（一
至十一）

360000－1903－0000779　2452

詳註聊齋志異圖詠十六卷首一卷　（清）蒲松
齡撰　清光緒十二年（1886）石印本　七冊
存十五卷（一至四、七至十六，首一卷）

360000－1903－0000780　2452－1

聊齋志異新評十六卷　（清）蒲松齡撰　（清）
王士禎評　（清）但明倫新評　清光緒三年
（1877）刻本　十六冊

360000－1903－0000781　2454

繡像花月痕全傳十六卷五十二回　（清）魏秀
仁撰　清末石印本　四冊

360000－1903－0000782　2454－1

中國大政治家袁世凱一卷　（□）□□撰　清
宣統元年（1909）振亞社石印本　一冊

360000－1903－0000783　2463

隔簾花影四十八回　（清）□□撰　清刻本
六冊

360000－1903－0000784　2465

妥註第六才子書六卷首一卷　（元）王德信撰
　（清）金人瑞評　清芥子園刻本　六冊

360000－1903－0000785　2469

繪圖精忠說岳全傳八卷八十回　（清）錢彩撰
　清光緒二十九年（1903）石印本　八冊

360000－1903－0000786　2471

暗室燈二卷　題（清）深山居士輯　清刻本

一冊

360000－1903－0000787　2474
安樂銘一卷　（清）王正朋輯　清光緒二十四年(1898)刻本　一冊

360000－1903－0000788　2475
明鏡安樂不分卷　（□）□□撰　清光緒九年(1883)刻本　一冊

360000－1903－0000789　2477
各國日記彙編不分卷　（清）萬選樓主人輯　清光緒二十四年(1898)石印本　二冊

360000－1903－0000790　2478
新齊諧二十四卷　（清）袁枚撰　清隨園刻本　七冊

360000－1903－0000791　2479
續新齊諧十卷　（清）袁枚撰　清刻本　三冊

360000－1903－0000792　2493
詩中畫二卷　（清）馬濤繪　清光緒十一年(1885)石印本　一冊

360000－1903－0000793　2504
廣業畫譜不分卷　（日本）寺崎廣業撰　清宣統二年(1910)石印本　一冊

360000－1903－0000794　2574
芥子園畫傳五卷　（清）王槩輯　清乾隆四十七年(1782)刻本　四冊　存四卷(一至四)

360000－1903－0000795　2595
蔣璋畫不分卷　（清）蔣璋繪　清末石印本　一冊

360000－1903－0000796　2617
增廣畫譜采新三集不分卷　題(清)慎思主人輯　清光緒十九年(1893)刻本　六冊

360000－1903－0000797　2629
桃石畫不分卷　（清）□□繪　清光緒四年(1878)石印本　一冊

360000－1903－0000798　2657
海上名人畫稿不分卷　（清）張熊等繪　清光緒十一年(1885)上海同文書局石印本　一冊

360000－1903－0000799　2690
習苦齋畫絮十卷　（清）戴熙撰　清光緒十九年(1893)刻本　四冊

360000－1903－0000800　2692
圖書新聞下卷　（清）時事報館輯　清宣統元年(1909)石印本　一冊

360000－1903－0000801　2697
虛齋名畫錄十六卷　龐元濟輯　清宣統元年(1909)刻本　十四冊

360000－1903－0000802　2739
水流雲在圖記不分卷　陳夔龍撰　清宣統元年(1909)石印本　一冊

360000－1903－0000803　2751
御製耕織圖不分卷　（清）焦秉貞繪　（清）聖祖玄燁題詩　清末石印本　二冊

360000－1903－0000804　2751－1
御製耕織圖不分卷　（清）焦秉貞繪　（清）聖祖玄燁題詩　清末石印本　二冊

360000－1903－0000805　4060
玉函山房輯佚書　（清）馬國翰輯　清光緒九年(1883)長沙嫏嬛館刻本　七十冊

360000－1903－0000806　2767
馬駘畫寶二卷　馬駘繪　清末石印本　二冊

360000－1903－0000807　2783
紅豆樹館書畫記八卷　（清）陶樑撰　清光緒八年(1882)印本　六冊

360000－1903－0000808　2797
寶真齋法書贊二十八卷　（宋）岳珂撰　清刻本　十冊

360000－1903－0000809　2849
五知齋琴譜八卷　（清）徐祺撰　（清）周魯封輯　清乾隆二年(1737)刻本　六冊

360000－1903－0000810　2853
自遠堂琴譜十二卷　（清）吳灯輯　清石印本　十二冊

360000－1903－0000811　2854

五知齋琴譜八卷　（清）徐祺撰　（清）周魯封
輯　清末石印本　十冊　存五卷（一至三、五
至六）

360000 - 1903 - 0000812　2858

聽松別館印賞不分卷　（清）徐之元輯　清光
緒二年（1876）鈐印本　一冊

360000 - 1903 - 0000813　2866

西清古鑑四十卷錢錄十六卷　（清）梁詩正等
編　清光緒三十四年（1908）石印本　十冊
存二十五卷（一、四、十六至十七、三十二、三
十五、三十七至三十九,錢錄十六卷）

360000 - 1903 - 0000814　2869

二如亭羣芳譜三十卷　（明）王象晉撰　清刻
本　十一冊

360000 - 1903 - 0000815　2871

脫影奇觀三卷　（英國）德貞譯　清同治十一
年（1872）刻本　一冊　存一卷（上）

360000 - 1903 - 0000816　2874

置碁自在□□卷　（日本）服部因淑撰　清末
石印本　九冊　存七卷（三至九）

360000 - 1903 - 0000817　2875

桃花泉奕譜二卷　（清）范世勳撰　清光緒四
年（1878）義林堂刻本　二冊

360000 - 1903 - 0000818　2878

支那畫家人名辭書二卷　（日本）齋藤謙編
清光緒二十八年（1902）鉛印本　二冊

360000 - 1903 - 0000819　2882

精印曾文正公日記手蹟樣本一卷　（清）曾國
藩撰　清宣統元年（1909）石印本　一冊

360000 - 1903 - 0000820　0036

詩經八卷　（宋）朱熹集傳　清末鉛印本
四冊

360000 - 1903 - 0000821　1292

光緒會計錄三卷　（清）李希聖編　清光緒刻
本　一冊　存二卷（一至二）

360000 - 1903 - 0000822　1081

後漢書一百二十卷　（南朝宋）范曄撰　（唐）

李賢注　（晉）司馬彪撰志　（南朝梁）劉昭注
補　清同治八年（1869）刻本　八冊　存三十
四卷（十五至十八、二十八至三十二、四十至
四十七、五十三至六十四、七十至七十四）

360000 - 1903 - 0000823　1181

元史二百十卷　（明）宋濂　（明）王褘等撰
清光緒三十三年（1907）石印本　二十四冊

360000 - 1903 - 0000824　1291

通典二百卷　（唐）杜佑撰　清光緒二十七年
（1901）鉛印本　十三冊　存一百六十一卷
（一至十二、二十六至六十七、八十一至一百
十、一百二十四至二百）

360000 - 1903 - 0000825　1299

大清教育新法令續編不分卷　商務印書館編
譯所編　清宣統三年（1911）鉛印本　三冊

360000 - 1903 - 0000826　1300

文獻通考詳節二十四卷　（元）馬端臨撰
（清）嚴虞惇輯　清光緒二十八年（1902）石印
本　六冊

360000 - 1903 - 0000827　1312 - 1

雙烈集不分卷　（□）□□撰　清光緒三年
（1877）刻本　一冊

360000 - 1903 - 0000828　1326

海國尚友錄□□卷補遺□□卷　（清）吳佐清
輯　清光緒石印本　四冊　存八卷（三至六、
十五至十六,補遺七至八）

360000 - 1903 - 0000829　1322

泰西各國名人言行錄十六卷　（清）張兆蓉編
清光緒二十九年（1903）石印本　六冊

360000 - 1903 - 0000830　1323

泰西各國名人言行錄十六卷　（清）張兆蓉編
清光緒二十九年（1903）石印本　六冊

360000 - 1903 - 0000831　1322 - 1

泰西各國名人言行錄十六卷　（清）張兆蓉編
清光緒二十九年（1903）石印本　一冊　存
三卷（九至十一）

360000 - 1903 - 0000832　1366 - 1

廬山志十五卷首一卷　（清）毛德琦撰　清宣統二年（1910）刻本　十六冊

360000－1903－0000833　1374
[同治]饒州府志三十二卷首一卷　（清）錫德修　（清）石景芬等纂　清同治十一年（1872）刻本　九冊　存十九卷（一至二、八至十、十三至十五、十八至二十四、二十七至二十八、三十一至三十二）

360000－1903－0000834　1374－2
[同治]饒州府志三十二卷首一卷　（清）錫德修　（清）石景芬等纂　清同治十一年（1872）刻本　十四冊　存二十四卷（一至十七、二十三至二十四、二十七至二十八、三十一至三十二,首一卷）

360000－1903－0000835　1374－3
[同治]饒州府志三十二卷首一卷　（清）錫德修　（清）石景芬等纂　清同治十一年（1872）刻本　十六冊

360000－1903－0000836　1374－4
[同治]饒州府志三十二卷首一卷　（清）錫德修　（清）石景芬等纂　清同治十一年（1872）刻本　二冊　存三卷（十五、三十一至三十二）

360000－1903－0000837　1378－3
[同治]饒州府志三十二卷首一卷　（清）錫德修　（清）石景芬等纂　清同治十一年（1872）刻本　五冊　存十二卷（一至四、八至十、二十一至二十二、二十六至二十八）

360000－1903－0000838　1378－4
[同治]饒州府志三十二卷首一卷　（清）錫德修　（清）石景芬等纂　清同治十一年（1872）刻本　二冊　存五卷（一至二、二十至二十二）

360000－1903－0000839　1412
[淳熙]新安志十卷　（宋）羅願纂修　清光緒十四年（1888）刻本　四冊

360000－1903－0000840　1424
補江城名蹟記二卷　（清）涂蘭玉撰　清刻本

一冊

360000－1903－0000841　1375－1
[同治]饒州府志三十二卷首一卷　（清）錫德修　（清）石景芬等纂　清同治十一年（1872）刻本　二冊　存五卷（十八至二十二）

360000－1903－0000842　1711－1
江氏宗譜不分卷　（清）□□纂修　清光緒抄本　一冊

360000－1903－0000843　1711－2
江氏大成宗譜□□卷　（清）□□纂修　清道光十八年（1838）刻本　二冊　存二卷（二、五）

360000－1903－0000844　1717
[江西浮梁]唐原李氏家譜二卷首一卷　（清）李大僖纂修　清道光六年（1826）刻本　一冊

360000－1903－0000845　1717－1
[江西婺源]嚴田李氏宗譜十六卷首一卷　（清）李振蘇等纂修　清刻本　一冊　存一卷（五）

360000－1903－0000846　1723－2
考川明經胡氏宗譜八卷首一卷　（清）吳文湘纂修　清道光九年（1829）刻本　三十七冊

360000－1903－0000847　1723－1
考川明經胡氏志清支譜十二卷　（清）胡越纂修　清光緒二十二年（1896）刻本　六冊　存五卷（五至七、九至十）

360000－1903－0000848　2116
景岳全書六十四卷　（明）張介賓撰　清大文堂刻本　二十一冊　存六十卷（一至二、七至六十四）

360000－1903－0000849　2116－1
景岳全書六十四卷　（明）張介賓撰　清大文堂刻本　五冊　存十一卷（七至十二、十六至十九、五十二）

360000－1903－0000850　3006－2
四書反身錄六卷　（清）李顒撰　清嘉慶十五年（1810）刻本　一冊　存一卷（四）

360000－1903－0000851　0355

周官恆解六卷　（清）劉沅輯注　清宣統元年(1909)刻本　五冊　存五卷(一至五)

360000－1903－0000852　0356

五經分類文鈔二十六卷　（清）朱鏡清輯　清末石印本　五冊　存八卷(十六至十九、二十三至二十六)

360000－1903－0000853　0357

周易外傳七卷　（清）王夫之譔　清光緒二十七年(1901)石印本　一冊　存四卷(一至四)

360000－1903－0000854　0358

皇清經解一千四百八卷　（清）阮元輯　清道光九年（1829）廣東學海堂刻咸豐十一年(1861)補刻本　二十四冊　存七十卷(二十至二十一、三十一至三十三、六十三至六十七、二百四十至二百四十三、二百七十一至二百八十一、二百九十六至二百九十九、三百四十至三百四十四、三百九十八至三百九十九、四百二十八、四百三十五至四百三十八、五百二十八至五百三十一、六百三十至六百三十二、六百三十六、六百四十七、六百六十一至六百六十三、七百九十六至七百九十七、一千一百八十八至一千一百八十九、一千一百九十七至一千一百九十八、一千二百十七至一千二百十九、一千二百四十八至一千二百四十九、一千三百三十至一千三百三十五)

360000－1903－0000855　0359

皇清經解一千四百卷　（清）阮元輯　清道光九年(1829)廣東學海堂刻本　十三冊　存四十三卷(四百五至四百六、四百四十六至四百四十八、四百七十四至四百八十四、四百九十一至四百九十八、五百四至五百五、五百十四至五百十八、五百二十四至五百二十七、五百五十六、五百六十七、一千一百至一千一百二、一千一百二十三至一千一百二十五)

360000－1903－0000856　0360

皇清經解一百八十種　（清）阮元輯　清光緒十三年(1887)石印本　六十七冊

360000－1903－0000857　0361

皇清經解一百八十種　（清）阮元輯　清光緒十三年(1887)石印本　三十九冊　存一百十六卷(二十一至四十三、四十五至七十三、八十一至一百、一百十、一百十二至一百二十四、一百四十七至一百四十八、一百五十二至一百七十九)

360000－1903－0000858　0362

皇清經解續編一千四百三十卷　王先謙輯　清光緒十五年(1889)上海蜚英館石印本　三十二冊　存二百五卷(一至四十七、五十一至一百十、一百十二至二百九)

360000－1903－0000859　0363

皇清經解分經合纂十六卷　（清）阮元輯　清光緒二十一年(1895)上海鴻寶齋石印本　三十一冊

360000－1903－0000860　0364

皇清經解橫直縮編目十六卷　（清）凌忠照編　清光緒十三年(1887)石印本　四冊

360000－1903－0000861　0365

皇清經解依經分訂十六卷　（清）阮元輯　清光緒十六年(1890)船山書局刻本　三百三十三冊

360000－1903－0000862　0366

皇朝五經彙解二百七十卷　題（清）抉經心室主人輯　清光緒十四年(1888)上海鴻文書局石印本　十七冊　存一百三十八卷(一至五、十四至二十二、六十一至八十一、一百二十七至一百三十四、一百六十一至一百七十五、一百八十四至二百二十六、二百三十四至二百七十)

360000－1903－0000863　0367

皇朝五經彙解二百七十卷　題（清）抉經心室主人輯　清末石印本　十冊　存八十二卷(一百六十九至一百九十二、二百一至二百二十一、二百三十四至二百七十)

360000－1903－0000864　0369

評點春秋綱目左傳句解彙雋六卷　（清）韓菼撰　清兩儀堂刻本　五冊　存五卷(一至五)

360000－1903－0000865　0370

春秋左傳杜注三十卷　（清）姚培謙輯　清同治十一年(1872)湖北尊經閣刻本　十六冊

360000－1903－0000866　0371

左繡三十卷　（清）馮李驊　（清）陸浩評輯　清兩儀堂刻本　十五冊

360000－1903－0000867　0372

左繡三十卷　（清）馮李驊　（清）陸浩評輯　清兩儀堂刻本　十五冊　存二十九卷(二至三十)

360000－1903－0000868　0373

左繡三十卷　（清）馮李驊　（清）陸浩評輯　清刻本　三冊　存六卷(五至八、十九至二十)

360000－1903－0000869　0374

批點春秋左傳綱目句解彙雋六卷　（清）韓菼撰　清刻本　二冊　存二卷(二、六)

360000－1903－0000870　0375

批點春秋左傳綱目句解彙雋六卷　（清）韓菼撰　清刻本　五冊　存五卷(二至六)

360000－1903－0000871　0376

康熙字典十二集三十六卷檢字一卷辨似一卷備考一卷等韻一卷補遺一卷　（清）張玉書等纂修　清刻本　十六冊　存十三卷(辰中、下,巳中、下,未上、中、下,酉上、中、下,戌上、中、下)

360000－1903－0000872　0377

康熙字典十二集三十六卷　（清）張玉書等纂修　清刻本　二冊　存二卷(巳中、酉下)

360000－1903－0000873　0378

康熙字典十二集三十六卷　（清）張玉書等纂修　清道光七年(1827)刻本　八冊　存六卷(丑下,寅中、下,辰下,午下,亥上)

360000－1903－0000874　0379

康熙字典十二集三十六卷　（清）張玉書等纂修　清道光七年(1827)刻本　三十九冊

360000－1903－0000875　0380

康熙字典十二集三十六卷　（清）張玉書等纂修　清道光七年(1827)刻本　四十冊

360000－1903－0000876　0381

康熙字典十二集三十六卷　（清）張玉書等纂修　清刻本　一百五十二冊

360000－1903－0000877　0382

康熙字典十二集三十六卷　（清）張玉書等纂修　清末石印本　一冊　存六集(子至巳)

360000－1903－0000878　0383

康熙字典十二集三十六卷　（清）張玉書等纂修　清末石印本　一冊　存三集(寅至辰)

360000－1903－0000879　0384

康熙字典十二集三十六卷　（清）張玉書等纂修　清光緒二十年(1894)上海寶善書局石印本　四冊　存八集(子至辰、酉至亥)

360000－1903－0000880　0385

康熙字典十二集三十六卷　（清）張玉書等纂修　清末石印本　五冊　存八集(寅至辰、未至亥)

360000－1903－0000881　0386

康熙字典十二集三十六卷　（清）張玉書等纂修　清末石印本　四冊　存八集(寅至申、亥)

360000－1903－0000882　0387

康熙字典十二集三十六卷　（清）張玉書等纂修　清光緒十三年(1887)上海積山書局石印本　五冊　存十一集(子至戌)

360000－1903－0000883　0388

康熙字典十二集三十六卷　（清）張玉書等纂修　清光緒三十一年(1905)上海久敬齋石印本　五冊　存十集(子至辰、未至亥)

360000－1903－0000884　0389

康熙字典十二集三十六卷　（清）張玉書等纂修　清光緒九年(1883)上海同文書局石印本　一冊　存二集(子至丑)

360000－1903－0000885　0390

康熙字典十二集三十六卷　（清）張玉書等纂

修　清光緒十三年(1887)上海點石齋石印本
四冊　存七集(子至丑、未至亥)

360000－1903－0000886　0391
康熙字典十二集三十六卷　(清)張玉書等纂
修　清末石印本　二冊　存四集(巳至申)

360000－1903－0000887　0392
康熙字典十二集三十六卷　(清)張玉書等纂
修　清光緒十三年(1887)上海積山書局石印
本　二冊　存三集(子至丑、亥)

360000－1903－0000888　0393
康熙字典十二集三十六卷　(清)張玉書等纂
修　清光緒三十年(1904)上海鴻文書局石印
本　五冊　存十一集(子至戌)

360000－1903－0000889　0394
康熙字典十二集三十六卷　(清)張玉書等纂
修　清刻本　二十五冊　存十九卷(子上中
下、丑下、寅上中、卯下、辰下、巳上中、午上
中、未上中下、申上、酉中下、亥上)

360000－1903－0000890　0395
康熙字典十二集三十六卷　(清)張玉書等纂
修　清刻本　十一冊　存十二卷(丑中、下,
寅上、中、下,卯中,辰中,巳上,午中,戌上,亥
上、中)

360000－1903－0000891　0397
春秋恒解八卷　(清)劉沅撰　清刻本　二冊
存三卷(二、五至六)

360000－1903－0000892　0398
春秋公羊傳十二卷　(清)何休注　清文奎堂
刻本　二冊　存七卷(一至七)

360000－1903－0000893　0399
春秋公羊傳十二卷　(清)何休注　清刻本
四冊　存十卷(三至十二)

360000－1903－0000894　0400
春秋增訂旁訓四卷　(清)徐立綱撰　清大文
堂刻本　一冊

360000－1903－0000895　0401
春秋左傳解誼□□卷　(□)□□撰　清刻本

一冊　存一卷(四)

360000－1903－0000896　0402
春秋體注大全合桼四卷　(清)周熾輯　清刻
本　一冊　存一卷(三)

360000－1903－0000897　0403
附釋音春秋左傳注疏六十卷　(晉)杜預注
(唐)陸德明音義　(唐)孔穎達疏　附校勘記
六十卷　(清)阮元撰　(清)盧宣旬摘錄　清
刻本　二十三冊　存八十六卷(四至三十二、
三十五至四十二、五十三至五十四、五十七至
六十,校勘記四至三十二、三十五至四十二、
五十三至五十四、五十七至六十)

360000－1903－0000898　0404
附釋音春秋左傳注疏六十卷　(晉)杜預注
(唐)陸德明音義　(唐)孔穎達疏　附校勘記
六十卷　(清)阮元撰　(清)盧宣旬摘錄　清
刻本　十七冊　存六十二卷(八至十五、十九
至二十四、二十七至三十、三十五至三十六、
四十二、四十五至四十六、四十九至五十、五
十五至六十,校勘記八至十五、十九至二十
四、二十七至三十、三十五至三十六、四十二、
四十五至四十六、四十九至五十、五十五至六
十)

360000－1903－0000899　0406
曲江書屋新訂批註左傳快讀十八卷　(清)李
紹崧輯　清末石印本　二冊　存五卷(七至
十、十六)

360000－1903－0000900　0407
曲江書屋新訂批註左傳快讀十八卷首一卷
(清)李紹崧輯　清末上海錦章圖書局石印本
一冊　存一卷(十三)

360000－1903－0000901　0408
春秋左繡三十卷　(晉)杜預注　清末上海章
福記書局石印本　五冊　存十卷(四至十三)

360000－1903－0000902　0409
評點春秋綱目左傳句解彙雋六卷　(清)韓葵
撰　清末上海廣益書局石印本　四冊　存四
卷(一至三、六)

360000－1903－0000903　　0410

文言對照左傳句解六卷　（□）□□□撰　清末
上海廣益書局石印本　一冊　存一卷（二）

360000－1903－0000904　　0411

附釋音春秋左傳注疏六十卷　（晉）杜預注
（唐）陸德明音義　（唐）孔穎達疏　**附校勘記
六十卷**　（清）阮元撰　（清）盧宣旬摘錄　清
末石印本　三冊　存十二卷（七至十二、校勘
記七至十二）

360000－1903－0000905　　0412

附釋音毛詩注疏七十卷　（漢）毛亨傳　（漢）
鄭玄箋　（唐）陸德明音義　（唐）孔穎達疏
附校勘記七十卷　（清）阮元撰　（清）盧宣旬
摘錄　清末石印本　一冊　存四卷（三至四、
校勘記三至四）

360000－1903－0000906　　0413

寄傲山房塾課纂輯春秋備旨十二卷　（清）鄒
聖脈輯　清光緒五年（1879）石印本　三冊
存七卷（一至二、八至十二）

360000－1903－0000907　　0414

春秋備旨十二卷　（清）鄒聖脈輯　清末石印
本　二冊　存二卷（九至十）

360000－1903－0000908　　0415

御案春秋左傳經解備旨十二卷　（清）鄒聖脈
輯　清末石印本　五冊　存八卷（一至三、八
至十二）

360000－1903－0000909　　0416

春秋左傳五十卷　（晉）杜預注　清末石印本
六冊　存二十四卷（十八至三十七、四十二
至四十五）

360000－1903－0000910　　0417

春秋左傳五十卷　（晉）杜預注　（宋）林堯叟
補注　（唐）陸德明音義　（明）孫鑛等評點
清末石印本　一冊　存一卷（一）

360000－1903－0000911　　0418

重訂批點春秋左傳詳節句解三十五卷　（宋）
朱申注　清末石印本　二冊　存二卷（一、
六）

360000－1903－0000912　　0419

春秋公羊傳十一卷　（清）何休注　清末掃葉
山房石印本　二冊　存五卷（四至五、九至十
一）

360000－1903－0000913　　0420

評點春秋綱目左傳句解彙雋六卷　（清）韓菼
撰　清上海章福記書局石印本　一冊　存一
卷（四）

360000－1903－0000914　　0421

大學衍義四十三卷　（宋）真德秀撰　清光緒
二十七年（1901）石印本　五冊　存三十九卷
（一至三十九）

360000－1903－0000915　　0422

大學衍義四十三卷　（宋）真德秀撰　清光緒
二十七年（1901）上海書局石印本　四冊　存
二十七卷（一至十五、三十二至四十三）

360000－1903－0000916　　0423

大學衍義四十三卷　（宋）真德秀撰　清光緒
二十二年（1896）三味堂刻本　五冊　存十九
卷（一至六、二十九至四十一）

360000－1903－0000917　　0424

大學章句本義匯參三卷首一卷　（清）王步青
輯　清乾隆十年（1745）敦復堂刻本　二冊

360000－1903－0000918　　0425

中庸章句本義匯參六卷首一卷　（清）王步青
輯　清乾隆十年（1745）敦復堂刻本　三冊

360000－1903－0000919　　0426

四書朱子本義匯參四十三卷　（清）王步青輯
清敦復堂刻本　二十冊　存三十一卷（大
學一至三、首一卷；中庸一至六、首一卷；論語
一至十一、十三至二十，首一卷）

360000－1903－0000920　　0427

四書朱子本義匯參四十三卷　（清）王步青輯
清大文堂刻本　十九冊　存四十一卷（大
學一至三、首一卷；中庸一至六、首一卷；論語
一至四、九至二十，首一卷；孟子一至十三）

360000－1903－0000921　　0428

論語集注本義匯纂二十卷首一卷　（清）王步青輯　清敦復堂刻本　四冊　存七卷(一至二、五至六、十三至十四,首一卷)

360000－1903－0000922　0429

論語注疏解經二十卷　（三國魏）何晏集解（宋）邢昺疏　附校勘記二十卷　（清）阮元撰（清）盧宣旬摘錄　清嘉慶二十年(1815)刻本　五冊　存三十四卷(四至二十、校勘記四至二十)

360000－1903－0000923　0430

論語注疏解經二十卷　（三國魏）何晏集解（宋）邢昺疏　附校勘記二十卷　（清）阮元撰（清）盧宣旬摘錄　清刻本　四冊　存二十六卷(八至二十、校勘記八至二十)

360000－1903－0000924　0431

四書朱子本義匯纂四十三卷　（清）王步青輯　清兩儀堂刻本　十二冊　存二十九卷(大學一至三、首一卷,中庸一至六、首一卷,論語一至十七、首一卷)

360000－1903－0000925　0432

孟子要略五卷　（宋）朱熹撰　清道光二十九年(1849)刻本　一冊

360000－1903－0000926　0433

孟子注疏解經十四卷　（漢）趙岐注（宋）孫奭疏　附校勘記十四卷　（清）阮元撰（清）盧宣旬摘錄　清刻本　二冊　存四卷(四至五、七至八)

360000－1903－0000927　0434

孟子集注本義匯纂十四卷　（清）王步青輯　清刻本　四冊　存三卷(三、十二、十四)

360000－1903－0000928　0435

孟子注疏解經十四卷　（漢）趙岐注（宋）孫奭疏　附校勘記十四卷　（清）阮元撰（清）盧宣旬摘錄　清嘉慶二十年(1815)刻重刊宋本十三經注疏本　一冊　存四卷(十三下至十四上、校勘記十三下至十四上)

360000－1903－0000929　0436

新增四書備旨靈捷解八卷　（清）張素存撰

清刻本　五冊　存五卷(三至五、七至八)

360000－1903－0000930　0437

慎詒堂四書　（宋）朱熹集注　清刻本　六冊

360000－1903－0000931　0438

孟子七卷　（宋）朱熹集注　清刻本　三冊

360000－1903－0000932　0439

慎詒堂四書　（宋）朱熹集注　清兩儀堂刻本六冊

360000－1903－0000933　0440

慎詒堂四書　（宋）朱熹集注　清大成堂刻本六冊

360000－1903－0000934　0441

襄如堂四書十九卷　（宋）朱熹集注　清刻本七冊

360000－1903－0000935　0442

書經增訂旁訓四卷　（宋）蔡沈集傳　清大文堂刻本　二冊

360000－1903－0000936　0443

書經六卷首一卷末一卷　（宋）蔡沈集傳　清同治十三年(1874)湖南書局刻本　三冊　存五卷(一至四、首一卷)

360000－1903－0000937　0444

書經六卷　（宋）蔡沈集傳　清光緒六年(1880)刻本　三冊　存五卷(二至六)

360000－1903－0000938　0445

書經六卷　（宋）蔡沈集傳　清文富堂刻本三冊　存四卷(一至四)

360000－1903－0000939　0446

書經六卷　（宋）蔡沈集傳　清康熙十二年(1673)刻本　二冊　存三卷(四至六)

360000－1903－0000940　0447

書經六卷　（宋）蔡沈集傳　清刻本　一冊存一卷(四)

360000－1903－0000941　0448

四書經注集證十九卷　（清）吳昌宗輯　清刻本　三冊

360000 – 1903 – 0000942　0449

四書味根錄三十七卷　（清）金澂輯　清刻本
　七冊　存十八卷(中庸二;孟子三至四;論
語一至七、十一至十七,首一卷)

360000 – 1903 – 0000943　0450

書經六卷　（宋）蔡沈集傳　清兩儀堂刻本
　四冊

360000 – 1903 – 0000944　0451

書經六卷　（宋）蔡沈集傳　清文奎堂刻本
　三冊　存四卷(一、四至六)

360000 – 1903 – 0000945　0452

書經六卷　（宋）蔡沈集傳　清刻本　一冊
　存一卷(四)

360000 – 1903 – 0000946　0453

圖畫四書白話解二十卷　（清）王有宗輯　清
光緒三十一年(1905)上海彪蒙書室石印本
　五冊　存八卷(大學、中庸一至二、孟子三至
五、論語七至八)

360000 – 1903 – 0000947　0454

新訂四書補注備旨十卷　（明）鄧林撰　（清）
杜定基增訂　清光緒二十三年(1897)兩儀堂
刻本　二冊　存四卷(大學、中庸、論語三至
四)

360000 – 1903 – 0000948　0455

尚書離句六卷　（清）錢在培輯　清雍正八年
(1730)兩儀堂刻本　一冊　存三卷(一至三)

360000 – 1903 – 0000949　0456

尚書離句六卷　（清）錢在培輯　清光緒二十
六年(1900)文奎堂刻本　一冊　存三卷(一
至三)

360000 – 1903 – 0000950　0457

尚書離句六卷　（清）錢在培輯　清光緒二十
五年(1899)會友堂刻本　二冊

360000 – 1903 – 0000951　0458

欽定四書文不分卷　（清）方苞等輯　清宣統
二年(1910)崇文書局刻本　一冊

360000 – 1903 – 0000952　0459

四書體注□□卷　（清）范翔輯　清刻本　一
冊　存二卷(孟子六至七)

360000 – 1903 – 0000953　0460

四書體注合講十九卷　（清）翁復編　清雍正
八年(1730)掃葉山房刻本　五冊　存十四卷
(大學、中庸、孟子一至七、論語一至五)

360000 – 1903 – 0000954　0461

四書合講十九卷　（清）翁復編　清雍正八年
(1730)大文堂刻本　五冊　存十四卷(大學、
中庸、孟子一至七、論語六至十)

360000 – 1903 – 0000955　0462

四書合講十九卷　（清）翁復編　清文奎堂刻
本　二冊　存八卷(論語一至三、六至十)

360000 – 1903 – 0000956　0463

四書引解二十六卷　（清）鄧柱瀾輯　清乾隆
三十三年(1768)翠竹齋刻本　十二冊　存十
九卷(一、五至六、十、十二至二十六)

360000 – 1903 – 0000957　0464

書經六卷　（宋）蔡沈集傳　清石印本　五冊
　存四卷(一至四)

360000 – 1903 – 0000958　0465

書經六卷　（宋）蔡沈集傳　清末石印本　二
冊　存三卷(四至六)

360000 – 1903 – 0000959　0466

書經六卷　（宋）蔡沈集傳　清末石印本　三
冊　存五卷(一至三、五至六)

360000 – 1903 – 0000960　0467

四書合講十九卷　（清）翁復編　清光緒石印
本　四冊　存十五卷(大學、中庸、孟子一至
三、論語一至十)

360000 – 1903 – 0000961　0468

新訂四書補注備旨十卷　（明）鄧林撰　（清）
杜定基增訂　清末石印本　四冊　存四卷
(一至四)

360000 – 1903 – 0000962　0469

四書集注十九卷　（宋）朱熹撰　清宣統二年
(1910)鉛印本　五冊　存十卷(上孟一至三、

下孟六至七,論語六至十)

360000－1903－0000963　0470

四書集注十九卷　(宋)朱熹撰　清上海錦章書局鉛印本　三冊　存十二卷(孟子一至七、論語六至十)

360000－1903－0000964　0471

四書集注十九卷　(宋)朱熹撰　清末鑄記書局石印本　四冊　存十一卷(大學、中庸、孟子四至七、論語六至十)

360000－1903－0000965　0472

四書白話注解□□卷　(清)許伏民編　清末石印本　十二冊　存十七卷(中庸,孟子一至三、五至七,論語一至十)

360000－1903－0000966　0473

四書白話解二十卷　(清)施崇恩編　清光緒三十二年(1906)石印本　六冊　存十三卷(大學一、中庸一至二、孟子一至五、論語六至十)

360000－1903－0000967　0474

欽定儀禮義疏四十八卷　(清)朱軾等撰　清刻本　三十二冊

360000－1903－0000968　0475

禮記十卷　(元)陳澔集說　清同治十一年(1872)刻本　十冊

360000－1903－0000969　0475－1

禮記十卷　(元)陳澔集說　清同治十一年(1872)刻本　十冊

360000－1903－0000970　0476

附釋音禮記注疏六十三卷　(漢)鄭玄注(唐)陸德明音義　(唐)孔穎達疏　清刻本二十七冊　存五十四卷(四至十、十三、十六至二十一、二十四至六十三)

360000－1903－0000971　0477

監本附音春秋公羊注疏二十八卷　(漢)何休注　(唐)徐彥疏　(唐)陸德明音義　**附校勘記二十八卷**　(清)阮元撰　(清)盧宣旬摘錄　清嘉慶二十年(1815)刻本　九冊　存五十

卷(一至十六、二十至二十八,校勘記一至十六、二十至二十八)

360000－1903－0000972　0478

附釋音毛詩注疏七十卷　(漢)毛亨傳　(漢)鄭玄箋　(唐)陸德明音義　(唐)孔穎達疏　**附校勘記七十卷**　(清)阮元撰　(清)盧宣旬摘錄　清嘉慶二十年(1815)刻本　十冊　存十四卷(二至三、十六至二十,校勘記二至三、十六至二十)

360000－1903－0000973　0479

新注四書補注備旨十卷　(明)鄧林撰　(清)杜定基增訂　清末石印本　十冊

360000－1903－0000974　0480

注釋校正華英四書不分卷　(英)雷祈師譯　清光緒二十五年(1899)上海書局石印本四冊

360000－1903－0000975　0481

四書集注不分卷　(宋)朱熹撰　清光緒三十二年(1906)石印本　一冊

360000－1903－0000976　0482

四書集注不分卷　(宋)朱熹撰　清李光明莊刻本　一冊

360000－1903－0000977　0483

四書五經義策論續編不分卷　(清)崇實學社編　清光緒二十九年(1903)崇實學社石印本八冊

360000－1903－0000978　0484

四書五經義策論正續合編不分卷　(清)崇實學社編　清光緒二十九年(1903)崇實學社石印本　十一冊

360000－1903－0000979　0485

孟子七卷　(宋)朱熹集注　清刻本　三冊

360000－1903－0000980　0486

孟子七卷　(宋)朱熹集注　清刻本　二冊存四卷(四至七)

360000－1903－0000981　0487

孟子七卷　(宋)朱熹集注　清刻本　二冊

存四卷(四至七)

360000－1903－0000982　0488

孟子七卷　(宋)朱熹集注　清刻本　二冊
存二卷(六至七)

360000－1903－0000983　0489

張謇批選四書義六卷　張謇輯　清光緒三十
年(1904)上海育文書局石印本　三冊

360000－1903－0000984　0490

張謇批選五經新義六卷　張謇輯　清光緒三
十一年(1905)上海育文書局石印本　二冊

360000－1903－0000985　0491

四書典制類聯音注三十三卷　(清)閻其淵輯
清光緒二年(1876)梟山草堂刻本　六冊

360000－1903－0000986　0492

四書五經類典集成三十四卷　(清)戴兆春輯
清光緒十四年(1888)石印本　二十三冊

360000－1903－0000987　0493

附釋音禮記注疏六十三卷　(漢)鄭玄注
(唐)陸德明音義　(唐)孔穎達疏　**附校勘記
六十卷**　(清)阮元撰　(清)盧宣旬摘錄　清
同治十二年(1873)江西書局刻本　三十一冊
存一百二十二卷(一至五十一、五十四至六
十三,校勘記一至五十一、五十四至六十三)

360000－1903－0000988　0494

儀禮注疏五十卷　(漢)鄭玄注　(唐)陸德明
音義　(唐)賈公彥疏　**校勘記五十卷**　(清)
阮元撰　(清)盧宣旬摘錄　清同治十二年
(1873)江西書局刻本　十二冊　存七十六卷
(一至三、十三至三十五、三十九至五十,校勘
記一至三、十三至三十五、三十九至五十)

360000－1903－0000989　0495

禮記增訂旁訓六卷　(清)徐立綱撰　清大文
堂刻本　五冊

360000－1903－0000990　0496

禮記十卷　(元)陳澔集說　清務本堂刻本
十冊

360000－1903－0000991　0497

欽定禮記義疏八十二卷首一卷　(清)鄂爾泰
等撰　清刻本　三十七冊　存七十七卷(一
至二十三、二十六至七十九)

360000－1903－0000992　0498

欽定禮記義疏八十二卷　(清)鄂爾泰等撰
清刻本　八冊　存十五卷(十一至二十五)

360000－1903－0000993　0499

禮記集說一百六十卷　(宋)衛湜撰　清刻本
十冊　存四十二卷(一至十一、二十七至三
十、三十六至四十四、六十五至七十三、七十
七至八十五)

360000－1903－0000994　0500

欽定詩經傳說彙纂二十一卷首二卷　(清)王
鴻緒等撰　清同治七年(1868)刻本　十四冊

360000－1903－0000995　0501

大文堂詩經體注八卷　(清)高朝瓔撰　清康
熙五十年(1711)刻本　四冊

360000－1903－0000996　0502

詩經八卷　(宋)朱熹集傳　清刻本　四冊

360000－1903－0000997　0503

詩經八卷　(宋)朱熹集傳　清刻本　二冊
存四卷(五至八)

360000－1903－0000998　0504

詩經八卷　(宋)朱熹集傳　清兩儀堂刻本
三冊　存六卷(三至八)

360000－1903－0000999　0505

四書合講十九卷　(清)翁復編　清刻本　五
冊　存十四卷(大學、中庸、孟子一至七、論語
六至十)

360000－1903－0001000　0506

四書人物類典串珠四十卷　(清)臧志仁輯
清刻本　四冊　存十八卷(十六至二十三、二
十六至三十五)

360000－1903－0001001　0507

四書人物類典串珠四十卷　(清)臧志仁輯
清嘉慶六年(1801)刻本　五冊　存二十一卷
(一至二、十四至三十二)

360000－1903－0001002　0508

四書人物類典串珠四十卷　（清）臧志仁輯
清刻本　六冊　存三十二卷（四至八、十四至四十）

360000－1903－0001003　0509

四書人物類典串珠四十卷　（清）臧志仁輯
清刻本　五冊　存二十七卷（九至十三、十九至四十）

360000－1903－0001004　0510

四書人物類典串珠四十卷　（清）臧志仁輯
清同治十二年(1873)刻本　八冊　存三十五卷（一至三、九至四十）

360000－1903－0001005　0511

四書題鏡味根合編三十七卷　（清）金澂輯
清末石印本　七冊　存三十卷（論語一至七、十四至二十、首一卷；孟子一至十四、首一卷）

360000－1903－0001006　0512

四書五經義大全五十六卷首一卷　題（清）雙璞齋主人輯　清光緒二十八年(1902)上海圖書集成局鉛印本　十五冊　存五十二卷（一至三十三、三十八至五十六）

360000－1903－0001007　0513

四書味根錄三十七卷　（清）金澂輯　清刻本　二冊　存二卷（四、二十一）

360000－1903－0001008　0514

四書味根錄三十七卷　（清）金澂輯　清光緒二十九年(1903)上海鴻寶齋石印本　六冊

360000－1903－0001009　0515

四書味根錄三十七卷　（清）金澂輯　清刻本　八冊　存十九卷（中庸一至二、論語一至十五、孟子十一至十二）

360000－1903－0001010　0516

四書味根錄三十七卷　（清）金澂輯　清光緒八年(1882)刻本　七冊　存二十四卷（大學，中庸，孟子八至十、十三至十四，論語四至二十）

360000－1903－0001011　0517

四書題鏡不分卷　（清）汪鯉翔輯　清刻本
十七冊

360000－1903－0001012　0519

四書集注本義匯參□□卷　（清）王步青輯
清刻本　八冊　存十七卷（一至十四、十八至二十）

360000－1903－0001013　0520

四書經史摘證七卷　（清）宋繼種輯　清光緒十四年(1888)石印本　七冊

360000－1903－0001014　0521

四書精義彙纂□□卷首一卷　（清）沈祖燕輯　清末石印本　二冊　存九卷（一至三、十一至十五，首一卷）

360000－1903－0001015　0522

四書題鏡味根合編三十七卷　（清）金澂輯
清末石印本　一冊　存六卷（論語八至十三）

360000－1903－0001016　0523

四書讀本十九卷　（宋）朱熹集注　清宣統元年(1909)上海匯通書局石印本　四冊　存十二卷（大學一，中庸一，孟子一至三、六至七，論語一至五）

360000－1903－0001017　0524

新訂四書補注備旨十卷　（明）鄧林撰　（清）杜定基增訂　清末石印本　三冊　存四卷（孟子一至四）

360000－1903－0001018　0525

新訂四書補注備旨十卷　（明）鄧林撰　（清）杜定基增訂　清末石印本　六冊　存五卷（論語一至二、孟子一至三）

360000－1903－0001019　0526

新訂四書補注備旨十卷　（明）鄧林撰　（清）杜定基增訂　清末上海廣益書局石印本八冊

360000－1903－0001020　0527

孟子七卷　（宋）朱熹集注　清末石印本　二冊　存二卷（六至七）

360000－1903－0001021　0528

春秋左傳五十卷　（晉）杜預注　（宋）林堯叟補注　（唐）陸德明音義　（明）孫鑛等評點　清末石印本　一冊　存五卷（二十九至三十三）

360000－1903－0001022　0529

新訂四書補注備旨十卷　（明）鄧林撰　（清）杜定基增訂　清末石印本　一冊　存二卷（一至二）

360000－1903－0001023　0530

禮記約編十卷　（清）汪基輯　清光緒三十三年（1907）石印本　二冊

360000－1903－0001024　0531

禮記約編十卷　（清）汪基輯　清光緒三十三年（1907）石印本　七冊

360000－1903－0001025　0532

禮記節本十卷　（清）汪基輯　清末石印本　七冊

360000－1903－0001026　0533

禮記約編十卷　（清）汪基輯　清末上海錦章圖書局石印本　六冊

360000－1903－0001027　0534

節本禮記十卷　（清）汪基輯　清宣統二年（1910）石印本　五冊　存九卷（一至二、四至十）

360000－1903－0001028　0535

重刊宋本十三經註疏　附校勘記　（清）阮元撰　（清）盧宣旬摘錄　清光緒十三年（1887）石印本　一冊　存二種五十八卷（論語注疏二十卷、附校勘記二十卷，孝經注疏九卷、附校勘記九卷）

360000－1903－0001029　0536

毛詩注疏四十卷　（漢）毛亨傳　（漢）鄭玄箋　（唐）陸德明音義　（唐）孔穎達疏　附校勘記四十卷　（清）阮元撰　（清）盧宣旬摘錄　清光緒十三年（1887）石印本　四冊　存四十卷（一至二十、校勘記一至二十）

360000－1903－0001030　0537

周禮注疏四十二卷　（漢）鄭玄注　（唐）陸德明音義　（唐）賈公彥疏　附校勘記四十二卷　（清）阮元撰　（清）盧宣旬摘錄　清光緒十三年（1887）石印本　三冊

360000－1903－0001031　0538

周禮注疏四十二卷　（漢）鄭玄注　（唐）陸德明音義　（唐）賈公彥疏　附校勘記四十二卷　（清）阮元撰　（清）盧宣旬摘錄　清光緒二十九年（1903）石印本　三冊

360000－1903－0001032　0539

儀禮十七卷附校勘記　（唐）賈公彥疏　清光緒十三年（1887）石印本　二冊　存八卷（一至八）

360000－1903－0001033　0540

儀禮十七卷附校勘記　（唐）賈公彥疏　清光緒二十九年（1903）石印本　三冊　存八卷（一至八）

360000－1903－0001034　0541

儀禮十七卷附校勘記　（唐）賈公彥疏　清光緒十三年（1887）石印本　四冊　存十卷（一至十）

360000－1903－0001035　0542

重校十三經不二字一卷　（清）李鴻藻輯　清末石印本　一冊

360000－1903－0001036　0543

周禮政要四卷　（清）孫詒讓撰　清光緒二十八年（1902）石印本　一冊　存二卷（一至二）

360000－1903－0001037　0544

新注四書補注備旨十卷　（明）鄧林撰　（清）杜定基增訂　清光緒十四年（1888）石印本　一冊　存二卷（大學一、中庸一）

360000－1903－0001038　0545

批選四書新義六卷　張謇批選　清末石印本　二冊　存二卷（二至三）

360000－1903－0001039　0546

批選四書新義六卷　張謇批選　清末石印本　三冊　存二卷（三、六）

360000 – 1903 – 0001040　0547

增補四書經史摘證二十九卷　（清）宋繼種輯
清光緒二十八年(1902)上海書局石印本
二冊

360000 – 1903 – 0001041　0548

四書義正鵠初編不分卷　（清）朱鈞撰　清光
緒二十七年(1901)煥文書局石印本　二冊

360000 – 1903 – 0001042　0549

中西四書不分卷　（□）□□□輯　清光緒三十
年(1904)點石齋石印本　四冊

360000 – 1903 – 0001043　0550

四書翼注論文三十八卷　（清）張甄陶撰　清
刻本　七冊　存二十四卷(上論一至十、下論
一至十,下孟一至四)

360000 – 1903 – 0001044　0551

詩經八卷　（宋）朱熹集傳　清愛蓮堂刻本
二冊　存二卷(四、六)

360000 – 1903 – 0001045　0552

詩經八卷　（宋）朱熹集傳　清兩儀堂刻本
三冊　存四卷(三至六)

360000 – 1903 – 0001046　0553

詩經八卷　（宋）朱熹集傳　清文奎堂刻本
四冊

360000 – 1903 – 0001047　0554

詩經八卷　（宋）朱熹集傳　清刻本　二冊
存四卷(五至八)

360000 – 1903 – 0001048　0555

詩經八卷　（宋）朱熹集傳　清漁古山房刻本
二冊　存五卷(一至二、六至八)

360000 – 1903 – 0001049　0556

詩經八卷　（宋）朱熹集傳　清宣統元年
(1909)石印本　二冊　存六卷(三至八)

360000 – 1903 – 0001050　0557

詩經八卷　（宋）朱熹集傳　清宣統二年
(1910)鑄記書局石印本　三冊　存七卷(一
至四、六至八)

360000 – 1903 – 0001051　0558

詩經八卷　（宋）朱熹集傳　清刻本　一冊
存二卷(三至四)

360000 – 1903 – 0001052　0559

詩經八卷　（宋）朱熹集傳　清刻本　一冊
存一卷(四)

360000 – 1903 – 0001053　0560

新訂四書補注備旨十卷　（明）鄧林撰　（清）
杜定基增訂　清末石印本　四冊　存七卷
(上論一至三,上孟一至二、下孟三至四)

360000 – 1903 – 0001054　0561

詩經體注圖考八卷　（清）高朝瓔撰　清光緒
五年(1879)石印本　一冊　存七卷(一至二、
四至八)

360000 – 1903 – 0001055　0562

周禮貫珠二卷　（清）胡必相輯　清嘉慶九年
(1804)刻本　一冊　存一卷(上)

360000 – 1903 – 0001056　0563

禮記備旨萃精十一卷　（清）鄒聖脈輯　清末
石印本　五冊

360000 – 1903 – 0001057　0564

寄傲山房塾課纂輯書經備旨蔡注捷錄七卷
（清）鄒聖脈輯　清刻本　三冊　存五卷(一、
四至七)

360000 – 1903 – 0001058　0565

寄傲山房塾課纂輯書經備旨蔡注捷錄七卷
（清）鄒聖脈輯　清刻本　二冊　存四卷(二
至三、六至七)

360000 – 1903 – 0001059　0566

寄傲山房塾課纂輯書經備旨蔡注捷錄七卷
（清）鄒聖脈輯　清刻本　二冊

360000 – 1903 – 0001060　0567

寄傲山房塾課纂輯書經備旨蔡注捷錄七卷
（清）鄒聖脈輯　清刻本　二冊

360000 – 1903 – 0001061　0568

寄傲山房塾課纂輯書經備旨蔡注捷錄七卷
（清）鄒聖脈輯　清刻本　二冊

360000 – 1903 – 0001062　0569

寄傲山房塾課纂輯書經備旨蔡注捷錄七卷
(清)鄒聖脈輯　清刻本　二冊　存五卷(一
至五)

360000－1903－0001063　0570
寄傲山房塾課纂輯書經備旨蔡注捷錄七卷
(清)鄒聖脈輯　清刻本　二冊　存五卷(一
至五)

360000－1903－0001064　0571
寄傲山房塾課纂輯書經備旨蔡注捷錄七卷
(清)鄒聖脈輯　清刻本　一冊　存四卷(四
至七)

360000－1903－0001065　0573
周禮政要二卷　(清)孫詒讓撰　清光緒二十
九年(1903)石印本　一冊

360000－1903－0001066　0574
周禮政要二卷　(清)孫詒讓撰　清末石印本
　一冊　存一卷(二)

360000－1903－0001067　0575
重校十三經不二字一卷　(清)李鴻藻輯　清
光緒十一年(1885)刻本　一冊

360000－1903－0001068　0576
爾雅注疏十卷　(晉)郭璞注　(宋)邢昺疏
附校勘記十卷　(清)阮元撰　(清)盧宣旬摘
錄　清光緒二十九年(1903)上海點石齋石印
本　一冊

360000－1903－0001069　0577
爾雅注疏十卷　(晉)郭璞注　(宋)邢昺疏
附校勘記十卷　(清)阮元撰　(清)盧宣旬摘
錄　清光緒十三年(1887)上海點石齋石印本
　一冊

360000－1903－0001070　0578
附釋音春秋左傳注疏六十卷　(晉)杜預注
(唐)陸德明音義　(唐)孔穎達疏　清末石印
本　一冊　存二卷(五至六)

360000－1903－0001071　0579
周易說研錄六卷　(清)李灝撰　清乾隆元年
(1736)刻本　五冊　存五卷(一、三至六)

360000－1903－0001072　0580
周易詮義十四卷首一卷　(清)汪烜撰　清同
治十二年(1873)敷文書局刻本　一冊　存一
卷(首一卷)

360000－1903－0001073　0581
周易本義四卷　(宋)朱熹撰　清同治十三年
(1874)湖南書局刻本　一冊　存一卷(一)

360000－1903－0001074　0582
周易參同契分章注解三卷　(漢)魏伯陽撰
(元)陳致虛注　清道光二十一年(1841)善成
堂刻本　一冊

360000－1903－0001075　0583
易經體注大全合纂四卷　(清)李兆賢輯　清
康熙五十八年(1719)兩儀堂刻本　二冊

360000－1903－0001076　0584
周易四卷　(宋)朱熹本義　清刻本　一冊

360000－1903－0001077　0585
易經大全會解四卷　(清)來爾繩輯　清光緒
五年(1879)慈水古草堂刻本　二冊

360000－1903－0001078　0586
易經大全會解四卷　(清)來爾繩輯　清咸豐
二年(1852)刻本　二冊

360000－1903－0001079　0587
周易四卷　(宋)朱熹本義　清刻本　一冊

360000－1903－0001080　0588
周易外傳七卷　(清)王夫之撰　清末石印本
　一冊　存三卷(五至七)

360000－1903－0001081　0589
周易注疏四卷　(三國魏)王弼　(晉)韓康伯
注　(唐)孔穎達疏　附校勘記四卷　清光緒
十三年(1887)上海點石齋石印本　一冊

360000－1903－0001082　0590
周易注疏四卷　(三國魏)王弼　(晉)韓康伯
注　(唐)孔穎達疏　附校勘記四卷　清光緒
二十九年(1903)上海點石齋石印本　一冊

360000－1903－0001083　0591
附釋音禮記注疏六十三卷　(漢)鄭玄注

(唐)陸德明音義　(唐)孔穎達疏　清末石印本　一冊　存二卷(三至四)

360000－1903－0001084　0592

書經六卷　(宋)蔡沈集傳　清末石印本　一冊　存二卷(五至六)

360000－1903－0001085　0593

小學集注二卷　(□)□□撰　清刻本　一冊　存一卷(下)

360000－1903－0001086　0594

寄傲山房塾課纂輯書經備旨蔡注捷錄七卷　(清)鄒聖脈輯　清光緒十二年(1886)石印本　一冊　存四卷(一至四)

360000－1903－0001087　0595

寄傲山房塾課纂輯書經備旨蔡注捷錄七卷　(清)鄒聖脈輯　清末石印本　一冊　存四卷(四至七)

360000－1903－0001088　0596

書經六卷　(宋)蔡沈集傳　清刻本　一冊　存二卷(一至二)

360000－1903－0001089　0597

全本禮記體注十卷　(清)范翔輯　清刻本　五冊　存七卷(二、四至七、九至十)

360000－1903－0001090　0598

禮記備旨十一卷　(清)鄒聖脈輯　清刻本　一冊　存三卷(九至十一)

360000－1903－0001091　0599

禮記增訂旁訓六卷　(清)徐立綱撰　清刻本　二冊　存二卷(四至五)

360000－1903－0001092　0600

禮記十卷　(元)陳澔集說　清刻本　四冊　存四卷(一至四)

360000－1903－0001093　0601

周禮纂訓二十一卷　(清)李鍾倫撰　清刻本　一冊　存四卷(十四至十七)

360000－1903－0001094　0602

五經典林□□卷　題(清)奎璧齋主人輯　清光緒十九年(1893)上海蜚英館石印本　九冊

存四十八卷(易一至十、書一至十、禮一至十四、詩一至五、春秋一至九)

360000－1903－0001095　0603

五經經義匯海　(□)□□撰　清末石印本　六冊

360000－1903－0001096　0604

五經經義騎集二卷　(宋)陸九淵輯　清末石印本　二冊

360000－1903－0001097　0605

五經備旨　(清)鄒聖脈輯　清光緒十五年(1889)上海積山書局石印本　十八冊

360000－1903－0001098　0606

五經合纂大成　(清)同文書局輯　清光緒十一年(1885)同文書局石印本　十三冊

360000－1903－0001099　0607

御纂五經　(□)□□輯　清末石印本　四冊

360000－1903－0001100　0608

五經同異三卷　(清)顧炎武撰　清省吾堂刻本　二冊

360000－1903－0001101　0609

增批五經備旨　(清)鄒聖脈輯　清光緒二十八年(1902)石印本　四冊

360000－1903－0001102　0610

五經經解萃精不分卷　(清)丁午撰　清光緒二十五年(1899)上海點石齋石印本　四冊

360000－1903－0001103　0611

春秋家說三卷　(清)王夫之撰　清末石印本　二冊

360000－1903－0001104　0611－1

春秋家說三卷　(清)王夫之撰　清末石印本　二冊

360000－1903－0001105　0612

四書文淵鑒□□卷　(□)□□撰　清刻本　二冊　存十二卷(五至十三、二十至二十二)

360000－1903－0001106　0613

張謇批選續四書義六卷　張謇輯　清光緒二

十九年(1903)石印本 一冊

360000－1903－0001107 0614
張謇批選續四書義六卷 張謇輯 清末石印本 十冊 存一卷(四)

360000－1903－0001108 0615
張謇批選四書義六卷 張謇輯 清光緒二十七年(1901)石印本 一冊 存一卷(一)

360000－1903－0001109 0616
增注四書人物類典串珠四十卷 (清)臧志仁輯 清光緒十八年(1892)上海鴻寶齋石印本 四冊

360000－1903－0001110 0617
五經體注□□卷 (清)鄒聖脈輯 清末石印本 一冊 存四卷(春秋五至八)

360000－1903－0001111 0618
五經味根錄□□卷 (□)□□輯 清末同文書局石印本 一冊 存五卷(春秋十至十四)

360000－1903－0001112 0619
五經囊括纂要□□卷 (清)鄒聖脈輯 清末石印本 一冊 存四卷(禮記備旨九至十一、禮記精義一)

360000－1903－0001113 0620
春秋世論五卷 (清)王夫之撰 清末石印本 一冊

360000－1903－0001114 0621
續春秋左傳博議二卷 (清)王夫之撰 清末石印本 一冊

360000－1903－0001115 0621－1
續春秋左傳博議二卷 (清)王夫之撰 清末石印本 一冊

360000－1903－0001116 0622
五經集解三十卷 (清)馮世瀛輯 清刻本 一冊 存二卷(十四至十五)

360000－1903－0001117 0623
詩經八卷 (宋)朱熹集傳 清刻本 一冊 存三卷(六至八)

360000－1903－0001118 0624
五經典林□□卷 (清)鄒聖脈輯 清末石印本 一冊 存五卷(書六至七、精義一、標題一、尚書大傳一)

360000－1903－0001119 0625
四書襯十九卷 (清)駱培撰 清刻本 一冊 存三卷(孟子一至三)

360000－1903－0001120 0626
四書章句集注便蒙十九卷 (宋)朱熹集注 清刻本 十冊 存十五卷(大學,中庸,論語四至十,孟子一至四、六至七)

360000－1903－0001121 0627
詩經白話注解八卷 (□)□□撰 清末石印本 一冊 存二卷(七至八)

360000－1903－0001122 0628
詩經韻分十七部表一卷 (清)段玉裁撰 清刻本 一冊

360000－1903－0001123 0629
四書集注十九卷 (宋)朱熹撰 清同治十二年(1873)金陵書局刻本 一冊 存二卷(大學、中庸)

360000－1903－0001124 0630
監本四書十九卷 (宋)朱熹集注 清同治十三年(1874)江西書局刻本 一冊 存二卷(大學一、中庸一)

360000－1903－0001125 0631
論語十卷 (宋)朱熹集注 清刻本 二冊

360000－1903－0001126 0632
論語十卷 (宋)朱熹集注 清刻本 二冊

360000－1903－0001127 0633
論語十卷 (宋)朱熹集注 清光緒十二年(1886)湖北官書處刻本 二冊 存五卷(一至五)

360000－1903－0001128 0634
論語十卷 (宋)朱熹集注 清刻本 三冊 存五卷(六至十)

360000－1903－0001129 0635

孟子七卷　（宋）朱熹集注　清刻本　一册
存一卷（一）

360000－1903－0001130　0636
四書引解二十六卷　（清）鄧柱瀾輯　清刻本
一册　存一卷（二十）

360000－1903－0001131　0637
新訂四書補注備旨十卷　（明）鄧林撰　（清）
杜定基增訂　清仁安堂刻本　一册　存二卷
（上孟一至二）

360000－1903－0001132　0638
四書不分卷　（□）□□輯　清末石印本
一册

360000－1903－0001133　0639
四書典制類聯人事□□卷　（□）□□撰　清
末石印本　一册　存六卷（十四至十九）

360000－1903－0001134　0640
小學集注六卷　（明）陳選集注　清刻本　一
册　存四卷（三至六）

360000－1903－0001135　0641
小學注六卷　（明）陳選集注　清刻本　一册
存三卷（四至六）

360000－1903－0001136　0642
文公小學六卷　（宋）朱熹撰　清刻本　一册
存三卷（四至六）

360000－1903－0001137　0643
小學紺珠十卷　（宋）王應麟輯　清刻本　二
册　存三卷（三至四、九）

360000－1903－0001138　0644
寄傲山房塾課纂輯御案易經備旨七卷　（清）
鄒聖脈輯　清末石印本　一册　存四卷（四
至七）

360000－1903－0001139　0645
詩經集傳八卷附圖說及詩經句辨難字辨考
（宋）朱熹撰　清刻本　二册　存三卷（一、四
至五）

360000－1903－0001140　0646
監本四書刪補□□卷　（明）徐奮鵬輯　清刻

本　一册　存二卷（三至四）

360000－1903－0001141　0647
御注孝經一卷　（唐）玄宗李隆基撰　清刻本
一册

360000－1903－0001142　0648
龍文鞭影二卷　（明）蕭良有撰　（清）楊臣諍
增訂　清兩儀堂刻本　二册

360000－1903－0001143　0648－1
龍文鞭影二卷　（明）蕭良有撰　（清）楊臣諍
增訂　清兩儀堂刻本　二册

360000－1903－0001144　0648－2
龍文鞭影二卷　（明）蕭良有撰　（清）楊臣諍
增訂　清兩儀堂刻本　二册　存一卷（上）

360000－1903－0001145　0649
龍文鞭影二卷　（明）蕭良有撰　（清）楊臣諍
增訂　清文奎松記刻本　一册

360000－1903－0001146　0650
雪樵經解三十卷附錄三卷　（清）馮世瀛輯
清光緒十五年（1889）邗江晉銅古齋鉛印本
八册　存二十八卷（一至二十八）

360000－1903－0001147　0651
詩學含英十四卷　（清）劉文蔚輯　清乾隆六
十年（1795）文淵堂刻本　二册

360000－1903－0001148　0652
詩學含英十四卷　（清）劉文蔚輯　清乾隆三
十七年（1772）尚德堂刻本　二册

360000－1903－0001149　0653
詩學含英十四卷　（清）劉文蔚輯　清乾隆三
十七年（1772）兩儀堂刻本　四册

360000－1903－0001150　0654
詩學含英十四卷　（清）劉文蔚輯　清乾隆三
十七年（1772）兩儀堂刻本　二册

360000－1903－0001151　0655
詩學含英十四卷　（清）劉文蔚輯　清大文堂
刻本　二册

360000－1903－0001152　0656

詩學含英十四卷　（清）劉文蔚輯　清大文堂刻本　四冊

360000－1903－0001153　0657
詩學含英十四卷　（清）劉文蔚輯　清乾隆三十七年(1772)文奎堂刻本　一冊　存八卷（一至八）

360000－1903－0001154　0658
詩韻含英□□卷　（清）劉文蔚輯　清刻本　四冊　存四卷（一至四）

360000－1903－0001155　0659
詩韻含英□□卷　（清）劉文蔚輯　清刻本　一冊　存八卷（一至八）

360000－1903－0001156　0660
詩韻含英□□卷　（清）劉文蔚輯　清味經堂刻本　一冊　存二卷（一至二）

360000－1903－0001157　0661
詩韻含英□□卷　（清）劉文蔚輯　清兩儀堂刻本　一冊　存六卷（一至六）

360000－1903－0001158　0662
詩韻集成十卷　（清）余照輯　清光緒五年(1879)兩儀堂刻本　六冊

360000－1903－0001159　0663
詩韻集成十卷　（清）余照輯　清光緒五年(1879)兩儀堂刻本　二冊

360000－1903－0001160　0664
詩韻集成十卷　（清）余照輯　清光緒五年(1879)兩儀堂刻本　三冊　存七卷（一至七）

360000－1903－0001161　0665
詩韻集成十卷　（清）余照輯　清刻本　一冊　存三卷（五至七）

360000－1903－0001162　0666
詩韻集成十卷附詞林典腋一卷　（清）余照輯　清刻本　一冊　存三卷（三至五）

360000－1903－0001163　0669
詩韻合璧五卷　（清）湯文潞編　虛字韻藪一卷　（清）潘維城輯　清咸豐七年(1857)刻本　六冊

360000－1903－0001164　0670
詩韻合璧五卷　（清）湯文潞編　清光緒元年(1875)刻本　三冊　存四卷（一、三至五）

360000－1903－0001165　0671
詩韻合璧五卷　（清）湯文潞編　清咸豐七年(1857)刻本　二冊　存二卷（一、四）

360000－1903－0001166　0672
詩韻合璧五卷　（清）湯文潞編　清刻本　三冊　存三卷（三至五）

360000－1903－0001167　0673
詩韻合璧五卷　（清）湯文潞編　清光緒十三年(1887)刻本　三冊　存三卷（一至二、四）

360000－1903－0001168　0674
詩韻合璧五卷　（清）湯文潞編　清末鉛印本　一冊　存一卷（二）

360000－1903－0001169　0675
詩韻合璧五卷　（清）湯文潞編　初學檢韻十二集　（清）姚文登輯　清光緒十七年(1891)石印本　二冊　存二卷（一、初學檢韻一）

360000－1903－0001170　0676
詩韻合璧五卷　（清）湯文潞編　初學檢韻十二集　（清）姚文登輯　清光緒十七年(1891)石印本　一冊　存一卷（初學檢韻一）

360000－1903－0001171　0677
增廣詩韻合璧五卷　（清）湯文潞編　清光緒十四年(1888)石印本　一冊　存一卷（一）

360000－1903－0001172　0678
增補詩韻全璧五卷　（清）湯文潞編　清光緒十四年(1888)石印本　一冊　存一卷（一）

360000－1903－0001173　0679
分韻詩賦題解統編一百六卷　（清）王景曾輯　清光緒二十年(1894)上海寶善書局石印本　六冊

360000－1903－0001174　0680
詩八卷　（宋）朱熹集傳　清刻本　二冊　存四卷（五至八）

360000－1903－0001175　0681

詩八卷　（宋）朱熹集傳　清慎詒堂刻本　一
冊　存二卷(四至五)

360000－1903－0001176　0682
詩經八卷　（宋）朱熹集傳　清刻本　一冊
存二卷(四至五)

360000－1903－0001177　0683
古文辭類纂七十五卷　（清）姚鼐輯　清刻本
十五冊　存七十二卷(四至七十五)

360000－1903－0001178　0684
古文辭類纂七十四卷　（清）姚鼐輯　清三味
堂刻本　七冊　存四十卷(三十五至七十四)

360000－1903－0001179　0685
古文辭類纂十五卷　（清）姚鼐輯　清光緒二
十四年(1898)育文書局石印本　五冊

360000－1903－0001180　0686
古文辭類纂七十四卷　（清）姚鼐輯　清末石
印本　十一冊　存五十四卷(三至五、十九至
六十四、七十至七十四)

360000－1903－0001181　0687
詩經八卷　（宋）朱熹集傳　清兩儀堂刻本
二冊　存四卷(一至二、四至五)

360000－1903－0001182　0688
說文解字□□卷　（清）段玉裁注　附六書音
韻表一卷　（清）段玉裁撰　清刻本　十三冊

360000－1903－0001183　0689
說文解字□□卷　（漢）許慎撰　（清）段玉裁
注　清刻本　二冊

360000－1903－0001184　0690
說文解字通釋四十卷附錄一卷　（五代）徐鍇
撰　清刻本　七冊　存三十七卷(五至四十、
附錄一卷)

360000－1903－0001185　0691
說文古籀補十四卷補遺一卷附錄一卷　（清）
吳大澂撰　清末石印本　三冊　存一卷(附
錄一卷)

360000－1903－0001186　0692
說文解字注匡謬八卷　（清）徐承慶撰　清末

刻本　一冊　存六卷(三至八)

360000－1903－0001187　0693
說文通檢十四卷首一卷末一卷　（清）黎永椿
編　清光緒十四年(1888)上海蜚英館石印本
一冊

360000－1903－0001188　0694
新增說文韻府羣玉二十卷　（元）陰時夫輯
（元）陰中夫注　清刻本　十三冊　存十三卷
(三至十五)

360000－1903－0001189　0695
新增說文韻府羣玉二十卷　（元）陰時夫輯
（元）陰中夫注　清英秀堂刻本　七冊　存十
四卷(一至十二、十七至十八)

360000－1903－0001190　0696
新增說文韻府羣玉二十卷　（元）陰時夫輯
（元）陰中夫注　清刻本　九冊　存十二卷
(七、九、十一至二十)

360000－1903－0001191　0697
新增說文韻府羣玉二十卷　（元）陰時夫輯
（元）陰中夫注　清大文堂刻本　十三冊　存
十三卷(一、五至十四、十八、二十)

360000－1903－0001192　0698
三禮陳數求義三十卷　（清）林喬蔭撰　清刻
本　十五冊　存二十九卷(二至三十)

360000－1903－0001193　0699
三禮義宗四卷　（南朝梁）崔靈恩撰　清娜環
館刻本　一冊　存一卷(四)

360000－1903－0001194　0700
制義約鈔不分卷　（□）□□輯　清刻本
五冊

360000－1903－0001195　0701
經籍籑詁一百六卷首一卷　（清）阮元撰　清
光緒二十年(1894)石印本　十七冊　存一百
卷(一至九、十六至一百六)

360000－1903－0001196　0702
字彙十二集　（明）梅膺祚編　清刻本　一冊

360000－1903－0001197　0703

字彙十二集　（明）梅膺祚編　清刻本　一冊
存一卷（申集）

360000 – 1903 – 0001198　0704

字彙十二集　（明）梅膺祚編　清刻本　一冊
存一集（午集）

360000 – 1903 – 0001199　0705

攷正玉堂字彙不分卷　（清）知足子編　清光
緒十二年（1886）石印本　三冊

360000 – 1903 – 0001200　0706

孟子正義三十卷　（清）焦循撰　清末石印本
二冊　存八卷（一至四、十一至十四）

360000 – 1903 – 0001201　0707

澄衷蒙學堂字課圖說四卷　（清）劉樹屏撰
清末石印本　六冊

360000 – 1903 – 0001202　0708

辨字摘要不分卷　（清）盧紹麒編　清兩儀堂
刻本　一冊　存四卷（一至四）

360000 – 1903 – 0001203　0709

辨字摘要不分卷　（清）盧紹麒編　清兩儀堂
刻本　一冊

360000 – 1903 – 0001204　0710

辨字摘要不分卷　（清）盧紹麒編　清刻本
二冊

360000 – 1903 – 0001205　0711

詞林分類次韻便讀三字錦九卷末一卷　（清）
趙暄編　清刻本　三冊　存六卷（五至九、末
一卷）

360000 – 1903 – 0001206　0712

尚書引義六卷　（清）王夫之撰　清末石印本
一冊

360000 – 1903 – 0001207　0712 – 1

尚書引義六卷　（清）王夫之撰　清末石印本
一冊

360000 – 1903 – 0001208　0713

二論詳解四卷　（清）劉忠輯　清刻本　一冊
存二卷（三至四）

360000 – 1903 – 0001209　0714

聲律□□卷　（□）□□撰　清刻本　一冊
存二卷（三至四）

360000 – 1903 – 0001210　0715

玉堂字彙不分卷　（明）梅膺祚音釋　清光緒
二十年（1894）刻本　五冊

360000 – 1903 – 0001211　0716

詩韻合璧五卷　（清）湯文璐編　虛字韻藪一
卷　（清）潘維城輯　清刻本　一冊　存一卷
（虛字韻藪一卷）

360000 – 1903 – 0001212　0717

攷正玉堂字彙不分卷　（清）知足子編　清末
石印本　一冊

360000 – 1903 – 0001213　0718

批選續四書義六卷　張謇批選　清光緒二十
九年（1903）石印本　二冊

360000 – 1903 – 0001214　0719

張謇批選四書義六卷　張謇輯　清末石印本
二冊　存二卷（二、六）

360000 – 1903 – 0001215　0720

道生堂全稿不分卷　（清）鍾聲撰　清光緒十
五年（1889）兩儀堂刻本　五冊

360000 – 1903 – 0001216　0721

朱子家禮十卷　（宋）朱熹撰　清嘉慶六年
（1801）刻本　四冊

360000 – 1903 – 0001217　0722

增補蘇批孟子二卷　（宋）蘇洵撰　（清）趙大
浣增補　清同治十二年（1873）刻本　一冊
存一卷（上）

360000 – 1903 – 0001218　0723

九經古義十六卷　（清）惠棟撰　清省吾堂刻
本　二冊

360000 – 1903 – 0001219　0724

新訂四書補注備旨十卷　（明）鄧林撰　（清）
杜定基增訂　清刻本　一冊　存一卷（下孟
三）

360000 – 1903 – 0001220　0725

二論詳解四卷　（清）劉忠輯　清兩儀堂刻本
　　一冊　存二卷（三至四）

360000－1903－0001221　0726

雲路仙丹不分卷　（□）□□撰　清刻本
　　一冊

360000－1903－0001222　0727

文字蒙求四卷　（清）王筠撰　清光緒十三年
（1887）石印本　一冊

360000－1903－0001223　0728

文字蒙求四卷　（清）王筠撰　清末石印本
　　一冊　存二卷（三至四）

360000－1903－0001224　0729

四言雜志不分卷　（清）羅運彪輯　清光緒刻
本　一冊

360000－1903－0001225　0730

四書恒解□□卷　（清）劉沅輯　清刻本　一
冊　存一卷（孟子七）

360000－1903－0001226　0731

小學詳解　（清）陳仁錫撰　清刻本　一冊
存三種

360000－1903－0001227　0732

春秋左繡三十卷　（晉）杜預注　清末石印本
　　一冊　存二卷（二十九至三十）

360000－1903－0001228　0733

註釋校正華英四書不分卷　（英國）雷祈師譯
　　清末石印本　三冊

360000－1903－0001229　0734

小學詳解　（清）陳仁錫撰　清大文堂刻本
　　一冊　存三種

360000－1903－0001230　0735

周禮精華六卷　（清）陳龍標輯　清道光十二
年（1832）刻本　五冊　存五卷（一至三、五至
六）

360000－1903－0001231　0736

音韻辨訛一卷　（清）萬青銓輯　清道光十二
年（1832）刻本　一冊

360000－1903－0001232　0738

詩經八卷　（宋）朱熹集傳　清刻本　一冊
存二卷（三至四）

360000－1903－0001233　0739

四書改錯二十二卷　（清）毛奇齡撰　清末石
印本　二冊　存十五卷（八至二十二）

360000－1903－0001234　0740

陸批四書不分卷　（清）陸思誠批點　清光緒
十一年（1885）同文書局石印本　一冊

360000－1903－0001235　0741

增廣詩韻合璧五卷　（清）湯文潞編　清光緒
二十一年（1895）上洋鴻寶齋石印本　一冊
存一卷（一）

360000－1903－0001236　0742

臨文便覽彙編　（清）□□輯　清光緒十二年
（1886）上海同文書局石印本　一冊　存四集
（甲至丁）

360000－1903－0001237　0743

春秋經傳集解三十卷　（晉）杜預撰　清末石
印本　一冊　存二卷（十四至十五）

360000－1903－0001238　0744

春秋備旨十二卷　（清）鄒聖脈纂輯　清刻本
　　二冊　存三卷（五至七）

360000－1903－0001239　0745

文公家禮儀節八卷　（宋）朱熹撰　（明）楊慎
輯　清刻本　一冊　存二卷（七至八）

360000－1903－0001240　0746

御纂周易折中二十二卷　（清）李光地等撰
清刻本　三冊　存七卷（十六至二十二）

360000－1903－0001241　0747

周易外傳七卷　（清）王夫之撰　清光緒二十
七年（1901）吳門公學石印本　二冊

360000－1903－0001242　0748

無師自通英語錄不分卷　（清）綠竹山房編
清光緒二十三年（1897）鉛印本　一冊

360000－1903－0001243　0749

增注字類標韻六卷　（清）華綱撰　（清）范多

珏重訂　清末石印本　一冊

360000－1903－0001244　0750

新撰日本字典二卷首一卷　（日本）石川英編
　清光緒十八年(1892)石印本　一冊　存二
卷(上、首一卷)

360000－1903－0001245　0751

字學舉隅一卷　（清）龍啓瑞撰　清咸豐二年
(1852)刻本　一冊

360000－1903－0001246　0752

新安鄉音字義考正不分卷　（清）詹逢光輯
清光緒二十五年(1899)石印本　一冊

360000－1903－0001247　0753

寄傲山房塾課新增幼學故事瓊林四卷　（明）
程登吉撰　（清）鄒聖脈增補　清刻本　一冊
存二卷(三至四)

360000－1903－0001248　0754

康熙字典十二集三十六卷　（清）張玉書等纂
修　清刻本　一冊　存一卷(巳集中)

360000－1903－0001249　0755

附釋音春秋左傳注疏六十卷　（晉）杜預注
(唐)陸德明音義　（唐）孔穎達疏　清刻本
一冊　存二卷(五十五至五十六)

360000－1903－0001250　0756

增訂二論詳解四卷　（清）劉忠輯　清乾隆四
十一年(1776)刻本　一冊　存二卷(一至二)

360000－1903－0001251　0757

四書人物類典串珠四十卷　（清）臧志仁輯
清末石印本　一冊　存六卷(二十七至三十
二)

360000－1903－0001252　0758

儀禮章句十七卷　（清）吳廷華撰　清乾隆二
十二年(1757)刻本　一冊　存四卷(一至四)

360000－1903－0001253　0759

正譌八卷　（清）劉沅撰　清刻本　一冊　存
三卷(六至八)

360000－1903－0001254　0760

書經六卷　（宋）蔡沈集傳　清刻本　一冊

存二卷(二、六)

360000－1903－0001255　0761

十四層啓蒙捷訣二卷　（清）曹原亮撰　清刻
本　一冊　存一卷(下)

360000－1903－0001256　0762

書經六卷　（宋）蔡沈集傳　清刻本　二冊
存四卷(三至六)

360000－1903－0001257　0763

字典□□卷　（□）□□撰　清刻本　二冊

360000－1903－0001258　1509

史記一百三十卷　（漢）司馬遷撰　（南朝宋）
裴駰集解　（唐）司馬貞索隱　（唐）張守節正
義　清光緒十年(1884)石印本　三十冊

360000－1903－0001259　1517

史記一百三十卷　（漢）司馬遷撰　（南朝宋）
裴駰集解　（唐）司馬貞索隱　（唐）張守節正
義　清光緒二十八年(1902)石印本　六冊
存九十九卷(十三至三十、三十二至四十二、
六十一至一百三十)

360000－1903－0001260　1518

史記一百三十卷　（漢）司馬遷撰　（南朝宋）
裴駰集解　（唐）司馬貞索隱　（唐）張守節正
義　清光緒十四年(1888)石印本　十六冊

360000－1903－0001261　1519

史記一百三十卷　（漢）司馬遷撰　（南朝宋）
裴駰集解　（唐）司馬貞索隱　（唐）張守節正
義　清刻本　十四冊　存一百卷(二十七至
二十八、三十三至一百三十)

360000－1903－0001262　1520

史記一百三十卷　（漢）司馬遷撰　（南朝宋）
裴駰集解　（唐）司馬貞索隱　（唐）張守節正
義　清刻本　四冊　存三十四卷(十五至十
七、七十至七十八、八十五至一百六)

360000－1903－0001263　1521

史記一百三十卷　（漢）司馬遷撰　（南朝宋）
裴駰集解　（唐）司馬貞索隱　（唐）張守節正
義　清末石印本　四冊　存九十九卷(一至

十四、四十至六十九、七十六至一百三十）

360000－1903－0001264　1522
史記一百三十卷　（漢）司馬遷撰　（南朝宋）
裴駰集解　（唐）司馬貞索隱　（唐）張守節正
義　清末石印本　五冊　存八十四卷（七至
九十）

360000－1903－0001265　1523
史記一百三十卷　（漢）司馬遷撰　（南朝宋）
裴駰集解　（唐）司馬貞索隱　（唐）張守節正
義　清光緒二十八年（1902）石印本　二冊
存四十二卷（一至十一、六十至九十）

360000－1903－0001266　1524
史記一百三十卷　（漢）司馬遷撰　（南朝宋）
裴駰集解　（唐）司馬貞索隱　（唐）張守節正
義　清末石印本　二冊　存四十卷（九十一
至一百三十）

360000－1903－0001267　1329
尚友錄二十二卷　（明）廖用賢編　清光緒十
六年（1890）掃葉山房銅活字印本　六冊

360000－1903－0001268　1735
太湖夏氏宗譜不分卷　（□）□□纂修　清抄
本　二冊

360000－1903－0001269　1501
江西優貢卷不分卷　（清）□□輯　清光緒刻
本　一冊

360000－1903－0001270　1501－1
江西優貢卷不分卷　（清）□□輯　清光緒刻
本　一冊

360000－1903－0001271　2904
錢氏小兒直訣四卷　（宋）錢乙撰　明嘉靖刻
本　一冊

360000－1903－0001272　2905
太上正乙百拜朝天謝罪寶懺一卷　（□）□□
撰　清抄本　一冊

360000－1903－0001273　3502
潛園友朋書問十二卷　（清）陸心源輯　清光
緒刻本　二冊

360000－1903－0001274　3501
十二月旹令對聯痛念一卷　（清）彭凌雲抄
清抄本　一冊

360000－1903－0001275　1041
昌南輿誦篇一卷　（□）□□撰　清光緒元年
（1875）刻本　一冊

360000－1903－0001276　2913
參同契闡幽□□卷　（清）朱元育撰　清咸豐
七年（1857）抄本　一冊

360000－1903－0001277　2912
集驗良方拔萃二卷　（清）恬素氏編　清道光
三十年（1850）刻本　一冊

360000－1903－0001278　1040
昌江吟草一卷　（清）涂家杰撰　清光緒十六
年（1890）刻本　一冊

360000－1903－0001279　1736
黃氏宗譜□□卷　（清）王錫爵纂修　清光緒
六年（1880）抄本　一冊

360000－1903－0001280　2923
地理神機四論一卷　（清）陳楷撰　清道光十
九年（1839）抄本　一冊

360000－1903－0001281　3507
翁相國手劄第四集　（清）翁同龢撰　清宣統
元年（1909）影印本　一冊

360000－1903－0001282　3505
傭餘漫錄一卷　（□）□□撰　清宣統三年
（1911）抄本　一冊

360000－1903－0001283　2927
天文圖象一卷　（清）□□撰　清抄本　一冊

360000－1903－0001284　3509
論說文淺說□□卷　（□）□□撰　清抄本
一冊

360000－1903－0001285　1047
增訂江西商務總會章程　（清）□□撰　清光
緒刻本　一冊

360000－1903－0001286　2930

修公真傳一卷　（清）程璡書　清光緒十年
(1884)抄本　一冊

360000－1903－0001287　0301
字學舉隅一卷　（清）龍啓瑞撰　清抄本
一冊

360000－1903－0001288　1737
延陵累代統譜不分卷　（□）□□纂修　清康
熙抄本　一冊

360000－1903－0001289　1055
史記一百三十卷　（漢）司馬遷撰　（南朝宋）
裴駰集解　（唐）司馬貞索隱　（唐）張守節正
義　清光緒十八年(1892)石印本　八冊

360000－1903－0001290　1051
史記一百三十卷　（漢）司馬遷撰　（南朝宋）
裴駰集解　（唐）司馬貞索隱　（唐）張守節正
義　清道光十四年(1834)刻本　二十八冊
存一百七卷(一至四十五、四十九至八十七、
一百四至一百二十六)

360000－1903－0001291　1503
校刊史記集解索隱正義札記五卷　（清）張文
虎撰　清同治十一年(1872)刻本　二冊

360000－1903－0001292　1504
欽定史記一百三十卷　（漢）司馬遷撰　（南
朝宋)裴駰集解　（唐）司馬貞索隱　（唐）張
守節正義　清光緒三十三年(1907)石印本
十六冊

360000－1903－0001293　1505
史記一百三十卷　（漢）司馬遷撰　（南朝宋）
裴駰集解　（唐）司馬貞索隱　（唐）張守節正
義　清光緒二十四年(1898)石印本　八冊

360000－1903－0001294　1506
史記一百三十卷　（漢）司馬遷撰　（南朝宋）
裴駰集解　（唐）司馬貞索隱　（唐）張守節正
義　清光緒二十六年(1900)石印本　八冊

360000－1903－0001295　1507
史記一百三十卷　（漢）司馬遷撰　（南朝宋）
裴駰集解　（唐）司馬貞索隱　（唐）張守節正
義　清光緒三十四年(1908)石印本　十六冊

360000－1903－0001296　1058
史記一百三十卷　（漢）司馬遷撰　（南朝宋）
裴駰集解　（唐）司馬貞索隱　（唐）張守節正
義　清光緒二十八年(1902)石印本　六冊
存八十九卷(一至八十九)

360000－1903－0001297　1508
史記一百三十卷　（漢）司馬遷撰　（南朝宋）
裴駰集解　（唐）司馬貞索隱　（唐）張守節正
義　清光緒十二年(1886)刻本　三十一冊
存一百二十四卷(一至一百一十一、一百一十八至
一百三十)

360000－1903－0001298　1510
史記一百三十卷　（漢）司馬遷撰　（南朝宋）
裴駰集解　（唐）司馬貞索隱　（唐）張守節正
義　清光緒十四年(1888)石印本　十四冊
存一百十卷(一至十六、二十二至六十七、八
十三至一百三十)

360000－1903－0001299　1511
史記一百三十卷　（漢）司馬遷撰　（南朝宋）
裴駰集解　（唐）司馬貞索隱　（唐）張守節正
義　清刻本　二十二冊　存一百七卷(一至
十三、三十至三十二、四十至一百三十)

360000－1903－0001300　1512
史記一百三十卷　（漢）司馬遷撰　（南朝宋）
裴駰集解　（唐）司馬貞索隱　（唐）張守節正
義　清光緒十年(1884)影印本　二十五冊
存一百十八卷(一至八、十三至四十三、四十
八至一百二十六)

360000－1903－0001301　1514
史記一百三十卷　（漢）司馬遷撰　（南朝宋）
裴駰集解　（唐）司馬貞索隱　（唐）張守節正
義　清末石印本　十冊

360000－1903－0001302　1515
史記一百三十卷　（漢）司馬遷撰　（南朝宋）
裴駰集解　（唐）司馬貞索隱　（唐）張守節正
義　清刻本　十四冊　存八十三卷(四十至
四十一、四十三至六十七、七十二至一百二十

七）

360000 - 1903 - 0001303　1516

史記一百三十卷　（漢）司馬遷撰　（南朝宋）
裴駰集解　（唐）司馬貞索隱　（唐）張守節正
義　清刻本　一冊　存三卷(二至四)

360000 - 1903 - 0001304　1264

廿一史約編八卷首一卷　（清）鄭元慶編　清
康熙三十六年(1697)刻本　七冊

360000 - 1903 - 0001305　1361

硃批上諭不分卷　清刻朱墨套印本　五十
五冊

360000 - 1903 - 0001306　1236

綏寇紀略十二卷補遺三卷　（清）吳偉業撰
清刻本　五冊

360000 - 1903 - 0001307　0302

周易明解輯說二卷　（宋）馮椅撰　清乾隆五
十一年(1786)刻本　二冊

360000 - 1903 - 0001308　1180

元史二百十卷　（明）宋濂　（明）王禕等撰
清光緒二十八年(1902)石印本　十四冊

360000 - 1903 - 0001309　1525

元史二百十卷　（明）宋濂　（明）王禕等撰
清光緒二十八年(1902)石印本　十四冊

360000 - 1903 - 0001310　1526

元史二百十卷目錄二卷　（明）宋濂　（明）王
禕等撰　清光緒二十九年(1903)石印本　十
五冊　存一百二卷(一至三十一、三十六至四
十一、七十八至一百四十二)

360000 - 1903 - 0001311　1184

元史二百十卷　（明）宋濂　（明）王禕等撰
清光緒三十三年(1907)鉛印本　二十冊　存
一百七十一卷(一至一百七十一)

360000 - 1903 - 0001312　1182

元史二百十卷　（明）宋濂　（明）王禕等撰
清光緒三十三年(1907)影印本　二十三冊
存二百卷(一至一百四十二、一百五十三至二
百十)

360000 - 1903 - 0001313　1182 - 1

元史二百十卷　（明）宋濂　（明）王禕等撰
清光緒三十三年(1907)影印本　一冊　存七
卷(一至七)

360000 - 1903 - 0001314　1184 - 1

欽定明史三百三十二卷　（清）張廷玉等撰
清光緒三十三年(1907)影印本　四十冊

360000 - 1903 - 0001315　1184 - 2

欽定明史三百三十二卷　（清）張廷玉等撰
清光緒三十三年(1907)影印本　二十八冊
存二百二十五卷(一至二十四、三十二至三十
六、四十三至四十五、六十三至一百二、一百
六至一百三十五、一百四十九至一百七十二、
二百八至二百十五、二百二十五至二百四十
四、二百五十四至二百九十七、三百六至三百
三十二)

360000 - 1903 - 0001316　1528

明史三百三十二卷　（清）張廷玉等撰　清末
石印本　一冊　存十四卷(二百八十七至三
百)

360000 - 1903 - 0001317　1529

明史三百三十二卷　（清）張廷玉等撰　清末
影印本　一冊　存三卷(二百三十八至二百
四十)

360000 - 1903 - 0001318　1530

明史三百三十二卷　（清）張廷玉等撰　清末
石印本　十五冊　存一百七十八卷(四十七
至六十、七十七至八十八、一百十三至一百九
十一、二百二十一至二百三十一、二百四十七
至二百八十六、三百一至三百十、三百二十一
至三百三十二)

360000 - 1903 - 0001319　1531

明史三百三十二卷　（清）張廷玉等撰　清末
影印本　十五冊　存一百九十卷(二十五至
一百十二、二百十八至二百三十一、二百四十
五至三百三十二)

360000 - 1903 - 0001320　1532

明史三百三十二卷　（清）張廷玉等撰　清光

緒三年(1877)刻本　四冊　存十一卷(七十八至八十四、一百九十九至二百二)

360000－1903－0001321　3512

古文分編集評初集五卷二集五卷三集八卷四集四卷　(清)于光華輯　清乾隆四十年(1775)刻本　十四冊

360000－1903－0001322　3513

桂芳齋重訂古文釋義新編八卷　(清)余誠輯　清嘉慶五年(1800)刻本　三冊

360000－1903－0001323　3514

古文釋義新編八卷　(清)余誠輯　清乾隆八年(1743)刻本　四冊

360000－1903－0001324　2934

子史精華一百六十卷　(清)吳士玉　(清)吳襄等輯　清刻本　十一冊　存七十卷(八十四至九十六、一百四至一百六十)

360000－1903－0001325　3515

吳詩集覽二十卷　(清)吳偉業撰　清乾隆四十年(1775)刻本　九冊　存九卷(一至九)

360000－1903－0001326　3516

忠雅堂評選四六法海八卷　(清)蔣士銓評選　清刻朱墨套印本　二冊　存二卷(二至三)

360000－1903－0001327　3517

詳注張太史訓子三十篇　(清)張江撰　清道光八年(1828)英秀堂刻本　一冊

360000－1903－0001328　3518

增訂張太史稿不分卷　(清)張江撰　清乾隆十四年(1749)刻本　三冊

360000－1903－0001329　3519

張太史塾課八卷　(清)張江撰　清刻本　二冊　存五卷(二至三、六至八)

360000－1903－0001330　3520

注釋八銘塾鈔初集不分卷　(清)吳懋政編　清乾隆四十八年(1783)刻本　五冊

360000－1903－0001331　3521

注釋八銘塾鈔初集二集　(清)吳懋政編　清乾隆四十八年(1783)刻本　六冊

360000－1903－0001332　3522

注釋八銘塾鈔二集不分卷　(清)吳懋政編　清刻本　四冊

360000－1903－0001333　3523

注釋八銘塾鈔初集不分卷二集不分卷　(清)吳懋政編　清光緒十年(1884)刻本　九冊

360000－1903－0001334　3524

注釋八銘塾鈔初集不分卷　(清)吳懋政編　清光緒二十年(1894)刻本　一冊

360000－1903－0001335　3525

注釋八銘塾鈔初集不分卷　(清)吳懋政編　清刻本　二冊

360000－1903－0001336　3526

古文析義十六卷　(清)林雲銘評注　清刻本　四冊　存六卷(二至三、六至九)

360000－1903－0001337　3527

古文析義六卷　(清)林雲銘評注　清刻本　六冊

360000－1903－0001338　3528

古文析義六卷　(清)林雲銘評注　清刻本　五冊　存五卷(二至六)

360000－1903－0001339　3529

古文析義二編八卷　(清)林雲銘評注　清刻本　四冊　存四卷(一至四)

360000－1903－0001340　3530

古文析義□□卷　(清)林雲銘評注　清刻本　一冊　存一卷(四)

360000－1903－0001341　3531

古文析義二編八卷　(清)林雲銘評注　清刻本　二冊　存一卷(七)

360000－1903－0001342　3532

古文析義十六卷　(清)林雲銘評注　清刻本　八冊　存八卷(二、五至七、九、十一至十三)

360000－1903－0001343　3533

重訂文選集評十五卷首一卷末一卷　(清)于光華輯　清刻本　五冊　存五卷(五、七、九、

十一至十二)

360000－1903－0001344　3534
文選六十卷　（南朝梁）蕭統輯　（唐）李善注
　清刻本　六冊　存二十二卷（二十三至三
十二、四十二至五十三）

360000－1903－0001345　3535
文選六十卷　（南朝梁）蕭統輯　（唐）李善注
　考異十卷　（清）胡克家撰　清末石印本
十四冊　存五十六卷（一至三、八至六十）

360000－1903－0001346　3536
文選六十卷　（南朝梁）蕭統輯　（唐）李善注
　清刻朱墨套印本　一冊　存四卷（一至四）

360000－1903－0001347　3537
文選六十卷　（南朝梁）蕭統輯　（唐）李善注
　考異十卷　（清）胡克家撰　清刻本　八冊
存十九卷（一至八、三十至三十四、三十八
至四十三）

360000－1903－0001348　3538
文選六十卷　（南朝梁）蕭統輯　（唐）李善注
　清光緒二十一年(1895)石印本　九冊　存
四十四卷（一至五、十一至四十三、五十五至
六十）

360000－1903－0001349　3539
孫批胡刻文選六十卷　（南朝梁）蕭統輯
（唐）李善注　**攷異一卷**　（清）胡克家撰　清
光緒二十三年(1897)石印本　五冊　存四卷
（一至三、五）

360000－1903－0001350　3540
文選六十卷　（南朝梁）蕭統輯　（唐）李善注
　清末石印本　七冊　存五十二卷（一至三
十、三十九至六十）

360000－1903－0001351　3541
文選六十卷　（南朝梁）蕭統輯　（唐）李善注
　清光緒十八年(1892)石印本　三冊　存三
十二卷（一至二十、四十九至六十）

360000－1903－0001352　3542
文選六十卷　　（南朝梁）蕭統輯　（唐）李善注

清光緒二十三年(1897)石印本　一冊　存
六卷（一至六）

360000－1903－0001353　3543
文選六十卷　（南朝梁）蕭統輯　（唐）李善注
　清末石印本　一冊　存五卷（六至十）

360000－1903－0001354　3544
評注昭明文選□□卷　（清）于光華輯　清末
石印本　二冊　存二卷（二、六）

360000－1903－0001355　3545
御選唐宋文醇五十八卷　（清）高宗弘曆輯
清刻本　二冊　存八卷（九至十二、四十五至
四十八）

360000－1903－0001356　3546
御選唐宋文醇五十八卷　（清）高宗弘曆輯
清刻本　二冊　存五卷（四十二至四十六）

360000－1903－0001357　3601
御選唐宋詩醇四十七卷　（清）高宗弘曆輯
清乾隆刻套印本　十一冊　存二十六卷（十
七至二十、二十四至四十五）

360000－1903－0001358　0310
書經體注六卷　（宋）蔡沈集傳　（清）錢希祥
輯　清刻本　三冊　存五卷（二至六）

360000－1903－0001359　0311
書經體注六卷　（宋）蔡沈集傳　（清）錢希祥
輯　清刻本　三冊　存五卷（二至六）

360000－1903－0001360　0312
書經體注六卷　（宋）蔡沈集傳　（清）錢希祥
輯　清光緒五年(1879)刻本　一冊　存二卷
（一至二）

360000－1903－0001361　0313
御案詩經備旨八卷　（清）鄒聖脈輯　清刻本
　四冊

360000－1903－0001362　0314
御案詩經備旨八卷　（清）鄒聖脈輯　清光緒
刻本　三冊

360000－1903－0001363　0315
御案詩經備旨八卷　（清）鄒聖脈輯　清刻本

六册

360000－1903－0001364　0316
御案詩經備旨八卷　（清）鄒聖脈輯　清刻本
六册　存七卷(二至八)

360000－1903－0001365　0317
御案詩經備旨八卷　（清）鄒聖脈輯　清光緒
十二年(1886)石印本　二册

360000－1903－0001366　0318
御案詩經備旨八卷　（清）鄒聖脈輯　清刻本
一册　存五卷(四至八)

360000－1903－0001367　0319
寄傲山房塾課纂輯禮記全文備旨十一卷
（清）鄒聖脈輯　清刻本　十一册　存十卷
(一至八、十至十一)

360000－1903－0001368　0320
禮記全文備旨十一卷　（清）鄒聖脈輯　清刻
本　一册　存二卷(十至十一)

360000－1903－0001369　0321
寄傲山房塾課纂輯禮記全文備旨十一卷
（清）鄒聖脈輯　清光緒刻本　三册

360000－1903－0001370　0322
禮記備旨萃精十一卷　（清）鄒聖脈輯　清刻
本　二册　存七卷(一至三、八至十一)

360000－1903－0001371　0323
禮記備旨萃精十一卷　（清）鄒聖脈輯　清刻
本　三册　存五卷(一至五)

360000－1903－0001372　0324
禮記備旨萃精十一卷　（清）鄒聖脈輯　清刻
本　六册　存九卷(二至三、五至十一)

360000－1903－0001373　0325
寄傲山房塾課纂輯禮記全文備旨十一卷
（清）鄒聖脈輯　清刻本　二册　存四卷(四
至七)

360000－1903－0001374　0326
寄傲山房塾課纂輯禮記全文備旨十一卷
（清）鄒聖脈輯　清刻本　二册　存四卷(四
至七)

360000－1903－0001375　0327
禮記備旨萃精十一卷　（清）鄒聖脈輯　清刻
本　二册　存七卷(一至三、八至十一)

360000－1903－0001376　0328
寄傲山房塾課纂輯禮記全文備旨十一卷
（清）鄒聖脈輯　清刻本　四册　存四卷(三
至六)

360000－1903－0001377　0329
禮記備旨萃精十一卷　（清）鄒聖脈輯　清刻
本　八册　存七卷(一至二、七至十一)

360000－1903－0001378　0330
寄傲山房塾課纂輯春秋備旨十二卷　（清）鄒
聖脈輯　清刻本　五册　存十一卷(一至四、
六至十二)

360000－1903－0001379　0331
御案春秋左傳經解備旨十二卷　（清）鄒聖脈
輯　清光緒刻本　三册　存十卷(一至七、十
至十二)

360000－1903－0001380　0332
御案春秋左傳經解備旨十二卷　（清）鄒聖脈
輯　清刻本　四册　存十一卷(一至八、十至
十二)

360000－1903－0001381　0333
御案春秋左傳經解備旨十二卷　（清）鄒聖脈
輯　清刻本　五册　存十卷(三至十二)

360000－1903－0001382　0334
御案春秋左傳經解備旨十二卷　（清）鄒聖脈
輯　清刻本　四册　存九卷(四至十二)

360000－1903－0001383　0335
御案春秋左傳經解備旨十二卷　（清）鄒聖脈
輯　清刻本　六册　存十卷(一至五、七至
八、十至十二)

360000－1903－0001384　0336
寄傲山房塾課纂輯御案易經備旨七卷　（清）
鄒聖脈輯　清嘉慶三年(1798)刻本　四册

360000－1903－0001385　0337
寄傲山房塾課纂輯御案易經備旨七卷　（清）

鄒聖脈輯　清光緒五年(1879)刻本　四冊

360000－1903－0001386　0338

寄傲山房塾課纂輯御案易經備旨七卷 （清）
鄒聖脈輯　清光緒十年(1884)兩儀書坊刻本
五冊

360000－1903－0001387　0339

寄傲山房塾課纂輯御案易經備旨七卷 （清）
鄒聖脈輯　清光緒八年(1882)刻本　二冊

360000－1903－0001388　0340

寄傲山房塾課纂輯御案易經備旨七卷 （清）
鄒聖脈輯　清光緒八年(1882)刻本　二冊
存四卷(一至四)

360000－1903－0001389　0341

寄傲山房塾課纂輯御案易經備旨七卷 （清）
鄒聖脈輯　清光緒十年(1884)刻本　二冊
存二卷(一、四)

360000－1903－0001390　0342

御案詩經備旨八卷 （清)鄒聖脈輯　清光緒
十年(1884)刻本　一冊　存二卷(一至二)

360000－1903－0001391　0343

書經讀本四卷 （宋)蔡沈集傳　清刻本
二冊

360000－1903－0001392　0344

寄傲山房塾課纂輯書經備旨蔡注捷錄七卷
(清)鄒聖脈輯　清刻本　四冊

360000－1903－0001393　0345

寄傲山房塾課纂輯書經備旨蔡注捷錄七卷
(清)鄒聖脈輯　清刻本　四冊

360000－1903－0001394　0346

慎詒堂書經六卷 （宋)蔡沈集傳　清刻本
一冊　存一卷(一)

360000－1903－0001395　1533

三藩紀事本末二十二卷 （清)楊陸榮撰　清
光緒十四年(1888)上洋書業公所崇德堂鉛印
本　一冊

360000－1903－0001396　1534

續資治通鑑二百二十卷 （清)畢沅撰　清光

緒十四年(1888)上海蜚英館石印本　十六冊
存一百七十七卷(一至七十、八十二至九十
二、一百十三至一百九十七、二百十至二百二
十)

360000－1903－0001397　1535

資治通鑑目錄三十卷 （宋)司馬光撰　清末
石印本　三冊　存二十三卷(八至三十)

360000－1903－0001398　1536

資治通鑑二百九十四卷 （宋)司馬光撰　清
光緒二十五年(1899)上海蜚英館石印本　四
十四冊　存二百八十卷(一至十三、二十一至
一百二十七、一百三十五至二百九十四)

360000－1903－0001399　1537

續資治通鑑二百二十卷 （清)畢沅撰　清光
緒二十五年(1899)上海蜚英館石印本　二十
五冊

360000－1903－0001400　1538

了凡綱鑑補三十九卷 （明)袁黃編　清刻本
十一冊　存十九卷(十九至三十三、三十六
至三十九)

360000－1903－0001401　1539

鼎鍥趙田了凡袁先生編纂古本歷史大方綱鑑
補三十九卷首一卷 （明)袁黃編　清刻本
十一冊　存十八卷(一、三、六、十三至十四、
二十至二十三、二十七、三十二至三十九)

360000－1903－0001402　1540

增補綱鑑輯要四十卷首一卷 （明)袁黃編
清刻本　一冊　存一卷

360000－1903－0001403　1541

增補了凡綱鑑四十卷 （明)袁黃編　清刻本
三冊　存五卷(五至七、十九至二十)

360000－1903－0001404　1542

御撰資治通鑑綱目三編二十卷 （清)張廷玉
等撰　清乾隆十一年(1746)刻本　四冊

360000－1903－0001405　1543

御撰資治通鑑綱目三編二十卷 （清)張廷玉
等撰　清乾隆十一年(1746)刻本　四冊

360000－1903－0001406　1544

御撰資治通鑑綱目三編二十卷　（清）張廷玉等撰　清乾隆十一年(1746)刻本　四冊

360000－1903－0001407　1545

御撰資治通鑑綱目三編二十卷　（清）張廷玉等撰　清乾隆十一年(1746)刻本　四冊

360000－1903－0001408　1546

御撰資治通鑑綱目三編二十卷　（清）張廷玉等撰　清乾隆十一年(1746)刻本　二冊　存十卷(十一至二十)

360000－1903－0001409　1547

御撰資治通鑑綱目三編二十卷　（清）張廷玉等撰　清乾隆十一年(1746)刻本　二冊　存十一卷(十至二十)

360000－1903－0001410　1548

御撰資治通鑑綱目三編二十卷　（清）張廷玉等撰　清乾隆十一年(1746)刻本　二冊　存十二卷(九至二十)

360000－1903－0001411　1549

御撰資治通鑑綱目三編二十卷　（清）張廷玉等撰　清乾隆十一年(1746)刻本　三冊

360000－1903－0001412　1550

明史紀事本末八十卷　（清）谷應泰撰　清同治十三年(1874)江西書局刻本　十冊

360000－1903－0001413　1229

宋史紀事本末一百九卷　（明）馮琦撰　（明）陳邦瞻輯　清光緒二十一年(1895)上海積山書局石印本　八冊

360000－1903－0001414　1552

宋史紀事本末一百九卷　（明）馮琦撰　（明）陳邦瞻輯　清光緒十四年(1888)上海崇德堂鉛印本　八冊

360000－1903－0001415　1231

明史紀事本末八十卷　（清）谷應泰撰　清光緒十四年(1888)上海崇德堂鉛印本　八冊

360000－1903－0001416　1223

通鑑紀事本末二百三十九卷　（宋）袁樞撰

清光緒二十一年(1895)上海積山書局石印本　二十三冊　存二百三十二卷(一至一百七十五、一百八十三至二百三十九)

360000－1903－0001417　1555

通鑑紀事本末二百三十九卷　（宋）袁樞撰　清光緒十四年(1888)上海崇德堂鉛印本　二十四冊

360000－1903－0001418　1225

遼史紀事本末四十卷首一卷　（清）李有棠撰　清光緒二十一年(1895)上海積山書局石印本　二冊

360000－1903－0001419　1557

遼史紀事本末四十卷首一卷　（清）李有棠撰　清光緒二十八年(1902)上海著易堂書局鉛印本　二冊

360000－1903－0001420　1558

左傳紀事本末五十三卷　（清）高士奇撰　清光緒十四年(1888)上海崇德堂鉛印本　五冊

360000－1903－0001421　1559

金史紀事本末五十二卷首一卷　（清）李有棠撰　清光緒二十八年(1902)上海著易堂書局鉛印本　四冊

360000－1903－0001422　1224

金史紀事本末五十二卷首一卷　（清）李有棠撰　清光緒二十一年(1895)上海積山書局石印本　三冊　存四十四卷(一至二十六、三十五至五十二)

360000－1903－0001423　1222

左傳紀事本末五十三卷　（清）高士奇撰　清光緒二十五年(1899)石印本　五冊

360000－1903－0001424　1228

西夏紀事本末三十六卷首二卷　（清）張鑑撰　清光緒二十一年(1895)上海積山書局石印本　二冊

360000－1903－0001425　1563

明史紀事本末八十卷　（清）谷應泰撰　清末石印本　三冊　存二十五卷(五十六至八十)

360000 – 1903 – 0001426　1564

九朝紀事本末六百五十八卷　（宋）袁樞等撰
清末石印本　七冊　存七十三卷（通鑑紀
事本末六至二十、三十一至四十二、六十二至
七十一，明史紀事本末四十六至七十二，左傳
紀事本末四十五至五十三）

360000 – 1903 – 0001427　1565

錢穀備要十卷　（清）王又槐輯　清光緒十九
年（1893）上海古香閣石印本　二冊

360000 – 1903 – 0001428　1566

史記菁華錄六卷　（清）苧田氏編　清光緒二
十三年（1897）上海書局石印本　六冊

360000 – 1903 – 0001429　1567

泰西十八周史攬要十八卷　（英國）雅各偉德
撰　（英國）季理斐成章譯　（清）李鼎星述稿
清光緒二十八年（1902）上海廣學會鉛印本
六冊

360000 – 1903 – 0001430　1568

讀史方輿紀要十卷　（清）顧祖禹撰　清光緒
二十八年（1902）湖南書局刻本　六冊

360000 – 1903 – 0001431　1569

讀史方輿紀要十卷　（清）顧祖禹撰　清光緒
二十八年（1902）湖南書局刻本　五冊　存九
卷（一至九）

360000 – 1903 – 0001432　1570

讀史方輿紀要一百三十卷　（清）顧祖禹撰
清敷文閣刻本　六冊　存十六卷（三十四至
三十五、五十六、六十至六十一、一百十六至
一百二十六）

360000 – 1903 – 0001433　1571

讀史方輿紀要一百三十卷　（清）顧祖禹撰
清末石印本　一冊　存二卷（八十七至八十
八）

360000 – 1903 – 0001434　1572

讀史方輿紀要一百三十卷　（清）顧祖禹撰
清末石印本　二十六冊　存一百十三卷（一
至八十二、八十九至一百十二、一百二十四至
一百三十）

360000 – 1903 – 0001435　1573

讀史方輿紀要一百三十卷　（清）顧祖禹撰
清末石印本　二十八冊　存一百二十二卷
（一至八十六、九十五至一百三十）

360000 – 1903 – 0001436　1574

讀史方輿紀要一百三十卷　（清）顧祖禹撰
清光緒二十九年（1903）上海益吾齋石印本
十五冊　存八十四卷（一至五十九、九十五至
一百十二、一百二十四至一百三十）

360000 – 1903 – 0001437　1575

讀史方輿紀要詳節二十二卷　（清）顧祖禹撰
（清）蔣錫初輯　清末石印本　一冊　存二
卷（十一至十二）

360000 – 1903 – 0001438　1576

兩朝御批資治通鑑二百九十四卷　（宋）司馬
光撰　清光緒二十九年（1903）刻本　一百冊

360000 – 1903 – 0001439　1577

資治通鑑二百九十四卷　（宋）司馬光撰　清
光緒二十六年（1900）圖書集成局鉛印本　三
十六冊　存二百六十四卷（一至一百五十二、
一百八十三至二百九十四）

360000 – 1903 – 0001440　1578

續資治通鑑二百二十卷　（清）畢沅撰　清光
緒二十六年（1900）圖書集成局鉛印本　十五
冊　存一百十九卷（一至九十七、一百五十三
至一百七十四）

360000 – 1903 – 0001441　1579

資治通鑑目錄三十卷　（宋）司馬光撰　清光
緒十四年（1888）上海蜚英館石印本　四冊

360000 – 1903 – 0001442　1580

歷代史事政治論三百八卷　（清）金詠榴等編
清光緒二十九年（1903）上海點石齋石印本
二十八冊

360000 – 1903 – 0001443　1581

歷代史事政治論三百八卷　（清）金詠榴等編
清光緒二十九年（1903）上海點石齋石印本
二十六冊　存二百八十二卷（一至五十三、
六十七至二百九十五）

360000－1903－0001444　1582

歷代史事論海三十二卷　（清）□□輯　清光緒三十一年(1905)美華鑑石印本　十六冊

360000－1903－0001445　1583

萬國時務策府通宗四十八卷　（清）程金鑑輯　清末石印本　十九冊　存三十九卷（一至二十四、三十四至四十八）

360000－1903－0001446　1584

歷代名臣言行錄二十四卷　（清）朱桓輯　清光緒二十七年(1901)上海文盛堂石印本　八冊

360000－1903－0001447　1585

歷代名臣言行錄二十四卷　（清）朱桓輯　清末上海鴻章書局石印本　七冊　存十二卷（一至二、四至十三）

360000－1903－0001448　1586

資治通鑑綱目前編二十五卷　（明）南軒撰（明）陳仁錫評　清大文堂刻本　十三冊

360000－1903－0001449　1587

資治通鑑綱目五十九卷　（宋）朱熹撰　（明）陳仁錫評　清大文堂刻本　八十八冊　存四十九卷（一至六、八至十七、二十七至五十九）

360000－1903－0001450　1588

資治通鑑綱目二十七卷　（宋）朱熹撰　（明）陳仁錫評　清大文堂刻本　十一冊

360000－1903－0001451　1589

御批增補了凡綱鑑四十卷首一卷　（明）袁黃編　清光緒二十九年(1903)萃文書局石印本　八冊　存三十一卷（一至十六、二十二至三十六）

360000－1903－0001452　1590

御批資治通鑑綱目三編六卷　（清）張廷玉等撰　清光緒二十五年(1899)石印本　二冊

360000－1903－0001453　1591

御批資治通鑑綱目三編六卷　（清）張廷玉等撰　清末上海富強齋石印本　一冊　存三卷（四至六）

360000－1903－0001454　1592

御批資治通鑑綱目三編六卷　（清）張廷玉等撰　清光緒三十年(1904)上海文盛堂石印本　二冊

360000－1903－0001455　1593

御批資治通鑑綱目三編六卷　（清）張廷玉等撰　清末石印本　一冊　存二卷（三至四）

360000－1903－0001456　1594

綱鑑會纂三十九卷首一卷　（明）王世貞編　清刻本　二冊　存二卷（六、八）

360000－1903－0001457　1595

御撰資治通鑑綱目三編二十卷　（清）張廷玉等撰　清刻本　三冊　存十六卷（五至二十）

360000－1903－0001458　1596

東社讀史隨筆二卷　題（清）獨醒主人撰　清光緒三十一年(1905)刻本　一冊

360000－1903－0001459　1597

鼎鍥趙田了凡袁先生編纂古本歷史大方綱鑑補三十九卷首一卷　（明）袁黃編　清刻本　二十二冊　存三十一卷（七、十至三十九）

360000－1903－0001460　1598

增補綱鑑輯要四十卷首一卷　（明）袁黃編　清刻本　五冊　存七卷（一至三、六、二十至二十一、四十）

360000－1903－0001461　1599

御批歷代通鑑輯覽一百二十卷　（清）傅恒等撰　清同治十三年(1874)刻本　八十冊

360000－1903－0001462　1600

鼎鍥趙田了凡袁先生編纂古本歷史大方綱鑑補三十九卷首一卷　（明）袁黃編　清刻本　十七冊　存二十五卷（四至五、七至九、十一至十二、十五至十九、二十三至二十六、二十八至三十一、三十四至三十五、三十七至三十九）

360000－1903－0001463　1601

了凡綱鑑補三十九卷　（明）袁黃編　清刻本　一冊　存二卷（二十九至三十）

360000－1903－0001464　1602

御撰資治通鑑綱目三編二十卷 （清）張廷玉
等撰　清末石印本　一冊

360000－1903－0001465　1603

御批增補了凡綱鑑四十卷首一卷 （明）袁黃
編　清光緒二十七年（1901）上海經藝齋石印
本　三冊　存十一卷（一至二、二十七至二十
一、三十七至四十）

360000－1903－0001466　1604

歷代名臣言行錄二十四卷 （清）朱桓輯　清
光緒二十八年（1902）上海雙桂軒石印本　四
冊　存十二卷（一至十二）

360000－1903－0001467　1605

歷代名臣言行錄二十四卷 （清）朱桓輯　清
光緒二十八年（1902）上海文運書莊石印本
五冊　存十五卷（一至十五）

360000－1903－0001468　1606

歷代名臣言行錄二十四卷 （清）朱桓輯　清
光緒二十四年（1898）掃葉山房石印本　八冊

360000－1903－0001469　1607

歷代名臣言行錄二十四卷 （清）朱桓輯　清
光緒二十四年（1898）聚興書局石印本　七冊
存二十二卷（一至十四、十七至二十四）

360000－1903－0001470　1608

歷代名臣言行錄二十四卷 （清）朱桓輯　清
末石印本　七冊　存二十二卷（一至十九、二
十二至二十四）

360000－1903－0001471　1609

歷代名臣言行錄二十四卷 （清）朱桓輯　清
光緒二十六年（1900）上海宏文閣石印本
八冊

360000－1903－0001472　1610

歷代名臣言行錄二十四卷 （清）朱桓輯　清
光緒二十八年（1902）上海文林局石印本　五
冊　存十四卷（一至三、八至十一、十五至二
十一）

360000－1903－0001473　1611

歷代名臣言行錄二十四卷 （清）朱桓輯　清
光緒二十八年（1902）上海鴻寶書局石印本
八冊

360000－1903－0001474　1612

歷代名臣言行錄二十四卷 （清）朱桓輯　清
末石印本　六冊　存十七卷（八至二十四）

360000－1903－0001475　1613

史鑑節要便讀六卷末一卷 （清）鮑東里編
清光緒二十七年（1901）兩儀堂刻本　二冊

360000－1903－0001476　1614

史鑑節要便讀六卷 （清）鮑東里編　清光緒
二十九年（1903）上海通文書局石印本　一冊

360000－1903－0001477　1615

史鑑節要便讀六卷 （清）鮑東里編　清末石
印本　一冊　存三卷（四至六）

360000－1903－0001478　1616

從政遺規摘鈔二卷 （清）陳弘謀編　清同治
七年（1868）楚北崇文書局刻本　二冊

360000－1903－0001479　1617

廿二史劄記三十六卷 （清）趙翼撰　清光緒
二十七年（1901）上海文盛書局石印本　八冊

360000－1903－0001480　1618

中東戰紀本末八卷續編四卷 （美國）林樂知
撰並譯　清光緒二十三年（1897）新春圖書局
鉛印本　十二冊　存十卷（一至五、八，續編
四卷）

360000－1903－0001481　1619

東洋史要二卷 （日本）桑原騭藏撰　（清）樊
炳清譯　清末石印本　一冊　存一卷（上）

360000－1903－0001482　1620

東洋史要二卷 （日本）桑原騭藏撰　（清）樊
炳清譯　清末石印本　一冊　存一卷（上）

360000－1903－0001483　1621

剡川姚氏戰國策三十三卷 （漢）高誘注　清
光緒二十三年（1897）上海鴻寶齋石印本
四冊

360000－1903－0001484　1622

駁案新編三十二卷 （清）全士潮等輯 清末石印本 八冊 存二十八卷（五至三十二）

360000－1903－0001485 1623

駁案續編七卷 （清）全士潮等輯 清光緒圖書集成局鉛印本 六冊

360000－1903－0001486 1625

御批歷代通鑑輯覽一百二十卷 （清）傅恒等撰 清同治十三年（1874）湖南書局刻本 六十七冊 存一百一卷（一至十二、十四、三十至六十五、六十八至八十五、八十七至一百二十）

360000－1903－0001487 1626

御批歷代通鑑輯覽一百二十卷 （清）傅恒等撰 清乾隆三十三年（1768）刻本 六十冊

360000－1903－0001488 1627

御批歷代通鑑輯覽一百二十卷 （清）傅恒等撰 清光緒二十五年（1899）刻本 三十五冊 存二十九卷（一至六、十七、十九、二十二、二十六至二十八、三十四至三十六、四十一、五十一至五十六、五十八至六十二、六十八至六十九）

360000－1903－0001489 1628

御批歷代通鑑輯覽一百二十卷 （清）傅恒等撰 清刻本 二十一冊 存三十二卷（六十三至六十四、六十七至六十八、八十一至八十二、八十五至九十四、九十七至一百、一百三至一百十二、一百十五至一百十六）

360000－1903－0001490 1629

御批歷代通鑑輯覽一百二十卷 （清）傅恒等撰 清刻本 十八冊 存二十七卷（十五至十六、三十六、六十二至六十六、七十四至七十五、七十七至七十九、八十一至九十四）

360000－1903－0001491 1630

御批歷代通鑑輯覽一百二十卷 （清）傅恒等撰 清光緒二十七年（1901）石印本 十六冊

360000－1903－0001492 1631

御批歷代通鑑輯覽一百二十卷 （清）傅恒等撰 清同治十年（1871）刻本 九十八冊 存九十八卷（一至九十八）

360000－1903－0001493 1632

御批歷代通鑑輯覽一百二十卷 （清）傅恒等撰 清光緒三十年（1904）石印本 二十四冊

360000－1903－0001494 1633

御批歷代通鑑輯覽一百二十卷 （清）傅恒等撰 清光緒三十二年（1906）商務印書館鉛印本 三十五冊 存一百六卷（一至十五、十九至二十一、二十七至三十五、四十二至一百二十）

360000－1903－0001495 1634

御批歷代通鑑輯覽一百二十卷 （清）傅恒等撰 清光緒三十年（1904）商務印書館鉛印本 二十二冊 存一百十卷（一至五十、五十六至七十、七十六至一百二十）

360000－1903－0001496 1635

御批歷代通鑑輯覽一百二十卷 （清）傅恒等撰 清末育文書局石印本 十七冊 存七十八卷（六至十二、三十四至七十九、八十六至九十、九十五至一百二、一百九至一百二十）

360000－1903－0001497 1636

御批歷代通鑑輯覽一百二十卷 （清）傅恒等撰 清末通元書局石印本 二十三冊 存一百十五卷（六至一百二十）

360000－1903－0001498 1637

御批歷代通鑑輯覽一百二十卷 （清）傅恒等撰 清光緒二十八年（1902）上海文盛堂石印本 十三冊 存七十九卷（一至十四、三十四至七十二、七十八至九十五、一百十三至一百二十）

360000－1903－0001499 1638

御批歷代通鑑輯覽一百二十卷 （清）傅恒等撰 清光緒二十八年（1902）萃文齋石印本 十六冊 存八十三卷（一至六、十五至二十一、二十八至四十六、五十三至六十七、七十三至八十九、九十六至一百六、一百十三至一百二十）

360000－1903－0001500 1639

御批歷代通鑑輯覽一百二十卷 （清）傅恒等
撰 清光緒二十七年(1901)慎記書莊石印本
五冊 存六十卷(一至二十七、四十一至六
十二、九十六至一百六)

360000－1903－0001501 1640
御批增補了凡綱鑑四十卷首一卷 （明）袁黃
編 清末石印本 六冊 存二十五卷(四至
二十、二十五至三十二)

360000－1903－0001502 1641
新刊趙田了凡袁先生編纂古本歷史大方綱鑑
補三十九卷首一卷 （明）袁黃編 清同治五
年(1866)大文堂刻本 三十七冊

360000－1903－0001503 1642
新刊趙田了凡袁先生編纂古本歷史大方綱鑑
補三十九卷首一卷 （明）袁黃編 清五云樓
刻本 三十一冊 存三十三卷(七至三十九)

360000－1903－0001504 1643
鼎鍥趙田了凡袁先生編纂古本歷史大方綱鑑
補三十九卷首一卷 （明）袁黃編 清刻本
二十九冊 存三十四卷(一至八、十一至十
七、二十至二十三、二十五至三十九)

360000－1903－0001505 1644
鼎鍥趙田了凡袁先生編纂古本歷史大方綱鑑
補三十九卷首一卷 （明）袁黃編 清刻本
二十六冊 存三十六卷(二至三十三、三十六
至三十九)

360000－1903－0001506 1645
鼎鍥趙田了凡袁先生編纂古本歷史大方綱鑑
補三十九卷首一卷 （明）袁黃編 清刻本
三冊 存四卷(七、二十四至二十五、二十八)

360000－1903－0001507 1646
鼎鍥趙田了凡袁先生編纂古本歷史大方綱鑑
補三十九卷首一卷 （明）袁黃編 清末石印
本 一冊 存一卷(五)

360000－1903－0001508 1647
新刊趙田了凡袁先生編纂古本歷史大方綱鑑
補三十九卷首一卷 （明）袁黃編 清光緒三
十年(1904)上海經香閣石印本 二冊 存十

卷(一至五、二十四至二十八)

360000－1903－0001509 1648
御批增補了凡綱鑑四十卷首一卷 （明）袁黃
編 清光緒二十九年(1903)上海文林書局石
印本 二冊 存七卷(一至三、九至十二)

360000－1903－0001510 1649
鼎鍥趙田了凡袁先生編纂古本歷史大方綱鑑
補三十九卷首一卷 （明）袁黃編 清光緒二
十五年(1899)益記書局石印本 九冊 存九
卷(一至九)

360000－1903－0001511 1650
御撰資治通鑑綱目三編二十卷 （清）張廷玉
等撰 清末石印本 二冊 存四卷(一至二、
五至六)

360000－1903－0001512 1651
御撰資治通鑑綱目三編二十卷 （清）張廷玉
等撰 清光緒二十七年(1901)上海經藝齋石
印本 二冊

360000－1903－0001513 1652
御批增補了凡綱鑑四十卷首一卷 （明）袁黃
編 清末石印本 八冊 存三十三卷(八至
四十)

360000－1903－0001514 1653
新刊趙田了凡袁先生編纂古本歷史大方綱鑑
補三十九卷首一卷 （明）袁黃編 清刻本
三冊 存三卷(二至三、六)

360000－1903－0001515 1654
鼎鍥趙田了凡袁先生編纂古本歷史大方綱鑑
補三十九卷首一卷 （明）袁黃編 清刻本
十冊 存十二卷(四、八、十一、十三、十五至
十七、二十四至二十五、三十二至三十四)

360000－1903－0001516 1655
鼎鍥趙田了凡袁先生編纂古本歷史大方綱鑑
補三十九卷首一卷 （明）袁黃編 清刻本
二十九冊 存三十二卷(四至五、七至十九、
二十二至二十三、二十五至三十九)

360000－1903－0001517 1656

御撰資治通鑑綱目三編二十卷　（清）張廷玉
等撰　清刻本　五冊

360000－1903－0001518　1657
御撰資治通鑑綱目三編二十卷　（清）張廷玉
等撰　清刻本　一冊　存八卷(一至八)

360000－1903－0001519　1658
御批歷代通鑑輯覽一百二十卷　（清）傅恒等
撰　清末石印本　十五冊　存七十五卷(二
十六至三十五、四十一至六十、六十六至八
十、九十一至一百二十)

360000－1903－0001520　1659
御批歷代通鑑輯覽一百二十卷　（清）傅恒等
撰　清末石印本　五冊　存二十七卷(一至
六、四十七至五十二、五十八至七十二)

360000－1903－0001521　1660
御批歷代通鑑輯覽一百二十卷　（清）傅恒等
撰　清光緒二十九年(1903)上海商務印書館
鉛印本　十二冊　存五十七卷(一至二十三、
二十六至三十、六十一至八十九)

360000－1903－0001522　1661
御批歷代通鑑輯覽一百二十卷　（清）傅恒等
撰　清刻本　九冊　存九卷(十八、四十六、
五十六、七十八、九十、一百二至一百三、一百
十三至一百十四)

360000－1903－0001523　1662
御批歷代通鑑輯覽一百二十卷　（清）傅恒等
撰　清末石印本　十一冊　存六十二卷(二
十二至二十七、三十四至四十六、五十三至五
十七、六十三至六十七、七十三至八十三、九
十一至一百十二)

360000－1903－0001524　1663
御批歷代通鑑輯覽一百二十卷　（清）傅恒等
撰　清光緒三十年(1904)上海商務印書館鉛
印本　十一冊　存六十卷(一至五十、五十六
至六十五)

360000－1903－0001525　1664
御批歷代通鑑輯覽一百二十卷　（清）傅恒等
撰　清末石印本　五冊　存四十三卷(三十

至三十八、四十八至六十二、八十七至九十
四、一百十至一百二十)

360000－1903－0001526　1665
御批歷代通鑑輯覽一百二十卷　（清）傅恒等
撰　清末石印本　四冊　存三十卷(九至十
七、四十九至五十五、六十九至八十二)

360000－1903－0001527　1666
史鑑綱目新論十卷　（清）譚奇編　清光緒二
十七年(1901)詞源閣石印本　八冊

360000－1903－0001528　1667
文獻通考詳節二十四卷　　（元）馬端臨撰
（清）嚴虞惇輯　清光緒二十四年(1898)石印
本　六冊

360000－1903－0001529　1668
文獻通考詳節二十四卷　　（元）馬端臨撰
（清）嚴虞惇輯　清光緒點石齋石印本　二十
四冊

360000－1903－0001530　1669
文獻通考詳節二十四卷　　（元）馬端臨撰
（清）嚴虞惇輯　清光緒二十五年(1899)上海
書局石印本　一冊　存八卷(一至八)

360000－1903－0001531　1670
史鑑綱目新論十卷　（清）譚奇編　清末石印
本　六冊　存七卷(三至五、七至十)

360000－1903－0001532　1671
文獻通考三百四十八卷考證三卷　　（元）馬端
臨撰　清光緒二十七年(1901)上海圖書集成
局石印本　三十九冊　存三百八卷(一至四、
十二至二十七、三十四至九十八、一百七至一
百四十八、一百五十七至二百十、二百二十五
至三百四十八,考證三卷)

360000－1903－0001533　1672
欽定續文獻通考二百五十卷　　（清）嵇璜等纂
　清光緒二十七年(1901)上海圖書集成局鉛
印本　二十八冊　存一百九十八卷(一至二
十四、三十四至五十五、六十五至一百十三、
一百二十六至二百五、二百十至二百十八、二
百三十七至二百五十)

360000－1903－0001534　　1673

皇朝文獻通考三百卷　（清）嵇璜等纂修　清
光緒二十七年(1901)上海圖書集成局鉛印本
　三十八册　存二百三十五卷(一至三十一、
三十九至四十六、八十四至九十、九十八至一
百四十七、一百五十五至二百二十二、二百三
十至三百)

360000－1903－0001535　　1674

皇朝文獻通考三百卷　（清）嵇璜等纂修　清
光緒二十七年(1901)上海圖書集成局鉛印本
　三册　存十五卷(一至五、六十三至六十
七、二百至二百四)

360000－1903－0001536　　1675

皇朝文獻通考輯要二十六卷　湯壽潛輯　清
末鉛印本　九册　存二十五卷(一至八、十至
二十六)

360000－1903－0001537　　1676

皇朝文獻通考輯要二十六卷　湯壽潛輯　清
末鉛印本　六册　存十六卷(二至五、九至十
六、十九至二十、二十五至二十六)

360000－1903－0001538　　1677

皇朝文獻通考輯要二十六卷　湯壽潛輯　清
末鉛印本　六册　存十九卷(五至八、十至十
六、十九至二十六)

360000－1903－0001539　　1678

文獻通考輯要二十四卷　湯壽潛輯　清光緒
二十五年(1899)鉛印本　六册　存二十卷
(一至八、十三至二十四)

360000－1903－0001540　　1679

文獻通考輯要二十四卷　湯壽潛輯　清末鉛
印本　五册　存十三卷(十至十六、十九至二
十四)

360000－1903－0001541　　1680

文獻通考輯要二十四卷　湯壽潛輯　清末鉛
印本　七册　存十七卷(二至四、十至十一、
十三至二十四)

360000－1903－0001542　　1681

欽定續文獻通考輯要二十六卷　湯壽潛輯

清末鉛印本　十册

360000－1903－0001543　　1682

欽定續文獻通考輯要二十六卷　湯壽潛輯
清末鉛印本　十册

360000－1903－0001544　　1683

欽定續文獻通考輯要二十六卷　湯壽潛輯
清末鉛印本　五册　存十四卷(一、六至八、
十一至十三、十六至十七、二十至二十四)

360000－1903－0001545　　1684

皇朝通志一百二十六卷　（清）嵇璜等纂修
清末鉛印本　九册　存九十六卷(十一至三
十五、四十八至五十五、六十四至一百二十
六)

360000－1903－0001546　　1685

欽定續文獻通考輯要二十六卷　湯壽潛輯
清末鉛印本　五册　存十六卷(一、六至八、
十一至十七、二十至二十四)

360000－1903－0001547　　1686

欽定續文獻通考輯要二十六卷　湯壽潛輯
清光緒二十七年(1901)鉛印本　六册　存二
十三卷(一至八、十二至二十六)

360000－1903－0001548　　1687

文獻通考輯要二十四卷　湯壽潛輯　清光緒
二十七年(1901)鉛印本　二册　存十一卷
(一至八、十七至十九)

360000－1903－0001549　　1688

文獻通考輯要二十四卷　湯壽潛輯　清末鉛
印本　二册　存三卷(十三至十五)

360000－1903－0001550　　1689

欽定續文獻通考輯要二十六卷　湯壽潛輯
清末鉛印本　五册　存十五卷(二至十一、二
十至二十四)

360000－1903－0001551　　1690

文獻通考詳節二十四卷　（元）馬端臨撰
（清）嚴虞惇輯　清五鳳樓刻本　五册　存十
三卷(一至八、十二至十三、十九至二十一)

360000－1903－0001552　　1691

尺木堂綱鑑易知錄九十二卷附明鑑易知錄十五卷 （清）吳乘權等輯 清光緒二十四年（1898）石印本 十四冊 存九十四卷（一至五十九、六十七至八十、八十七至九十二，明鑑易知錄十五卷）

360000 - 1903 - 0001553 1692
尺木堂綱鑑易知錄九十二卷附明鑑易知錄十五卷 （清）吳乘權等輯 清末鉛印本 十六冊

360000 - 1903 - 0001554 1693
尺木堂綱鑑易知錄二十卷 （清）吳乘權等輯 清光緒二十一年（1895）上海文盛堂石印本 八冊

360000 - 1903 - 0001555 1694
了凡綱鑑補三十九卷 （明）袁黃編 清刻本 二冊 存二卷（二十八、三十八）

360000 - 1903 - 0001556 1695
皇朝通典一百卷 （清）嵇璜等纂修 清光緒二十七年（1901）上海圖書集成局鉛印本 十冊 存八十二卷（一至八、二十七至一百）

360000 - 1903 - 0001557 1696
欽定續通典一百五十卷 （清）嵇璜等纂 清光緒二十七年（1901）上海圖書集成局鉛印本 七冊 存八十卷（一至八十）

360000 - 1903 - 0001558 1697
增評加批歷史綱鑑補三十九卷 （明）王世貞（明）袁黃編 清光緒三十一年（1905）上海點石齋石印本 八冊 存三十一卷（一至十二、十七至二十四、二十九至三十九）

360000 - 1903 - 0001559 1698
讀通鑑論十六卷 （清）王夫之撰 清末鉛印本 五冊 存六卷（三至八）

360000 - 1903 - 0001560 1699
通志二百卷 （宋）鄭樵撰 清末鉛印本 四十冊 存一百四十卷（一至十一、十五至七十二、七十八至七十九、八十三至一百二十四、一百二十八至一百五十四）

360000 - 1903 - 0001561 1800
駁案新編三十二卷 （清）全士潮等輯 清光緒三十四年（1908）上海集成圖書公司石印本 七冊 存二十八卷（一至二十八）

360000 - 1903 - 0001562 1801
新增加批綱鑑補注三十九卷首一卷 （明）王世貞編 清末石印本 一冊 存二卷（二十三至二十四）

360000 - 1903 - 0001563 1802
文獻通考正續合編三十二卷首一卷 （清）盧宣旬編 清略識字齋刻本 一冊 存一卷（十八）

360000 - 1903 - 0001564 1803
欽定續通志六百四十卷 （清）嵇璜等纂 清光緒二十七年（1901）上海圖書集成局鉛印本 五十七冊 存六百十卷（一至二百三十、二百四十一至二百五十、二百六十三至二百七十二、二百八十一至六百四十）

360000 - 1903 - 0001565 1804
重訂王鳳洲先生綱鑑會纂四十六卷續宋元二十三卷 （明）王世貞撰 清刻本 三十六冊

360000 - 1903 - 0001566 1805
袁王綱鑑合編三十九卷 （明）袁黃（明）王世貞編 明紀綱目二十卷 （清）張廷玉等編 清光緒三十年（1904）上海商務印書館鉛印本 十六冊

360000 - 1903 - 0001567 1806
袁王綱鑑合編三十九卷 （明）袁黃（明）王世貞編 清末鉛印本 十冊 存三十卷（五至二十八、三十一至三十六）

360000 - 1903 - 0001568 1807
袁王綱鑑合編三十九卷 （明）袁黃（明）王世貞編 清末鉛印本 一冊 存四卷（三至六）

360000 - 1903 - 0001569 1808
分類歷代通鑑輯覽六十四卷末一卷 （清）陳善輯 清光緒二十九年（1903）文瀾書局石印本 二十冊 存五十七卷（一至八、十一至十

四、十八至六十、六十三至六十四）

360000－1903－0001570　1809
分類歷代通鑑輯覽六十四卷末一卷　（清）陳善輯　清光緒二十九年（1903）文瀾書局石印本　十一冊　存三十二卷（一至八、十一至十二、二十六至二十九、三十五至四十八、五十一至五十二、五十四至五十五）

360000－1903－0001571　1810
綱鑑擇語十卷　（清）司徒修輯　清光緒八年（1882）江右本立堂刻本　六冊

360000－1903－0001572　1811
讀通鑑論十卷末一卷　（清）王夫之撰　清光緒三十一年（1905）上海環地福書局石印本　六冊

360000－1903－0001573　1812
讀通鑑論十卷末一卷宋論五卷　（清）王夫之撰　清光緒二十六年（1900）山西書業昌書莊石印本　十冊　存十三卷（一至八、宋論五卷）

360000－1903－0001574　1813
讀通鑑論十卷末一卷　（清）王夫之撰　清末石印本　八冊　存七卷（三至六、八至十）

360000－1903－0001575　1814
讀通鑑論十卷末一卷宋論五卷　（清）王夫之撰　清光緒二十八年（1902）上海文林書局石印本　四冊　存十一卷（一至四、六至七，宋論五卷）

360000－1903－0001576　1815
讀通鑑論□□卷　（清）王夫之撰　清末石印本　一冊　存六卷（三十至三十五）

360000－1903－0001577　1816
校正史畧八十七卷　（清）朱堃輯　清末石印本　三冊　存五卷（四至五、十至十二）

360000－1903－0001578　1817
讀通鑑論十六卷宋論十五卷　（清）王夫之撰　清光緒三十年（1904）上海商務印書館鉛印本　十冊

360000－1903－0001579　1818
讀通鑑論十六卷宋論十五卷　（清）王夫之撰　清光緒三十年（1904）上海商務印書館鉛印本　十三冊　存二十七卷（一至四、七至十二、十五至十六，宋論十五卷）

360000－1903－0001580　1819
讀通鑑論二十卷　（清）王夫之撰　清光緒二十七年（1901）簡青書局石印本　四冊　存五卷（一至五）

360000－1903－0001581　1820
資治新書十四卷首一卷　（清）李漁輯　清刻本　四冊　存六卷（二至六、九）

360000－1903－0001582　1821
資治新書二集二十卷　（清）李漁輯　清刻本　十冊　存十六卷（一至六、八至十六、二十）

360000－1903－0001583　1822
資治新書二集二十卷　（清）李漁輯　清刻本　三冊　存六卷（六至七、十至十一、十六至十七）

360000－1903－0001584　1823
資治新書二集二十卷　（清）李漁輯　清刻本　二冊　存四卷（四至六、二十）

360000－1903－0001585　1824
通鑑題解十卷　（清）金之光　（清）汪桓撰　清末石印本　二冊　存三卷（三、六至七）

360000－1903－0001586　1825
增評歷史綱鑑補三十九卷首一卷　（明）王世貞　（明）袁黃編　清末石印本　四冊　存十二卷（十四至十六、二十六至二十八、三十一至三十六）

360000－1903－0001587　1826
綱鑑總論二卷　（清）周道卿編　清光緒二十八年（1902）石印本　一冊

360000－1903－0001588　1827
綱鑑總論二卷　（清）周道卿編　清末石印本　一冊　存一卷（二）

360000－1903－0001589　1828

讀通鑑論□□卷 （清）王夫之撰 清末石印本 一冊 存四卷（七至十）

360000－1903－0001590 1829

綱鑑正史約三十六卷 （清）顧錫疇編 清刻本 二冊 存四卷（一至二、七至八）

360000－1903－0001591 1830

鑑畧妥注五卷 （明）李廷機撰 清乾隆十三年（1748）兩儀堂刻本 十冊

360000－1903－0001592 1831

綱鑑會纂三十九卷首一卷 （明）王世貞編 清刻本 一冊 存一卷（十六）

360000－1903－0001593 1832

新刊通鑑輯要□□卷 （明）王世貞輯 清刻本 二冊 存三卷（一下、四至五）

360000－1903－0001594 1833

前漢書一百卷 （漢）班固撰 （唐）顏師古注 清光緒三十年（1904）石印本 九冊 存六十八卷（一至二十九、四十三至五十五、六十六至八十七、九十七至一百下）

360000－1903－0001595 1834

前漢書一百卷 （漢）班固撰 （唐）顏師古注 清光緒十四年（1888）石印本 十七冊 存七十四卷（一至三十一、五十一至五十七、六十五至一百）

360000－1903－0001596 1835

前漢書一百卷 （漢）班固撰 （唐）顏師古注 清刻本 六冊 存二十卷（十九下、三十一至三十三、三十七至四十四、四十九至五十一、五十五至五十七下、九十三至九十四下）

360000－1903－0001597 1836

前漢書一百卷 （漢）班固撰 （唐）顏師古注 清刻本 十六冊 存四十四卷（五十至五十九、六十四上至六十九、七十三至一百下）

360000－1903－0001598 1837

前漢書一百卷 （漢）班固撰 （唐）顏師古注 清光緒二十四年（1898）上海點石齋石印本 七冊 存八十卷（一至五十一、七十二至一百）

360000－1903－0001599 1838

前漢書一百卷 （漢）班固撰 （唐）顏師古注 清光緒二十六年（1900）石印本 十二冊

360000－1903－0001600 1839

前漢書一百卷 （漢）班固撰 （唐）顏師古注 清末石印本 三冊 存四十八卷（五十三至一百）

360000－1903－0001601 1840

前漢書一百卷 （漢）班固撰 （唐）顏師古注 清刻本 二冊 存七卷（二至六、九十五至九十六下）

360000－1903－0001602 1841

前漢書一百卷 （漢）班固撰 （唐）顏師古注 清汲古閣刻本 十二冊 存三十六卷（十五下、十八至十九、四十一至四十五、五十一至五十七、六十四至六十六、七十四至七十七、八十七至一百下）

360000－1903－0001603 1842

前漢書一百卷 （漢）班固撰 （唐）顏師古注 清汲古閣刻本 十二冊 存四十五卷（五至九、十五下、十九、二十一至二十五、二十七至五十六、九十四至九十六下）

360000－1903－0001604 1843

前漢書一百卷 （漢）班固撰 （唐）顏師古注 清同治八年（1869）刻本 一冊 存七卷（一至七）

360000－1903－0001605 1844

後漢書一百二十卷 （南朝宋）范曄撰 （唐）李賢注 （晉）司馬彪撰志 （南朝梁）劉昭注補 清同治八年（1869）刻本 一冊 存五卷（八十一至八十五）

360000－1903－0001606 1845

後漢書一百二十卷 （南朝宋）范曄撰 （唐）李賢注 （晉）司馬彪撰志 （南朝梁）劉昭注補 清末上海集成圖書局石印本 十冊 存六十一卷（一至十、三十三至四十四、六十一至六十九、九十一至一百二十）

360000－1903－0001607　1846

後漢書一百二十卷　（南朝宋）范曄撰　（唐）李賢注　（晉）司馬彪撰志　（南朝梁）劉昭注補　清光緒十年(1884)上海同文書局石印本　三十冊

360000－1903－0001608　1847

後漢書一百二十卷　（南朝宋）范曄撰　（唐）李賢注　（晉）司馬彪撰志　（南朝梁）劉昭注補　清刻本　十一冊　存四十五卷(二至四、八至十四、二十一至三十三、四十四至五十五、七十七至八十、八十五至八十八、一百九下至一百十下)

360000－1903－0001609　1848

後漢書一百二十卷　（南朝宋）范曄撰　（唐）李賢注　（晉）司馬彪撰志　（南朝梁）劉昭注補　清刻本　十冊　存四十卷(十三至二十二、三十至三十五、四十七至五十、五十五至六十四、七十三至七十六、八十六至八十八、九十一至九十三)

360000－1903－0001610　1849

南史八十卷　（唐）李延壽撰　清金陵書局刻本　三冊　存二十二卷(十一至三十二)

360000－1903－0001611　1850

南史八十卷　（唐）李延壽撰　清光緒二十八年(1902)石印本　六冊

360000－1903－0001612　1851

南史八十卷　（唐）李延壽撰　清光緒三十三年(1907)石印本　十二冊

360000－1903－0001613　1852

南史八十卷　（唐）李延壽撰　清光緒二十九年(1903)五洲同文書局石印本　十六冊　存七十三卷(一至三、十一至八十)

360000－1903－0001614　1853

金史一百三十五卷　（元）脫脫等撰　清光緒二十八年(1902)史學會社石印本　八冊

360000－1903－0001615　1854

金史一百三十五卷　（元）脫脫等撰　清光緒二十九年(1903)五洲同文局石印本　四冊

存十七卷(一至十三、二十至二十三)

360000－1903－0001616　1855

金史一百三十五卷　（元）脫脫等撰　清光緒三十四年(1908)上海圖書集成局石印本　十二冊　存一百十三卷(一至十九、四十二至一百三十五)

360000－1903－0001617　1856

金史一百三十五卷　（元）脫脫等撰　清光緒三十三年(1907)上海華商集成圖書公司石印本　十六冊

360000－1903－0001618　1857

金史一百三十五卷　（元）脫脫等撰　清同治十三年(1874)刻本　十四冊　存五十八卷(一、二十二至四十二、九十三至一百一、一百九至一百三十五)

360000－1903－0001619　1858

宋書一百卷　（南朝梁）沈約撰　清末石印本　七冊　存三十卷(二十七至三十九、四十四至四十九、五十六至六十一、九十六至一百)

360000－1903－0001620　1859

遼史一百十五卷　（元）脫脫等撰　清同治十二年(1873)刻本　六冊　存二十九卷(一至十四、四十一至四十四、六十九至七十九)

360000－1903－0001621　1860

遼史一百十六卷　（元）脫脫等撰　清光緒三十三年(1907)上海華商集成圖書公司石印本　八冊

360000－1903－0001622　1861

三國志六十五卷　（晉）陳壽撰　（南朝宋）裴松之注　清光緒二十八年(1902)史學會社石印本　四冊

360000－1903－0001623　1862

三國志六十五卷　（晉）陳壽撰　（南朝宋）裴松之注　清刻本　十四冊　存六十三卷(三至六十五)

360000－1903－0001624　1863

三國志六十五卷　（晉）陳壽撰　（南朝宋）裴

松之注　清光緒十年（1884）上海同文書局石印本　十六冊　存四十七卷（一至三十二、四十七至四十九、五十四至六十五）

360000－1903－0001625　1864

三國志六十五卷　（晉）陳壽撰　（南朝宋）裴松之注　清光緒三十年（1904）上海久敬齋石印本　四冊

360000－1903－0001626　1865

尺木堂綱鑑易知錄九十二卷附明鑑十五卷　（清）吳乘權等輯　清末鉛印本　十六冊

360000－1903－0001627　1866

尺木堂綱鑑易知錄九十二卷附明鑑十五卷　（清）吳乘權等輯　清光緒三十年（1904）鉛印本　十五冊　存八十二卷（一至五、十三至六十九、八十八至九十二，明鑑十五卷）

360000－1903－0001628　1869

尺木堂綱鑑易知錄九十二卷附明鑑易知錄十五卷　（清）吳乘權等輯　清末鉛印本　五冊　存三十五卷（七至十四、二十二至二十八、五十九至六十四、七十八至八十四，明鑑易知錄一至七）

360000－1903－0001629　1870

綱鑑易知錄九十二卷附明鑑十五卷　（清）吳乘權等輯　清末鉛印本　十四冊　存九十三卷（十五至九十二、明鑑十五卷）

360000－1903－0001630　1871

大文堂綱鑑易知錄九十二卷　（清）吳乘權等輯　清刻本　三十五冊　存七十五卷（四至八、十七至三十七、四十二至四十三、四十六至九十二）

360000－1903－0001631　1872

大文堂綱鑑易知錄九十二卷　（清）吳乘權等輯　清刻本　二十一冊　存五十二卷（三至八、十至十四、二十至二十一、二十五至二十九、三十三至三十七、五十至五十一、五十四至六十四、六十八至八十三）

360000－1903－0001632　1873

大文堂綱鑑易知錄九十二卷　（清）吳乘權等

輯　清刻本　十四冊　存三十七卷（十九至二十、二十五至二十七、三十三至四十、四十八至五十七、七十一至七十二、七十六至七十八、八十一至八十三、八十七至九十二）

360000－1903－0001633　1874

隋書八十五卷　（唐）魏徵撰　清同治十年（1871）刻本　十冊

360000－1903－0001634　1875

宋史四百九十六卷　（元）脫脫等撰　清光緒元年（1875）刻本　六十八冊

360000－1903－0001635　1876

宋史四百九十六卷　（元）脫脫等撰　清光緒元年（1875）浙江書局刻本　七十九冊　存四百三卷（一至二十九、四十至六十二、七十八至八十四、八十七至九十五、一百四至一百四十九、一百六十至一百七十六、一百九十三至二百九、二百十四至二百十五、二百十八至二百十九、二百二十五至二百三十二、二百三十五至二百三十七、二百四十至三百一、三百七至三百二十四、三百三十一至四百五十一、四百五十八至四百九十六）

360000－1903－0001636　1877

宋史四百九十六卷　（元）脫脫等撰　清刻本　一冊　存六卷（三至八）

360000－1903－0001637　1878

宋史四百九十六卷　（元）脫脫等撰　清光緒二十八年（1902）竹簡齋石印本　十六冊　存二百三十五卷（一至四十七、六十一至七十六、一百六十一至三百三十二）

360000－1903－0001638　1879

宋史四百九十六卷　（元）脫脫等撰　清末石印本　二十七冊　存三百九十八卷（四十八至九十、一百二十六至二百四十一、二百五十八至四百九十六）

360000－1903－0001639　1880

宋史四百九十六卷　（元）脫脫等撰　清末石印本　二冊　存十卷（三百五十五至三百五十九、四百二十一至四百二十五）

360000－1903－0001640　1881

宋史四百九十六卷　（元）脫脫等撰　清末石印本　一冊　存六卷（一百四十九至一百五十四）

360000－1903－0001641　1882

綱鑑易知錄九十二卷　（清）吳乘權等輯　清刻本　一冊　存三卷（六十至六十二）

360000－1903－0001642　1883

綱鑑易知錄九十二卷　（清）吳乘權等輯　清末石印本　一冊　存四卷（十二至十五）

360000－1903－0001643　1884

綱鑑易知錄九十二卷　（清）吳乘權等輯　清光緒十年（1884）上海同文書局影印本　三十七冊　存八十五卷（一至二十九、三十三至五十九、六十四至九十二）

360000－1903－0001644　1885

前漢書一百卷　（漢）班固撰　（唐）顏師古注　清末刻本　二十七冊　存六十八卷（七至二十二、二十五至二十七、二十九至三十三、四十至四十四、四十九至五十四、五十七至六十五、七十三至九十六）

360000－1903－0001645　1886

前漢書一百卷　（漢）班固撰　（唐）顏師古注　清末刻本　三十一冊　存七十九卷（一至七十五、九十一至九十四）

360000－1903－0001646　1887

前漢書一百卷　（漢）班固撰　（唐）顏師古注　清末鉛印本　二十冊

360000－1903－0001647　1888

前漢書一百卷　（漢）班固撰　（唐）顏師古注　清末鉛印本　十二冊　存五十九卷（七至十五、二十至三十一、五十七至七十一、七十八至一百）

360000－1903－0001648　1889

前漢書一百卷　（漢）班固撰　（唐）顏師古注　清光緒三十年（1904）竹簡齋石印本　十二冊

360000－1903－0001649　1890

前漢書一百卷　（漢）班固撰　（唐）顏師古注　清光緒三十三年（1907）上海華商集成圖書公司鉛印本　二十冊

360000－1903－0001650　1891

後漢書一百二十卷　（南朝宋）范曄撰　（唐）李賢注　（晉）司馬彪撰志　（南朝梁）劉昭注補　清光緒二十八年（1902）史學會社石印本　八冊

360000－1903－0001651　1892

後漢書一百二十卷　（南朝宋）范曄撰　（唐）李賢注　（晉）司馬彪撰志　（南朝梁）劉昭注補　清末石印本　十九冊　存八十三卷（二至六、十一至十五、二十五至四十、四十九至五十三、五十八至八十五、九十七至一百二十）

360000－1903－0001652　1893

後漢書一百二十卷　（南朝宋）范曄撰　（唐）李賢注　（晉）司馬彪撰志　（南朝梁）劉昭注補　清刻本　二十四冊　存一百三卷（二至二十八、三十五至九十一、九十六至一百十、一百十四至一百十七）

360000－1903－0001653　1894

後漢書一百二十卷　（南朝宋）范曄撰　（唐）李賢注　（晉）司馬彪撰志　（南朝梁）劉昭注補　清光緒二十六年（1900）煥文書局石印本　八冊

360000－1903－0001654　1895

後漢書一百二十卷　（南朝宋）范曄撰　（唐）李賢注　（晉）司馬彪撰志　（南朝梁）劉昭注補　清同治八年（1869）金陵書局刻本　十冊

360000－1903－0001655　1896

續漢書八志三十卷　（晉）司馬彪撰　（南朝梁）劉昭注補　清汲古閣刻本　五冊

360000－1903－0001656　1897

續漢書八志三十卷　（晉）司馬彪撰　（南朝梁）劉昭注補　清汲古閣刻本　二冊　存十七卷（三至十、二十二至三十）

360000 – 1903 – 0001657　1898

後漢書九十卷　（南朝宋）范曄撰　（唐）李賢注　清光緒二十四年(1898)石印本　四冊　存六十九卷(一至三十六、五十八至九十)

360000 – 1903 – 0001658　1899

續漢書八志三十卷　（晉）司馬彪撰　（南朝梁）劉昭注補　清末點石齋石印本　一冊

360000 – 1903 – 0001659　1900

後漢書一百二十卷　（南朝宋）范曄撰　（唐）李賢注　（晉）司馬彪撰志　（南朝梁）劉昭注補　清末石印本　六冊　存九十四卷(十一至九十三、一百十至一百二十)

360000 – 1903 – 0001660　1901

後漢書一百二十卷　（南朝宋）范曄撰　（唐）李賢注　（晉）司馬彪撰志　（南朝梁）劉昭注補　清末石印本　四冊　存六十二卷(三十三至九十四)

360000 – 1903 – 0001661　1902

後漢書一百二十卷　（南朝宋）范曄撰　（唐）李賢注　（晉）司馬彪撰志　（南朝梁）劉昭注補　清光緒十四年(1888)石印本　十三冊　存九十三卷(一至四十四、五十四至九十、九十八至一百四、一百十一至一百十五)

360000 – 1903 – 0001662　1903

後漢書一百二十卷　（南朝宋）范曄撰　（唐）李賢注　（晉）司馬彪撰志　（南朝梁）劉昭注補　清光緒二十四年(1898)石印本　五冊　存五十七卷(一至三十、七十至八十三、九十七至一百九)

360000 – 1903 – 0001663　1904

後漢書一百二十卷　（南朝宋）范曄撰　（唐）李賢注　（晉）司馬彪撰志　（南朝梁）劉昭注補　清末影印本　二冊　存七卷(八十六至九十二)

360000 – 1903 – 0001664　1905

後漢書一百二十卷　（南朝宋）范曄撰　（唐）李賢注　（晉）司馬彪撰志　（南朝梁）劉昭注補　清刻本　二冊　存八卷(八十一至八十

八)

360000 – 1903 – 0001665　1906

後漢書一百二十卷　（南朝宋）范曄撰　（唐）李賢注　（晉）司馬彪撰志　（南朝梁）劉昭注補　清刻本　一冊　存五卷(三至七)

360000 – 1903 – 0001666　1907

前漢書一百卷　（漢）班固撰　（唐）顏師古注　清末石印本　二冊　存十一卷(八十七至九十七)

360000 – 1903 – 0001667　1908

前漢書一百卷　（漢）班固撰　（唐）顏師古注　清末石印本　三冊　存十六卷(一至八、十六至十九、四十九至五十二)

360000 – 1903 – 0001668　1909

前漢書一百卷　（漢）班固撰　（唐）顏師古注　清光緒二十四年(1898)石印本　三冊　存二十八卷(一至十二、二十一至二十六、九十一至一百)

360000 – 1903 – 0001669　1910

前漢書一百卷　（漢）班固撰　（唐）顏師古注　清末石印本　一冊　存一卷(二十)

360000 – 1903 – 0001670　1911

歷代史論十二卷左傳史論二卷宋史論三卷元史論一卷明史論四卷　（明）張溥撰　清末上海博文書局石印本　六冊

360000 – 1903 – 0001671　1912

歷代史論十二卷左傳史論二卷宋史論三卷元史論一卷明史論四卷　（明）張溥撰　清末鉛印本　七冊　存十四卷(三至十二、宋史論一至二、元史論一卷、明史論四)

360000 – 1903 – 0001672　1913

歷代史論十二卷左傳史論二卷宋史論三卷元史論一卷明史論四卷　（明）張溥撰　清光緒二十四年(1898)石印本　六冊

360000 – 1903 – 0001673　1914

歷代史論十二卷左傳史論二卷宋史論三卷元史論四卷　（明）張溥撰　清末石

印本　四冊　存十七卷(三至十二、宋史論一至二、元史論一卷、明史論四卷)

360000－1903－0001674　1915

歷代史論十二卷左傳史論二卷宋史論三卷元史論一卷明史論四卷　(明)張溥撰　清末石印本　二冊　存六卷(歷代史論五至八、左傳史論二卷)

360000－1903－0001675　1916

歷代史論正編四卷　(明)張溥撰　清末石印本　二冊　存二卷(三至四)

360000－1903－0001676　1917

歷代政治類編十二卷　(清)柴紹炳撰　清光緒二十七年(1901)上海自强局石印本　六冊

360000－1903－0001677　1918

北史一百卷　(唐)李延壽撰　清光緒二十八年(1902)石印本　三冊　存三十四卷(一至三十四)

360000－1903－0001678　1919

北史一百卷　(唐)李延壽撰　清刻本　三冊　存十卷(三至六、二十九至三十四)

360000－1903－0001679　1920

北史一百卷　(唐)李延壽撰　清末石印本　一冊　存三卷(七十二至七十四)

360000－1903－0001680　1921

北齊書五十卷　(唐)李百藥撰　清光緒三十三年(1907)石印本　五冊　存四十三卷(一至十六、二十四至五十)

360000－1903－0001681　1922

晉書一百三十卷　(唐)房玄齡等撰　清光緒三十三年(1907)石印本　十五冊　存一百二十四卷(一至七、十四至一百三十)

360000－1903－0001682　1923

晉書一百三十卷　(唐)房玄齡等撰　清光緒三十三年(1907)石印本　八冊　存六十一卷(一至十二、三十四至四十二、六十一至八十八、九十二至一百三)

360000－1903－0001683　1924

晉書一百三十卷　(唐)房玄齡等撰　清光緒二十九年(1903)五洲同文書局石印本　六冊　存二十二卷(一至四、十九至三十六)

360000－1903－0001684　1925

晉書一百三十卷　(唐)房玄齡等撰　清末石印本　一冊　存十七卷(九十五至一百十一)

360000－1903－0001685　1926

北齊書五十卷　(唐)李百藥撰　清末石印本　七冊　存四十四卷(七至五十)

360000－1903－0001686　1927

北齊書五十卷　(唐)李百藥撰　清光緒十八年(1892)武林竹簡齋石印本　二冊

360000－1903－0001687　1928

晉書一百三十卷　(唐)房玄齡等撰　清光緒十八年(1892)武林竹簡齋石印本　四冊　存六十四卷(一至六十四)

360000－1903－0001688　1929

隋書八十五卷　(唐)魏徵等撰　清光緒二十八年(1902)史學會社石印本　六冊

360000－1903－0001689　1930

隋書八十五卷　(唐)魏徵等撰　清光緒三十三年(1907)石印本　十一冊　存七十九卷(一至六、十三至八十五)

360000－1903－0001690　1931

隋書八十五卷　(唐)魏徵等撰　清刻本　一冊　存四卷(三十二至三十五)

360000－1903－0001691　1932

三國志六十五卷　(晉)陳壽撰　(南朝宋)裴松之注　清刻本　七冊　存四十五卷(十四至十九、二十七至六十五)

360000－1903－0001692　1933

三國志六十五卷　(晉)陳壽撰　(南朝宋)裴松之注　清光緒二十六年(1900)煥文書局石印本　四冊

360000－1903－0001693　1934

魏書一百十四卷　(北齊)魏收撰　清末石印本　六冊　存八十五卷(三十至一百十四)

360000 – 1903 – 0001694　1935

魏書一百十四卷　（北齊）魏收撰　清末石印本　四冊　存十七卷（四十二至四十八、六十五至六十九、一百七至一百十一）

360000 – 1903 – 0001695　1936

明史三百三十二卷　（清）張廷玉等撰　清光緒二十九年(1903)五洲同文書局石印本　五十六冊　存一百六十四卷（一至四、二十至二十四、三十一至三十二、三十五至三十七、四十二至四十三、五十至五十三、五十七至六十、六十三至六十五、七十二至七十三、八十至八十一、八十四至一百二十九、一百三十四至一百四十九、一百六十七至一百七十一、一百九十九至二百一、二百五至二百十七、二百三十至二百三十四、二百三十八至二百四十一、二百四十七至二百六十四、二百七十二至二百八十二、二百八十九至二百九十一、三百四至三百十二、三百二十至三百二十六、三百三十至三百三十二）

360000 – 1903 – 0001696　1937

梁書五十六卷　（唐）姚思廉撰　清光緒二十八年(1902)史學會社石印本　二冊

360000 – 1903 – 0001697　1938

梁書五十六卷　（唐）姚思廉撰　清末石印本　三冊　存二十一卷（二十一至三十六、五十二至五十六）

360000 – 1903 – 0001698　1939

陳書三十六卷　（唐）姚思廉撰　清光緒三十三年(1907)上海華商集成圖書公司石印本　四冊

360000 – 1903 – 0001699　1940

陳書三十六卷　（唐）姚思廉撰　清光緒十八年(1892)武林竹簡齋石印本　一冊

360000 – 1903 – 0001700　1941

晉書一百三十卷　（唐）房玄齡等撰　清光緒武林竹簡齋石印本　四冊　存六十六卷（六十五至一百三十）

360000 – 1903 – 0001701　1942

梁書五十六卷　（唐）姚思廉撰　清光緒武林竹簡齋石印本　一冊　存二十八卷（二十九至五十六）

360000 – 1903 – 0001702　1943

周書五十卷　（唐）令狐德棻等撰　清光緒二十八年(1902)史學會社石印本　二冊

360000 – 1903 – 0001703　1944

周書五十卷　（唐）令狐德棻等撰　清光緒二十八年(1902)武林竹簡齋石印本　二冊

360000 – 1903 – 0001704　1945

周書五十卷　（唐）令狐德棻等撰　清末石印本　四冊　存二十六卷（九至二十八、四十五至五十）

360000 – 1903 – 0001705　1946

南齊書五十九卷　（南朝梁）蕭子顯撰　清光緒三十三年(1907)上海華商集成圖書公司石印本　六冊

360000 – 1903 – 0001706　1947

南齊書五十九卷　（南朝梁）蕭子顯撰　清光緒三十三年(1907)上海華商集成圖書公司石印本　五冊　存四十七卷（一至四十七）

360000 – 1903 – 0001707　1948

南齊書五十九卷　（南朝梁）蕭子顯撰　清末石印本　四冊　存二十八卷（九至十三、二十至二十七、四十五至五十九）

360000 – 1903 – 0001708　1949

南齊書五十九卷　（南朝梁）蕭子顯撰　清光緒二十八年(1902)史學會社石印本　一冊　存二十六卷（一至二十六）

360000 – 1903 – 0001709　1950

南齊書五十九卷　（南朝梁）蕭子顯撰　清光緒十八年(1892)武林竹簡齋石印本　二冊

360000 – 1903 – 0001710　1951

舊唐書二百卷　（五代）劉昫等撰　清末石印本　一冊　存五卷（一百三十六至一百四十）

360000 – 1903 – 0001711　1952

大清律例增修統纂集成四十卷　（清）姚潤輯

（清）陶駿　（清）陶念霖增輯　清末石印本　十一冊　存二十卷（五、十一至十九、二十二至二十五、三十一至三十五、三十七）

360000－1903－0001712　1953

大清律例刑案彙纂集成四十卷　（清）姚潤輯　（清）胡璋增輯　清刻本　十五冊　存二十七卷（三至七、十、十三至二十三、二十六至三十五）

360000－1903－0001713　1954

二十四史論贊七十八卷　（清）陳闌輯　清光緒二十八年（1902）石印本　三冊　存十三卷（四十三至四十六、五十二至六十）

360000－1903－0001714　1955

二十四史論贊七十八卷　（清）陳闌輯　清末石印本　四冊　存三十七卷（十五至二十八、四十七至五十一、六十一至七十八）

360000－1903－0001715　1956

二十四史人物類考四十六卷　（清）程之楨輯　清末石印本　一冊　存五卷（四十二至四十六）

360000－1903－0001716　1957

各國新政彙編□□卷　（□）□□輯　清末石印本　二冊　存七卷（一至三、十二至十五）

360000－1903－0001717　1958

各國交涉公法論初集四卷　（英國）費利摩羅巴德撰　（英國）傅蘭雅口譯　（清）俞世爵筆述　清末石印本　一冊　存二卷（三至四）

360000－1903－0001718　1959

新譯列國政治通攷二百二十卷　（清）楊士鈞輯　清末石印本　五冊　存四十一卷（十四至四十六、七十九至八十六）

360000－1903－0001719　1960

各國政藝通考六十卷　惲毓鼎等編　清末石印本　十一冊　存三十二卷（一至三、七至八、十一至二十九、四十八至五十二、五十五至五十七）

360000－1903－0001720　1961

政藝通報　（清）政藝通報社輯　清末石印本　十九冊

360000－1903－0001721　1962

海國圖志一百卷　（清）魏源撰　清光緒六年（1880）石印本　三十二冊

360000－1903－0001722　1963

海國圖志一百卷　（清）魏源撰　清光緒六年（1880）石印本　二十八冊　存九十三卷（一至二十二、二十七至四十、四十四至一百）

360000－1903－0001723　1964

海國圖志一百卷續二十五卷　（清）魏源撰　清光緒二十八年（1902）石印本　十六冊

360000－1903－0001724　1965

海國圖志續二十五卷首一卷　（清）魏源撰　清光緒二十四年（1898）石印本　二冊

360000－1903－0001725　1966

海國圖志一百卷續二十五卷首一卷　（清）魏源撰　清光緒二十四年（1898）石印本　十五冊　存六十卷（一至三、七十至一百，續二十五卷，首一卷）

360000－1903－0001726　1967

海國圖志一百卷　（清）魏源撰　清末石印本　七冊　存五十三卷（四至五十六）

360000－1903－0001727　1968

天下郡國利病書一百二十卷　（清）顧炎武撰　清道光刻本　三十九冊　存九十一卷（一至十九、二十七至三十一、三十四至四十二、五十至五十二、五十五至九十八、一百一至一百八、一百十八至一百二十）

360000－1903－0001728　1969

十朝東華錄五百二十五卷同治朝東華續錄一百卷　王先謙　潘頤福輯　清光緒二十五年（1899）石印本　十四冊　存一百二卷（天命一至四，天聰一至十，崇德一至八，順治一至十一，雍正十六至十九，乾隆七十至七十二，嘉慶八至十，道光一至三十一、五十二至六十，咸豐四十八至五十八，同治四至六、五十八至六十二）

360000－1903－0001729　1970

東華錄□□卷　（清）蔣良騏撰　清光緒二十五年(1899)石印本　二冊　存七卷(五至七、九至十二)

360000－1903－0001730　1971

同治東華續錄一百卷　王先謙輯　清末石印本　二十一冊　存九十卷(十一至一百)

360000－1903－0001731　1972

廬山志十五卷首一卷　（清）毛德琦撰　清刻本　四冊　存五卷(三至四、十二至十三、十五)

360000－1903－0001732　1973

中國政治□□卷　（□）□□撰　清末石印本　一冊　存一卷(一)

360000－1903－0001733　1974

曾惠敏公使西日記二卷　（清）曾紀澤撰　清末石印本　一冊

360000－1903－0001734　1975

三國志六十五卷　（晉）陳壽撰　（南朝宋）裴松之注　清光緒二十年(1894)石印本　二十冊

360000－1903－0001735　1976

三國志六十五卷　（晉）陳壽撰　（南朝宋）裴松之注　清末石印本　三冊　存二十二卷(七至二十一、三十九至四十五)

360000－1903－0001736　1977

三國志六十五卷　（晉）陳壽撰　（南朝宋）裴松之注　清刻本　二冊　存八卷(十五至十七、五十六至六十)

360000－1903－0001737　1978

三國志六十五卷　（晉）陳壽撰　（南朝宋）裴松之注　清刻本　一冊　存四卷(四十六至四十九)

360000－1903－0001738　1979

唐書二百二十五卷　（宋）歐陽修　（宋）宋祁等撰　清光緒三十三年(1907)上海華商集成圖書公司石印本　三十二冊

360000－1903－0001739　1980

唐書二百二十五卷　（宋）歐陽修　（宋）宋祁等撰　清刻本　十五冊　存七十卷(六十四至七十、一百六十三至二百二十五)

360000－1903－0001740　1981

唐書二百二十五卷　（宋）歐陽修　（宋）宋祁等撰　清光緒二十九年(1903)五洲同文書局石印本　十五冊　存七十八卷(一至六、十八至二十七、三十七至五十六、六十一至六十九、七十三至九十一、一百四十至一百五十、一百九十八至二百)

360000－1903－0001741　1982

舊唐書二百卷　（五代）劉昫等撰　清末石印本　十四冊　存五十五卷(四至十二、二十一至二十四、五十一至七十八、八十六至九十一、一百十至一百十七)

360000－1903－0001742　1983

國朝先正事略六十卷　（清）李元度撰　清同治五年(1866)刻本　三十二冊

360000－1903－0001743　1985

國朝先正事略續編八卷　（清）朱孔彰撰　清光緒二十七年(1901)石印本　七冊　存六卷(一至二、五至八)

360000－1903－0001744　1986

國朝先正事略六十卷　（清）李元度撰　清末石印本　四冊　存四卷(三至四、七至八)

360000－1903－0001745　1987

讀史論略一卷　（清）杜詔撰　清芋栗園刻本　一冊

360000－1903－0001746　1988

國朝名家史論□□卷　（清）□□輯　清刻本　一冊　存一卷(下)

360000－1903－0001747　1989

漢書一百卷　（漢）班固撰　清末石印本　六冊　存八卷(二十二至二十九)

360000－1903－0001748　1311

廿二史劄記三十六卷　（清）趙翼撰　清光緒

二十八年(1902)文淵山房石印本　五冊　存三十卷(一至二十四、三十一至三十六)

360000－1903－0001749　1992

廿二史劄記三十六卷　(清)趙翼撰　清光緒二十六年(1900)上海書局石印本　七冊　存三十一卷(一至十四、二十至三十六)

360000－1903－0001750　1993

廿二史劄記三十六卷　(清)趙翼撰　清光緒二十六年(1900)上海書局石印本　八冊

360000－1903－0001751　1994

二十四史劄記三十六卷　(清)趙翼撰　清光緒二十九年(1903)上海慎記書莊石印本　四冊　存八卷(一至六、二十一、三十)

360000－1903－0001752　1995

廿一史約編八卷首一卷　(清)鄭元慶編　清刻本　一冊

360000－1903－0001753　1996

廿四史約編八卷首一卷　(清)鄭元慶編　清末鉛印本　二冊

360000－1903－0001754　1997

五代史七十四卷　(宋)歐陽修撰　(宋)徐無黨注　清光緒三十三年(1907)上海華商集成圖書公司石印本　六冊

360000－1903－0001755　1998

舊五代史一百五十卷　(宋)薛居正等撰　(清)邵晉涵等輯　清光緒三十三年(1907)上海華商集成圖書公司鉛印本　十二冊

360000－1903－0001756　1999

舊五代史一百五十卷　(宋)薛居正等撰　(清)邵晉涵等輯　清光緒二十八年(1902)武林竹簡齋石印本　六冊

360000－1903－0001757　1867

尺木堂綱鑑易知錄九十二卷附明鑑十五卷　(清)吳乘權等輯　清光緒二十七年(1901)上海文瑞樓鉛印本　十四冊　存九十三卷(一至三十九、五十四至九十二,明鑑十五卷)

360000－1903－0001758　1868

尺木堂綱鑑易知錄九十二卷附明鑑十五卷　(清)吳乘權等輯　清光緒二十七年(1901)上海文瑞樓鉛印本　十五冊　存九十九卷(一至九十二、明鑑一至七)

360000－1903－0001759　1094

魏書一百十四卷　(北齊)魏收撰　清同治十二年(1873)金陵書局刻本　十五冊　存一百九卷(一至十五、二十一至一百十四)

360000－1903－0001760　1052

史記一百三十卷　(漢)司馬遷撰　(南朝宋)裴駰集解　(唐)司馬貞索隱　(唐)張守節正義　清光緒四年(1878)金陵書局刻本　二十四冊

360000－1903－0001761　1111

北史一百卷　(唐)李延壽撰　清同治十二年(1873)金陵書局刻本　十八冊　存九十六卷(一至五十、五十五至一百)

360000－1903－0001762　1241

戰國策三十三卷　(漢)高誘注　札記三卷　(清)黄丕烈撰　清同治八年(1869)刻本　十冊

360000－1903－0001763　1061

前漢書一百卷　(漢)班固撰　(唐)顏師古注　清光緒十八年(1892)竹簡齋石印本　八冊

360000－1903－0001764　1267

史通削繁四卷　(清)紀昀撰　清光緒二十一年(1895)刻本　四冊

360000－1903－0001765　1101

晉書一百三十卷　(唐)房玄齡等撰　清同治十年(1871)刻本　十六冊

360000－1903－0001766　1117

北齊書五十卷　(唐)李百藥撰　清同治十三年(1874)刻本　四冊

360000－1903－0001767　1109

南齊書五十九卷　(南朝梁)蕭子顯撰　清同治十三年(1874)刻本　四冊

360000－1903－0001768　1333

歷代循吏傳八卷　（清）朱軾　（清）蔡世遠輯
清雍正七年(1729)刻本　四冊

360000 - 1903 - 0001769　1333 - 1
歷代循吏傳八卷　（清）朱軾　（清）蔡世遠輯
清雍正七年(1729)刻本　三冊

360000 - 1903 - 0001770　1115
北史一百卷　（唐）李延壽撰　清光緒三十三
年(1907)上海華商集成圖書公司石印本　十
六冊

360000 - 1903 - 0001771　1114
北史一百卷　（唐）李延壽撰　清光緒二十八
年(1902)武林竹簡齋石印本　八冊

360000 - 1903 - 0001772　1113
北史一百卷　（唐）李延壽撰　清光緒十八年
(1892)石印本　八冊

360000 - 1903 - 0001773　1119
北齊書五十卷　（唐）李百藥撰　清光緒三十
三年(1907)石印本　六冊

360000 - 1903 - 0001774　1100
晉書一百三十卷　（唐）房玄齡等撰　清光緒
二十八年(1902)石印本　六冊　存一百卷
（一至六十四、九十五至一百三十）

360000 - 1903 - 0001775　1133
隋書八十五卷　（唐）魏徵等撰　清光緒三十
四年(1908)石印本　十二冊

360000 - 1903 - 0001776　1088
三國志六十五卷　（晉）陳壽撰　（南朝宋）裴
松之注　清光緒十三年(1887)石印本　八冊

360000 - 1903 - 0001777　1090
三國志六十五卷　（晉）陳壽撰　（南朝宋）裴
松之注　清光緒十八年(1892)石印本　四冊

360000 - 1903 - 0001778　1097
魏書一百十四卷　（北齊）魏收撰　清光緒十
八年(1892)石印本　六冊　存七十九卷（一
至二十九、六十五至一百十四）

360000 - 1903 - 0001779　4059
淵鑑類函四百五十卷　（清）張英等輯　清光

緒二十一年(1895)石印本　十九冊

360000 - 1903 - 0001780　1094 - 1
魏書一百十四卷　（北齊）魏收撰　清同治十
三年(1874)刻本　一冊　存七卷（一至七）

360000 - 1903 - 0001781　1091
欽定三國志六十五卷　（晉）陳壽撰　（南朝
宋）裴松之注　清光緒三十三年(1907)上海
華商集成圖書公司石印本　八冊

360000 - 1903 - 0001782　1091 - 1
欽定三國志六十五卷　（晉）陳壽撰　（南朝
宋）裴松之注　清光緒三十三年(1907)上海
華商集成圖書公司石印本　八冊

360000 - 1903 - 0001783　1089
三國志六十五卷　（晉）陳壽撰　（南朝宋）裴
松之注　清光緒三十年(1904)武林竹簡齋石
印本　四冊

360000 - 1903 - 0001784　1089 - 1
三國志六十五卷　（晉）陳壽撰　（南朝宋）裴
松之注　清光緒三十年(1904)武林竹簡齋石
印本　四冊

360000 - 1903 - 0001785　1089 - 2
三國志六十五卷　（晉）陳壽撰　（南朝宋）裴
松之注　清光緒三十年(1904)武林竹簡齋石
印本　四冊

360000 - 1903 - 0001786　1098
魏書一百十四卷　（北齊）魏收撰　清光緒三
十三年(1907)上海華商集成圖書公司石印本
　十六冊

360000 - 1903 - 0001787　1164
宋書一百卷　（南朝梁）沈約撰　清光緒二十
八年(1902)史學會社石印本　六冊

360000 - 1903 - 0001788　1165
宋書一百卷　（南朝梁）沈約撰　清光緒三十
三年(1907)上海華商集成圖書公司鉛印本
二十三冊

360000 - 1903 - 0001789　1172
遼史拾遺二十四卷　（清）厲鶚撰　清光緒元

年(1875)江蘇書局刻本 六冊

360000－1903－0001790 1173

遼史一百十六卷 （元）脫脫等撰 清光緒十八年(1892)武林竹簡齋石印本 三冊

360000－1903－0001791 1140

舊唐書二百卷 （五代）劉昫等撰 清光緒十八年(1892)武林竹簡齋石印本 十六冊

360000－1903－0001792 1144

唐書二百二十五卷 （宋）歐陽修 （宋）宋祁等撰 清末石印本 十冊 存一百二十八卷（三十一至一百五十二、二百二十至二百二十五）

360000－1903－0001793 1137

舊唐書二百卷 （五代）劉昫等撰 清光緒三十三年(1907)上海華商集成圖書公司石印本 三十冊

360000－1903－0001794 1124

舊唐書二百卷 （五代）劉昫等撰 清末石印本 十三冊 存一百十七卷（六十二至一百七十八）

360000－1903－0001795 1138

唐書二百二十五卷 （宋）歐陽修 （宋）宋祁等撰 **釋音二十五卷** （宋）董衝撰 清光緒三十四年(1908)石印本 三十二冊 存二百四十八卷（一至一百四十九、一百五十二至二百二十五,釋音二十五卷）

360000－1903－0001796 1343

國朝先正事略六十卷 （清）李元度撰 清同治刻本 二十四冊

360000－1903－0001797 1984

國朝先正事略六十卷 （清）李元度撰 清光緒二十四年(1898)上海書局石印本 八冊

360000－1903－0001798 1990

資治通鑑二百九十四卷 （宋）司馬光撰 清末石印本 十一冊 存八十三卷（二百十二至二百九十四）

360000－1903－0001799 1235

遼金元三史國語解四十六卷 （清）□□輯 清光緒四年(1878)江蘇書局刻本 六冊

360000－1903－0001800 1991

二十四史人物類考四十六卷 （清）程之楨輯 清光緒二十九年(1903)上海緯文閣石印本 五冊 存二十九卷（一至二十九）

360000－1903－0001801 1200

鑑略妥注五卷 （明）李廷機撰 清乾隆十三年(1748)兩儀堂刻本 二冊

360000－1903－0001802 1200－1

鑑略妥注五卷 （明）李廷機撰 清乾隆十三年(1748)兩儀堂刻本 一冊

360000－1903－0001803 1146

五代史七十四卷 （宋）歐陽修撰 （宋）徐無黨注 清光緒十五年(1889)湖南大同書局刻本 二十五冊

360000－1903－0001804 1362

李肅毅伯奏議二十卷 （清）李鴻章撰 （清）章洪鈞 （清）吳汝綸編輯 清光緒二十五年(1899)上海鴻文書局石印本 十五冊 存十五卷（一至三、五至九、十一至十二、十五至十六、十八至二十）

360000－1903－0001805 1360

左文襄公奏疏續編七十六卷 （清）左宗棠撰 清光緒十六年(1890)圖書集成局鉛印本 十一冊 存六十五卷（一至三十二、三十九至七十一）

360000－1903－0001806 1122

梁書五十六卷 （唐）姚思廉撰 清光緒三十三年(1907)上海華商集成圖書公司石印本 四冊

360000－1903－0001807 1123

梁書五十六卷 （唐）姚思廉撰 清光緒三十四年(1908)上海集成圖書公司鉛印本 四冊

360000－1903－0001808 1128

陳書三十六卷 （唐）姚思廉撰 清光緒二十九年(1903)五洲同文書局石印本 四冊 存

二十八卷(五至二十七、三十二至三十六)

360000 – 1903 – 0001809　1121

梁書五十六卷　(唐)姚思廉撰　清同治十三年(1874)金陵書局刻本　二冊　存三十卷(二十七至五十六)

360000 – 1903 – 0001810　1150

五代史記七十四卷　(宋)歐陽修撰　(宋)徐無黨注　清宣統元年(1909)貴池劉氏玉海堂影宋刻本　十冊

360000 – 1903 – 0001811　1156

周書五十卷　(唐)令狐德棻等撰　清同治十三年(1874)金陵書局刻本　四冊

360000 – 1903 – 0001812　1157

周書五十卷　(唐)令狐德棻等撰　清光緒十八年(1892)武林竹簡齋石印本　二冊

360000 – 1903 – 0001813　1158

周書五十卷　(唐)令狐德棻等撰　清光緒三十三年(1907)上海華商集成圖書公司石印本　四冊

360000 – 1903 – 0001814　1109 – 1

南齊書五十九卷　(南朝梁)蕭子顯撰　清同治十三年(1874)金陵書局刻本　二冊　存十一卷(一至六、十三至十七)

360000 – 1903 – 0001815　1212

十朝東華錄五百二十五卷同治朝東華續錄一百卷　王先謙　潘頤福輯　清光緒二十五年(1899)石印本　七十七冊

360000 – 1903 – 0001816　1314

瀓景堂史測十四卷　(清)施鴻撰　清光緒二十八年(1902)刻本　二冊

360000 – 1903 – 0001817　1249

明季北略二十四卷　(清)計六奇撰　清光緒十三年(1887)石印本　六冊

360000 – 1903 – 0001818　4058

重刊宋本十三經注疏　附校勘記　(清)阮元撰　(清)盧宣旬摘錄　清光緒十三年(1887)脈望仙館石印本　七十九冊

360000 – 1903 – 0001819　1237

明季稗史彙編二十七卷　題(清)留雲居士輯　清光緒二十二年(1896)上海圖書集成印書局鉛印本　六冊

360000 – 1903 – 0001820　1335

尚友錄二十二卷　(明)廖用賢編　清光緒十四年(1888)著易堂鉛印本　六冊

360000 – 1903 – 0001821　1273

福惠全書三十二卷　(清)黃六鴻撰　清光緒十九年(1893)文昌會館刻本　十二冊

360000 – 1903 – 0001822　1187

史存三十卷　(清)劉沅輯　清宣統元年(1909)凝善堂刻本　九冊　存十九卷(一至十四、十八、二十一至二十四)

360000 – 1903 – 0001823　1301

秋審比較彙案二卷　(清)□□編　清光緒圖書集成局鉛印本　一冊

360000 – 1903 – 0001824　1332

歷代名儒傳八卷　(清)朱軾　(清)蔡世遠輯　清雍正七年(1729)刻本　四冊

360000 – 1903 – 0001825　1068

前漢書一百卷　(漢)班固撰　(唐)顏師古注　清同治八年(1869)刻本　十六冊

360000 – 1903 – 0001826　1067

前漢書一百卷　(漢)班固撰　(唐)顏師古注　清光緒十年(1884)上海同文書局影印本　四十冊

360000 – 1903 – 0001827　1163

宋史四百九十六卷　(元)脫脫等撰　清光緒十八年(1892)武林竹簡齋石印本　三十二冊　存四百八十五卷(一至二十三、三十五至四百九十六)

360000 – 1903 – 0001828　1226

三藩紀事本末二十二卷　(清)楊陸榮撰　清光緒二十一年(1895)積山書局石印本　一冊

360000 – 1903 – 0001829　1227

元史紀事本末二十七卷　(明)陳邦瞻撰　清

光緒二十一年(1895)積山書局石印本　二冊

360000－1903－0001830　1231－1
明史紀事本末八十卷　(清)谷應泰撰　清光緒二十一年(1895)積山書局石印本　八冊

360000－1903－0001831　1148
舊五代史一百五十卷　(宋)薛居正等撰 (清)邵晉涵等輯　清光緒三十三年(1907)上海圖書集成公司鉛印本　十二冊

360000－1903－0001832　1072
後漢書一百二十卷　(南朝宋)范曄撰　(唐)李賢注　(晉)司馬彪撰志　(南朝梁)劉昭注補　清刻本　二十五冊　存六十七卷(二至十二、二十三至四十六、五十一至七十三、七十七至八十五)

360000－1903－0001833　1167
宋史四百九十六卷　(元)脫脫等撰　清光緒三十三年(1907)石印本　五十九冊　存四百八十七卷(一至三百七十七、三百八十七至四百九十六)

360000－1903－0001834　1331
唐宋名賢歷代確論一百卷　(明)□□輯　清光緒二十八年(1902)石印本　六冊　存七十六卷(一至六十三、八十八至一百)

360000－1903－0001835　1060
前漢書一百卷　(漢)班固撰　(唐)顏師古注　清光緒十年(1884)上海同文書局影印本　三十一冊　存九十九卷(一至十九、二十一至一百)

360000－1903－0001836　1073
後漢書一百二十卷　(南朝宋)范曄撰　(唐)李賢注　(晉)司馬彪撰志　(南朝梁)劉昭注補　清光緒三十三年(1907)上海華商集成圖書公司石印本　二十冊

360000－1903－0001837　1105
南史八十卷　(唐)李延壽撰　清光緒十八年(1892)竹簡齋石印本　六冊

360000－1903－0001838　1104

南史八十卷　(唐)李延壽撰　清同治十一年(1872)金陵書局刻本　十八冊

360000－1903－0001839　1106
南史八十卷　(唐)李延壽撰　清光緒十八年(1892)竹簡齋石印本　六冊

360000－1903－0001840　1107
南史八十卷　(唐)李延壽撰　清光緒三十四年(1908)上海集成圖書公司石印本　九冊　存六十一卷(一至四、十一至六十七)

360000－1903－0001841　1160
宋書一百卷　(南朝梁)沈約撰　清同治十一年(1872)金陵書局刻本　十二冊　存四十五卷(一至十七、二十一至三十、三十七至四十一、四十七至五十九)

360000－1903－0001842　1551
天下郡國利病書一百二十卷　(清)顧炎武撰　清末慎記書莊石印本　二十四冊

360000－1903－0001843　1553
萬國史記二十卷　(日本)岡本監輔撰　清光緒二十三年(1897)上海六先書局鉛印本　六冊

360000－1903－0001844　1554
萬國史記二十卷　(日本)岡本監輔撰　清光緒二十四年(1898)石印本　八冊

360000－1903－0001845　1556
元史紀事本末二十七卷　(明)陳邦瞻撰　清光緒十四年(1888)鉛印本　二冊

360000－1903－0001846　1560
西夏紀事本末三十六卷首二卷　(清)張鑑撰　清光緒十四年(1888)鉛印本　二冊

360000－1903－0001847　1561
舊五代史一百五十卷　(宋)薛居正等撰 (清)邵晉涵等輯　清同治十一年(1872)湖北崇文書局刻本　一冊　存七卷(一至七)

360000－1903－0001848　1562
歷代名臣言行錄二十四卷　(清)朱桓輯　清光緒二十四年(1898)掃葉山房石印本　一冊

存三卷(一至三)

360000－1903－0001849　S2000

五代史七十四卷　（宋）歐陽修撰　（宋）徐無黨注　清光緒三十四年(1908)上海集成圖書公司鉛印本　四冊　存三十四卷(一至十四、四十四至六十三)

360000－1903－0001850　S2001

舊五代史一百五十卷　（宋）薛居正等撰（清）邵晉涵等輯　清光緒三十四年(1908)上海圖書集成公司石印本　一冊　存七卷(一至七)

360000－1903－0001851　S2002

皇朝經世文統編一百七卷　（清）邵之棠輯清光緒二十七年(1901)上海寶善齋石印本五十二冊

360000－1903－0001852　S2003

策論觀海一百十四卷　（□）□□輯　清光緒二十八年(1902)石印本　二十三冊　存四十九卷(一至四、二十二至二十七、三十五、四十三至四十六、六十一至六十三、六十八至七十、七十三至七十四、八十至八十五、八十八至九十三、一百至一百八、一百十至一百十四)

360000－1903－0001853　S2004

皇朝經世文編一百二十卷　（清）賀長齡輯清光緒二十八年(1902)上海詞源閣石印本二十冊

360000－1903－0001854　S2005

皇朝經世文編一百二十卷　（清）賀長齡輯清刻本　六冊　存十卷(十三、三十二至三十三、四十九至五十三、七十至七十一)

360000－1903－0001855　S2006

皇朝經世文新編□□卷　（清）麥仲華輯　清末石印本　五冊　存四卷(一、十六、十八、二十)

360000－1903－0001856　S2007

皇朝經世文編一百二十卷　（清）賀長齡輯清光緒二十五年(1899)中西書局石印本　五

冊　存五十卷(一至三十、四十一至五十、九十一至一百)

360000－1903－0001857　S2008

皇朝經世文一百二十卷　（清）賀長齡輯　清末鉛印本　五冊　存二十六卷(四至十九、三十至三十四、五十四至五十八)

360000－1903－0001858　S2009

皇朝經世文編一百二十卷　（清）賀長齡輯清末石印本　四冊　存五卷(十下,十三,十五上、中,十六下,十八上)

360000－1903－0001859　S2010

皇朝經世文編一百二十卷　（清）賀長齡輯清末石印本　四冊　存五卷(十下、十一至十二、十四、十八)

360000－1903－0001860　S2011

皇朝經世文新增續編一百二十卷　（清）葛士濬輯　清末鉛印本　八冊　存五十三卷(八至三十、四十八至六十一、七十八至八十三、九十五至一百、一百七至一百十)

360000－1903－0001861　S2012

廣治平略三十六卷　（清）蔡方炳輯　清漁古山房刻本　五冊　存二十九卷(一至二十九)

360000－1903－0001862　S2013

各國政藝通考六十卷　惲毓鼎等編　清光緒二十九年(1903)上海文盛堂石印本　二十四冊

360000－1903－0001863　S2014

常山貞石志二十四卷　（清）沈濤撰　清刻本二冊　存五卷(六至八、二十一至二十二)

360000－1903－0001864　S2015

各省校士史論精華初集不分卷　（清）姚潤輯清光緒二十八年(1902)刻本　四冊

360000－1903－0001865　S2017

尚友錄全集二十二卷　（明）廖用賢纂　（清）張伯琮補輯　清光緒二十九年(1903)石印本九冊　存二十一卷(一至二十一)

360000－1903－0001866　S2018

尚友錄續集二十二卷　題(清)退思主人編
清光緒二十九年(1903)石印本　三冊　存十一卷(一至八、二十至二十二)

360000－1903－0001867　S2019

增廣尚友錄統編二十二卷　(清)應祖錫輯
清末石印本　二冊　存四卷(九至十、二十一至二十二)

360000－1903－0001868　S2020

尚友錄二十二卷　(明)廖用賢編　清光緒十七年(1891)石印本　二冊　存七卷(一至七)

360000－1903－0001869　S2021

海國尚友錄□□卷　(清)吳佐清輯　清光緒二十八年(1902)石印本　一冊　存二卷(一至二)

360000－1903－0001870　S2022

新增尚友錄彙編不分卷　(□)□□輯　清末石印本　三冊

360000－1903－0001871　S2023

史略八十七卷　(清)朱坤輯　清光緒二十四年(1898)石印本　六冊

360000－1903－0001872　S2024

史略八十七卷　(清)朱坤輯　清光緒二十八年(1902)石印本　四冊　存六十五卷(一至六十五)

360000－1903－0001873　S2025

熙朝紀政六卷　(清)王慶雲撰　清光緒二十七年(1901)石印本　四冊　存四卷(一、四至六)

360000－1903－0001874　S2026

泰西新史攬要二十四卷　(英國)馬懇西撰
(英國)李提摩太譯　(清)蔡爾康述稿　清光緒二十四年(1898)石印本　八冊　存二十一卷(一至九、十三至二十四)

360000－1903－0001875　S2027

廣治平略三十六卷　(清)蔡方炳輯　清末石印本　二冊　存二十四卷(十三至三十六)

360000－1903－0001876　S2028

古今史論大全後編八卷　(清)雷縉編　清末石印本　一冊　存四卷(一至四)

360000－1903－0001877　S2029

古今史論大全後編八卷　(清)雷縉編　清末石印本　一冊　存四卷(一至四)

360000－1903－0001878　S2030

廣治平略三十六卷　(清)蔡方炳輯　清光緒十六年(1890)上海廣百宋齋鉛印本　二冊　存二十五卷(一至二十五)

360000－1903－0001879　S2031

皇朝經世文四編五十二卷　(清)何良棟輯
清光緒二十八年(1902)上海書局石印本　十二冊

360000－1903－0001880　S2032

皇朝經世文三編八十卷　(清)陳忠倚輯　清光緒二十七年(1901)上海書局石印本　五冊　存二十五卷(一至二十、三十一至三十五)

360000－1903－0001881　S2033

皇朝經世文續編一百二十卷　(清)葛士濬輯　清末石印本　九冊　存五十八卷(二十六至三十一、三十八至四十二、四十五至五十、五十六至六十三、七十三至七十八、八十一至八十八、九十七至一百三、一百九至一百二十)

360000－1903－0001882　S2034

皇朝經世文新增續編一百二十卷附時務四十卷　(清)葛士濬輯　清光緒二十三年(1897)鉛印本　八冊　存五十一卷(十二至十七、四十四至四十七、七十三至七十七、一百一至一百三、一百十一至一百十五,時務一至十八、二十至二十六、三十六至三十八)

360000－1903－0001883　S2035

皇朝經世文編一百二十卷　(清)賀長齡輯
清末鉛印本　九冊

360000－1903－0001884　S2036

皇朝經世文續新編三十卷　(清)儲桂山輯
清末石印本　三冊　存七卷(二、五至六、二十三至二十六)

360000－1903－0001885　S2037

皇朝經世文三編八十卷　（清）陳忠倚輯　清末石印本　二冊　存三十三卷（六至十三、十六至四十）

360000－1903－0001886　S2038

皇朝經世文編一百二十卷　（清）賀長齡輯　清光緒二十一年(1895)積山書局石印本　一冊　存九卷(一至九)

360000－1903－0001887　S2039

皇朝經世文續編一百二十卷　（清）葛士濬輯　清末石印本　二冊　存五卷(七十九至八十三)

360000－1903－0001888　S2040

皇朝政典挈要八卷　（日本）增田貢撰　（清）毛淦補編　清光緒三十一年(1905)上海點石齋石印本　一冊

360000－1903－0001889　S2041

東洋史要二卷　（日本）桑原騭藏撰　（清）樊炳清譯　清末石印本　一冊

360000－1903－0001890　S2042

明季稗史彙編二十七卷　題（清）留雲居士輯　清光緒二十二年(1896)上海圖書集成印書局鉛印本　六冊

360000－1903－0001891　S2043

明季稗史彙編二十七卷　（清）留雲居士輯　清光緒二十二年(1896)上海圖書集成印書局鉛印本　六冊

360000－1903－0001892　S2044

明季稗史彙編二十七卷　（清）留雲居士輯　清光緒二十二年(1896)上海圖書集成印書局鉛印本　三冊　存十二卷(一至八、二十四至二十七)

360000－1903－0001893　S2045

各國政治考八卷　（清）錢恂輯　清光緒二十七年(1901)石印本　六冊

360000－1903－0001894　S2046

各國政治考八卷　（清）錢恂輯　清光緒二十

七年(1901)石印本　三冊　存五卷(一、三至四、六至七)

360000－1903－0001895　S2047

瀛環志略十卷首一卷　（清）徐繼畬撰　清光緒六年(1880)刻本　二冊　存三卷(一至二、首一卷)

360000－1903－0001896　S2047－1

瀛環志略十卷　（清）徐繼畬撰　清末石印本　一冊　存二卷(三至四)

360000－1903－0001897　S2048

瀛環志略續集四卷末一卷續補一卷　（英國）慕維廉撰　清光緒二十八年(1902)石印本　一冊

360000－1903－0001898　S2049

瀛環志略十卷　（清）徐繼畬撰　清光緒二十一年(1895)上海寶文局石印本　一冊　存二卷(一至二)

360000－1903－0001899　S2050

瀛環志略十卷　（清）徐繼畬撰　清末石印本　一冊　存三卷(三至五)

360000－1903－0001900　S2051

[同治]盧陵縣志五十六卷首一卷附補編一卷　（清）陳汝楨等修　（清）匡汝諧等纂　清刻本　四冊　存七卷(三十七至三十八、四十二至四十三、五十二至五十四)

360000－1903－0001901　S2052

列國政治通考十八卷　（□）□□撰　清光緒二十八年(1902)天津開文書局石印本　十一冊　存十六卷(一至六、九至十八)

360000－1903－0001902　S2053

史論正鵠初集四卷二集四卷三集八卷　（清）王樹敏評　清光緒二十一年(1895)久敬齋石印本　十三冊　存十一卷(初集三至四,二集一、三至四,三集一至二、四至七)

360000－1903－0001903　S2054

新譯列國政治通攷二百二十卷　（清）楊士鈞輯　清光緒二十九年(1903)上海蜚英書局石

印本 一冊

360000－1903－0001904 S2055
歷代名臣傳續編五卷 （清）朱軾 （清）蔡世遠輯 清刻本 一冊 存二卷（四至五）

360000－1903－0001905 S2056
通典二百卷 （唐）杜佑撰 清末石印本 一冊 存十五卷（一百四十三至一百五十七）

360000－1903－0001906 S2057
文史通義五卷 （清）章學誠撰 清宣統三年（1911）上海廣益書局石印本 二冊

360000－1903－0001907 S2058
欽定大清會典一百卷 （清）崑岡等纂修 清末石印本 四冊 存七十六卷（十二至五十、六十四至一百）

360000－1903－0001908 S2059
欽定大清會典一百卷 （清）崑岡等纂修 清末鉛印本 一冊 存十三卷（七十四至八十六）

360000－1903－0001909 S2060
諭摺彙存□□卷 （□）□□輯 清末石印本 七冊 存七卷（八、十、十二至十三、十七、十九至二十）

360000－1903－0001910 S2061
歷代邊事彙鈔十二卷 （清）朱克敬編 清光緒二十八年（1902）上海捷記書局石印本 三冊 存八卷（一至六、十一至十二）

360000－1903－0001911 S2062
中興名臣事略八卷 （清）朱孔彰撰 清光緒二十四年（1898）上海書局石印本 三冊 存六卷（一至四、七至八）

360000－1903－0001912 S2063
英法俄德四國志略不分卷 沈敦和輯譯 清末鉛印本 一冊

360000－1903－0001913 S2064
十九世紀列國政治文編十四卷 （清）邵義輯 清光緒二十九年（1903）教育世界社鉛印本 六冊 存九卷（一、三至九、十二）

360000－1903－0001914 S2065
東槎聞見錄四卷 （清）陳家麟撰 清光緒十三年（1887）鉛印本 一冊

360000－1903－0001915 S2066
東亞三國地誌三卷 （日本）辻武雄撰 清末鉛印本 一冊 存一卷（下）

360000－1903－0001916 S2067
五洲圖考不分卷 （清）徐勣輯 清末鉛印本 一冊

360000－1903－0001917 S2068
歷代地理志韻編今釋二十卷 （清）李兆洛撰 清末上海蜚英館石印本 三冊

360000－1903－0001918 S2069
皇朝政典挈要八卷 （日本）增田貢撰 （清）毛淦補編 清光緒二十八年（1902）石印本 二冊

360000－1903－0001919 S2070
地球韻言四卷 （清）張士瀛撰 清光緒二十七年（1901）石印本 二冊

360000－1903－0001920 S2071
外交報□□卷 （清）外交報館編 清光緒二十七年（1901）刻本 十七冊 存十六卷（甲辰一、十五、二十六，乙巳十六、二十、二十四、二十八，丙午一至二、七至九、二十二至二十三、三十、三十三）

360000－1903－0001921 S2072
壬寅新民叢報全編二十五卷 梁啟超編 清末上海商務印書館鉛印本 十三冊 存十八卷（一至二、六至十七、二十一至二十四）

360000－1903－0001922 S2073
中外時務經濟統宗十八卷 （清）□□輯 清末鉛印本 三冊 存四卷（三至四、十一至十二）

360000－1903－0001923 S2074
天文地球圖說續編二卷首一卷 （清）華蘅芳撰 清末石印本 一冊

360000－1903－0001924 S2075

蒙古游牧記十六卷 （清）張穆撰 清光緒二十六年（1900）石印本 三冊 存九卷（一至二、十至十六）

360000－1903－0001925 S2076

瀛海採問紀實□□卷 （清）袁祖志撰 清光緒十七年（1891）石印本 一冊 存三卷（一至三）

360000－1903－0001926 S2077

地理辨正補義五卷 （明）蔣平階撰 （明）姜垚辨正 （清）尹有本補義 清刻本 一冊 存二卷（三至四）

360000－1903－0001927 S2078

十七史商榷一百卷 （清）王鳴盛撰 清光緒二十三年（1897）石印本 四冊

360000－1903－0001928 S2079

史論薈萃十卷 （清）鄭權輯 清末石印本 三冊 存三卷（二、九至十）

360000－1903－0001929 S2080

安徽試牘不分卷 （清）□□輯 清末石印本 二冊

360000－1903－0001930 S2081

文史通義八卷 （清）章學誠撰 清末石印本 一冊 存二卷（六至七）

360000－1903－0001931 S2082

續補江城名蹟記一卷 （清）楊樹梅輯 清刻本 一冊

360000－1903－0001932 S2083

江城名蹟記四卷 （清）陳弘緒撰 清光緒九年（1883）刻本 一冊 存一卷（一）

360000－1903－0001933 S2084

天下郡國利病書詳節十八卷 （清）顧炎武撰 （清）蔣錫初節錄 清光緒二十八年（1902）石印本 十五冊

360000－1903－0001934 S2085

大日本維新史二卷 （日本）重野安繹撰 清光緒二十五年（1899）石印本 五冊

360000－1903－0001935 S2086

續支那通史二卷 （日本）山峰畯藏撰 清光緒二十九年（1903）石印本 六冊

360000－1903－0001936 S2087

國朝漢學師承記八卷 （清）江藩撰 清刻本 一冊 存二卷（三至四）

360000－1903－0001937 S2088

增補事類統編九十三卷首一卷 （清）黃葆真輯 清光緒十一年（1885）文奎堂刻本 三十一冊 存九十一卷（一至六十、六十四至九十三，首一卷）

360000－1903－0001938 S2089

增補事類統編九十三卷首一卷 （清）黃葆真輯 清刻本 三十六冊 存十一卷（九至十七、二十、九十一）

360000－1903－0001939 S2090

增補事類統編九十三卷首一卷 （清）黃葆真輯 清刻本 十一冊 存二十三卷（二十三至四十五）

360000－1903－0001940 S2091

增補事類統編九十三卷首一卷 （清）黃葆真輯 清刻本 十六冊 存三十二卷（十八至二十八、五十一至五十六、六十四至七十八）

360000－1903－0001941 S2092

增補事類統編九十三卷首一卷 （清）黃葆真輯 清光緒十四年（1888）上海積山書局石印本 八冊 存六十卷（一至五十、七十六至八十四，首一卷）

360000－1903－0001942 S2093

世宗憲皇帝聖訓三十六卷 （清）世宗胤禛撰 清末石印本 三冊 存三十卷（七至三十六）

360000－1903－0001943 S2094

宣宗成皇帝聖訓一百三十卷 （清）宣宗旻寧撰 清末石印本 十五冊 存一百六卷（一至二十二、三十一至三十八、四十七至九十六、一百五至一百三十）

360000－1903－0001944 S2095

穆宗毅皇帝聖訓一百六十卷 （清）穆宗載淳撰 清末石印本 十六冊 存一百五十四卷（一至二十八、三十五至一百六十）

360000－1903－0001945 S2096

仁宗睿皇帝聖訓一百十卷 （清）仁宗顒琰撰 清末石印本 十二冊 存九十六卷（七至九十四、一百三至一百十）

360000－1903－0001946 S2097

文宗顯皇帝聖訓一百十卷 （清）文宗奕詝撰 清末石印本 九冊 存一百卷（一至七十六、八十七至一百十）

360000－1903－0001947 S2098

舊五代史一百五十卷 （宋）薛居正等撰 （清）邵晉涵等輯 清光緒二十八年（1902）武林竹簡齋石印本 六冊

360000－1903－0001948 S2099

五代史七十四卷 （宋）歐陽修撰 （宋）徐無黨注 清光緒二十八年（1902）武林竹簡齋石印本 二冊

360000－1903－0001949 S2100

五代史七十四卷 （宋）歐陽修撰 （宋）徐無黨注 清光緒二十八年（1902）史學會社石印本 二冊

360000－1903－0001950 S2101

五代史七十四卷 （宋）歐陽修撰 （宋）徐無黨注 清光緒二十八年（1902）武林竹簡齋石印本 二冊

360000－1903－0001951 S2102

原富五部八卷 （英國）斯密亞丹撰 嚴復譯 清刻本 二冊 存二卷（甲下、乙）

360000－1903－0001952 S2103

原富五部八卷 （英國）斯密亞丹撰 嚴復譯 清鉛印本 一冊 存一卷（甲上）

360000－1903－0001953 S2104

中國現勢論不分卷 （清）出洋學生編輯所編 清光緒二十八年（1902）鉛印本 一冊

360000－1903－0001954 S2105

大清一統志四百二十四卷 （清）和珅等纂修 清末石印本 一冊 存八卷（一百十七至一百二十四）

360000－1903－0001955 S2106

考卷清雅□□卷 （清）何希軾編 清道光四年（1824）刻本 四冊 存二卷（四編一、五編三）

360000－1903－0001956 S2107

考卷 （□）□□輯 清刻本 一冊

360000－1903－0001957 S2108

拳匪紀略八卷前編二卷後編二卷 （清）余氏輯 清光緒二十九年（1903）石印本 二冊 存二卷（前編二卷）

360000－1903－0001958 S2109

江西諮議局宣統二年答覆文件補刊 （清）□□輯 清宣統二年（1910）石印本 一冊

360000－1903－0001959 S2110

新政真詮二編□□卷 （清）何啟 （清）胡禮垣撰 清末石印本 一冊

360000－1903－0001960 S2111

評點論斷大全十二卷 （清）張位等撰 清末石印本 二冊 存一卷（三）

360000－1903－0001961 S2112

西史綱目二十卷 （清）周維翰編 清末石印本 一冊 存二卷（三至四）

360000－1903－0001962 S2113

尺木堂綱鑑易知錄□□卷 （清）吳乘權等輯 清末石印本 一冊 存二卷（三至四）

360000－1903－0001963 S2114

通鑑論二卷 （宋）司馬光撰 清末石印本 二冊

360000－1903－0001964 S2115

地理人子須知三十九卷 （明）徐善繼 （明）徐善述撰 清刻本 一冊 存二卷（二十四至二十五）

360000－1903－0001965 S2116

時務報不分卷 （清）時務報館編 清末石印

本　七冊

360000－1903－0001966　S2117
增廣尚友錄統編二十二卷　（清）應祖錫輯
清末石印本　十冊　存十六卷（三至八、十一
至二十）

360000－1903－0001967　S2118
逆臣傳四卷　（清）國史館撰　清木活字印本
三冊

360000－1903－0001968　S2119
江西優貢卷不分卷　（清）□□輯　清刻本
六十八冊

360000－1903－0001969　S2120
尺木堂綱鑑易知錄九十二卷　（清）吳乘權等
輯　清末石印本　一冊　存四卷（六十五至
六十八）

360000－1903－0001970　S2121
評點史記一百三十卷　（明）吳乘權等輯　清
末掃葉山房石印本　十二冊　存一百九卷
（七至八十七、一百三至一百三十）

360000－1903－0001971　S2122
國朝麗體金膏四卷　（清）馬俊良輯　清刻本
一冊　存一卷（四）

360000－1903－0001972　S2123
列女傳八卷　（漢）劉向撰　（清）梁端校注
清末上海鑄記書局石印本　三冊　存六卷
（三至八）

360000－1903－0001973　S2124
列女傳八卷　（漢）劉向撰　（清）梁端校注
清末石印本　二冊　存四卷（五至八）

360000－1903－0001974　1266
史通削繁四卷　（清）紀昀撰　清光緒八年
（1882）善化章氏刻本　四冊

360000－1903－0001975　1266－2
史通削繁四卷　（清）紀昀撰　清光緒八年
（1882）善化章氏刻本　四冊

360000－1903－0001976　1266－1
史通削繁四卷　（清）紀昀撰　清光緒八年

（1882）善化章氏刻本　四冊

360000－1903－0001977　1306
史通通釋二十卷　（清）浦起龍撰　清光緒十
九年（1893）石印本　八冊

360000－1903－0001978　1312
坡山小學史斷四卷　（宋）南宮靖一撰　（明）
晏彥文續撰　讀史論略一卷　（清）杜詔撰
清道光五年（1825）鑑懸堂刻本　四冊

360000－1903－0001979　1151
五代史七十四卷　（宋）歐陽修撰　（宋）徐無
黨注　清同治十一年（1872）湖北崇文書局刻
本　四冊

360000－1903－0001980　1294
原富不分卷　（英國）斯密亞丹撰　嚴復譯
清光緒二十八年（1902）鉛印本　二冊

360000－1903－0001981　1294－1
原富不分卷　（英國）斯密亞丹撰　嚴復譯
清光緒二十八年（1902）鉛印本　二冊

360000－1903－0001982　1328
歷代名臣言行錄二十四卷　（清）朱桓輯　清
光緒十六年（1890）廣百宋齋石印本　十二冊

360000－1903－0001983　1209
分類歷代通鑑輯覽六十四卷　（清）陳善輯
清光緒二十九年（1903）文瀾書局石印本　二
十三冊

360000－1903－0001984　1272
高宗純皇帝聖訓三百卷　（清）高宗弘曆撰
清末石印本　二十九冊　存二百九十卷（一
至二百四十、二百五十一至三百）

360000－1903－0001985　S2125
凝香室鴻雪因緣圖記三集不分卷　（清）麟慶
撰　清道光二十九年（1849）鉛印本　二冊
存二集（一集下、三集上）

360000－1903－0001986　S2126
四裔編年表四卷　（美國）林樂知　（清）嚴良
勳譯　（清）李鳳苞編　清光緒二十三年
（1897）石印本　二冊

360000 – 1903 – 0001987　S2127

八紘譯史四卷荒史一卷　（清）陸次雲撰　清刻本　一冊　存二卷（八紘譯史四、荒史一卷）

360000 – 1903 – 0001988　S2128

百五十名家評註史記一百三十卷　（漢）司馬遷撰　清末石印本　二冊　存十四卷（七十九至九十二）

360000 – 1903 – 0001989　S2129

北斗書院公輸錄□□卷首一卷　（□）□□撰　清光緒二十年（1894）刻本　一冊　存二卷（一、首一卷）

360000 – 1903 – 0001990　S2130

論海四種　（清）蔡和鏘輯　清光緒二十八年（1902）石印本　三十九冊

360000 – 1903 – 0001991　S2131

政藝叢書　（清）政藝通報社輯　清末石印本　一冊

360000 – 1903 – 0001992　S2132

地球韻言四卷　（清）張士瀛撰　清刻本　三冊　存二卷（三至四）

360000 – 1903 – 0001993　S2133

原富五部八卷　（英國）斯密亞丹撰　嚴復譯　清光緒二十七年（1901）南洋公學鉛印本　八冊

360000 – 1903 – 0001994　S2134

原富五部八卷　（英國）斯密亞丹撰　嚴復譯　清光緒二十七年（1901）南洋公學鉛印本　七冊　存五卷（甲上、下，乙，丙，丁上、下，戊上）

360000 – 1903 – 0001995　S2135

原富五部八卷　（英國）斯密亞丹撰　嚴復譯　清光緒二十七年（1901）南洋公學鉛印本　六冊　存五卷（甲上、下，乙，丙，丁下，戊上）

360000 – 1903 – 0001996　S2136

原富五部八卷　（英國）斯密亞丹撰　嚴復譯　清光緒二十七年（1901）南洋公學鉛印本

三冊　存三卷（甲上、丙、丁下）

360000 – 1903 – 0001997　S2137

地學淺釋三十八卷　（英國）雷俠兒撰　（美國）瑪高溫口譯　（清）華衡芳筆述　清末石印本　一冊　存十二卷（二十七至三十八）

360000 – 1903 – 0001998　S2139

校邠廬抗議二卷　（清）馮桂芬撰　清光緒十年（1884）刻本　三冊　存一卷（上）

360000 – 1903 – 0001999　S2140

校邠廬抗議二卷　（清）馮桂芬撰　清光緒二十三年（1897）文瑞樓石印本　一冊

360000 – 1903 – 0002000　S2141

昌言報不分卷　（清）昌言報館編　清光緒二十四年（1898）鉛印本　十冊

360000 – 1903 – 0002001　S2142

長江圖說十二卷首一卷　（清）馬徵麟撰　清同治十年（1871）湖北崇文書局刻本　一冊　存一卷（首一卷）

360000 – 1903 – 0002002　S2143

浮梁縣省館公輸錄六卷續錄四卷　（清）李嘉瑞撰　清同治十一年（1872）刻本　三冊　存七卷（四至六、續錄四卷）

360000 – 1903 – 0002003　S2144

重刻山谷先生年譜十四卷　（宋）黃䔲撰　清刻本　一冊　存七卷（八至十四）

360000 – 1903 – 0002004　S2145

廿二史劄記三十六卷　（清）趙翼撰　清末石印本　三冊　存二十七卷（十至三十六）

360000 – 1903 – 0002005　S2146

聖武記十四卷　（清）魏源撰　清刻本　七冊　存九卷（三至七、十至十二、十四）

360000 – 1903 – 0002006　S2147

殿試試卷一卷　（□）□□輯　清刻本　一冊

360000 – 1903 – 0002007　S2148

所見集□□卷　（清）□□輯　清刻本　一冊　存一卷（二十八）

360000－1903－0002008　S2149

文學興國策二卷　（美國）林樂知譯　清光緒
二十二年(1896)圖書集成局鉛印本　一冊

360000－1903－0002009　S2150

福惠全書三十二卷　（清）黃六鴻撰　清刻本
六冊　存十七卷（三至十三、二十七至三十
二）

360000－1903－0002010　S2151

最新經世文編一百三十卷　（清）寶善齋輯
清光緒二十八年(1902)上海寶善齋石印本
三十冊

360000－1903－0002011　S2152

華陽國志十二卷　（晉）常璩撰　清刻本
一冊

360000－1903－0002012　S2153

朔方備乘六十八卷首十二卷　（清）何秋濤撰
清末石印本　六冊　存五十二卷（一至四
十五、六十二至六十八）

360000－1903－0002013　S2154

通鑑題解十卷　（清）金之光　（清）汪桓撰
清末石印本　一冊　存二卷（四至五）

360000－1903－0002014　S2155

奏議初編十二卷　題（清）仰止廬主人輯　清
光緒二十七年(1901)鉛印本　一冊　存一卷
（一）

360000－1903－0002015　S2156

曾文正公手札一卷　（清）曾國藩撰　清光緒
十一年(1885)上海同文書局石印本　一冊

360000－1903－0002016　S2157

鐵崖三種　（元）楊維楨撰　清末掃葉山房石
印本　二冊　存二種

360000－1903－0002017　S2158

欽取朝考卷不分卷　（□）□□輯　清刻本
一冊

360000－1903－0002018　S2159

鑄史駢言十二卷　（清）孫玉田撰　清光緒二
年(1876)刻本　一冊

360000－1903－0002019　S2160

江西省鄉試硃卷不分卷　（清）□□輯　清光
緒二十三年(1897)刻本　二冊

360000－1903－0002020　S2161

宦鄉要則七卷首一卷　（清）張鑒瀛撰　清光
緒十五年(1889)珍藝書局鉛印本　二冊　存
五卷（一至五）

360000－1903－0002021　S2162

世界文明史不分卷　（日本）高山林次郎撰
清光緒二十九年(1903)商務印書館鉛印本
一冊

360000－1903－0002022　S2163

宋論五卷　（清）王夫之撰　清末鉛印本　一
冊　存三卷（三至五）

360000－1903－0002023　S2164

中西時務類攷九卷　（清）華金昆輯　清末石
印本　二冊　存四卷（三、六至八）

360000－1903－0002024　S2165

中外時務經濟統宗十八卷　（清）□□輯　清
末鉛印本　一冊　存一卷（十三）

360000－1903－0002025　S2166

新鐫法家透膽寒四卷　題（清）補相子著　清
咸豐八年(1858)刻本　一冊　存二卷（一至
二）

360000－1903－0002026　S2167

新刻法家新書四卷首一卷　（清）吳天民
（清）達可奇編　清刻本　二冊　存四卷（新
刻法家新書四卷）

360000－1903－0002027　S2168

稽古錄論一卷　（宋）司馬光撰　清末石印本
一冊

360000－1903－0002028　S2169

史論彙編□□卷　（□）□□輯　清末石印本
三冊　存七卷（二至八）

360000－1903－0002029　S2170

莫愁湖志六卷首一卷　（清）馬士圖撰　清光
緒八年(1882)刻本　一冊　存四卷（一至四）

360000－1903－0002030　S2171

元憲集三十六卷　（宋）宋庠撰　清刻本　一冊　存五卷（二十八至三十二）

360000－1903－0002031　S2172

時務類編□□卷　（□）□□輯　清刻本　一冊　存一卷（二）

360000－1903－0002032　1215

竹書紀年統箋十二卷　（清）徐文靖撰　清光緒二十三年（1897）圖書集成局鉛印本　二冊

360000－1903－0002033　S2173

典故列女全傳四卷　（□）□□撰　清李光明莊刻本　三冊

360000－1903－0002034　S2174

中西聞見錄不分卷　（美國）丁韙良等編　清光緒元年（1875）刻本　一冊

360000－1903－0002035　S2175

南皮張宮保政書十二卷　（清）張之洞撰　清末鉛印本　一冊　存二卷（九至十）

360000－1903－0002036　S2176

中外時務經濟統宗十八卷　（清）□□輯　清末鉛印本　七冊　存八卷（六至九、十四至十七）

360000－1903－0002037　S2177

中外時務策府統宗四十四卷　（清）文盛書局輯　清末石印本　一冊　存三卷（三十七至三十九）

360000－1903－0002038　S2178

時務分類文編三十二卷　（清）求是齋輯　清光緒二十三年（1897）香港宜今室石印本　十三冊　存二十九卷（一、三至六、九至三十二）

360000－1903－0002039　S2179

治平通議八卷　（清）陳虬撰　清末石印本　二冊　存二卷（三、五）

360000－1903－0002040　S2180

史緯三百三十卷　（清）陳允錫撰　清末文來書局石印本　一冊　存五卷（二百九十六至三百）

360000－1903－0002041　S2181

新輯應試策論大觀正集六卷續集四卷　（□）□□輯　清光緒二十八年（1902）上海書局石印本　二冊　存四卷（正集一至二、續集一至二）

360000－1903－0002042　S2182

聖武記十四卷　（清）魏源撰　清末石印本　一冊　存一卷（二）

360000－1903－0002043　S2183

九通序錄四卷　（唐）杜佑等撰　清末石印本　二冊　存二卷（二至三）

360000－1903－0002044　S2184

約章分類輯要三十八卷　蔡乃煌輯　清刻本　十六冊　存二十六卷（七至十八上、二十至二十七、三十三至三十八）

360000－1903－0002045　S2185

中西時務精華九卷　（清）殷兆鏞等撰　清末石印本　一冊　存一卷（二）

360000－1903－0002046　S2186

精選應試策論大觀□□卷　（清）□□輯　清末石印本　一冊　存二卷（四至五）

360000－1903－0002047　S2187

新選策論十六學　（□）□□撰　清光緒二十八年（1902）刻本　一冊

360000－1903－0002048　S2188

策論十六種　（□）□□撰　清刻本　三冊

360000－1903－0002049　S2189

樊山政書二十卷　樊增祥撰　清末石印本　四冊　存八卷（十一至十八）

360000－1903－0002050　S2190

新政真詮六編□□卷　（清）何啟　（清）胡禮垣撰　清末格致新報館鉛印本　七冊　存五卷（一至五）

360000－1903－0002051　4057

西政叢書　梁啟超輯　清光緒二十三年（1897）慎記書莊石印本　二十九冊　存十六種

360000－1903－0002052　S2191

政藝叢書壬寅全書　（清）政藝通報社輯　清光緒二十九年(1903)石印本　六冊

360000－1903－0002053　S2192

宦鄉要則七卷首一卷　（清）張鑒瀛撰　清光緒十五年(1889)珍藝書局鉛印本　一冊　存四卷(一至三、首一卷)

360000－1903－0002054　S2193

光緒癸卯科優貢同年全錄一卷　（清）□□輯　清末石印本　一冊

360000－1903－0002055　S2194

齊山巖洞志二十六卷首一卷　（清）陳蔚撰　清刻本　一冊　存四卷(十一至十四)

360000－1903－0002056　S2195

二祖十四宗皇明通紀□□卷　（明）陳建（明）陳龍可撰　清刻本　一冊　存二卷(二十三至二十四)

360000－1903－0002057　S2196

李文忠公朋僚函稿二十四卷　（清）李鴻章撰　清光緒鉛印本　一冊　存二卷(九至十)

360000－1903－0002058　S2197

文廟崇祀便覽錄一卷　（□）□□撰　清刻本　一冊

360000－1903－0002059　S2198

校邠廬抗議二卷　（清）馮桂芬撰　清光緒二十四年(1898)兩儀堂刻本　一冊　存一卷(上)

360000－1903－0002060　S2199

通商始末記二十卷　（清）王之春撰　清光緒二十八年(1902)上海書局石印本　一冊　存一卷(一)

360000－1903－0002061　S2200

校正史畧八十七卷　（清）朱堃輯　清末石印本　一冊　存十一卷(六十六至七十六)

360000－1903－0002062　S2201

科舉試卷□□卷　（清）□□輯　清末石印本　一冊　存三卷(八至十)

360000－1903－0002063　S2202

校正史政□□卷　（□）□□撰　清末石印本　一冊　存一卷(九)

360000－1903－0002064　2935

晏子春秋八卷　清光緒十九年(1893)鴻文書局石印本　一冊

360000－1903－0002065　2936

晏子春秋七卷　音義二卷校勘二卷　（清）孫星衍撰　清光緒二十三年(1897)文瑞樓石印本　一冊

360000－1903－0002066　2937

虞初續志十二卷　（清）鄭澍若輯　清咸豐元年(1851)小嬛嬛山館刻本　一冊　存三卷(一至三)

360000－1903－0002067　2938

虞初新志二十卷　（清）張潮輯　清刻本　三冊　存九卷(八至十一、十六至二十)

360000－1903－0002068　2939

新刻按鑑編纂開闢衍繹通俗志傳六卷八十回　（明）周游輯　清刻本　一冊　存二卷(三至四)

360000－1903－0002069　2940

呂氏春秋二十六卷　（漢）高誘注　清光緒二十三年(1897)文瑞樓鉛印本　二冊

360000－1903－0002070　2940－1

呂氏春秋二十六卷　（漢）高誘注　清光緒二十三年(1897)文瑞樓鉛印本　二冊

360000－1903－0002071　2941

呂氏春秋二十六卷　（漢）高誘注　清光緒十九年(1893)鴻文書局石印本　一冊

360000－1903－0002072　2942

北宋志傳十卷　（明）熊大木撰　清刻本　一冊　存四卷(三至六)

360000－1903－0002073　2943

格致精華錄四卷　（清）王仁俊撰　（清）江標編　清末石印本　一冊　存一卷(四)

360000－1903－0002074　2944

太平廣記五百卷　(宋)李昉等輯　清刻本　一冊　存七卷(二百二十二至二百二十八)

360000－1903－0002075　2945
東周列國全志一百八回　(清)蔡界評點　清刻本　一冊　存一回(一)

360000－1903－0002076　2946
東周列國志□□卷　(清)蔡界評點　清末石印本　一冊　存三卷(十八至二十)

360000－1903－0002077　2947
東周列國全志二十三卷一百八回　(清)蔡界評點　清光緒九年(1883)刻本　十一冊　存二十一卷(一至五、八至二十三)

360000－1903－0002078　2948
東周列國全志二十三卷一百八回　(清)蔡界評點　清刻本　三冊　存六卷(八至九、十四至十五、二十二至二十三)

360000－1903－0002079　2949
前後七國全志五卷　(清)蔡界評點　清刻本　一冊　存二卷(四至五)

360000－1903－0002080　2950
曾子家語六卷　(清)曾國荃輯　清刻本　一冊　存一卷(四)

360000－1903－0002081　2954
佩文韻府一百六卷拾遺一百六卷　(清)張玉書等輯　清光緒上海點石齋石印本　六十冊

360000－1903－0002082　2955
佩文韻府一百六卷拾遺一百六卷　(清)張玉書等輯　清刻本　十八冊　存二十四卷(四下、七上、二十上、三十五至三十六、三十八、四十四至四十五、五十二、七十、七十七、八十六至九十上、九十五、九十九上、一百下、一百三至一百四,拾遺五至七)

360000－1903－0002083　2956
五經算術二卷　(北周)甄鸞撰　(唐)李淳風等注　清刻本　一冊

360000－1903－0002084　2958
佩文韻府一百六卷拾遺一百六卷　(清)張玉書等輯　清光緒十八年(1892)上海同文書局石印本　五十二冊　存一百十九卷(一至四十二、四十六至四十八、五十二至九十六、九十九至一百、一百二至一百六,拾遺一至四、十三、九十至一百六)

360000－1903－0002085　2959
佩文韻府一百六卷　(清)張玉書等輯　清嘉慶十九年(1814)内府刻本　五十六冊　存九十九卷(一至十三、十六至五十、五十五至六十三、六十五至一百六)

360000－1903－0002086　2960
佩文韻府不分卷　(清)張玉書等輯　清光緒二十二年(1896)上海點石齋石印本　十八冊

360000－1903－0002087　2961
莊子南華真經十卷　(晉)郭象注　清刻本　五冊　存七卷(二至三、五至七、九至十)

360000－1903－0002088　2962
莊子南華真經十卷　(晉)郭象注　清刻本　七冊　存九卷(二至十)

360000－1903－0002089　2963
莊子南華真經十卷　(晉)郭象注　清光緒十一年(1885)傳忠書局刻本　一冊　存一卷(一)

360000－1903－0002090　2964
十子全書　(清)王子興輯　清嘉慶九年(1804)實慶經綸堂刻本　九冊　存四種

360000－1903－0002091　2965
子書二十二種　(清)浙江書局輯　清光緒二十三年(1897)上海圖書集成局鉛印本　二十五冊　存十三種

360000－1903－0002092　2966
二十五子彙函　(清)鴻文書局輯　清光緒十九年(1893)上海鴻文書局石印本　十一冊　存十八種

360000－1903－0002093　2967
履園叢話二十四卷　(清)錢泳撰　清刻本　一冊　存三卷(十九至二十一)

360000－1903－0002094　2968

呂祖全書□□卷 （唐）呂嵒撰 清刻本 一冊 存四卷（七至十）

360000－1903－0002095 2969

應酬彙選一卷 （□）□□輯 清刻本 一冊

360000－1903－0002096 2970

國朝畫識十七卷 （清）馮金伯撰 清刻本 二冊 存六卷（一至三、八至十）

360000－1903－0002097 2971

佩文韻府一百六卷 （清）張玉書等輯 清末石印本 一冊 存二卷（四十九至五十）

360000－1903－0002098 2972

佩文韻府一百六卷 （清）張玉書等輯 清末石印本 一冊 存八卷（六十至六十七）

360000－1903－0002099 2973

寄傲山房塾課新增幼學故事瓊林四卷首一卷 （明）程登吉撰 （清）鄒聖脈增補 清刻本 二冊 存三卷（一至二、首一卷）

360000－1903－0002100 2974

寄傲山房塾課新增幼學故事瓊林四卷首一卷 （明）程登吉撰 （清）鄒聖脈增補 清兩儀堂刻本 一冊 存二卷（一、首一卷）

360000－1903－0002101 2975

新刻幼學須知直解二卷 （明）程登吉撰 清兩儀堂刻本 一冊 存一卷（上）

360000－1903－0002102 2976

四大奇書第一種六十卷一百二十回 （明）羅本撰 清兩儀堂刻本 五冊 存三十卷（一至十二、三十至三十六、四十五至四十九、五十五至六十）

360000－1903－0002103 2977

四大奇書第一種六十卷一百二十回 （明）羅本撰 清刻本 六冊 存三十八卷（五至三十、四十三至五十四）

360000－1903－0002104 2978

四大奇書第一種六十卷一百二十回 （明）羅本撰 清刻本 九冊 存二十三卷（十八至二十六、三十至三十三、四十二至四十五、五十二至五十四、五十八至六十）

360000－1903－0002105 2979

第一才子書六十卷一百二十回 （明）羅本撰 清末石印本 四冊 存二十二卷（七至十一、二十八至三十二、四十九至六十）

360000－1903－0002106 2980

第一才子書六十卷一百二十回 （明）羅本撰 清刻本 十六冊 存四十卷（八至十四、二十一至二十七、三十至四十七、五十一至五十八）

360000－1903－0002107 2981

第一才子書六十卷一百二十回 （明）羅本撰 清末廣益書局鉛印本 十六冊

360000－1903－0002108 2982

繪圖三國志演義第一才子書六十卷一百二十回 （明）羅本撰 清掃葉山房石印本 二冊 存十卷（四十一至四十五、五十六至六十）

360000－1903－0002109 2983

圖像三國志演義第一才子書六十卷一百二十回 （明）羅本撰 清末石印本 一冊 存六卷（三十二至三十七）

360000－1903－0002110 2984

詳註聊齋志異圖詠十六卷首一卷 （清）蒲松齡撰 清光緒三十三年（1907）上海鴻寶齋石印本 十冊 存十三卷（一至二、五至八、十一至十六，首一卷）

360000－1903－0002111 2985

詳註聊齋志異圖詠十六卷首一卷 （清）蒲松齡撰 清宣統元年（1909）鴻文書局石印本 五冊 存十一卷（一至八、十五至十六，首一卷）

360000－1903－0002112 2986

詳註聊齋志異圖詠十六卷首一卷 （清）蒲松齡撰 清光緒三十三年（1907）上海文敬齋石印本 七冊 存十三卷（一至十、十五至十六，首一卷）

360000－1903－0002113 2987

詳註聊齋志異圖詠十六卷首一卷　（清）蒲松齡撰　清末石印本　十冊

360000－1903－0002114　2988
詳註聊齋志異圖詠十六卷首一卷　（清）蒲松齡撰　清光緒十二年（1886）上海鴻文書局石印本　三冊　存七卷（一至四、七至八，首一卷）

360000－1903－0002115　2989
詳註聊齋志異圖詠十六卷首一卷　（清）蒲松齡撰　清光緒三十三年（1907）上海商務印書館石印本　二冊　存五卷（一至二、十三至十四，首一卷）

360000－1903－0002116　2990
詳註聊齋志異圖詠十六卷首一卷　（清）蒲松齡撰　清末石印本　三冊　存六卷（三至六、九至十）

360000－1903－0002117　2991
詳註聊齋志異圖詠十六卷首一卷　（清）蒲松齡撰　清末石印本　一冊　存一卷（三）

360000－1903－0002118　2992
聊齋志異十六卷　（清）蒲松齡撰　清刻本　四冊　存六卷（七至十、十五至十六）

360000－1903－0002119　2993
聊齋志異十六卷　（清）蒲松齡撰　清道光二十二年（1842）廣順但氏刻朱墨套印本　十二冊　存十二卷（一至十二）

360000－1903－0002120　2994
聊齋志異十六卷　（清）蒲松齡撰　清刻朱墨套印本　十一冊　存八卷（二至三、五至六、九、十一至十二、十四）

360000－1903－0002121　2995
聊齋志異詳註十六卷　（清）蒲松齡撰　（清）王士禛評　（清）呂湛恩注　清刻本　三冊　存三卷（十二、十四至十五）

360000－1903－0002122　2996
第六才子書八卷　（元）王德信撰　清嘉慶二十二年（1817）裕文堂刻本　五冊　存七卷（一至七）

360000－1903－0002123　2997
雲林別墅繪像妥註第六才子書六卷　（元）王德信撰　清刻本　六冊

360000－1903－0002124　2998
增像第六才子書□□卷　（元）王德信撰　清末石印本　一冊　存一卷（二）

360000－1903－0002125　2999
此宜閣增訂金批西廂四卷　（元）王德信撰　清刻朱墨套印本　一冊　存一卷（三）

360000－1903－0002126　Z3000
增像全圖東周列國志二十七卷一百八回　（清）蔡昇評點　清光緒三十年（1904）上海書局石印本　四冊　存十三卷（一至六、二十一至二十七）

360000－1903－0002127　Z3001
鏡花緣二十卷一百回　（清）李汝珍撰　清同治八年（1869）刻本　九冊　存十四卷（三至十、十五至二十）

360000－1903－0002128　Z3002
紅樓夢一百二十卷一百二十回繡像一卷　（清）曹霑　（清）高鶚撰　清道光十二年（1832）刻本　二十四冊

360000－1903－0002129　Z3003
紅樓夢□□卷一百二十回　（清）曹霑　（清）高鶚撰　清末石印本　四冊　存四卷（四至七）

360000－1903－0002130　Z3004
增刻紅樓夢圖詠不分卷　（清）王墀繪　清末石印本　一冊

360000－1903－0002131　Z3005
紅樓夢一百二十回　（清）曹霑　（清）高鶚撰　清末石印本　十三冊　存四十八回（二十五至三十六、五十三至八十八）

360000－1903－0002132　Z3006
增評加批金玉緣圖說十六卷一百二十回首一卷　（清）曹霑　（清）高鶚撰　清末石印本

九冊　存九卷(一至二、五至六、十一、十三至
十六)

360000－1903－0002133　Z3007
增評補像全圖金玉緣一百二十回首一卷
(清)曹霑　(清)高鶚撰　清光緒三十四年
(1908)求不負齋石印本　十六冊　存一百一
回(九至五十六、六十一至一百十三)

360000－1903－0002134　Z3008
增評補圖石頭記一百二十卷　(清)曹霑
(清)高鶚撰　清末鉛印本　二冊　存十六卷
(十七至三十二)

360000－1903－0002135　Z3009
繡像紅樓夢補四卷四十八回　(清)歸鋤子撰
清光緒二十五年(1899)上海圖書集成局鉛
印本　一冊　存一卷(一)

360000－1903－0002136　Z3010
續紅樓夢三十卷　(清)秦子忱撰　清嘉慶四
年(1799)刻本　六冊　存十五卷(一至二、十
至十二、二十至二十一、二十三至二十七、二
十八至三十)

360000－1903－0002137　Z3011
紅樓夢一百二十回　(清)曹霑　(清)高鶚撰
清刻本　二冊　存十五回(四十六至六十)

360000－1903－0002138　Z3012
繡像全圖再生緣全傳二十卷　(清)陳端生撰
清末石印本　六冊　存六卷(四、十、十四
至十五、十八至十九)

360000－1903－0002139　Z3013
繪圖明珠緣六卷五十回　(□)□□撰　清光
緒三十二年(1906)上海書局石印本　四冊
存四卷(一至四)

360000－1903－0002140　Z3014
繪圖後列國志十卷　(□)□□撰　清末石印
本　十一冊　存四卷(一至四)

360000－1903－0002141　Z3015
龍圖公案十卷　(□)□□撰　清刻本　四冊
存九卷(二至十)

360000－1903－0002142　Z3016
新刻鍾伯敬先生批評封神演義二十卷一百回
(明)許仲琳撰　(明)鍾惺評　清兩儀堂刻
本　四冊　存八卷(一至二、九至十、十三至
十四、十七至十八)

360000－1903－0002143　Z3017
燕山外史註釋八卷　(清)陳球撰　(清)若駿
子注　清光緒三十二年(1906)上海海左書局
石印本　四冊

360000－1903－0002144　Z3018
燕山外史註釋八卷　(清)陳球撰　(清)若駿
子注　清光緒三十三年(1907)上海書局石印
本　一冊　存二卷(一至二)

360000－1903－0002145　Z3019
鏡花緣二十卷一百回　(清)李汝珍撰　清刻
本　八冊　存十八卷(一至二、五至二十)

360000－1903－0002146　Z3020
圖像鏡花緣二十卷一百回　(清)李汝珍撰
清末鉛印本　三冊　存十一卷(三至六、十一
至十四、十八至二十)

360000－1903－0002147　Z3021
四大奇書第一種□□卷　(明)羅本撰　清刻
本　一冊　存一卷(四)

360000－1903－0002148　Z3022
繪圖增像第五才子書水滸全傳十卷七十回
(明)施耐庵撰　清光緒二十二年(1896)上海
圖書集成局石印本　九冊　存八卷(二至四、
六至十)

360000－1903－0002149　Z3023
繪圖增像第五才子書水滸全傳十卷七十回
(明)施耐庵撰　清末石印本　一冊　存八卷
(一至八)

360000－1903－0002150　Z3024
四大奇書第一種六十卷一百二十回　(明)羅
本撰　清刻本　一冊　存三卷(四十四至四
十六)

360000－1903－0002151　Z3025

新刊彭公案六卷 （□）□□撰 清光緒三十三年(1907)上海章福記石印本 二冊

360000－1903－0002152　Z3026

新刊續彭公案□□卷 （清）清貪夢道人撰 清光緒三十三年(1907)上海章福記石印本 二冊 存三卷(一至三)

360000－1903－0002153　Z3027

繪圖施公案三傳四卷 （□）□□撰 清末石印本 一冊 存二卷(一至二)

360000－1903－0002154　Z3028

繡像八續施公案清烈傳四卷 （□）□□撰 清末石印本 一冊

360000－1903－0002155　Z3029

繪圖三公奇案十卷 （□）□□撰 清光緒十七年(1891)鉛印本 一冊 存四卷(一至四)

360000－1903－0002156　Z3030

繪圖第一俠義奇女傳四卷五十三回 題（清）好古主人撰 清光緒三十四年(1908)翔文書局石印本 一冊 存二卷(一至二)

360000－1903－0002157　Z3031

東周列國志□□卷 （清）蔡昇評點 清末石印本 一冊 存四卷(二十四至二十七)

360000－1903－0002158　Z3032

新刻繪圖粉粧樓全傳六卷八十回 題（清）竹溪山人撰 清末石印本 三冊

360000－1903－0002159　Z3033

繡像西漢演義八卷一百回 （明）甄偉撰 清光緒三十一年(1905)龍文書局石印本 一冊 存四卷(一至四)

360000－1903－0002160　Z3034

繡像宋史奇書十二卷 （□）□□撰 清末石印本 三冊 存七卷(六至十二)

360000－1903－0002161　Z3035

增訂繪圖精忠說岳全傳八卷 （清）錢彩撰 清末石印本 一冊 存一卷(四)

360000－1903－0002162　Z3036

五虎平西前傳十四卷 （□）□□撰 清刻本

一冊 存二卷(九至十)

360000－1903－0002163　Z3037

異說五虎平西珍珠旗演義狄青前傳□□卷 （□）□□撰 清末石印本 一冊 存一卷(四)

360000－1903－0002164　Z3038

詩中畫二卷 （清）馬濤繪 清末石印本 一冊 存一卷(上)

360000－1903－0002165　Z3039

增刪韻府羣玉定本二十卷 （元）陰時夫輯 清康熙二十六年(1687)刻本 一冊 存一卷(一)

360000－1903－0002166　Z3040

御纂醫宗金鑑九十卷 （清）吳謙等編 清光緒八年(1882)刻本 六冊 存十卷(一、三、六、八至十一、十四至十六)

360000－1903－0002167　Z3041

御纂醫宗金鑑九十卷 （清）吳謙等編 清刻本 十冊 存二十七卷(四全十一、二十七至二十九、三十五至三十九、五十五至五十六、五十九至六十三、七十一至七十四)

360000－1903－0002168　Z3042

御纂醫宗金鑑九十卷 （清）吳謙等編 清刻本 八冊 存十一卷(一至八、十四至十六)

360000－1903－0002169　Z3043

御纂醫宗金鑑九十卷 （清）吳謙等編 清刻本 六冊 存十二卷(七至九、十二至十四、二十六至二十九、三十三至三十四)

360000－1903－0002170　Z3044

御纂醫宗金鑑九十卷 （清）吳謙等編 清刻本 一冊 存一卷(七十七)

360000－1903－0002171　Z3045

御纂醫宗金鑑外科十六卷 （清）吳謙等編 清光緒三十二年(1906)上海文新書局石印本 二冊

360000－1903－0002172　Z3046

御纂醫宗金鑑九十卷 （清）吳謙等編 清宣

統元年(1909)簡青齋書局石印本　二十一冊
　存四十卷(一至二十、三十九至四十四、五
　十五至六十八)

360000－1903－0002173　Z3047
御纂醫宗金鑑內科七十四卷首一卷　(清)吳
謙等編　清光緒三十二年(1906)商務印書館
鉛印本　十五冊　存五十七卷(四至十九、二
十六至三十五、四十四至七十四)

360000－1903－0002174　Z3048
御纂醫宗金鑑九十卷　(清)吳謙等編　清末
有益齋石印本　十冊　存四十卷(一至三、八
至十六、三十五至三十八、四十五至六十八)

360000－1903－0002175　Z3049
御纂醫宗金鑑外科十六卷　(清)吳謙等編
清末石印本　二冊　存十卷(三至六、十一至
十六)

360000－1903－0002176　Z3050
御纂醫宗金鑑內科七十四卷　(清)吳謙等編
　清末石印本　四冊　存十八卷(二至四、八
至十七、三十九至四十三)

360000－1903－0002177　Z3051
御纂醫宗金鑑外科十六卷　(清)吳謙等編
清末上海昌文書局石印本　二冊　存十卷
(七至十六)

360000－1903－0002178　Z3052
御纂醫宗金鑑外科十六卷　(清)吳謙等編
清末石印本　一冊　存六卷(十一至十六)

360000－1903－0002179　Z3053
繡像義妖傳六卷五十三回　(□)□□撰　清
末石印本　一冊　存一卷(一)

360000－1903－0002180　Z3054
新鐫繡像九龍醒獅圖初集□□卷　(□)□□
繪　清末石印本　四冊　存四卷(一至四)

360000－1903－0002181　Z3055
繡像南唐演義薛家將十卷　(清)如蓮居士編
　清末石印本　一冊　存一卷(二)

360000－1903－0002182　Z3056

子書二十八種　(清)育文書局輯　清宣統三
年(1911)上海育文書局石印本　二十八冊
存二十四種

360000－1903－0002183　Z3057
子書二十五種　(清)育文書局輯　清光緒二
十年(1894)上海育文書局石印本　九冊　存
八種

360000－1903－0002184　Z3058
百子全書　(清)□□輯　清末掃葉山房石印
本　一冊

360000－1903－0002185　Z3059
江西試牘四卷　(清)龍湛霖選　清刻本
四冊

360000－1903－0002186　Z3060
子書百家　(清)崇文書局輯　清光緒元年
(1875)湖北崇文書局刻本　十二冊　存九種

360000－1903－0002187　Z3061
暗室燈註解二卷　題(清)深山居士輯　清宣
統元年(1909)都邑陽儲書社刻本　一冊

360000－1903－0002188　Z3062
八線備旨四卷　(美國)羅密士撰　清刻本
二冊　存二卷(三至四)

360000－1903－0002189　Z3063
新訂崇正闢謬通書十四卷　(清)李奉來編
清兩儀堂刻本　四冊

360000－1903－0002190　Z3064
新訂崇正闢謬通書十四卷　(清)李奉來編
清兩儀堂刻本　四冊

360000－1903－0002191　Z3065
新訂崇正闢謬通書十四卷　(清)李奉來編
清裕元堂刻本　三冊　存十二卷(一至七、九
至十三)

360000－1903－0002192　Z3066
新訂崇正闢謬通書十四卷　(清)李奉來編
清刻本　三冊　存七卷(五至八、十一至十
三)

360000－1903－0002193　Z3067

新訂崇正闢謬通書十四卷　(清)李奉來編
清末上海錦章圖書局石印本　三冊

360000 – 1903 – 0002194　Z3068
新訂崇正闢謬通書十四卷　(清)李奉來編
清宣統三年(1911)石印本　三冊　存六卷
(一至四、十三至十四)

360000 – 1903 – 0002195　Z3069
新訂崇正闢謬通書十四卷　(清)李奉來編
清刻本　二冊　存五卷(六至七、十二至十四)

360000 – 1903 – 0002196　Z3070
保嬰撮要二十卷　(清)薛鎧撰　清刻本　二冊　存四卷(七至十)

360000 – 1903 – 0002197　Z3071
保命金丹□□卷　(□)□□撰　清刻本　二冊　存二卷(二、四)

360000 – 1903 – 0002198　Z3072
安徽試牘不分卷　(清)□□輯　清光緒三十年(1904)上海書局石印本　一冊

360000 – 1903 – 0002199　Z3073
韻府拾遺一百六卷　(清)張玉書等輯　清末石印本　二冊　存二十九卷(六十一至八十九)

360000 – 1903 – 0002200　Z3074
傳家寶三集八卷　(清)石成金撰　清刻本　九冊

360000 – 1903 – 0002201　Z3075
警睡編初集四卷　(清)華榮萱輯　清光緒七年(1881)鉛印本　一冊　存一卷(一)

360000 – 1903 – 0002202　Z3076
名人畫集不分卷　(清)□□輯　清光緒十五年(1889)石印本　二冊

360000 – 1903 – 0002203　Z3077
御刻三希堂石渠寶笈法帖　(清)梁詩正等編
清末石印本　十五冊

360000 – 1903 – 0002204　Z3078
三希堂續刻法帖　(唐)褚遂良等書　清宣統

元年(1909)石印本　三冊

360000 – 1903 – 0002205　Z3079
地學□□卷　(□)□□撰　清刻本　一冊
存一卷(二)

360000 – 1903 – 0002206　Z3080
本草求真九卷　(清)黃宮繡纂　清末石印本
二冊　存四卷(七至十)

360000 – 1903 – 0002207　Z3081
新刊再續彭公案四卷　(清)清貪夢道人撰
清光緒三十三年(1907)章福記石印本　四冊

360000 – 1903 – 0002208　Z3082
新刊全續彭公案八卷　(清)清貪夢道人撰
清光緒三十三年(1907)章福記石印本　四冊

360000 – 1903 – 0002209　Z3083
本草從新十八卷　(清)吳儀洛撰　清末石印本　一冊　存五卷(十四至十八)

360000 – 1903 – 0002210　Z3084
本草備要八卷　(清)汪昂撰　清末石印本
二冊　存一卷(一)

360000 – 1903 – 0002211　Z3085
本草備要八卷　(清)汪昂撰　清末石印本
一冊　存一卷(一)

360000 – 1903 – 0002212　Z3086
增補本草備要八卷　(清)汪昂撰　清光緒三十三年(1907)上海同文書局石印本　一冊
存一卷(一)

360000 – 1903 – 0002213　Z3087
第一才子書六十卷一百二十回　(明)羅本撰
清末上海鴻文書局石印本　十三冊　存三十八卷(一至三十八)

360000 – 1903 – 0002214　Z3088
第一才子書□□卷　(明)羅本撰　清末石印本　一冊　存一卷(十一)

360000 – 1903 – 0002215　Z3089
繪圖三國志演義第一才子書六十卷一百二十回　(明)羅本撰　清光緒二十年(1894)掃葉山房石印本　九冊　存六十回(一至二十四、

六十一至八十、九十一至一百六）

360000－1903－0002216　Z3090

第一才子書六十卷一百二十回　（明）羅本撰
清光緒二十九年（1903）上海點石齋石印本
九冊　存五十卷（一至二、十三至六十）

360000－1903－0002217　Z3091

西廂記□□卷　（元）王德信撰　清刻朱墨套
印本　一冊　存一卷（一）

360000－1903－0002218　Z3093

初學玉玲瓏不分卷　（清）徐瑄撰　清刻本
二冊

360000－1903－0002219　Z3094

初學玉玲瓏不分卷　（清）徐瑄撰　清刻本
三冊

360000－1903－0002220　Z3095

御纂醫宗金鑑九十卷　（清）吳謙等編　清刻
本　一冊　存二卷（三十五至三十六）

360000－1903－0002221　Z3096

產後編二卷　（清）傅山撰　清光緒十二年
（1886）刻本　一冊　存一卷（下）

360000－1903－0002222　Z3097

劉香寶卷二卷　（□）□□撰　清刻本　一冊
存一卷（上）

360000－1903－0002223　Z3098

大洞經　（□）□□撰　清刻本　一冊

360000－1903－0002224　Z3099

達生編二卷　（清）亟齋居士撰　清光緒十四
年（1888）刻本　一冊

360000－1903－0002225　Z3100

禪門日誦不分卷　（□）□□撰　清刻本
一冊

360000－1903－0002226　Z3101

增訂格物入門七卷　（美國）丁韙良撰　清光
緒十五年（1889）鉛印本　三冊　存三卷（一、
五至六）

360000－1903－0002227　Z3102

格致精華錄四卷　（清）王仁俊撰　（清）江標
編　清光緒二十二年（1896）石印本　二冊
存二卷（一、四）

360000－1903－0002228　Z3103

格致鏡原一百卷　（清）陳元龍輯　清刻本
一冊　存二卷（二十七至二十八）

360000－1903－0002229　Z3104

本草綱目五十二卷　（明）李時珍撰　清末石
印本　四冊　存十二卷（五至十六）

360000－1903－0002230　Z3105

張仲景傷寒論原文淺注六卷　（清）陳念祖撰
清末石印本　一冊　存三卷（四至六）

360000－1903－0002231　Z3106

校正圖註八十一難經四卷　（戰國）秦越人
（扁鵲）撰　清光緒三十一年（1905）上海鴻寶
齋石印本　二冊

360000－1903－0002232　Z3107

筆花醫鏡四卷　（清）江涵暾撰　清刻本　一
冊　存二卷（三至四）

360000－1903－0002233　Z3108

筆花醫鏡四卷　（清）江涵暾撰　清刻本　一
冊　存三卷（二至四）

360000－1903－0002234　Z3109

補註黃帝內經素問二十四卷　（唐）王冰注
清光緒二十二年（1896）上海圖書集成局鉛印
本　一冊　存七卷（一至七）

360000－1903－0002235　Z3110

補註黃帝內經素問二十四卷　（唐）王冰注
清光緒二十二年（1896）上海圖書集成局鉛印
本　一冊　存六卷（一至六）

360000－1903－0002236　Z3111

補註黃帝內經素問二十四卷　（唐）王冰注
清光緒十九年（1893）上海鴻文書局石印本
一冊

360000－1903－0002237　Z3112

三命通會十二卷　（明）萬民英撰　清宣統元
年（1909）江左書林石印本　一冊　存一卷

（一）

360000－1903－0002238　Z3114

不可錄一卷　（□）□□撰　清光緒二十一年
(1895)贛州梅文魁堂刻本　一冊

360000－1903－0002239　Z3115

經餘必讀三集四卷　（清）趙在翰輯　清刻本
一冊　存三卷(二至四)

360000－1903－0002240　Z3116

初學行文語類四卷　（清）孫埏編　清大文堂
刻本　一冊　存二卷(一至二)

360000－1903－0002241　Z3117

初學指掌四卷　（清）郝正嵩評選　清道光十
三年(1833)刻本　一冊

360000－1903－0002242　Z3118

初學啟悟集二卷　（清）汪承忠評選　清刻本
一冊　存一卷(二)

360000－1903－0002243　Z3119

大唐三藏聖教序　（晉）王羲之書　清光緒五
年(1879)上海申報館影印本　一冊

360000－1903－0002244　Z3120

增補萬寶全書二十卷　（明）陳繼儒輯　（清）
毛煥文增補　清刻本　一冊　存六卷(四至
九)

360000－1903－0002245　Z3121

格致課藝彙編十三卷　（清）王韜編　清末石
印本　五冊　存五卷(四至六、八、十)

360000－1903－0002246　Z3122

格致精華錄四卷　（清）王仁俊撰　（清）江標
編　清末石印本　一冊　存二卷(二至三)

360000－1903－0002247　Z3123

格致書院課藝□□卷　（清）王韜編　清光緒
二十四年(1898)石印本　二冊

360000－1903－0002248　Z3124

經餘必讀八卷　（清）雷琳等輯　清嘉慶十年
(1805)刻本　四冊

360000－1903－0002249　Z3125

山海經廣注十八卷　（晉）郭璞注　（清）吳任
臣釋　清刻本　四冊

360000－1903－0002250　Z3126

山海經廣注十八卷　（晉）郭璞注　（清）吳任
臣釋　清刻本　二冊　存十四卷(五至十八)

360000－1903－0002251　Z3127

山海經十八卷　（晉）郭璞注　清刻本　一冊
存四卷(一至四)

360000－1903－0002252　Z3128

三字經訓詁不分卷　（宋）王應麟撰　（清）王
相注　清兩宜堂刻本　一冊

360000－1903－0002253　Z3129

三聖教增註圖說一卷　（□）□□撰　清光緒
二十四年(1898)石印本　一冊

360000－1903－0002254　Z3130

三世因果　（□）□□撰　清刻本　一冊

360000－1903－0002255　Z3131

蜃中樓三十卷　（清）李漁撰　清刻本　一冊

360000－1903－0002256　Z3132

盛世危言六卷續編四卷　（清）鄭觀應撰　清
光緒二十二年(1896)上海書局石印本　八冊
存八卷(一至二、四至六,續編一至三)

360000－1903－0002257　Z3133

神峯通考六卷　（明）張楠撰　清末石印本
一冊　存三卷(一至三)

360000－1903－0002258　Z3134

修禮決疑淨土懺一卷　（宋）釋遵式撰　清光
緒十一年(1885)普陀佛經流通處刻本　一冊

360000－1903－0002259　Z3135

醫宗說約四卷　（清）蔣士吉撰　清康熙二年
(1663)刻本　三冊　存三卷(一、三至四)

360000－1903－0002260　Z3136

神農本草經讀四卷　（清）陳念祖撰　清光緒
三十一年(1905)上海商務印書館鉛印本
一冊

360000－1903－0002261　Z3137

傷寒真方歌括六卷 （清）陳念祖撰 清光緒
十五年(1889)刻本 一冊

360000 – 1903 – 0002262 Z3138
尚論後篇四卷 （清）喻昌撰 清乾隆五年
(1740)兩儀堂刻本 二冊

360000 – 1903 – 0002263 Z3139
傷寒醫訣串解六卷傷寒真方歌括六卷 （清）
陳念祖撰 清光緒三十一年(1905)上海醉六
書局石印本 一冊

360000 – 1903 – 0002264 Z3140
傷寒醫訣串解六卷傷寒真方歌括六卷 （清）
陳念祖撰 清光緒三十一年(1905)上海文盛
堂書局石印本 一冊

360000 – 1903 – 0002265 Z3141
傷寒醫訣串解六卷 （清）陳念祖撰 清咸豐
六年(1856)刻本 一冊

360000 – 1903 – 0002266 Z3142
傷寒論淺註六卷 （漢）張機撰 （清）陳念祖
注 清光緒三十一年(1905)上海文盛堂書局
石印本 二冊

360000 – 1903 – 0002267 Z3143
傷寒論淺註六卷 （漢）張機撰 （清）陳念祖
注 清刻本 一冊 存三卷(四至六)

360000 – 1903 – 0002268 Z3144
長沙方歌括六卷首一卷 （清）陳念祖撰 清
末上海錦章書局石印本 一冊

360000 – 1903 – 0002269 Z3145
傷寒懸解十四卷首一卷末一卷 （清）黃元御
撰 清刻本 三冊 存十一卷(五至十四、末
一卷)

360000 – 1903 – 0002270 Z3146
大生要旨六卷 （清）唐千頃撰 清同治十年
(1871)刻本 一冊 存二卷(一至二)

360000 – 1903 – 0002271 Z3147
醫書滙參輯成二十四卷首一卷 （清）蔡宗玉
輯 清嘉慶十二年(1807)刻本 六冊 存七
卷(一、三至四、六至七、十二,首一卷)

360000 – 1903 – 0002272 Z3148
世補齋醫書前集六種三十三卷後集四種二十
五卷 （清）陸懋修撰並輯 清光緒十年
(1884)刻本 二冊 存三種

360000 – 1903 – 0002273 Z3149
醫案偶存初編十二卷 （清）李鐸撰 清刻本
四冊 存八卷(三至八、十一至十二)

360000 – 1903 – 0002274 Z3150
葉氏醫案存真三卷 （清）葉桂撰 （清）葉萬
青輯 清道光十六年(1836)刻本 一冊 存
一卷(一)

360000 – 1903 – 0002275 Z3151
新鐫本草醫方合編三卷 （清）汪昂輯 清康
熙三十三年(1694)刻本 六冊

360000 – 1903 – 0002276 Z3152
醫學三字經四卷 （清）陳念祖撰 清刻本
一冊 存二卷(三至四)

360000 – 1903 – 0002277 Z3153
醫書 （□）□□撰 清抄本 一冊

360000 – 1903 – 0002278 Z3154
明醫雜著六卷 （明）王綸撰 （明）薛己注
清刻本 一冊 存二卷(一至二)

360000 – 1903 – 0002279 Z3155
醫學三字經四卷 （清）陳念祖撰 清末石印
本 一冊

360000 – 1903 – 0002280 Z3156
醫學心悟五卷 （清）程國彭撰 清光緒三十
二年(1906)上海鑄記書局石印本 二冊 存
三卷(一、三至四)

360000 – 1903 – 0002281 Z3157
醫學心悟六卷 （清）程國彭撰 清刻本 一
冊 存二卷(五至六)

360000 – 1903 – 0002282 Z3158
醫門法律六卷 （清）喻昌撰 清刻本 三冊
存三卷(二、四至五)

360000 – 1903 – 0002283 Z3159
中西滙通醫經精義二卷 （清）唐宗海撰 清

光緒上海千頃堂書局石印本　　二冊

360000 – 1903 – 0002284　Z3160
醫方集解二十三卷　（清）汪昂輯　清光緒十
七年(1891)石印本　　四冊

360000 – 1903 – 0002285　Z3161
增評醫方集解二十三卷　（清）汪昂輯　清光
緒三十三年(1907)上海同文書局石印本　三
冊　存十七卷(一至三、十至二十三)

360000 – 1903 – 0002286　Z3162
增評醫方集解二十三卷　（清）汪昂輯　清末
鑄記書局石印本　　一冊　存六卷(四至九)

360000 – 1903 – 0002287　Z3163
時方妙用四卷　（清）陳念祖撰　清末石印本
　　一冊

360000 – 1903 – 0002288　Z3164
臨證指南醫案十卷　（清）葉桂撰　（清）徐大
椿評　清同治三年(1864)刻本　四冊　存四
卷(一、六、九至十)

360000 – 1903 – 0002289　Z3165
醫學白話四卷　（清）洪壽曼編　清末石印本
　　二冊　存二卷(三至四)

360000 – 1903 – 0002290　Z3166
尚論篇四卷首一卷　（清）喻昌撰　清光緒二
十六年(1900)掃葉山房石印本　　一冊

360000 – 1903 – 0002291　Z3167
醫學從衆錄八卷　（清）陳念祖撰　清末上海
錦章書局石印本　　二冊

360000 – 1903 – 0002292　Z3168
徐氏醫學十六種　（清）徐大椿撰　清末石印
本　　三冊　存三種

360000 – 1903 – 0002293　Z3169
醫學實在易八卷　（清）陳念祖撰　清末石印
本　　三冊

360000 – 1903 – 0002294　Z3170
訂補明醫指掌十卷　（清）皇甫中撰　（明）王
肯堂訂補　附診家樞要一卷　（元）滑壽編
清末石印本　　二冊　存五卷(六至十)

360000 – 1903 – 0002295　Z3171
醫家心法一卷　（清）高鼓峰撰　清光緒三十
四年(1908)上海章福記石印本　　一冊

360000 – 1903 – 0002296　Z3172
醫醫偶錄二卷　（清）陳念祖撰　清嘉慶八年
(1803)刻本　　一冊　存一卷(一)

360000 – 1903 – 0002297　Z3173
東醫寶鑑湯液篇三卷　（朝鮮）許浚撰　清末
上海校經山房石印本　　一冊　存一卷(三)

360000 – 1903 – 0002298　Z3174
吳醫彙講十一卷　（清）唐大烈輯　清宣統二
年(1910)上海掃葉山房石印本　　五冊

360000 – 1903 – 0002299　Z3175
醫效秘傳三卷　（清）葉桂撰　清末石印本
　　一冊

360000 – 1903 – 0002300　Z3176
古吳童氏重校醫宗必讀十卷　（明）李中梓撰
　　清末石印本　　二冊　存五卷(一至五)

360000 – 1903 – 0002301　Z3177
種福堂公選溫熱論醫案四卷　（清）葉桂撰
清文盛堂刻本　　一冊　存二卷(一至二)

360000 – 1903 – 0002302　Z3178
景岳全書六十四卷　（明）張介賓撰　清刻本
　　六冊　存二十卷(九至十二、二十六至三十
三、三十八至三十九、五十五至五十七、六十
一至六十三)

360000 – 1903 – 0002303　Z3179
驗方新編十六卷　（清）鮑相璈輯　**痧症全書
三卷**　（清）王凱輯　**咽喉秘集二卷**　（清）海
山仙館輯　清末石印本　　六冊　存十七卷
(驗方新編二至十、十四至十六,痧症全書三
卷,咽喉秘集二卷)

360000 – 1903 – 0002304　Z3180
增廣驗方新編十六卷　（清）鮑相璈輯　清同
治九年(1870)刻本　　四冊　存十卷(一至七、
九、十三至十四)

360000 – 1903 – 0002305　Z3181

驗方新編十六卷　（清）鮑相璈輯　清末石印本　三冊　存七卷（一至三、九至十二）

360000－1903－0002306　Z3182

重訂驗方新編十八卷　（清）鮑相璈撰　清石印本　三冊　存八卷（十一至十八）

360000－1903－0002307　Z3183

重訂驗方新編十八卷　（清）鮑相璈撰　清石印本　一冊　存四卷（十二至十五）

360000－1903－0002308　Z3184

針灸大成十卷　（明）楊繼洲撰　清刻本　五冊　存五卷（二至三、五、七至八）

360000－1903－0002309　Z3185

增訂本草備要四卷　（清）汪昂撰　清刻本　三冊　存三卷（二至四）

360000－1903－0002310　Z3186

本草備要醫方集解合璧□□卷　（清）汪昂輯　清刻本　一冊　存一卷（二）

360000－1903－0002311　Z3187

本草從新六卷　（清）吳儀洛撰　清刻本　一冊

360000－1903－0002312　Z3188

陶節庵傷寒全生集四卷　（明）陶華撰　（清）葉桂評　清刻本　四冊　存三卷（二至四）

360000－1903－0002313　Z3189

注解傷寒論十卷　（漢）張機撰　（晉）王叔和編　（金）成無己注　清刻本　一冊　存六卷（五至十）

360000－1903－0002314　Z3190

寓意草註釋四卷　（清）喻昌撰　（清）謝甘澍注　清光緒六年（1880）刻本　二冊

360000－1903－0002315　Z3191

萬氏婦人科三卷　（明）萬全撰　清鳴盛堂刻本　一冊

360000－1903－0002316　Z3192

婦人良方二十四卷　（宋）陳自明撰　清刻本　二冊　存三卷（四至五、八）

360000－1903－0002317　Z3193

陳氏小兒痘疹方論一卷　（宋）陳文中撰　（明）薛己注　清刻本　一冊

360000－1903－0002318　Z3194

素問□□卷　清刻本　一冊　存一卷（八）

360000－1903－0002319　Z3195

急救應驗良方一卷　（□）□□撰　清刻本　一冊

360000－1903－0002320　Z3196

喉科秘傳仙方二卷　（清）李冠廷選　清光緒十五年（1889）刻本　一冊

360000－1903－0002321　Z3197

引種牛痘方書一卷　（清）邱熺撰　清同治十年（1871）刻本　一冊

360000－1903－0002322　Z3198

濟陰綱目十四卷　（明）武之望撰　清天德堂刻本　二冊　存三卷（九、十二至十三）

360000－1903－0002323　Z3199

傷寒論淺註補正七卷　（漢）張機撰　（清）陳念祖注　（清）唐宗海補正　清末石印本　一冊　存六卷（二至七）

360000－1903－0002324　Z3200

幼科鐵鏡三種　（清）夏鼎撰　清末上海章福記書局石印本　一冊

360000－1903－0002325　Z3201

張仲景傷寒論原文淺註六卷　（清）陳念祖撰　清末石印本　一冊

360000－1903－0002326　Z3202

女科二卷　（清）傅山撰　清刻本　一冊　存一卷（下）

360000－1903－0002327　Z3203

新輯纂圖類方元亨療馬集八卷　（明）喻仁（明）喻傑撰　清末石印本　二冊　存四卷（三至六）

360000－1903－0002328　Z3204

水黃牛經大全二卷　（明）喻本元（明）喻本亨撰　清末石印本　一冊

119

360000－1903－0002329　Z3205

一盤珠全集十卷　（清）洪金鼎撰　清末石印本　一冊　存三卷(八至十)

360000－1903－0002330　Z3206

溫病條辨六卷首一卷　（清）吳瑭撰　清光緒二十五年(1899)曲江書屋石印本　一冊　存二卷(一、首一卷)

360000－1903－0002331　Z3207

本草問答二卷　（清）唐宗海撰　清光緒三十四年(1908)千頃堂書局石印本　一冊

360000－1903－0002332　Z3208

濟陰綱目十四卷　（明）武之望撰　清末石印本　三冊　存七卷(五至九、十三至十四)

360000－1903－0002333　Z3209

霍亂論二卷　（清）王士雄撰　清道光十九年(1839)刻本　一冊

360000－1903－0002334　Z3210

濟陰綱目十四卷　（明）武之望撰　清雍正六年(1728)刻本　一冊　存一卷(一)

360000－1903－0002335　Z3211

黃帝內經靈樞十二卷　清光緒十九年(1893)石印本　一冊

360000－1903－0002336　Z3212

黃帝內經靈樞十二卷　清末鉛印本　一冊

360000－1903－0002337　Z3213

黃帝內經靈樞十二卷　清末鉛印本　一冊　存六卷(一至六)

360000－1903－0002338　Z3214

靈素提要淺註十二卷　（清）陳念祖撰　清光緒三十年(1904)上海經香閣書莊石印本　二冊

360000－1903－0002339　Z3215

靈素節要淺註十二卷　（清）陳念祖撰　清末石印本　一冊　存四卷(四至七)

360000－1903－0002340　Z3216

靈素節要淺註十二卷　（清）陳念祖撰　清刻本　一冊　存二卷(十一至十二)

360000－1903－0002341　Z3217

太醫院增補醫方捷徑二卷　（明）羅必煒編　清刻本　一冊

360000－1903－0002342　Z3218

新增醫書九種　（□）□□輯　清光緒三十年(1904)上海經香閣石印本　一冊　存三種

360000－1903－0002343　Z3219

推拿廣意三卷　（清）熊應雄輯　（清）陳世凱訂　清光緒三十年(1904)上海書局石印本　一冊　存二卷(上、中)

360000－1903－0002344　Z3220

鼎鍥幼幼集成六卷　（清）陳復正輯　清光緒二十八年(1902)上海醉六堂石印本　四冊　存三卷(一、三、六)

360000－1903－0002345　Z3221

痘疹定論四卷　（清）朱純嘏輯　清刻本　一冊　存二卷(三至四)

360000－1903－0002346　Z3222

傅氏眼科審視瑤函六卷　（明）傅仁宇撰　清刻本　三冊　存三卷(三、五至六)

360000－1903－0002347　Z3223

證治要訣類方四卷　（清）戴思恭撰　清二酉堂刻本　一冊　存二卷(一至二)

360000－1903－0002348　Z3224

丹溪先生金匱鉤玄三卷　（元）朱震亨撰　（明）思恭錄　清二酉堂刻本　一冊

360000－1903－0002349　Z3225

溫熱經緯五卷　（清）王士雄撰　清末石印本　一冊　存一卷(五)

360000－1903－0002350　Z3226

新輯校正纂圖元亨療馬集八卷　（明）喻仁（明）喻傑撰　清末上海校經山房石印本　一冊　存二卷(五至六)

360000－1903－0002351　Z3227

時方妙用四卷　（清）陳念祖撰　清末上海錦章書局石印本　一冊

360000－1903－0002352　Z3230

經餘必讀八卷 (清)雷琳等輯 清刻本 二冊 存五卷(一至三、七至八)

360000－1903－0002353 Z3231

水鏡集四卷 (清)右髻道人(范騄)撰 清刻本 二冊 存二卷(二、四)

360000－1903－0002354 Z3232

孔氏家語十卷 題(三國魏)王肅注 清末石印本 四冊 存八卷(一至六、九至十)

360000－1903－0002355 Z3233

孔氏家語十卷 題(三國魏)王肅注 清末石印本 一冊 存二卷(九至十)

360000－1903－0002356 Z3234

孔子集語十七卷 (清)孫星衍輯 清末育文書局石印本 一冊 存八卷(十至十七)

360000－1903－0002357 Z3235

孔子集語十七卷 (清)孫星衍輯 清光緒十九年(1893)鴻文書局石印本 一冊

360000－1903－0002358 Z3236

孔氏家語十卷 題(三國魏)王肅注 明崇禎毛氏汲古閣刻本 二冊

360000－1903－0002359 Z3237

孔氏家語十卷 題(三國魏)王肅注 清刻本 二冊 存五卷(三至五、九至十)

360000－1903－0002360 Z3238

唐人說薈 (清)陳世熙輯 清末掃葉山房石印本 七冊

360000－1903－0002361 Z3239

江西試牘立誠編不分卷 (清)汪廷珍編 清刻本 三冊

360000－1903－0002362 Z3241

詁經堂藏書七種 (清)金長春輯 清嘉慶十八年(1813)刻本 一冊 存二種

360000－1903－0002363 Z3242

普化宣講初編□□卷 (□)□□撰 清刻本 一冊 存一卷(八)

360000－1903－0002364 Z3243

龍文鞭影二卷 (明)蕭良有撰 (清)楊臣諍增訂 清刻本 一冊 存一卷(下)

360000－1903－0002365 Z3244

戒律銘箴一卷 (□)□□撰 清光緒二十九年(1903)刻本 一冊

360000－1903－0002366 Z3245

孝心寶卷一卷 (清)王貴暹撰 清刻本 一冊

360000－1903－0002367 Z3246

廣廣事類賦三十二卷 (清)吳世旃撰 清嘉慶十三年(1808)刻本 二冊 存十三卷(一至七、十七至二十二)

360000－1903－0002368 Z3247

時方歌括二卷 (清)陳念祖撰 清光緒三十二年(1906)上海文新書局石印本 一冊

360000－1903－0002369 Z3248

集驗良方六卷 (清)梁文科輯 清刻本 一冊 存二卷(三至四)

360000－1903－0002370 Z3249

經驗良方一卷 (□)□□撰 清刻本 一冊

360000－1903－0002371 Z3250

外科正宗十二卷 (明)陳實功撰 清末石印本 二冊 存六卷(七至十二)

360000－1903－0002372 Z3251

外科正宗十二卷 (明)陳實功撰 清末石印本 一冊 存三卷(十至十二)

360000－1903－0002373 Z3252

外科大成四卷 (清)祁坤撰 清末石印本 一冊 存一卷(一)

360000－1903－0002374 Z3253

醫學心悟六卷 (清)程國彭撰 清末上海章福記書局石印本 三冊 存五卷(一、三至六)

360000－1903－0002375 Z3254

醫學心悟六卷 (清)程國彭撰 清末石印本 二冊 存四卷(三至六)

360000 – 1903 –0002376　Z3255

外科正宗十二卷　（明）陳實功撰　清光緒二十七年（1901）上洋煥文書局石印本　一冊　存二卷（一至二）

360000 – 1903 – 0002377　Z3256

金匱方歌括六卷　（清）陳念祖撰　清光緒三十年（1904）上海經香閣書莊石印本　一冊　存三卷（一至三）

360000 – 1903 – 0002378　Z3257

金匱方歌括六卷　（清）陳念祖撰　清末上海錦章書局石印本　一冊

360000 – 1903 – 0002379　Z3258

金匱方歌括六卷　（清）陳念祖撰　清末石印本　一冊

360000 – 1903 – 0002380　Z3259

金匱方歌括六卷　（清）陳念祖撰　清道光十六年（1836）兩儀堂刻本　二冊

360000 – 1903 – 0002381　Z3260

金匱要略淺註十卷　（漢）張機撰　（清）陳念祖注　清末石印本　二冊

360000 – 1903 – 0002382　Z3261

金匱要略淺註十卷　（漢）張機撰　（清）陳念祖注　清末上海錦章書局石印本　二冊

360000 – 1903 – 0002383　Z3262

金匱要略淺註十卷　（漢）張機撰　（清）陳念祖注　清末石印本　二冊　存七卷（四至十）

360000 – 1903 – 0002384　Z3263

金匱要略淺註十卷　（漢）張機撰　（清）陳念祖注　清末石印本　一冊　存五卷（六至十）

360000 – 1903 – 0002385　Z3264

金匱要略淺註補正九卷　（清）唐宗海撰　清光緒三十四年（1908）千頃堂書局石印本　二冊　存六卷（一至六）

360000 – 1903 – 0002386　Z3265

金匱要略淺註補正九卷　（清）唐宗海撰　清光緒二十年（1894）石印本　三冊

360000 – 1903 – 0002387　Z3266

金匱方歌括六卷　（清）陳念祖撰　清光緒三十一年（1905）上海文盛堂書局石印本　一冊

360000 – 1903 – 0002388　Z3267

集注傷寒論□□卷　（漢）張機撰　清末石印本　一冊　存二卷（二至三）

360000 – 1903 – 0002389　Z3268

本草從新六卷　（清）吳儀洛輯　清刻本　一冊　存一卷（四）

360000 – 1903 – 0002390　Z3269

種福堂公選良方四卷　（清）葉桂撰　清刻本　一冊　存一卷（二）

360000 – 1903 – 0002391　Z3270

藥性賦醫方捷徑合編一卷　（明）羅必煒輯　清刻本　一冊

360000 – 1903 – 0002392　Z3271

霍亂論二卷　（清）王士雄撰　清末石印本　一冊

360000 – 1903 – 0002393　Z3272

醫學三字經四卷　（清）陳念祖撰　清光緒三十四年（1908）上海章福記書局石印本　一冊

360000 – 1903 – 0002394　Z3273

外科樞要四卷　（明）薛己撰　清刻本　一冊　存一卷（三）

360000 – 1903 – 0002395　Z3274

金匱懸解二十二卷　（清）黃元御撰　清刻本　二冊　存十一卷（一至十一）

360000 – 1903 – 0002396　Z3275

金匱玉函經二注二十二卷　（元）趙以德衍義　（清）周揚俊補注　清刻本　一冊　存三卷（十二至十四）

360000 – 1903 – 0002397　Z3276

痢疾論四卷　（清）孔毓禮輯　清刻本　一冊　存二卷（二至三）

360000 – 1903 – 0002398　Z3277

石室秘錄六卷　（清）陳士鐸撰　清刻本　一冊　存一卷（三）

360000－1903－0002399　Z3278

玉楸藥解八卷 （清）黃元御撰　清刻本
一冊

360000－1903－0002400　Z3279

內科摘要二卷 （明）薛己撰　清刻本　一冊
存一卷（下）

360000－1903－0002401　Z3280

靈樞經九卷 （清）張志聰集注　清刻本　一
冊　存一卷（七）

360000－1903－0002402　Z3281

奇經八脈考一卷 （明）李時珍撰　清末石印
本　一冊

360000－1903－0002403　Z3282

校正圖注脈訣四卷 （晉）王叔和撰　（明）張
世賢注　清末鴻寶齋書局石印本　一冊　存
二卷（三至四）

360000－1903－0002404　Z3283

脈訣考證一卷奇經八脈考一卷 （明）李時珍
撰　清文繡堂刻本　一冊

360000－1903－0002405　Z3284

壽世新編不分卷 （清）萬潛齋編　清光緒十
八年（1892）道合山房刻本　一冊

360000－1903－0002406　Z3285

太醫院增補青囊藥性賦直解一卷 （明）羅必
煒編　清松盛堂刻本　一冊

360000－1903－0002407　Z3286

快雪堂法書不分卷 （晉）王羲之等書　清光
緒十年（1884）石印本　一冊

360000－1903－0002408　Z3287

李鴻章等小楷書法一卷 （清）李鴻章等書
清光緒二十九年（1903）石印本　一冊

360000－1903－0002409　Z3288

毓秀堂畫傳四卷 （清）王墀繪　清光緒九年
（1883）石印本　一冊

360000－1903－0002410　Z3289

書法作品不分卷 （□）□□書　清光緒三十
四年（1908）影印本　一冊

360000－1903－0002411　Z3290

海上名人畫稿不分卷 （清）張熊等繪　清光
緒十一年（1885）上海同文書局石印本　二冊

360000－1903－0002412　Z3291

晚笑堂畫傳一卷 （清）上官周繪　清刻本
一冊

360000－1903－0002413　Z3292

新鐫梅蘭竹菊四譜不分卷 （明）孫漢凌繪
清光緒十九年（1893）石印本　一冊

360000－1903－0002414　Z3293

芥子園畫傳六卷 （清）王槩輯　清光緒十三
年（1887）石印本　六冊

360000－1903－0002415　Z3294

**芥子園畫傳初集六卷二集九卷三集六卷四集
六卷** （清）王槩等輯　清光緒三十二年
（1906）石印本　十冊　存十二卷（初集三、五
至六，二集一至四，三集五至六，四集四至六）

360000－1903－0002416　Z3295

新選十六名家畫寶二卷 （清）朱斗南輯　清
宣統三年（1911）上海文益書局石印本　一冊
存一卷（上）

360000－1903－0002417　Z3296

點石齋叢畫十卷 （清）尊聞閣主人輯　清末
石印本　一冊　存一卷（十）

360000－1903－0002418　Z3297

無雙譜不分卷 （清）金史繪　清光緒十二年
（1886）上海同文書局石印本　二冊

360000－1903－0002419　Z3298

搜地靈二卷 （□）□□撰　清刻本　一冊
存一卷（上）

360000－1903－0002420　Z3299

增補萬寶全書二十卷 （明）陳繼儒輯　（清）
毛煥文增補　清嘉慶十六年（1811）刻本　三
冊　存十五卷（一至九、十一至十六）

360000－1903－0002421　Z3300

斷易天機大全詳解三卷首一卷 （□）□□撰
清宏道堂刻本　一冊

360000－1903－0002422　Z3301

地理五訣八卷　（清）趙廷棟撰　清乾隆五十一年(1786)刻本　二冊　存四卷(一至二、七至八)

360000－1903－0002423　Z3302

梅花易數五卷　題(宋)邵雍撰　清文奎堂刻本　一冊　存二卷(一至二)

360000－1903－0002424　Z3303

八宅明鏡二卷　題(清)箬冠道人撰　清刻本　二冊

360000－1903－0002425　Z3304

入地眼全書十卷　（宋）釋靜道撰　清刻本二冊　存六卷(三至五、八至十)

360000－1903－0002426　Z3305

斷易黃金策二卷　（□）□□撰　清漁古山房刻本　一冊

360000－1903－0002427　Z3306

新刻萬法歸宗周易內秘丁甲大法□□卷（□）□□撰　清刻本　一冊　存一卷(四)

360000－1903－0002428　Z3307

新刻希夷陳先生紫微斗數全集四卷　（宋）陳摶撰　清刻本　一冊　存二卷(三至四)

360000－1903－0002429　Z3308

新刻萬法歸宗請仙箕法五卷　（唐）李淳風撰（唐）袁天罡補　清刻本　四冊　存四卷(一至三、五)

360000－1903－0002430　Z3309

新刻星平合訂命學須知二卷　（清）胡柏齡撰清刻本　二冊

360000－1903－0002431　Z3310

三才甲子三卷　（清）游光鼎輯　清康熙四十年(1701)刻本　一冊

360000－1903－0002432　Z3311

陽宅三要四卷　（清）趙廷棟撰　清刻本　一冊　存二卷(三至四)

360000－1903－0002433　Z3312

奇門遁甲秘笈大全三十卷　（明）劉基撰　清

刻本　二冊　存十卷(十至十四、二十至二十四)

360000－1903－0002434　Z3313

牙牌神數一卷　（清）何汝樨撰　清同治四年(1865)遠安堂刻本　一冊

360000－1903－0002435　Z3314

牙牌神數一卷　（清）何汝樨撰　清光緒十一年(1885)刻本　一冊

360000－1903－0002436　Z3315

牙牌神數一卷　（清）何汝樨撰　清光緒九年(1883)石印本　一冊

360000－1903－0002437　Z3316

地理五訣八卷　（清）趙廷棟撰　清乾隆五十一年(1786)兩儀堂刻本　二冊　存四卷(一至二、七至八)

360000－1903－0002438　Z3317

增刪卜易六卷　題(清)野鶴老人撰　清末石印本　三冊　存三卷(二至四)

360000－1903－0002439　Z3318

新刻萬法歸宗請仙箕法五卷　（唐）李淳風撰（唐）袁天罡補　清光緒三十三年(1907)上海書局石印本　二冊　存三卷(一至三)

360000－1903－0002440　Z3319

新鋟希夷陳先生紫微斗數全書四卷　（宋）陳摶撰　清末石印本　一冊　存一卷(二)

360000－1903－0002441　Z3320

鐵板神數不分卷　題(宋)邵雍撰　清刻本四冊

360000－1903－0002442　Z3321

地理五訣八卷　（清）趙廷棟撰　清宣統元年(1909)上海章福記石印本　三冊

360000－1903－0002443　Z3322

地理五訣八卷　（清）趙廷棟撰　清宣統元年(1909)上海章福記石印本　四冊　存六卷(一至二、五至八)

360000－1903－0002444　Z3323

新刻萬法歸宗請仙箕法五卷　（唐）李淳風撰

（唐）袁天罡補　清光緒二十六年（1900）上
海書局石印本　一冊　存一卷（一）

360000－1903－0002445　Z3324
陽宅三要四卷　（清）趙廷棟撰　清末石印本
二冊

360000－1903－0002446　Z3325
陽宅三要四卷　（清）趙廷棟撰　清末石印本
三冊

360000－1903－0002447　Z3326
新增命學津梁□□卷　（□）□□撰　清末石
印本　一冊　存一卷（下）

360000－1903－0002448　Z3327
通天秘書續編六卷　（清）□□撰　清末石印
本　一冊　存二卷（五至六）

360000－1903－0002449　Z3328
新鐫校正詳注分類百子金丹全書十卷　（清）
郭偉選注　清光緒二十四年（1898）上海書局
石印本　三冊　存四卷（一、八至十）

360000－1903－0002450　Z3330
增補秘傳痘疹玉髓金鏡錄三卷首一卷　（明）
翁仲仁輯　清光緒三十年（1904）上海書局石
印本　一冊　存三卷（一至二、首一卷）

360000－1903－0002451　Z3331
大明正德皇帝游江南□□卷　（清）何夢梅撰
清末石印本　二冊　存二卷（三至四）

360000－1903－0002452　Z3332
增刪卜易六卷　題（清）野鶴老人撰　清刻本
一冊　存三卷（四至六）

360000－1903－0002453　Z3333
佛說梵網經二卷　（後秦）釋鳩摩羅什譯　清
光緒十年（1884）金陵刻書處刻本　一冊

360000－1903－0002454　Z3334
遷善寶卷一卷　（□）□□撰　清光緒十七年
（1891）刻本　一冊

360000－1903－0002455　Z3335
七政臺歷全書不分卷　（清）楊夢祿撰　清光
緒二十三年（1897）刻本　一冊

360000－1903－0002456　Z3336
戒淫寶訓二卷　（清）傅伯辰撰　清咸豐九年
（1859）刻本　一冊

360000－1903－0002457　Z3337
三官經一卷　（□）□□撰　清刻本　一冊

360000－1903－0002458　Z3338
仙佛真傳二卷　（清）柳華陽撰　清同治九年
（1870）刻本　二冊

360000－1903－0002459　Z3339
墨子閒詁十五卷附錄一卷後語二卷　（清）孫
詒讓撰　清宣統二年（1910）刻本　三冊　存
五卷（十、十五，附錄一卷，後語二卷）

360000－1903－0002460　Z3340
三官妙經一卷　（□）□□撰　清光緒十三年
（1887）刻本　一冊

360000－1903－0002461　Z3341
回天寶懺八卷　（清）洪際翔撰　清刻本　三
冊　存四卷（五至八）

360000－1903－0002462　Z3342
關聖帝君覺世真經集證二卷　（清）凌毓瑞輯
清光緒六年（1880）刻本　一冊

360000－1903－0002463　Z3343
關帝寶訓□□卷　（□）□□撰　清光緒二十
二年（1896）刻本　三冊　存三卷（一至二、
四）

360000－1903－0002464　Z3344
虛齋名畫錄十六卷　龐元濟輯　清刻本　二
冊　存二卷（十四至十五）

360000－1903－0002465　Z3345
畫稿不分卷　（□）□□繪　稿本　三冊

360000－1903－0002466　Z3346
妙法蓮華經七卷　（後秦）釋鳩摩羅什譯　清
抄本　一冊　存一卷（一）

360000－1903－0002467　Z3347
傳家必讀一卷　（清）王正朋輯　清光緒二十
四年（1898）刻本　一冊

360000－1903－0002468　Z3348

瑜珈燄口施食要集一卷　（□）□□輯　清同治十二年(1873)刻本　一冊

360000－1903－0002469　Z3349

地母真經不分卷　（□）□□撰　清宣統二年(1910)刻本　一冊

360000－1903－0002470　Z3350

讀陰符經二卷　（清）汪紱撰　清光緒二十一年(1895)刻本　一冊

360000－1903－0002471　Z3351

悟真篇三注　（宋）張伯端撰　清刻本　三冊

360000－1903－0002472　Z3352

太上感應篇一卷　（□）□□撰　清光緒二十四年(1898)刻本　一冊

360000－1903－0002473　Z3353

佛說阿彌陀經要解一卷　（後秦）釋鳩摩羅什譯　（清）釋智旭解　清刻本　一冊

360000－1903－0002474　Z3354

開經語錄一卷　（□）□□撰　清光緒三十二年(1906)刻本　一冊

360000－1903－0002475　Z3355

呂祖十六篇勸戒　（唐）呂嵒撰　清刻本　一冊

360000－1903－0002476　Z3356

地藏菩薩本願經二卷　（唐）釋實叉難陀譯　清光緒八年(1882)刻本　一冊

360000－1903－0002477　Z3357

金剛般若波羅蜜經一卷　（後秦）釋鳩摩羅什譯　清刻本　一冊

360000－1903－0002478　Z3358

金剛般若波羅蜜經一卷　（後秦）釋鳩摩羅什譯　清同治十三年(1874)刻本　一冊

360000－1903－0002479　Z3359

觀音勸女修行詞一卷　（□）□□撰　清刻本　一冊

360000－1903－0002480　Z3360

祖意一堂一卷　（□）□□撰　清光緒七年(1881)刻本　一冊

360000－1903－0002481　Z3361

九天雷祖宥罪寶懺一卷　清刻本　一冊

360000－1903－0002482　Z3362

太上洞玄靈寶昇玄濟度血湖真經一卷　（□）□□撰　清刻本　一冊

360000－1903－0002483　Z3363

巍巍不動太山深根結果寶卷一卷　（明）羅清撰　清刻本　一冊

360000－1903－0002484　Z3364

三教真傳不分卷　（□）□□撰　清刻本　四冊

360000－1903－0002485　Z3365

道書試金石一卷末一卷　（清）傅金銓撰　清善成堂刻本　一冊　存一卷(末一卷)

360000－1903－0002486　Z3366

頂批金丹真傳一卷　（明）孫汝忠撰　清善成堂刻本　一冊

360000－1903－0002487　Z3367

大佛頂首楞嚴經十卷　（唐）釋般刺密帝（唐）釋彌伽釋伽譯　清光緒二十四年(1898)刻本　一冊　存四卷(七至十)

360000－1903－0002488　Z3368

收圓醒迷錄二卷　（唐）釋空谷子編　清末石印本　一冊　存一卷(下)

360000－1903－0002489　Z3369

馬太福音一卷　清光緒三十三年(1907)石印本　一冊

360000－1903－0002490　Z3370

妙法蓮華經七卷　（後秦）釋鳩摩羅什譯　清刻本　二冊　存五卷(三至七)

360000－1903－0002491　Z3371

無量義經一卷　（南朝齊）釋曇摩伽陀耶舍譯　清刻本　一冊

360000－1903－0002492　Z3372

羅經圖說二卷 (清)周惇庸輯解 清嘉慶十四年(1809)刻本 一冊

360000 – 1903 – 0002493 Z3373

戲鴻堂法書 (明)董其昌輯 清宣統二年(1910)石印本 一冊

360000 – 1903 – 0002494 Z3374

增廣玉匣記通書六卷 (晉)許遜撰 清光緒二十四年(1898)石印本 一冊

360000 – 1903 – 0002495 Z3375

新鐫校正指明算法二卷 (□)□□撰 清刻本 一冊 存一卷(下)

360000 – 1903 – 0002496 Z3376

新刻按鑑編纂開闢衍繹通俗志傳六卷八十回 (明)周游輯 清兩儀堂刻本 一冊 存二卷(一至二)

360000 – 1903 – 0002497 Z3377

新刻合併官板音義評注淵海子平五卷 (宋)徐升撰 清兩儀堂刻本 一冊 存三卷(一至三)

360000 – 1903 – 0002498 Z3378

品花寶鑑六卷 (清)陳森撰 清末鉛印本 一冊 存一卷(六)

360000 – 1903 – 0002499 Z3379

時病論八卷 (清)雷豐撰 清光緒三十年(1904)石印本 一冊 存二卷(一至二)

360000 – 1903 – 0002500 Z3380

牡丹亭還魂記二卷 (明)湯顯祖撰 清光緒十二年(1886)石印本 二冊

360000 – 1903 – 0002501 Z3381

幾何原本十五卷 (意大利)利瑪竇口譯 (明)徐光啟筆受 (英國)偉烈亞力續譯 (清)李善蘭續筆 清末石印本 一冊 存五卷(十一至十五)

360000 – 1903 – 0002502 Z3382

無邪堂答問五卷 (清)朱一新撰 清光緒二十年(1894)上海鴻寶齋石印本 二冊 存二卷(一、三)

360000 – 1903 – 0002503 Z3383

重訂增補陶朱公致富全書四卷 題(清)石巖逸叟增定 清石印本 一冊 存一卷(四)

360000 – 1903 – 0002504 Z3384

御纂性理精義十二卷 (清)李光地等編 清康熙五十六年(1717)刻本 六冊

360000 – 1903 – 0002505 Z3385

幼學求源三十三卷 (明)程登吉撰 清道光二十二年(1842)大文堂刻本 五冊 存十九卷(一至三、十六至三十一)

360000 – 1903 – 0002506 Z3386

幼學求源三十三卷 (明)程登吉撰 清道光二十二年(1842)大文堂刻本 三冊 存十二卷(二十二至三十三)

360000 – 1903 – 0002507 Z3387

重訂廣事類賦四十卷 (清)華希閔撰 清刻本 五冊 存二十五卷(四至十八、二十五至三十四)

360000 – 1903 – 0002508 Z3388

續廣事類賦三十卷 (清)王鳳喈撰 清刻本 五冊 存十六卷(六至十六、二十五至二十九)

360000 – 1903 – 0002509 Z3389

廣事類賦四十卷 (清)華希閔撰 清刻本 二冊 存八卷(四至七、十二至十五)

360000 – 1903 – 0002510 Z3390

事類賦三十卷 (宋)吳淑撰並注 清刻本 一冊

360000 – 1903 – 0002511 Z3391

廣廣事類賦三十二卷 (清)吳世旆撰 清刻本 一冊 存七卷(九至十五)

360000 – 1903 – 0002512 Z3392

大學衍義四十三卷 (宋)真德秀撰 清刻本 一冊 存四卷(十二至十五)

360000 – 1903 – 0002513 Z3393

兩湖書院課程□□卷 (清)兩湖書院編 清光緒刻本 二冊 存一卷(二)

127

360000－1903－0002514　Z3394

格致須知二十一種　（英國）傅蘭雅撰　清時宜書室刻本　十冊　存十種

360000－1903－0002515　Z3395

幼學正法開山集一卷　（清）沈洛美評　清道光六年(1826)刻本　一冊

360000－1903－0002516　Z3396

御注孝經一卷　（唐）玄宗李隆基撰　清順治十三年(1656)刻本　一冊

360000－1903－0002517　Z3397

蒙學課本地球歌韻四卷　（清）張士瀛撰　清光緒二十七年(1901)石印本　一冊　存二卷（一至二）

360000－1903－0002518　Z3398

經講類典合編　（清）奎壁齋主人輯　清末石印本　三冊　存二種

360000－1903－0002519　Z3400

東塾讀書記十五卷　（清）陳澧撰　清末石印本　三冊　存七卷（六至九、十三至十五）

360000－1903－0002520　Z3401

唐代叢書　（清）王文誥輯　清嘉慶十一年(1806)刻本　七冊　存四十四種

360000－1903－0002521　Z3402

唐代叢書　（清）王文誥輯　清嘉慶十一年(1806)刻本　十一冊　存七十七種

360000－1903－0002522　Z3403

重刊補注洗冤錄集證五卷　（宋）宋慈撰　（清）王又槐增輯　（清）李觀瀾補輯　（清）阮其新補注　清光緒三十二年(1906)石印本　一冊　存一卷（一）

360000－1903－0002523　Z3404

西學格致源流攷□□卷　（清）□□撰　清末石印本　一冊　存一卷（四）

360000－1903－0002524　Z3405

任兆麟述記三卷　（清）任兆麟撰　清末石印本　一冊　存一卷（下）

360000－1903－0002525　Z3406

鑄史駢言十二卷　（清）孫玉田撰　清光緒二十九年(1903)石印本　二冊　存十一卷（一至五、七至十二）

360000－1903－0002526　Z3407

天元五歌闡義一卷　（清）蔣平階撰　清順治十六年(1659)刻本　一冊

360000－1903－0002527　Z3408

文子續義十二卷　（宋）杜道堅撰　清光緒二十三年(1897)文瑞樓鉛印本　一冊

360000－1903－0002528　Z3409

明太祖功臣圖一卷　（清）上官周繪　清末石印本　一冊

360000－1903－0002529　Z3410

新編楊曾地理家傳心法捷訣一貫堪輿八卷　（清）唐世友輯　清刻本　一冊　存一卷（八）

360000－1903－0002530　Z3411

千字文釋義一卷　（南朝梁）周興嗣編　（清）汪嘯尹輯　清郁文堂刻本　一冊

360000－1903－0002531　Z3412

拾餘四種　（清）劉沅撰　清刻本　一冊

360000－1903－0002532　Z3413

東周列國全志二十三卷一百八回　（清）蔡昇評點　清刻本　一冊　存二卷（十九至二十）

360000－1903－0002533　Z3414

說唐前傳十卷　題（清）如蓮居士撰　清刻本　一冊　存二卷（七至八）

360000－1903－0002534　Z3415

新刻異說反唐演義十卷　題（清）如蓮居士編　清刻本　一冊　存二卷（三至四）

360000－1903－0002535　Z3416

宣講拾遺六卷　（□）□□撰　清光緒九年(1883)文成堂刻本　一冊　存一卷（四）

360000－1903－0002536　Z3417

寓意草不分卷　（清）喻昌撰　清刻本　一冊

360000－1903－0002537　Z3418

樂育堂課草　（□）□□撰　清刻本　二冊

360000－1903－0002538　Z3419

漢魏叢書　（明）程榮編　清末石印本　一冊

360000－1903－0002539　Z3420

初學啓悟集二卷　（清）汪承忠評選　清光緒
三年（1877）刻本　一冊　存一卷（一）

360000－1903－0002540　Z3421

侯官嚴氏叢刻　嚴復撰　清光緒二十八年
（1902）上海書局石印本　四冊

360000－1903－0002541　Z3422

增智囊補二十八卷　（明）馮夢龍輯　清刻本
一冊　存二卷（二十五至二十六）

360000－1903－0002542　Z3423

新刻異說反唐演義十卷　題（清）如蓮居士編
清刻本　三冊　存六卷（四至九）

360000－1903－0002543　Z3424

增補齊省堂儒林外史六十回　（清）吳敬梓撰
清末石印本　三冊　存三十回（十一至二
十、三十一至四十、五十一至六十）

360000－1903－0002544　Z3425

御製耕織圖不分卷　（清）焦秉貞繪　（清）聖
祖玄燁題詩　清末石印本　一冊

360000－1903－0002545　Z3426

調賢必讀一卷　（清）太和堂編　清光緒二十
九年（1903）太和堂刻本　一冊

360000－1903－0002546　Z3427

新刻天花藏批評玉嬌梨四卷二十回　題（清）
荻岸散人撰　清英德堂刻本　二冊　存二卷
（一至二）

360000－1903－0002547　Z3428

說唐薛家府傳六卷　題（清）如蓮居士撰　清
刻本　一冊　存二卷（三至四）

360000－1903－0002548　Z3429

古事比五十二卷　（清）方中德輯　清光緒十
三年（1887）上海點石齋石印本　五冊　存四
十四卷（一至三十五、四十四至五十二）

360000－1903－0002549　Z3430

古事比五十二卷　（清）方中德輯　清末石印
本　三冊　存二十九卷（七至三十五）

360000－1903－0002550　Z3431

增訂精忠演義說本全傳二十卷　（清）錢彩編
清刻本　四冊　存十一卷（三至十一、十五
至十六）

360000－1903－0002551　Z3432

漢宋奇書□□卷　（明）施耐庵　（明）羅本撰
清刻本　五冊　存十七卷（一至四、十二至
十八、二十一至二十三、二十九至三十一）

360000－1903－0002552　Z3433

安樂銘一卷　（清）王正朋輯　清末宏大善書
局石印本　一冊

360000－1903－0002553　Z3434

數學啓蒙四卷　（英國）偉烈亞力譯　清光緒
二十二年（1896）上海仰古齋鉛印本　一冊
存一卷（一）

360000－1903－0002554　Z3435

增補地理直指原真大全三卷首一卷　（清）釋
如玉撰　清宣統元年（1909）石印本　一冊
存一卷（首一卷）

360000－1903－0002555　Z3436

羣學肄言十六卷　（英國）斯賓塞爾撰　嚴復
譯　清光緒二十九年（1903）鉛印本　三冊
存十二卷（一至四、九至十六）

360000－1903－0002556　Z3437

滾盤珠一卷　（清）呂天玉選　清兩儀堂刻本
一冊

360000－1903－0002557　Z3438

增廣玉匣記通書六卷末一卷　（晉）許遜撰
清金陵存古堂刻本　一冊

360000－1903－0002558　Z3439

新鐫古本批評三世報隔簾花影□□卷　（清）
□□撰　清刻本　二冊　存十二卷（三十七
至四十八）

360000－1903－0002559　Z3440

新刻三合明珠寶劍全傳六卷　（□）□□撰
清刻本　一冊　存二卷（五至六）

360000 – 1903 – 0002560　Z3441

鳳求鳳傳奇二卷　（清）李漁撰　清刻本
一冊

360000 – 1903 – 0002561　Z3442

玉搔頭傳奇二卷　（清）李漁撰　清刻本
一冊

360000 – 1903 – 0002562　Z3443

寄園寄所寄十二卷　（清）趙吉士輯　清刻本
四冊　存五卷（六至七、九、十一至十二）

360000 – 1903 – 0002563　Z3444

花月痕全書十六卷　（清）魏秀仁撰　清末石
印本　一冊　存三卷（十一至十三）

360000 – 1903 – 0002564　Z3445

墨裁法古□□卷　（清）樊履謙編　清刻本
一冊

360000 – 1903 – 0002565　Z3446

課幼三十藝一卷　（清）□□撰　清同治三年
（1864）刻本　一冊

360000 – 1903 – 0002566　Z3447

續養正草一卷　（□）□□撰　清光緒十六年
（1890）刻本　一冊

360000 – 1903 – 0002567　Z3448

呻吟語六卷　（明）呂坤撰　清刻本　一冊
存一卷（五）

360000 – 1903 – 0002568　Z3449

近思錄十四卷　（宋）朱熹　（宋）呂祖謙撰
清刻本　一冊　存十卷（五至十四）

360000 – 1903 – 0002569　Z3450

朱子原訂近思錄十四卷　（清）江永集注　清
刻本　二冊　存八卷（二至三、九至十四）

360000 – 1903 – 0002570　Z3451

暗香樓樂府　（清）歗嵐道人（鄭由熙）撰　清
光緒十六年（1890）刻本　二冊　存二種

360000 – 1903 – 0002571　Z3452

輶軒語五卷　（清）張之洞撰　清光緒十年
（1884）刻本　三冊

360000 – 1903 – 0002572　Z3453

行素軒算稿五種　（清）華蘅芳撰　清光緒八
年（1882）刻本　二冊　存二種

360000 – 1903 – 0002573　Z3454

譚史志奇六卷　（清）姚彥臣撰　清末石印本
一冊

360000 – 1903 – 0002574　Z3455

七修類藁五十一卷　（明）郎瑛撰　清刻本
一冊　存十卷（十九至二十八）

360000 – 1903 – 0002575　Z3456

童業必習四字經一卷　（□）□□撰　清道光
十四年（1834）近賢堂刻本　一冊

360000 – 1903 – 0002576　Z3457

續客窗閒話八卷　（清）吳熾昌撰　清光緒元
年（1875）刻本　一冊　存二卷（一至二）

360000 – 1903 – 0002577　Z3458

普通學歌訣□□卷　（清）張一鵬撰　清光緒
二十七年（1901）刻本　一冊　存七卷（一至
七）

360000 – 1903 – 0002578　Z3459

勸學篇二卷　（清）張之洞撰　清光緒二十四
年（1898）江西書局刻本　一冊　存一卷（內
篇）

360000 – 1903 – 0002579　Z3460

勸學篇二卷　（清）張之洞撰　清刻本　一冊
存一卷（外篇）

360000 – 1903 – 0002580　Z3461

選日要覽　（□）□□撰　清光緒十四年
（1888）刻本　一冊

360000 – 1903 – 0002581　Z3462

文苑彙雋二十四卷　（明）孫丕顯輯　清刻本
一冊　存六卷（一至六）

360000 – 1903 – 0002582　Z3463

代數備旨十三章　（美國）狄考文選譯　（清）
鄒立文　（清）生福維筆述　清刻本　一冊
存四章（十至十三）

360000 – 1903 – 0002583　Z3464

新增繪圖幼學故事瓊林四卷　（明）程登吉撰
　清光緒三十年（1904）上海鴻寶齋刻本
三冊

360000－1903－0002584　Z3465

新刊良朋彙集十卷　（清）孫偉輯　清嘉慶二
年（1797）刻本　一冊　存三卷（一至三）

360000－1903－0002585　Z3466

詒謀隨筆二卷　（清）但明倫撰　清刻本　一
冊　存一卷（下）

360000－1903－0002586　Z3467

新刻合併官板音義評注淵海子平五卷　（宋）
徐升撰　清刻本　一冊　存三卷（三至五）

360000－1903－0002587　Z3468

熙朝新語十六卷　（清）余金輯　清道光二年
（1822）刻本　三冊　存六卷（一至六）

360000－1903－0002588　Z3469

新刻幼學須知直解二卷　（明）程登吉撰　清
康熙十三年（1674）刻本　一冊　存一卷（上）

360000－1903－0002589　Z3470

幼學須知直解二卷　（明）程登吉撰　清有益
堂刻本　一冊　存一卷（下）

360000－1903－0002590　Z3472

西學富強叢書八十八種　（清）張蔭桓輯　清
光緒二十二年（1896）上海鴻文書局石印本
七冊　存八種

360000－1903－0002591　Z3473

危言四卷　湯壽潛撰　清光緒二十二年
（1896）上海圖書集成局石印本　一冊　存二
卷（一至二）

360000－1903－0002592　Z3474

楹聯彙編□□卷　（□）□□輯　清末石印本
一冊

360000－1903－0002593　Z3475

東塾讀書記十五卷　（清）陳澧撰　清光緒二
十四年（1898）上海江左書林刻本　二冊　存
九卷（一至九）

360000－1903－0002594　Z3476

銀海指南四卷　（清）顧錫撰　石印本　二冊
存二卷（二至三）

360000－1903－0002595　Z3477

三方文合編不分卷　（清）胡韞川評選　清刻
本　一冊

360000－1903－0002596　Z3478

古今順逆奇觀□□卷　（□）□□撰　清刻本
一冊　存六卷（十三至十八）

360000－1903－0002597　Z3479

巍巍不動太山深根結果寶卷一卷　（明）羅清
撰　清刻本　一冊

360000－1903－0002598　Z3480

益世良歌一卷　（□）□□撰　清咸豐三年
（1853）刻本　一冊

360000－1903－0002599　Z3481

董子春秋繁露十七卷　（漢）董仲舒撰　清光
緒二十三年（1897）鉛印本　一冊

360000－1903－0002600　Z3482

繪圖平山冷燕四才子書四卷二十回　題（清）
荻岸散人撰　清光緒十八年（1892）石印本
一冊　存一卷（一）

360000－1903－0002601　Z3483

通曉便覽□□卷　（清）李華輯　清刻本　一
冊　存一卷（三）

360000－1903－0002602　Z3484

刻天仙正理直論增注九卷　（明）伍守陽撰並
注　（明）伍守虛增注　清刻本　一冊

360000－1903－0002603　Z3486

熙朝新語十六卷　（清）余金輯　清刻本　一
冊　存三卷（七至九）

360000－1903－0002604　Z3487

清故旌表節孝李母黃恭人墓表一卷　（清）
□□撰　清光緒二十七年（1901）石印本
一冊

360000－1903－0002605　Z3488

新刻幼學須知直解二卷　（明）程登吉撰　清
刻本　一冊　存一卷（下）

360000－1903－0002606　Z3489

代數通藝錄十六卷　（清）方愷撰　清刻本
一冊　存三卷（五至七）

360000－1903－0002607　Z3490

譚史志奇八卷　（清）姚彥臣撰　清刻本　一
冊　存二卷（七至八）

360000－1903－0002608　Z3491

人物畫範□□卷　（□）□□繪　清末石印本
一冊　存一卷（下）

360000－1903－0002609　Z3492

四體千字文一卷　（清）徐大椿書　清刻本
一冊

360000－1903－0002610　Z3493

增廣臨文寶笈二卷　（清）顧紹鼎撰　清光緒
十七年（1891）石印本　二冊

360000－1903－0002611　Z3494

管子二十四卷　（唐）房玄齡注　清末石印本
二冊　存十一卷（六至十一、二十至二十
四）

360000－1903－0002612　Z3495

困學紀聞二十卷　（宋）王應麟撰　（清）翁元
圻輯注　清末石印本　一冊　存四卷（十七
至二十）

360000－1903－0002613　3602

國朝名文約編　（清）陳詩輯　清道光二十七
年（1847）刻本　三冊

360000－1903－0002614　3603

國朝名文春霆集不分卷　（清）李鳴謙　（清）
吳承緒輯　清刻本　二冊

360000－1903－0002615　3604

曾文正公全集　（清）曾國藩撰　清光緒二年
（1876）傳忠書局刻本　七十九冊　存七十三
卷（奏議一、三至四、六至八、十，奏議補編一
至四，年譜五至九，詩集一，讀書錄一至十，首
一卷，文鈔一至四，詩鈔一至四，雜著，輓聯，
大事記一至二，日記上、下，書札一至三、十
三，批牘一至五，奏稿一、十四至二十八、三十

一至三十六）

360000－1903－0002616　3605

曾文正公家書十卷家訓二卷　（清）曾國藩撰
大事記四卷　（清）王定安撰　清光緒鉛印
本　三冊　存八卷（家書三至四、家訓二卷、
大事記四卷）

360000－1903－0002617　3606

**曾文正公家書十卷家訓二卷大事記四卷榮哀
錄一卷**　（清）曾國藩撰　清光緒十六年
（1890）鴻寶南局鉛印本　七冊　存十三卷
（家書一至四、七至八，家訓二卷，大事記四
卷，榮哀錄一卷）

360000－1903－0002618　3607

曾文正公家書十卷　（清）曾國藩撰　清光緒
二十九年（1903）上海錦章書局石印本　三冊
存七卷（一至三、七至十）

360000－1903－0002619　3608

曾文正公家書十卷　（清）曾國藩撰　清刻本
三冊　存三卷（二、六、十）

360000－1903－0002620　3609

曾文正公家書十卷　（清）曾國藩撰　清光緒
二十九年（1903）上海山左書林石印本　五冊

360000－1903－0002621　3610

曾文正公家書十卷　（清）曾國藩撰　清光緒
二十九年（1903）上海山左書林石印本　二冊
存四卷（一至四）

360000－1903－0002622　3611

曾文正公家書十卷家訓二卷　（清）曾國藩撰
清末石印本　二冊　存四卷（家書四至六、
家訓上）

360000－1903－0002623　3612

東萊博議四卷　（宋）呂祖謙撰　清光緒八年
（1882）石印本　一冊

360000－1903－0002624　3613

東萊博議四卷首一卷　（宋）呂祖謙撰　清光
緒二十四年（1898）石印本　四冊

360000－1903－0002625　3614

東萊博議四卷首一卷 （宋）呂祖謙撰 清光緒二十四年（1898）石印本 二冊 存二卷（一、三）

360000－1903－0002626 3615

養雲山館試帖四卷 （清）許球撰 清道光二十七年（1847）刻本 三冊 存三卷（一、三至四）

360000－1903－0002627 3616

養雲山館試帖四卷 （清）許球撰 清刻本 一冊 存二卷（三至四）

360000－1903－0002628 3617

韓江聞見錄十卷 （清）鄭昌時撰 清道光四年（1824）刻本 一冊 存二卷（一至二）

360000－1903－0002629 3618

東萊博議四卷 （宋）呂祖謙撰 清刻本 二冊

360000－1903－0002630 3619

續左傳博議二卷 （清）王夫之撰 **左傳博議拾遺二卷** （清）朱元英撰 清光緒二十四年（1898）石印本 四冊

360000－1903－0002631 3620

江左校士錄四卷 （清）李殿林輯 清光緒二十九年（1903）石印本 二冊 存二卷（一、四）

360000－1903－0002632 3621

續試律大觀□□卷 （□）□□輯 清刻本 一冊 存五卷（五至九）

360000－1903－0002633 3622

項太史全稿一卷 （明）項煜撰 清刻本 一冊

360000－1903－0002634 3623

增批輯註東萊博議註釋四卷 （宋）呂祖謙撰 （清）劉鍾英輯注 清光緒二十八年（1902）石印本 三冊 存三卷（一、三至四）

360000－1903－0002635 3624

增批輯註東萊博議四卷 （宋）呂祖謙撰 （清）劉鍾英輯注 清光緒二十八年（1902）雙

芙蓉館石印本 五冊

360000－1903－0002636 3625

小題新組三十卷 （□）□□輯 清同治七年（1868）刻本 三十冊

360000－1903－0002637 3626

小題別體一卷 （清）李揆一輯 清道光五年（1825）文奎堂刻本 一冊

360000－1903－0002638 3627

小題別體一卷 （清）李揆一輯 清道光五年（1825）文富堂刻本 一冊

360000－1903－0002639 3628

明文小題貫不分卷 （清）樓颿輯 清刻本 二冊

360000－1903－0002640 3629

小題正鵠二集不分卷 （清）李元度輯 清刻本 一冊

360000－1903－0002641 3630

小題正鵠二集不分卷 （清）李元度輯 清光緒七年（1881）刻三色套印本 二冊

360000－1903－0002642 3631

小題文府續集不分卷 （□）□□輯 清光緒十五年（1889）石印本 四冊

360000－1903－0002643 3632

小題文府不分卷 （□）□□輯 清末石印本 十八冊

360000－1903－0002644 3633

小題四萬選不分卷 （□）□□輯 清光緒十八年（1892）石印本 五十八冊

360000－1903－0002645 3634

大題文府不分卷 （清）□□輯 清光緒十五年（1889）石印本 十七冊

360000－1903－0002646 3635

小題多寶船□□卷 （日本）岸吟香編 清光緒十三年（1887）石印本 七冊

360000－1903－0002647 3636

小題三萬選不分卷 （□）□□輯 清末石印

本 二十三冊

360000 - 1903 - 0002648　3637

大題五萬選不分卷　(清)□□輯　清光緒十
九年(1893)石印本　五十二冊

360000 - 1903 - 0002649　3638

小題正鵠初集不分卷二集不分卷三集不分卷
四集不分卷　(清)李元度輯　清光緒十二年
(1886)刻本　十三冊

360000 - 1903 - 0002650　3639

小題初集不分卷二集不分卷三集不分卷四集
不分卷　(清)于光華編　清大文堂刻本
十冊

360000 - 1903 - 0002651　3640

江城名蹟詩二卷　(清)梁元榜輯　清刻本
二冊　存一卷(一)

360000 - 1903 - 0002652　3641

補江城名蹟詩一卷　(清)楊樹梅輯　清光緒
九年(1883)刻本　一冊　存一卷(二)

360000 - 1903 - 0002653　3642

敬敷書院山長余選四書五經義題□□卷
(清)張之洞評選　清刻本　一冊

360000 - 1903 - 0002654　3643

國朝六家詩鈔八卷　(清)劉執玉選　清末石
印本　四冊

360000 - 1903 - 0002655　3644

國朝江左詩鈔二編十四卷　(清)朱良焯編
清刻本　一冊　存三卷(九至十一)

360000 - 1903 - 0002656　3645

國朝律賦麗則六卷　(清)鄒玉峀輯　清刻本
四冊　存四卷(三至六)

360000 - 1903 - 0002657　3646

國朝文才調集不分卷　(清)許振褘輯　清末
石印本　二冊

360000 - 1903 - 0002658　3647

國朝文才調集不分卷　(清)許振褘輯　清末
石印本　一冊

360000 - 1903 - 0002659　3648

國朝八大家□□卷　(清)熊伯龍等撰　清光
緒十四年(1888)刻本　一冊

360000 - 1903 - 0002660　3649

國朝制藝春霆集不分卷　(清)李鳴謙　(清)
吳承緒輯　清光緒十九年(1893)石印本
一冊

360000 - 1903 - 0002661　3650

酬世錦囊全編□□卷　(清)鄒景揚編　清刻
本　六冊

360000 - 1903 - 0002662　3652

小題正鵠不分卷　(清)李元度輯　清光緒九
年(1883)上海著易堂鉛印本　一冊

360000 - 1903 - 0002663　3653

隨園三十種　(清)袁枚撰　清乾隆至嘉慶刻
本　五十九冊

360000 - 1903 - 0002664　3655

隨園全集　(清)袁枚撰　清刻本　三十六冊

360000 - 1903 - 0002665　3656

隨園詩話十六卷補遺十卷　(清)袁枚撰　清
刻本　十一冊　存二十四卷(詩話一至六、九
至十六,補遺十卷)

360000 - 1903 - 0002666　3657

隨園全集　(清)袁枚撰　清刻本　三十五冊

360000 - 1903 - 0002667　3658

隨園全集　(清)袁枚撰　清刻本　十九冊

360000 - 1903 - 0002668　3659

小倉山房詩集三十一卷補遺一卷附錄一卷本
朝文讀本四卷　(清)袁枚撰　清刻本　七冊
　存三十卷(一至二十一、二十八至三十一,
補遺一卷,本朝文讀本四卷)

360000 - 1903 - 0002669　3660

隨園三十種　(清)袁枚撰　清同治五年
(1866)三讓睦記刻本　十冊　存五種

360000 - 1903 - 0002670　3661

小倉山房文集三十五卷　(清)袁枚撰　清刻
本　十二冊

360000 – 1903 – 0002671　3662

歐陽文忠公全集一百五十三卷首一卷附錄五卷　(宋)歐陽修撰　清廬陵歐陽衡刻本　三十二冊　存一百三十八卷(一至四十一、五十一至五十四、六十一至六十五、七十一至一百五十三,附錄五卷)

360000 – 1903 – 0002672　3663

歐陽文忠公全集一百五十三卷附錄五卷　(宋)歐陽修撰　清乾隆刻本　二十四冊

360000 – 1903 – 0002673　3664

古文觀止六卷　(清)吳乘權　(清)吳大職輯　清康熙三十七年(1698)刻本　六冊

360000 – 1903 – 0002674　3665

三魚堂文集十二卷外集六卷附錄一卷　(清)陸隴其撰　清刻本　三冊　存七卷(四至五、八至九,外集一至二,附錄一卷)

360000 – 1903 – 0002675　3666

惜抱軒文集十六卷　(清)姚鼐撰　清嘉慶十二年(1807)刻本　二冊　存八卷(一至四、十三至十六)

360000 – 1903 – 0002676　3667

李太白文集三十六卷　(唐)李白撰　(清)王琦輯注　清乾隆二十四年(1759)刻本　三冊　存十卷(九至十二、三十一至三十六)

360000 – 1903 – 0002677　3668

李太白文集三十卷　(唐)李白撰　(清)王琦輯注　清末掃葉山房石印本　六冊　存二十四卷(二至二十五)

360000 – 1903 – 0002678　3669

袁太史稿不分卷　(清)袁枚撰　清刻本　一冊

360000 – 1903 – 0002679　3670

補校袁文箋正八卷首一卷　(清)袁枚撰　清刻本　五冊　存四卷(二至三、五至六)

360000 – 1903 – 0002680　3671

隨園三十六種　(清)袁枚撰　清光緒十八年(1892)上海圖書集成局鉛印本　十冊　存

五種

360000 – 1903 – 0002681　3672

隨園三十種　(清)袁枚撰　清同治至光緒刻本　三十三冊　存二十一種

360000 – 1903 – 0002682　3673

隨園三十種　(清)袁枚撰　清乾隆三十四年(1769)刻本　七冊　存五種

360000 – 1903 – 0002683　3674

注釋小倉山房文集□□卷續□□卷　(清)袁枚撰　清末石印本　八冊　存十七卷(十九至二十五、續二十六至三十五)

360000 – 1903 – 0002684　3675

隨園女弟子詩選六卷　(清)袁枚輯　清末石印本　一冊　存三卷(四至六)

360000 – 1903 – 0002685　3676

音註小倉山房尺牘八卷　(清)袁枚撰　清刻本　三冊　存六卷(三至八)

360000 – 1903 – 0002686　3677

隨園詩話十六卷　(清)袁枚撰　清刻本　三冊　存七卷(五至八、十四至十六)

360000 – 1903 – 0002687　3678

小倉山房尺牘六卷　(清)袁枚撰　清刻本　一冊　存二卷(五至六)

360000 – 1903 – 0002688　3679

隨園續同人集不分卷　(清)袁枚輯　清刻本　五冊

360000 – 1903 – 0002689　3680

飲水詞鈔二卷　(清)納蘭性德撰　**箏船詞一卷**　(清)劉嗣綰撰　清光緒十八年(1892)鉛印本　一冊

360000 – 1903 – 0002690　3681

重刊五百家註音辯昌黎先生文集四十卷　(唐)韓愈撰　(宋)魏仲舉輯注　清乾隆四十九年(1784)兩儀堂刻本　十一冊　存二十三卷(一至十七、二十八至三十、三十八至四十)

360000 – 1903 – 0002691　3682

昌黎先生集四十卷外集十卷遺文一卷　(唐)

韓愈撰　清宣統三年(1911)石印本　八冊　存四十卷(一、六至三十三,外集十卷,遺文一卷)

360000－1903－0002692　3683

昌黎先生集四十卷遺文一卷　（唐）韓愈撰　清末石印本　五冊　存十八卷(五至七、十五至二十九)

360000－1903－0002693　3684

中唐詩不分卷　（□）□□輯　清刻本　四冊

360000－1903－0002694　3685

唐詩三百首註疏六卷　（清）孫洙編　（清）章燮注　續選一卷　（清）于慶元編　清道光十四年(1834)文奎堂刻　四冊

360000－1903－0002695　3686

唐詩三百首註疏六卷　（清）孫洙編　（清）章燮注　續選一卷　（清）于慶元編　清文誠堂刻本　五冊　存六卷(二至六、續選一卷)

360000－1903－0002696　3687

唐詩三百首註疏六卷　（清）孫洙編　（清）章燮注　清刻本　三冊　存四卷(三至六)

360000－1903－0002697　3688

晚唐詩不分卷　（清）劉雲份輯　清康熙刻本　三冊

360000－1903－0002698　3689

彙纂詩法度鍼三十三卷首一卷　（清）徐文弼輯　清刻本　三冊　存十二卷(十一至十八、三十至三十三)

360000－1903－0002699　3690

應試唐詩類釋十九卷　（清）臧岳編　清刻本　一冊　存六卷(十四至十九)

360000－1903－0002700　3691

註釋唐詩三百首□□卷　（清）孫洙輯　清郁文堂刻本　三冊

360000－1903－0002701　3692

註釋唐詩三百首□□卷　（清）孫洙輯　清文奎堂刻本　一冊

360000－1903－0002702　3693

註釋唐詩三百首□□卷　（清）孫洙輯　清刻本　一冊　存二卷(一至二)

360000－1903－0002703　3694

註釋唐詩三百首□□卷　（清）孫洙輯　清恆隆堂刻本　三冊　存二卷(一至二)

360000－1903－0002704　3695

註釋唐詩三百首□□卷　（清）孫洙輯　清文奎堂刻本　一冊

360000－1903－0002705　3696

註釋唐詩三百首□□卷　（清）孫洙輯　清乾隆三十七年(1772)兩儀堂刻本　一冊　存四卷(一至四)

360000－1903－0002706　3697

唐詩合解十二卷古詩合解四卷　（清）王堯衢注　清末廣益書局石印本　八冊　存十四卷(唐詩一至八、十一至十二,古詩四卷)

360000－1903－0002707　3698

古唐詩合解十二卷　（清）王堯衢注　清雍正十年(1732)藻思堂刻本　二冊　存五卷(一至五)

360000－1903－0002708　3699

古唐詩合解十二卷　（清）王堯衢注　清刻本　四冊　存四卷(一至四)

360000－1903－0002709　3700

古唐詩合解十二卷　（清）王堯衢注　清刻本　一冊　存四卷(五至八)

360000－1903－0002710　3702

甌北詩鈔二十卷　（清）趙翼撰　清刻本　二冊　存七卷(五言古四、七言古一至二、七言律四至七)

360000－1903－0002711　3703

唐宋八大家文鈔　（明）茅坤輯　清刻本　十一冊　存四種

360000－1903－0002712　3704

東坡集八十四卷目錄二卷　（宋）蘇軾撰　清刻本　三冊　存四卷(四十六至四十七、目錄二卷)

360000－1903－0002713　3705

東坡先生全集錄九卷　（宋）蘇軾撰　清刻本
　　一冊　存五卷(五至九)

360000－1903－0002714　3706

東坡先生全集七十五卷　（宋）蘇軾撰　清刻
本　一冊　存三卷(一至三)

360000－1903－0002715　3707

湘綺樓文集八卷　王闓運撰　清末國學扶輪
社石印本　二冊　存四卷(三至六)

360000－1903－0002716　3708

定盦文集補□□卷　（清）龔自珍撰　清末石
印本　一冊

360000－1903－0002717　3709

魏叔子文集二十二卷　（清）魏禧撰　清刻本
　　一冊　存一卷(二)

360000－1903－0002718　3710

可之先生文集二卷　（唐）孫樵撰　清宣統二
年(1910)上海會文堂粹記石印本　一冊

360000－1903－0002719　3711

梁任公文集彙編續集　梁啟超撰　清末石印
本　一冊

360000－1903－0002720　3712

唐宋八大家文讀本三十卷　（清）沈德潛輯
清末石印本　三冊　存二十四卷(七至三十)

360000－1903－0002721　3713

唐宋八大家文讀本三十卷　（清）沈德潛輯
清末石印本　四冊　存二十卷(六至二十、二
十六至三十)

360000－1903－0002722　3714

唐宋八大家文讀本三十卷　（清）沈德潛輯
清末石印本　五冊　存二十五卷(一至二十
五)

360000－1903－0002723　3715

唐宋八大家文讀本三十卷　（清）沈德潛輯
清末石印本　二冊　存八卷(七至十四)

360000－1903－0002724　3716

白香山詩集四十卷年譜一卷　（唐）白居易撰

清一隅草堂刻本　十二冊

360000－1903－0002725　3717

有正味齋詩集十六卷續集八卷駢體文二十四
卷續集八卷　（清）吳錫麒撰　清刻本　七冊
　　存三十卷(詩集四至十六、續集五至八,駢
體文二十至二十四、續集八卷)

360000－1903－0002726　3718

笠翁一家言全集十六卷　（清）李漁撰　清芥
子園刻本　六冊　存六卷(文集二至三、詩集
五至七、餘集八)

360000－1903－0002727　3719

蘇文忠公詩集五十卷　（宋）蘇軾撰　清末掃
葉山房石印本　三冊　存十五卷(二十一至
三十、四十一至四十五)

360000－1903－0002728　3720

八家詩選八卷　（清）張熙宇輯評　清同治九
年(1870)大成堂刻朱墨套印本　三冊

360000－1903－0002729　3721

七家詩選七卷　（清）張熙宇輯評　清咸豐七
年(1857)兩儀堂刻朱墨套印本　四冊

360000－1903－0002730　3722

七家詩選七卷　（清）張熙宇輯評　清咸豐九
年(1859)泰和堂刻朱墨套印本　二冊

360000－1903－0002731　3723

七家詩選七卷　（清）張熙宇輯評　清咸豐二
年(1852)文發堂刻朱墨套印本　二冊

360000－1903－0002732　3724

八家詩選八卷　（清）張熙宇輯評　清光緒八
年(1882)文餘堂刻朱墨套印本　四冊

360000－1903－0002733　3725

八家詩選八卷　（清）張熙宇輯評　清光緒八
年(1882)文餘堂刻朱墨套印本　四冊

360000－1903－0002734　3726

七家詩選七卷　（清）張熙宇輯評　清咸豐七
年(1857)刻朱墨套印本　五冊　存六卷(一
至六)

360000－1903－0002735　3727

七家詩選七卷 （清）張熙宇輯評 清刻朱墨
套印本 三冊 存四卷(三至六)

360000－1903－0002736 3728

八家詩選八卷 （清）張熙宇輯評 清刻朱墨
套印本 二冊 存四卷(五至八)

360000－1903－0002737 3729

增註七家詩七卷 （清）張熙宇輯評 清末鉛
印本 三冊 存五卷(三至七)

360000－1903－0002738 3730

七家詩選注釋七卷 （清）張熙宇輯評 （清）
張昶注 清務本堂刻本 二冊

360000－1903－0002739 3731

七家詩選注釋七卷 （清）張熙宇輯評 （清）
張昶注 清刻朱墨套印本 二冊

360000－1903－0002740 3732

七家詩選注釋七卷 （清）張熙宇輯評 （清）
張昶注 清兩儀堂刻本 四冊

360000－1903－0002741 3733

七家詩詳註七卷 （清）張熙宇輯 清刻本
一冊 存一卷(三)

360000－1903－0002742 3734

彙纂詩法度鍼三十三卷首一卷 （清）徐文弼
輯 清乾隆二十三年(1758)經國堂刻本 五
冊 存十七卷(一至三、十九至二十九、三十
二至三十三,首一卷)

360000－1903－0002743 3735

彙纂詩法度鍼三十三卷首一卷 （清）徐文弼
輯 清乾隆二十四年(1759)怡蓮堂刻本
八冊

360000－1903－0002744 3736

彙纂詩法度鍼三十三卷首一卷 （清）徐文弼
輯 清刻本 四冊 存二十卷(十一至三十)

360000－1903－0002745 3737

彙纂詩法度鍼三十三卷首一卷 （清）徐文弼
輯 清刻本 一冊 存六卷(二十四至二十
九)

360000－1903－0002746 3738

注釋九家詩十一卷 （清）王芑孫輯 （清）李
錫瓚評註 清嘉慶十一年(1806)刻本 一冊
存二卷(一至二)

360000－1903－0002747 3739

藝風堂詩存四卷 繆荃孫撰 清刻本 五冊

360000－1903－0002748 3740

漁洋山人古詩選三十二卷 （清）王士禛輯
清同治七年(1868)湘鄉曾氏刻本 三冊 存
十一卷(五言一至六、十至十四)

360000－1903－0002749 3741

漁洋山人古詩選三十二卷 （清）王士禛輯
清刻本 二冊 存十卷(五言十三至十七、七
言一至五)

360000－1903－0002750 3742

船山詩草二十卷補遺四卷 （清）張問陶撰
清同治十三年(1874)味經堂刻本 五冊 存
十二卷(一至八、補遺四卷)

360000－1903－0002751 3743

稻村詩草一卷 （清）段愚荃撰 清刻本
一冊

360000－1903－0002752 3744

評選古詩源四卷 （清）沈德潛輯 清末掃葉
山房石印本 一冊 存一卷(四)

360000－1903－0002753 3745

增廣試帖詩海三十二卷 （清）畢沅輯 清光
緒十五年(1889)石印本 六冊 存十九卷
(一至十六、二十五至二十七)

360000－1903－0002754 3746

試帖十萬軍聲選初集十四卷二集□□卷
(清)丹桂籍輯 清光緒二十年(1894)袖海山
房石印本 七冊 存七卷(初集三至四、九至
十,二集一、三至四)

360000－1903－0002755 3747

增訂詩料備覽詳解八卷 （清）秦照 （清）郭
一經輯 （清）陳風 （清）周梁增解 清刻本
一冊 存二卷(三至四)

360000－1903－0002756 3748

增補重訂千家詩詳解二卷 （宋）謝枋得選
清兩宜堂刻本 一冊

360000 – 1903 – 0002757 3749

鍾伯敬先生補訂千家詩圖二卷 （明）鍾惺補
訂 清末石印本 一冊

360000 – 1903 – 0002758 3750

新刻千家詩二卷 （□）□□輯 清刻本
一冊

360000 – 1903 – 0002759 3751

詩學圓機活法大成十八卷 （清）余象斗輯
清刻本 十一冊 存十二卷（三、六至九、十
一至十六、十八）

360000 – 1903 – 0002760 3752

本朝名家詩鈔小傳四卷 （清）鄭方坤撰 清
刻本 一冊 存一卷（二）

360000 – 1903 – 0002761 3753

勸世詩文一卷 （□）□□撰 清光緒二十九
年(1903)刻本 一冊

360000 – 1903 – 0002762 3754

杜詩詳註二十五卷 （唐）杜甫撰 （清）仇兆
鰲輯注 清末石印本 五冊 存五卷（五、二
十一至二十三、二十五）

360000 – 1903 – 0002763 3755

杜詩補註□□卷 （唐）杜甫撰 （清）仇兆鰲
輯注 清末石印本 一冊 存一卷（下）

360000 – 1903 – 0002764 3756

杜詩鏡銓二十卷 （清）楊倫撰 清末鉛印本
二冊 存七卷（四至七、十六至十八）

360000 – 1903 – 0002765 3758

重訂古文釋義新編八卷 （清）余誠評注 清
末上海天寶書局石印本 七冊 存五卷（一
至五）

360000 – 1903 – 0002766 3759

重訂古文釋義新編八卷 （清）余誠評注 清
末上海錦章書局石印本 二冊 存二卷（一、
五）

360000 – 1903 – 0002767 3760

重訂古文釋義新編八卷 （清）余誠評注 清
末上海廣益書局石印本 十冊 存七卷（一
至二、四至八）

360000 – 1903 – 0002768 3761

重訂古文釋義新編八卷 （清）余誠評注 清
末上海文華書局石印本 四冊 存三卷（三
至四、六）

360000 – 1903 – 0002769 3762

重訂古文釋義新編八卷 （清）余誠評注 清
末上海昌文書局石印本 五冊 存四卷（一
至四）

360000 – 1903 – 0002770 3763

分類詩腋八卷 （清）李楨編 清嘉慶刻本
一冊 存二卷（七至八）

360000 – 1903 – 0002771 3764

古文筆法百篇二十卷首一卷 （清）李扶九輯
 （清）黃仁黼注 清刻本 四冊 存十七卷
（四至二十）

360000 – 1903 – 0002772 3765

古文快筆貫通解四卷 （清）杭永年評 清刻
本 四冊 存三卷（一、三至四）

360000 – 1903 – 0002773 3766

古文觀止二十卷 （清）吳乘權 （清）吳大職
輯 清刻本 二冊 存四卷（三至四、九至
十）

360000 – 1903 – 0002774 3767

五言今體詩鈔九卷 （清）姚鼐輯 清末石印
本 二冊

360000 – 1903 – 0002775 3768

五言詩十七卷 （清）王士禛選 清末石印本
 一冊 存六卷（十二至十七）

360000 – 1903 – 0002776 3769

七言詩歌行鈔十五卷 （清）王士禛選 清末
石印本 二冊 存九卷（一至九）

360000 – 1903 – 0002777 3770

重訂古文釋義新編八卷 （清）余誠評注 清
末上海昌文書局石印本 八冊

360000－1903－0002778　3771

重訂古文釋義新編八卷　（清）余誠評注　清末上海廣益書局石印本　五冊

360000－1903－0002779　3772

重訂古文釋義新編八卷　（清）余誠評注　清末石印本　二冊

360000－1903－0002780　3773

增輯古文釋義新編八卷　（清）余誠輯　清末上海啟新書局石印本　七冊　存七卷（二至八）

360000－1903－0002781　3774

類纂古文雲蒸六卷　（清）燕毅輯　清光緒三年（1877）刻本　四冊　存四卷（一至二、五至六）

360000－1903－0002782　3775

繪圖增批古文觀止十二卷　（清）吳乘權（清）吳大職輯　清宣統元年（1909）上海章福記石印本　五冊

360000－1903－0002783　3776

續古文辭類纂三十四卷　王先謙輯　清光緒二十四年（1898）育文書局石印本　二冊　存五卷（一至五）

360000－1903－0002784　3777

東萊先生古文關鍵二卷　（宋）呂祖謙輯　清末鉛印本　一冊　存一卷（二）

360000－1903－0002785　3778

繪圖增批古文觀止□□卷　（清）吳乘權（清）吳大職輯　清末鉛印本　一冊　存二卷（一至二）

360000－1903－0002786　3779

大文堂古文十二卷　（清）吳乘權編　清大文堂刻本　六冊

360000－1903－0002787　3780

經史百家雜鈔二十六卷　（清）曾國藩輯　清光緒三十二年（1906）商務印書館鉛印本　十四冊　存二十一卷（一至十、十六至二十六）

360000－1903－0002788　3781

經史鈔□□卷　（□）□□輯　清刻本　一冊

360000－1903－0002789　3782

榕村全書　（清）李光地撰　清道光九年（1829）安溪李維迪刻本　七冊　存四種

360000－1903－0002790　3783

格局一新　（□）□□撰　清末鉛印本　一冊

360000－1903－0002791　3784

山左集一卷　（清）程含章撰　清刻本　一冊

360000－1903－0002792　3785

善卷堂四六十卷　（清）陸繁弨撰　清刻本　一冊　存二卷（一至二）

360000－1903－0002793　3786

商賈尺牘二卷　（清）管秋初編　清光緒十五年（1889）刻本　二冊

360000－1903－0002794　3787

續試律大觀□□卷　（□）□□輯　清末石印本　五冊　存二十七卷（一至四、十至三十二）

360000－1903－0002795　3788

十國雜事詩十七卷　（清）饒智元撰　清竹素齋刻本　一冊　存六卷（六至十一）

360000－1903－0002796　3789

咏物詩選註釋八卷　（清）俞琰輯　（清）孫洀鳴　（清）易開緒注　清刻本　一冊　存二卷（七至八）

360000－1903－0002797　3790

本朝名家詩鈔小傳四卷　（清）鄭方坤撰　清刻本　二冊　存二卷（一、四）

360000－1903－0002798　3791

樂府詩餘三卷　（□）□□撰　清刻本　一冊

360000－1903－0002799　3792

帶經堂詩話三十卷　（清）王士禎撰　清刻本　一冊　存三卷（十至十二）

360000－1903－0002800　3793

闇園詩鈔二卷　（清）王子庚撰　清刻本　一冊　存一卷（一）

360000 – 1903 – 0002801　3794

明詩歸八卷　（清）程如嬰　（清）朱衣輯　清順治七年(1650)刻本　一冊　存一卷(一)

360000 – 1903 – 0002802　3795

十八家詩鈔二十八卷　（清）曾國藩輯　清刻本　一冊　存一卷(二十六)

360000 – 1903 – 0002803　3796

四百三十二峯草堂詩不分卷　（清）黃璟撰　清刻本　一冊

360000 – 1903 – 0002804　3797

羅狀元洪先祖師醒世詩一卷　（明）羅洪先撰　清刻本　一冊

360000 – 1903 – 0002805　3798

聽園詩鈔十六卷　（清）王楷撰　清刻本　一冊　存二卷(十一至十二)

360000 – 1903 – 0002806　3799

半半堂勸戒洋煙律詩百首一卷　（清）唐虞際撰　清同治七年(1868)刻本　一冊

360000 – 1903 – 0002807　3800

詩廣傳五卷　（清）王夫之撰　清末石印本　一冊

360000 – 1903 – 0002808　3800 – 1

詩廣傳五卷　（清）王夫之撰　清末石印本　一冊

360000 – 1903 – 0002809　3801

歸樸齋詩鈔四卷　（清）曾紀澤撰　清末鉛印本　二冊

360000 – 1903 – 0002810　3802

仁在堂全集　（清）路德輯　清道光十五年(1835)品連堂刻本　十六冊

360000 – 1903 – 0002811　3803

仁在堂全集　（清）路德輯　清刻本　十八冊

360000 – 1903 – 0002812　3805

古文翼八卷　（清）唐德宜編　清刻本　一冊　存一卷(二)

360000 – 1903 – 0002813　3806

八家四六文注八卷補注一卷　（清）許貞幹注　清光緒十八年(1892)上海方言館排印本　七冊　存六卷(四至八、補注一卷)

360000 – 1903 – 0002814　3807

寶綸堂外集十二卷　（清）齊召南撰　清宣統三年(1911)石印本　一冊　存六卷(一至六)

360000 – 1903 – 0002815　3808

板橋題畫□□卷　（清）鄭爕撰　清刻本　一冊　存二卷(五至六)

360000 – 1903 – 0002816　3809

增訂栢蘊皋先生文稿不分卷　（清）栢謙撰　清乾隆十三年(1748)刻本　三冊

360000 – 1903 – 0002817　3810

目耕帖三十一卷　（清）馬國翰編　清光緒九年(1883)長沙娜嬛館刻本　三十一冊

360000 – 1903 – 0002818　3811

目耕齋初集不分卷二集不分卷　（清）沈叔眉輯　（清）徐楷評　清光緒十八年(1892)湖南書局刻本　二冊　存二集(初集下、二集上)

360000 – 1903 – 0002819　3812

目耕齋二刻不分卷三刻不分卷　（清）沈叔眉輯　（清）徐楷評　清刻本　二冊

360000 – 1903 – 0002820　3813

目耕齋讀本不分卷　（清）沈叔眉輯　（清）徐楷評　清光緒十一年(1885)刻朱墨套印本　四冊

360000 – 1903 – 0002821　3814

牧齋初學集一百十卷　（清）錢謙益撰　（清）錢曾注　清宣統二年(1910)邃漢齋鉛印本　十二冊　存四十六卷(一至四十六)

360000 – 1903 – 0002822　3815

賦海大觀三十二卷　（清）鴻寶齋主人編　清光緒二十年(1894)鴻寶齋石印本　二十八冊

360000 – 1903 – 0002823　3816

賦海大觀三十二卷　（清）鴻寶齋主人編　清光緒二十年(1894)鴻寶齋石印本　二十五冊　存三十卷(一至十一、十三至二十一、二十

三至三十二)

360000 – 1903 – 0002824　3817

賦學正鵠十卷　（清）李元度輯　清刻本　三冊　存八卷（二至九）

360000 – 1903 – 0002825　3818

賦學正鵠集釋十一卷　（清）李元度輯　清光緒七年(1881)三餘堂刻本　七冊　存九卷（一至五、八至十一）

360000 – 1903 – 0002826　3819

賦學正鵠集釋十一卷　（清）李元度輯　清刻本　六冊　存十卷（二至十一）

360000 – 1903 – 0002827　3820

二曲集二十六卷附四書反身錄十七卷　（清）李顒撰　清同治元年(1862)刻本　七冊　存三十一卷（二曲集一至五、十一至二十六，四書反身錄論語六至十、孟子一至五）

360000 – 1903 – 0002828　3821

策學淵萃四十六卷　（□）□□輯　清末石印本　一冊　存十五卷（三十二至四十六）

360000 – 1903 – 0002829　3822

龔定盦全集　（清）龔自珍撰　清宣統二年(1910)上海國學扶輪社鉛印本　六冊

360000 – 1903 – 0002830　3823

近科制藝春霆集不分卷　（清）李鳴謙　（清）吳承緒輯　清道光九年(1829)令德堂刻本　三冊

360000 – 1903 – 0002831　3824

九谷集六卷　（清）方殿元撰　清詩雪軒刻本　五冊　存五卷（一至五）

360000 – 1903 – 0002832　3825

花樣集十二卷　（清）楊昌光編　清嘉慶二十一年(1816)刻本　三冊　存九卷（一至九）

360000 – 1903 – 0002833　3826

韻蘭集賦鈔六卷　（清）陸雲槎輯　清刻本　一冊　存二卷（五至六）

360000 – 1903 – 0002834　3827

江漢炳靈集二卷　（清）張之洞輯　清刻本

一冊　存一卷（上）

360000 – 1903 – 0002835　3828

江漢炳靈集二卷　（清）張之洞輯　清末石印本　一冊　存一卷（三）

360000 – 1903 – 0002836　3829

賦海大觀三十二卷　（清）鴻寶齋主人編　清光緒二十年(1894)鴻寶齋石印本　十二冊　存十四卷（三至七、九至十一、十九至二十、二十一下、二十六至二十七、三十）

360000 – 1903 – 0002837　3830

續刻秋水軒尺牘四卷　（清）許思湄撰　（清）管士駿輯　清刻朱墨套印本　一冊

360000 – 1903 – 0002838　3831

鐵崖三種　（元）楊維楨撰　清末掃葉山房石印本　四冊

360000 – 1903 – 0002839　3832

管注秋水軒尺牘四卷　（清）許思湄撰　（清）婁世瑞注　（清）管斯駿補注　清光緒十二年(1886)刻朱墨套印本　三冊　存三卷（一至三）

360000 – 1903 – 0002840　3833

管注秋水軒尺牘四卷　（清）許思湄撰　（清）婁世瑞注　（清）管斯駿補注　清光緒十年(1884)刻本　一冊　存二卷（一至二）

360000 – 1903 – 0002841　3834

秋水軒詳注四卷　（清）許思湄撰　清大文堂刻本　三冊　存三卷（一至二、四）

360000 – 1903 – 0002842　3835

鴻雪軒尺牘六卷　（清）翟澄撰　清刻本　一冊　存一卷（五）

360000 – 1903 – 0002843　3836

尺牘輯要八卷　（清）虞世英輯　清刻本　二冊　存五卷（二至六）

360000 – 1903 – 0002844　3837

尺牘初桄二卷　（□）□□撰　清末鉛印本　一冊

360000 – 1903 – 0002845　3838

尺牘含芳四卷　題(清)紉裳居士輯　清刻本
一冊

360000 – 1903 – 0002846　3839
尺牘別裁類選□□卷　(清)李漢川輯　清刻
本　二冊　存二卷(三至四)

360000 – 1903 – 0002847　3840
續分類尺牘備覽四卷　(□)□□撰　清光緒
三十年(1904)上海同文社鉛印本　二冊　存
二卷(一、四)

360000 – 1903 – 0002848　3841
新鐫雜錦羣芳尺牘□□卷　(□)□□撰　清
刻本　一冊　存一卷(一)

360000 – 1903 – 0002849　3844
東萊博議四卷　(宋)呂祖謙撰　清光緒三十
年(1904)上海書局石印本　二冊　存二卷
(一至二)

360000 – 1903 – 0002850　3845
存我軒偶錄不分卷　(清)陸鍾渭撰　清末崇
實學社石印本　一冊

360000 – 1903 – 0002851　3846
酬世錦囊全編□□卷　(清)鄒景揚編　清刻
本　一冊　存二卷(五至六)

360000 – 1903 – 0002852　3847
隨園隨筆二十八卷　(清)袁枚撰　清末文明
書局石印本　一冊　存五卷(五至九)

360000 – 1903 – 0002853　3848
長真閣集七卷　(清)席佩蘭撰　清末掃葉山
房石印本　一冊

360000 – 1903 – 0002854　3849
山谷內集二十卷　(宋)黃庭堅撰　清光緒二
十一年(1895)刻本　一冊

360000 – 1903 – 0002855　3851
少嵒賦草四卷　(清)夏思沺撰　清刻本
一冊

360000 – 1903 – 0002856　3852
看雲草堂集八卷　(清)尤侗撰　清康熙二十
三年(1684)刻本　二冊

360000 – 1903 – 0002857　3853
普天忠憤全集十四卷首一卷　(清)孔廣德編
清光緒二十一年(1895)石印本　十冊　存
十二卷(一至三、五至八、十至十四)

360000 – 1903 – 0002858　3854
國朝名家史論彙鈔二卷　(清)三知齋輯　清
光緒二十七年(1901)刻本　一冊　存一卷
(上)

360000 – 1903 – 0002859　3855
試律青雲集四卷　(清)楊逢春輯　(清)沈品
華等注　清道光五年(1825)刻本　二冊　存
二卷(一、三)

360000 – 1903 – 0002860　3856
青雲集分韻試帖詳注四卷　(清)楊逢春輯
清刻本　二冊　存二卷(三至四)

360000 – 1903 – 0002861　3857
試律青雲集四卷　(清)楊逢春輯　(清)沈品
華等注　清刻本　一冊　存一卷(三)

360000 – 1903 – 0002862　3858
詳註分類飲香尺牘四卷　題(清)飲香居士編
清乾隆五十三年(1788)刻本　二冊　存二
卷(一、三)

360000 – 1903 – 0002863　3859
分類詳註飲香尺牘四卷　題(清)飲香居士輯
清刻本　三冊　存三卷(二至四)

360000 – 1903 – 0002864　3860
分類詳註飲香尺牘四卷　題(清)飲香居士輯
清乾隆五十二年(1787)刻本　四冊

360000 – 1903 – 0002865　3862
秣陵集六卷　(清)陳文述撰　清光緒十年
(1884)刻本　二冊　存四卷(一至四)

360000 – 1903 – 0002866　3863
唐人五言長律清麗集六卷　(清)徐日璉
(清)沈士駿輯　清刻本　一冊　存三卷(四
至六)

360000 – 1903 – 0002867　3864
學海堂二集二十二卷　(清)吳蘭修輯　清刻

本　三冊　存八卷(七至八、十三至十五、十八至二十)

360000－1903－0002868　3865

西堂全集　(清)尤侗撰　清刻本　五冊　存十一種

360000－1903－0002869　3866

試律大觀三十二卷　題(清)竹屏居士輯　清刻本　八冊

360000－1903－0002870　3867

耄學集二卷續刻一卷　(清)熊士鵬撰　清道光十年(1830)刻本　三冊

360000－1903－0002871　3868

三蘇策論十二卷　(宋)蘇洵等撰　清光緒二十年(1894)煥文書局石印本　六冊

360000－1903－0002872　3869

樗亭文集六卷　(清)馬廷械撰　清同治十三年(1874)嘯傲山房刻本　三冊

360000－1903－0002873　3870

尤西堂全集　(清)尤侗撰　清末石印本　四冊　存六種

360000－1903－0002874　3871

最新兩浙課士錄初集不分卷　(清)浙報館編　清光緒二十八年(1902)石印本　二冊

360000－1903－0002875　3872

天崇文欣賞集註釋□□卷　(清)吳懋政注　清刻本　三冊　存四卷(大學一、中庸一、論語一至二)

360000－1903－0002876　3873

八銘堂塾鈔初集不分卷　(清)吳懋政編　清乾隆四十八年(1783)刻本　一冊　存二卷(大學、中庸)

360000－1903－0002877　3874

分類文腋八卷　(清)李楨編　清刻本　四冊

360000－1903－0002878　3875

小題正鵠二集不分卷　(清)李元度輯　清刻本　一冊

360000－1903－0002879　3876

有正味齋賦二卷　(清)吳錫麒撰　清道光五年(1825)大文堂刻本　二冊

360000－1903－0002880　3877

有正味齋試帖詩註八卷　(清)吳錫麒撰　(清)吳清學等注　清刻本　二冊　存四卷(三至六)

360000－1903－0002881　3878

有正味齋試帖詳註四卷　(清)吳錫麒撰　(清)吳掄　(清)吳敬恆注　清道光五年(1825)大文堂刻本　三冊

360000－1903－0002882　3879

有正味齋駢體文二十四卷　(清)吳錫麒著　清刻本　四冊

360000－1903－0002883　3880

有正味齋駢體文二十四卷　(清)吳錫麒撰　清光緒十五年(1889)上海蜚英館石印本　四冊　存二十一卷(一、五至二十四)

360000－1903－0002884　3881

試帖三萬選十卷目二卷　(清)鄧云航輯　清光緒十六年(1890)上海袖海山房石印本　一冊　存一卷(目一)

360000－1903－0002885　3882

唐人賦鈔六卷　(清)邱先德輯　清刻本　二冊　存二卷(四、六)

360000－1903－0002886　3883

新刻通用尺素見心集四卷　(清)汪文芳輯　清刻本　一冊　存二卷(一至二)

360000－1903－0002887　3884

新刻通用尺素見心集二卷　(清)汪文芳輯　清九經堂刻本　一冊

360000－1903－0002888　3885

犢山文稿不分卷　(清)周鎬撰　清同治四年(1865)刻本　二冊

360000－1903－0002889　3886

水竹居賦註釋不分卷　(清)盛觀潮撰　清刻本　一冊

360000 – 1903 – 0002890　3887

唐陸宣公集二十二卷　（唐）陸贄撰　清末著
易堂石印本　一冊　存七卷（七至十三）

360000 – 1903 – 0002891　3888

竟陵詩話一卷　（清）熊士鵬撰　清刻本
一冊

360000 – 1903 – 0002892　3889

六瑩堂二集八卷　（清）梁佩蘭撰　清刻本
一冊　存一卷（八）

360000 – 1903 – 0002893　3890

論纂四卷　（清）黎厚德校　清刻本　一冊
存二卷（一至二）

360000 – 1903 – 0002894　3891

論著□□卷　（□）□□撰　清光緒三十三年
（1907）石印本　一冊

360000 – 1903 – 0002895　3892

能與集合選不分卷　（清）曾習孔評　清康熙
五十八年（1719）務本堂刻本　二冊

360000 – 1903 – 0002896　3893

詳註管稿時文初集二卷　（清）管世銘撰　清
光緒十八年（1892）刻本　一冊

360000 – 1903 – 0002897　3894

天崇百篇不分卷　（清）吳懋政選評　清刻本
二冊

360000 – 1903 – 0002898　3895

張百川先生訓子三十篇　（清）張江撰　清道
光二十四年（1844）刻本　一冊

360000 – 1903 – 0002899　3896

通問便集二卷　題（清）子虛氏輯注　清末萬
珍書局鉛印本　二冊

360000 – 1903 – 0002900　3897

考卷雋快初編□□卷　（清）翁心存鑒　清刻
本　一冊　存一卷（三）

360000 – 1903 – 0002901　3898

南豐先生元豐類藁五十三卷　（宋）曾鞏撰
清康熙五十六年（1717）刻本　八冊　存三十
三卷（一至九、十四至十七、三十四至五十三）

360000 – 1903 – 0002902　3899

七言詩歌行鈔十五卷　（清）王士禎選　清刻
本　二冊　存七卷（九至十五）

360000 – 1903 – 0002903　3900

板橋全集六卷　（清）鄭燮撰　清清暉書屋刻
本　四冊

360000 – 1903 – 0002904　3901

唐詩三百首註疏六卷　（清）孫洙編　（清）章
燮注　續選一卷　（清）于慶元編　清道光十
四年（1834）兩儀堂刻本　四冊　存五卷（一
至二、五至六，續選一卷）

360000 – 1903 – 0002905　3902

唐詩三百首六卷　（清）孫洙編　清大文堂刻
本　一冊　存二卷（一至二）

360000 – 1903 – 0002906　3904

分類文編不分卷　（清）向日貞輯　清刻本
二冊

360000 – 1903 – 0002907　3905

學海堂集十六卷　（清）阮元輯　清道光五年
（1825）啟秀山房刻本　三冊　存十卷（一至
六、十三至十六）

360000 – 1903 – 0002908　3906

學海堂二集二十二卷　（清）吳蘭修輯　清道
光十六年（1836）啟秀山房刻本　一冊　存三
卷（一至三）

360000 – 1903 – 0002909　3907

駢體文鈔三十一卷　（清）李兆洛輯　清刻本
二冊　存五卷（十四至十六、二十四至二十
五）

360000 – 1903 – 0002910　3908

御選唐宋文醇五十八卷　（清）高宗弘曆輯
清光緒三年（1877）浙江書局刻本　八冊　存
十五卷（一至九、四十二至四十七）

360000 – 1903 – 0002911　3909

陶堂志微錄五卷　（清）高心夔撰　清光緒九
年（1883）經注經齋刻本　一冊　存二卷（一
至二）

360000 – 1903 – 0002912　3910

明文小題貫不分卷　（清）樓溈輯　清刻本
五冊

360000 – 1903 – 0002913　3911

註釋文法狐白前集□□卷　（清）王賓評選
清刻本　一冊　存二卷(三至四)

360000 – 1903 – 0002914　3912

律賦選青四卷　（清）任聘三纂注　（清）方汝
帶評點　清刻本　一冊　存一卷(二)

360000 – 1903 – 0002915　3913

紫竹山房文藁二刻補遺□□卷　（清）陳兆崙
撰　清刻本　一冊

360000 – 1903 – 0002916　3914

詳註嚶求集四卷　（清）繆艮撰　清光緒十六
年(1890)珍藝書局石印本　二冊

360000 – 1903 – 0002917　3915

嚶求集四卷　（清）繆艮撰　清刻本　四冊

360000 – 1903 – 0002918　3916

湖北闈墨一卷　（清）□□輯　清光緒二十九
年(1903)石印本　一冊

360000 – 1903 – 0002919　3917

江西闈墨一卷　（清）□□輯　清光緒五年
(1879)刻本　一冊

360000 – 1903 – 0002920　3918

墨選鳳喈六卷　題(清)培桂軒主人輯　清光
緒五年(1879)刻本　六冊

360000 – 1903 – 0002921　3919

浙江闈墨一卷　（清）□□輯　清光緒二十九
年(1903)圖書集成局鉛印本　一冊

360000 – 1903 – 0002922　3920

星橋文集四卷　（明）金達撰　清光緒十六年
(1890)刻本　一冊　存一卷(一)

360000 – 1903 – 0002923　3921

星橋文集四卷　（明）金達撰　清刻本　一冊
　　存一卷(三)

360000 – 1903 – 0002924　3922

墨裁六種約鈔　（清）樊履謙編　清同治五年
(1866)刻本　一冊　存一集(初)

360000 – 1903 – 0002925　3923

分類賦學三十卷　（清）張維城輯　清刻本
一冊　存五卷(十六至二十)

360000 – 1903 – 0002926　3924

評注試律雲蒸□□卷　（清）燕毅编　清南州
甘棠書社刻本　二冊　存四卷(五至六、十三
至十四)

360000 – 1903 – 0002927　3925

袁文箋正十六卷　（清）袁枚撰　（清）石韞玉
箋　清光緒十四年(1888)上海蜚英館石印本
　　二冊

360000 – 1903 – 0002928　3926

增補詳註秋水軒尺牘四卷　（清）許思湄撰
清宣統二年(1910)上海龍文書局石印本　一
冊　存二卷(一至二)

360000 – 1903 – 0002929　3927

新註得月樓賦不分卷　（清）張元灝選評　清
光緒九年(1883)刻本　　九冊

360000 – 1903 – 0002930　3928

增廣試帖詩海三十二卷　（清）畢沅輯　清末
石印本　一冊　存八卷(十七至二十四)

360000 – 1903 – 0002931　3929

考卷雋快初編□□卷　（□）□□輯　清刻本
　　一冊　存一卷(四)

360000 – 1903 – 0002932　3930

分類尺牘備覽□□卷　（□）□□輯　清刻本
一冊　存三卷(八至十)

360000 – 1903 – 0002933　3931

文史通義八卷　（清）章學誠撰　清末石印本
　　一冊

360000 – 1903 – 0002934　3932

一百二十家全稿一百二十卷　（□）□□輯
清末石印本　三冊　存二十八卷(四十一至
五十、一百一至一百十八)

360000 – 1903 – 0002935　3933

韓慕廬先生稿不分卷 （清）韓菼撰　清刻本
　一冊

360000－1903－0002936　3934
西江毓秀集一卷 （□）□□撰　清光緒十年
(1884)刻本　一冊

360000－1903－0002937　3935
新刻千家詩一卷 （□）□□輯　清光緒十八
年(1892)兩儀堂刻本　一冊

360000－1903－0002938　3937
花甲閒談十六卷 （清）張維屛撰　清末石印
本　二冊　存七卷(六至九、十四至十六)

360000－1903－0002939　3938
得月樓賦不分卷 （清）張元灝選評　清末石
印本　二冊

360000－1903－0002940　3939
夢華廬賦海三十卷　題(清)夢華廬主人選
清末石印本　八冊

360000－1903－0002941　3940
增註分類飲香尺牘四卷　題(清)飲香居士編
　清末鉛印本　二冊　存二卷(三至四)

360000－1903－0002942　3941
文章遊戲三編八卷 （清）繆艮撰　清末石印
本　一冊　存四卷(五至八)

360000－1903－0002943　3942
律賦集二卷 （□）□□撰　清刻本　二冊

360000－1903－0002944　3943
律賦集二卷 （□）□□撰　清刻本　二冊

360000－1903－0002945　3944
西河合集三卷 （清）毛奇齡撰　清刻本
　一冊

360000－1903－0002946　3945
增廣賦海大全三十卷 （□）□□輯　清末石
印本　一冊　存一卷(六)

360000－1903－0002947　3946
分類賦學三十卷 （清）張維城輯　清刻本
　五冊　存二十四卷(二至十五、二十一至三
十)

360000－1903－0002948　3947
芹藻長春□□卷 （□）□□撰　清刻本
　一冊

360000－1903－0002949　3948
評選四六法海八卷 （清）蔣士銓評選　清光
緒十年(1884)刻本　一冊　存一卷(一)

360000－1903－0002950　3949
鐵崖逸編三卷 （元）楊維楨撰　清末掃葉山
房石印本　一冊

360000－1903－0002951　3950
敬修齋隨筆□□卷 （□）□□撰　清光緒二
十七年(1901)抄本　一冊

360000－1903－0002952　3951
註釋花樣賦鈔□□卷 （□）□□撰　清道光五
年(1825)英德堂刻本　一冊　存一卷(下)

360000－1903－0002953　3952
退補山房策論二卷 （□）□□撰　清刻本
　一冊　存一卷(下)

360000－1903－0002954　3953
試帖玉芙蓉集四卷　題(清)同文書局主人輯
　清末石印本　三冊

360000－1903－0002955　3954
野學堂藝存□□卷 （清）江式撰　清刻本
　一冊　存二卷(二至三)

360000－1903－0002956　3955
駢體文鈔三十一卷 （清）李兆洛輯　清刻本
　一冊　存三卷(十一至十三)

360000－1903－0002957　3956
墨輱五編 （清）傅鍾麟輯評　清刻本　一冊

360000－1903－0002958　3957
時藝核續編不分卷 （清）路德輯　清刻本
　一冊

360000－1903－0002959　3958
優貢試卷一卷 （□）□□輯　清刻本　一冊

360000－1903－0002960　3959

新政直省墨魁大全□□卷　(清)魏錫蘭輯
清光緒二十八年(1902)石印本　一冊　存一
卷(一)

360000－1903－0002961　3960

新選蘇松兩屬課藝　(□)□□輯　清末石印
本　一冊

360000－1903－0002962　3961

會試闈墨不分卷　(清)□□輯　清末商務印
書館鉛印本　一冊

360000－1903－0002963　3962

應酬試帖一卷　(清)王相彙選　清尺木堂刻
本　一冊

360000－1903－0002964　3963

增註分類飲香尺牘四卷首一卷　題(清)飲香
居士編　清光緒十八年(1892)上海圖書集成
局鉛印本　二冊　存三卷(一至二、首一卷)

360000－1903－0002965　3964

夢筆生花初編八卷二編八卷三編八卷四編八
卷　(清)繆艮輯　清末石印本　四冊　存十
六卷(二編一至四、三編八卷、四編一至四)

360000－1903－0002966　3965

壯游草□□卷　(□)□□撰　清刻本　一冊
　　存一卷(一)

360000－1903－0002967　3966

趙文敏公松雪齋全集十卷　(元)趙孟頫撰
清末上海海左書局石印本　一冊　存三卷
(二至四)

360000－1903－0002968　3967

西青散記四卷　(清)史震林撰　清末石印本
　　一冊　存一卷(二)

360000－1903－0002969　3968

分體利試文中六卷　(清)郝朝昇評選　清乾
隆八年(1743)奎元堂刻本　三冊　存五卷
(一、三至六)

360000－1903－0002970　3969

星齋文藁初刊不分卷　(清)陳兆崙撰　清刻
本　一冊

360000－1903－0002971　3970

木蘭從軍賦等二卷　(□)□□輯　清刻本
一冊　存一卷(下)

360000－1903－0002972　3971

夢筆生花初編八卷二編八卷三編八卷四編八
卷　(清)繆艮輯　清光緒二十年(1894)石印
本　二冊　存十二卷(初編八卷、四編一至
四)

360000－1903－0002973　3972

觀雲悟筆賦學一卷　(清)熊鑾等撰　清刻本
　　一冊

360000－1903－0002974　3973

抗希堂稿□□卷　(清)方苞撰　清刻本
一冊

360000－1903－0002975　3974

分法小題拆字新本　(清)張錚評　清刻本
一冊

360000－1903－0002976　3975

司空詩品註釋一卷　(唐)司空圖撰　清同治
九年(1870)刻本　一冊

360000－1903－0002977　3976

小試利器□□卷　(□)□□撰　清末石印本
　　二冊

360000－1903－0002978　3977

今文　(□)□□撰　清刻本　一冊

360000－1903－0002979　3978

新增圈點批註三十藝不分卷　(清)邢曰攻撰
　　清文奎堂刻本　一冊

360000－1903－0002980　3979

諸家詠杜二卷　(清)仇兆鰲輯　清末石印本
　　一冊　存一卷(上)

360000－1903－0002981　3980

思樂書屋截搭課存不分卷　(清)李應詔撰
清刻本　一冊

360000－1903－0002982　3981

龍門必躍□□卷　(清)劉木集成　清刻本

一冊

360000－1903－0002983　3982

童子問路四卷　（清）鄭之琮撰　清刻本　一
冊　存二卷(三至四)

360000－1903－0002984　3983

經場捷訣□□卷　（清）戴檠撰　清末石印本
一冊　存二卷(一至二)

360000－1903－0002985　3984

近五十五科條對試策□□卷　（清）西峰書室
編　清光緒八年(1882)石印本　一冊　存三
卷(一至三)

360000－1903－0002986　3985

子不語□□卷　（清）袁枚撰　清刻本　二冊
存九卷(四至十二)

360000－1903－0002987　3986

小搭春筆一卷　（□）□□撰　清刻本　一冊

360000－1903－0002988　3987

廣東闈墨一卷　（清）□□輯　清光緒二十九
年(1903)上海書局石印本　一冊

360000－1903－0002989　3988

江南闈墨一卷　（清）戴黃鑒定　清光緒二十
八年(1902)衡鑒堂石印本　一冊

360000－1903－0002990　3989

註千家詩二卷　（□）□□撰　清刻本　一冊

360000－1903－0002991　3990

詞賦□□卷　（□）□□撰　清刻本　一冊

360000－1903－0002992　3991

制藝調譜　（□）□□撰　清末石印本　一冊

360000－1903－0002993　3992

桂馥山莊小題時文一卷　（清）宣椿澤撰　清
末石印本　一冊

360000－1903－0002994　3993

小題味新不分卷　（□）□□輯　清末石印本
一冊

360000－1903－0002995　3994

君子以自强不息□□卷　（□）□□撰　清末
石印本　一冊　存五卷(一至五)

360000－1903－0002996　4050

時務通攷三十一卷首一卷　（清）杞廬主人輯
清光緒二十三年(1897)點石齋石印本　二
十冊

360000－1903－0002997　4051

時務通攷三十一卷首一卷　（清）杞廬主人輯
清光緒二十三年(1897)點石齋石印本　十
五冊　存三十卷(一至二十三、二十五至三十
一)

360000－1903－0002998　4052

時務通攷三十一卷首一卷　（清）杞廬主人輯
清光緒二十三年(1897)點石齋石印本　十
七冊　存二十六卷(一至四、十至三十一)

360000－1903－0002999　4053

時務通攷續編三十一卷　（清）點石齋主人輯
清光緒二十七年(1901)上海點石齋石印本
十二冊　存二十四卷(一至十、十三至十
五、十七至二十五、三十至三十一)

360000－1903－0003000　4054

時務通攷三十一卷首一卷　（清）杞廬主人輯
清光緒二十三年(1897)點石齋石印本　十
三冊　存十卷(一至四、九、十二、十七、二十
五、三十至三十一)

360000－1903－0003001　4055

時務通攷三十一卷首一卷　（清）杞廬主人輯
清光緒二十三年(1897)點石齋石印本　四
冊　存七卷(二十五至三十一)

360000－1903－0003002　4056

國朝文錄八十二卷　（清）李祖陶輯　清刻本
四冊　存七卷(壯悔堂文錄二卷、四照堂文
錄二卷、西陂類藳文錄一卷、鮚埼亭集文錄二
卷)

江西省樂平市圖書館古籍普查登記目録

全國古籍普查登記目録

國家圖書館出版社
National Library of China Publishing House

《江西省樂平市圖書館古籍普查登記目録》
編委會

主　編：鄒曉玲

副主編：王建華　吴永林　黄時雄　曹　霞

編　委（按姓氏筆畫排序）：

　　　王建華　吴永林　汪慧琴　徐　歡　黄時雄

　　　曹　霞　鄒曉玲

《江西省樂平市圖書館古籍普查登記目録》

前　言

一

樂平,歷史悠久,山川鍾秀,物華天寶,人杰地靈。既有 50 萬年前的史前文化,又有千年的優秀傳統文化,更有着豐富多彩的民俗文化和紅色文化,尤以"洪公氣節,馬氏文章"著稱於世。這裏誕生了流芳千古的史書——與《通志》《通典》合稱"三通"的《文獻通考》、垂範後世的佳作——毛澤東同志一生珍愛的《容齋隨筆》。

目前,我館珍藏古籍 11679 册,其中善本 3084 册,有 9 部列入《國家珍貴古籍名録》、13 部列入《江西省珍貴古籍名録》。其中元刻《監本附音春秋穀梁傳註疏》參加了 2010年在北京舉辦的"國家珍貴古籍特展"。館藏古籍以版刻時代劃分,有元刻本 7 部,明刻本 75 部、明抄本 2 部,清刻本 1119 部、清抄本 6 部、稿本 1 部、拓本 9 部。其中贛東北地方文獻 56 部、家譜 2 部。四部皆備,品質優良,獨具一格。

二

樂平市圖書館始建於 1923 年,由縣知事胡慶道首倡,建圖書館於上諭亭,并捐助巨款購置圖書。時館藏圖書多爲新文化書刊,因當時閱讀新書風尚未形成,鮮有人問津。建館之初,爲鼓勵大家來看書,特規定連續看滿一個月者,可得三圓補助費。於是,前來閱讀者倍增,不少人從中受到革命思想熏陶,圖書館有了初步的雛形和影響。1941 年 10月,圖書館由上諭亭遷移到新成立的民衆教育局,館内設有閱覽室和外借室,樂平市圖書館初具規模。

1956 年 7 月重新成立樂平縣圖書館。1957 年縣人民委員會號召全縣人民爲發展樂平文化事業踴躍獻書,許多群衆積極響應,在短短半年時間内共接收古舊圖書 14000 餘册。10 月,清代翰林石景芬後裔捐獻、讓售古舊書 7000 餘册,我館古舊書增長到 20000餘册。同年,圖書館增設古舊書資料室。

三

建館近百年的歷史,見證了圖書館人的艱辛。百年積纍,終成規模。期間,我館歷經五次大搬遷、三次大整理。第一次大整理是20世紀60年代初,對收集到的古籍進行除塵、修補裝訂、排架上架、登記造册。第二次大整理是1978年,我館聘請專家對古籍進行了精細整理:分類、版本鑒定和登記造册,并按經、史、子、集歸類上架,同時采取了最基本的保護措施。經過整理,我館古籍書庫綫裝書14440册,其中善本2156册,有49部古籍列入《中國古籍善本書目》,包括1部孤本《壬課纂義》。1978年以後,古籍室獨立建置,館藏古籍的編目整理、利用均歸古籍室承擔。除普通古籍以外,1978年已編成《江西省樂平縣圖書館善本書目》一册,著録館藏善本227部,爲手工刻蠟紙油印本,用於讀者服務及同行交流。第三次大整理是2009年,我館參加全國古籍保護中心"中華古籍保護計劃"的古籍普查工作,按照古籍普查標準,將已整理出的古籍11681册,録入到"全國古籍普查平臺",其中7部110册已列入《國家珍貴古籍名録》,并經江西省古籍保護中心掃描成電子版,收入"江西珍貴古籍數字資源庫",供讀者查閲。

館藏目録之編製成形,時間跨度,將近百年,參與人員,不計其數。其中既有樂平市圖書館歷任編目人員,亦有各時期臨時加入支援編目之專家學者,還包括樂平教育局、文聯、文化館、博物館的前輩。經過近百年幾代圖書館人的不懈努力,我館現藏古籍品質優良,精品衆多,涵蓋多個朝代,得到了廣泛的肯定。

四

自"中華古籍保護計劃"在我省實施以來,我館把古籍保護列爲首要工作來做,成立了古籍保護領導小組,由宣傳部部長擔任組長;制定了"樂平市中華古籍保護計劃"實施方案。成立古籍修復室,并派人員去雲南和甘肅參加"全國古籍修復培訓班"學習。同時加強古籍保護宣傳力度,爭取政府加大對古籍保護的資金投入;按照古籍書庫標準化建設的要求,逐步購置古籍書庫的各項保護設備,完善了古籍書庫的建設,古籍保護工作有了質的飛躍。

幾年來,樂平市圖書館在江西省古籍保護中心、景德鎮市圖書館的正確指導下,在市委、市政府和文廣新局的關懷下,在圖書館人的共同努力下,取得了驕人的成果:9部古籍列入《國家珍貴古籍名録》、13部古籍列入《江西省珍貴古籍名録》,2010年至2016年連續被評爲"江西省古籍保護工作先進單位";2012年被評爲"江西省古籍重點保護單位";2013年被評爲第四批"全國古籍重點保護單位";2014年度被文化部評爲"全國古籍保護工作先進單位"。

　　自 20 世紀 50 年代以來,已有三代編目人員先後接力,從事館藏古籍書目編纂。《江西省樂平市圖書館古籍普查登記目録》現已編纂完成,著録古籍 1219 部 11679 册。

　　由於古籍普查登記難度較大,本書錯誤之處難免,我們將在以後的工作中加以完善,并祈盼專家學者、同仁及讀者不吝賜教,以便繼續修訂。

本書編委會

2017 年 5 月

360000－1911－0000001　1

周易傳義十卷　(宋)程頤傳　(宋)朱熹本義
　　上下篇義一卷　(宋)程頤撰　**易圖集錄一
卷易五贊一卷筮儀一卷**　(宋)朱熹撰　明正
統十二年(1447)司禮監刻本　二冊　存六卷
(八至十、上下篇義一卷、易五贊一卷、筮儀一
卷)

360000－1911－0000002　2

**周易傳義大全二十四卷朱子易圖說一卷易五
贊一卷筮儀一卷易說綱領一卷**　(明)胡廣等
輯　**易經彙徵二十四卷**　(明)劉庚撰　(明)
陳仁錫訂　明崇禎夏霖雨金閣書林刻本　十
冊　存十九卷(一至八、十八至二十四,朱子
易圖說一卷,易五贊一卷,筮儀一卷,易說綱
領一卷)

360000－1911－0000003　3

**周易翼簡捷解十六卷首一卷末一卷拾遺一卷
羣經輔易說一卷**　(明)陳際泰撰　(明)周光
德輯　明崇禎四年(1631)刻本　四冊　存十
七卷(一至六、十至十六,首一卷,末一卷,拾
遺一卷,羣經輔易說一卷)

360000－1911－0000004　4

易經繹五卷　(明)鄧元錫撰　明萬曆三十二
年(1604)黃浹刻本　三冊

360000－1911－0000005　5

周易傳義附錄十四卷　(宋)董楷撰　清康熙
十九年(1680)成德通志堂刻通志堂經解本
九冊　存十二卷(一至五、八至十四)

360000－1911－0000006　6

周易輯聞六卷附易雅一卷筮宗一卷　(宋)趙
汝楳撰　清康熙十九年(1680)成德通志堂刻
通志堂經解本　三冊　存三卷(三至五)

360000－1911－0000007　7

周易乾鑿度二卷　(漢)鄭玄注　清乾隆二十
一年(1756)德州盧氏刻雅雨堂叢書本　一冊

360000－1911－0000008　8

御纂周易折中二十二卷首一卷　(清)李光地
等撰　清康熙五十五年(1716)內府刻本　八

冊　存十四卷(三至四、六、九至十八,首一
卷)

360000－1911－0000009　9

御纂周易折中二十二卷　(清)李光地等撰
清康熙五十四年(1715)刻本　十二冊　存十
六卷(一至三、五至七、十至十九)

360000－1911－0000010　10

雅雨堂叢書　(清)盧見曾輯　清乾隆二十一
年(1756)德州盧氏刻本　七冊　存二種

360000－1911－0000011　11

李氏易傳十七卷　(唐)李鼎祚集解　清乾隆
二十一年(1756)德州盧氏刻雅雨堂叢書本
四冊

360000－1911－0000012　12

易小傳六卷　(宋)沈該撰　清康熙十九年
(1680)成德通志堂刻通志堂經解本　二冊
存三卷(四至六)

360000－1911－0000013　13

附釋音尚書註疏二十卷　(漢)孔安國傳
(唐)孔穎達疏　元刻明修本　六冊　存十五
卷(一至十五)

360000－1911－0000014　14

書經繹二卷　(明)鄧元錫撰　明萬曆三十二
年(1604)黃浹刻本　一冊

360000－1911－0000015　15

書集傳纂疏六卷　(宋)蔡沈集傳　(元)陳櫟
纂疏　清康熙十九年(1680)刻通志堂經解本
一冊

360000－1911－0000016　17

尚書纂傳四十六卷　(元)王天與撰　清康熙
十九年(1680)成德通志堂刻通志堂經解本
一冊　存十一卷(二十至三十)

360000－1911－0000017　18

欽定書經傳說彙纂二十一卷首二卷書序一卷
　　(清)王頊齡等撰　清雍正八年(1730)內府
刻本　十九冊　存二十二卷(欽定書經傳說
彙纂二十一卷、首下)

360000 - 1911 - 0000018　16

尚書大傳四卷 （漢）伏勝撰　（漢）鄭玄注
考異一卷補遺一卷續補遺一卷 （清）盧文弨
輯　清乾隆二十一年(1756)德州盧氏刻雅雨
堂叢書本　一冊

360000 - 1911 - 0000019　19

書經大全十卷綱領一卷圖一卷 （明）胡廣等
輯　明永樂十三年(1415)刻本　一冊　存二
卷(綱領一卷、圖一卷)

360000 - 1911 - 0000020　20

附釋音毛詩註疏二十卷 （漢）毛亨傳　（漢）
鄭玄箋　（唐）孔穎達疏　元刻明修本　十三
冊　存十七卷(三、五至二十)

360000 - 1911 - 0000021　21

毛詩一卷 （漢）毛萇撰　明刻本　一冊

360000 - 1911 - 0000022　22

詩經繹三卷 （明）鄧元錫撰　明萬曆三十二
年(1604)刻本　一冊

360000 - 1911 - 0000023　23

李迃仲黃實夫毛詩集解四十二卷 （宋）李樗
集釋　（宋）黃櫄集釋　（宋）呂祖謙釋音　清
康熙十九年(1680)成德通志堂刻本　三冊
存十卷(十一至二十)

360000 - 1911 - 0000024　24

附釋音周禮註疏四十二卷 （漢）鄭玄注
(唐)賈公彥撰　（唐）陸德明釋文　元刻明修
本　四冊　存十四卷(一至十、十八至二十
一)

360000 - 1911 - 0000025　25

周禮注疏刪翼三十卷 （明）王志長撰　明末
天德堂刻本　二十冊

360000 - 1911 - 0000026　26

欽定周官義疏四十八卷 （清）鄂爾泰等撰
清乾隆刻本　九冊　存十八卷(十三至十四、
二十五至二十九、三十二至三十三、三十六至
三十七、四十、四十三至四十八)

360000 - 1911 - 0000027　27

周禮注疏刪翼三十卷 （明）王志長撰　明末
天德堂刻本　六冊　存九卷(一至四、十二至
十三、十五、二十五至二十六)

360000 - 1911 - 0000028　28

周禮會通六卷 （清）胡翹元輯　清乾隆五十
二年(1787)凝暉閣刻本　三冊

360000 - 1911 - 0000029　29

東巖周禮訂義八十卷 （宋）王與之撰　清康
熙十九年(1680)成德通志堂刻通志堂經解本
十五冊　存七十五卷(一至四十、四十六至
八十)

360000 - 1911 - 0000030　30

儀禮注疏十七卷 （漢）鄭玄注　（唐）賈公彥
疏　（唐）陸德明音義　明嘉靖李元陽刻十三
經注疏本　八冊　存十一卷(七至十七)

360000 - 1911 - 0000031　31

讀禮通考一百二十卷 （清）徐乾學撰　清康
熙三十五年(1696)刻本　十一冊　存三十九
卷(一至十、四十五至七十三)

360000 - 1911 - 0000032　32

儀禮圖十七卷旁通圖一卷 （宋）楊復撰　清
康熙十九年(1680)成德通志堂刻本　一冊
存三卷(十一至十三)

360000 - 1911 - 0000033　33

**儀禮鄭註句讀十七卷附監本正誤一卷石經正
誤一卷** （清）張爾岐撰　清乾隆八年(1743)
刻本　三冊　存十卷(七至十一、十五至十
七,監本正誤一卷,石經正誤一卷)

360000 - 1911 - 0000034　34

附釋音禮記註疏六十三卷 （漢）鄭玄注
(唐)孔穎達疏　元刻明修本　十五冊　存五
十卷(七至九、十七至六十三)

360000 - 1911 - 0000035　35

大戴禮記十三卷 （漢）戴德撰　（北周）盧辯
注　清乾隆二十一年(1756)德州盧氏刻雅雨
堂叢書本　一冊

360000 - 1911 - 0000036　36

禮記集說一百六十卷 （宋）衛湜撰 清康熙
十九年（1680）成德通志堂刻本 一冊 存四
卷（一百四十九至一百五十二）

360000－1911－0000037 37

緇衣集傳四卷 （明）黃道周撰 清康熙三十
二年（1693）晉安鄭肇刻石齋先生經傳九種本
三冊

360000－1911－0000038 38

五禮通考二百六十二卷 （清）秦蕙田撰 清
乾隆刻本 二十六冊 存七十九卷（五至十、
二十七至二十九、三十三至三十五、七十一至
七十六、八十五至八十七、九十九至一百二、
一百五至一百七、一百十一至一百十四、一百
三十二至一百三十八、一百五十至一百五十
三、一百七十二至一百七十八、一百八十四至
一百八十六、一百九十三至一百九十五、二百
二十至二百二十九、二百三十九至二百五十
一）

360000－1911－0000039 39

附釋音春秋左傳註疏六十卷 （晉）杜預注
（唐）孔穎達疏 （唐）陸德明釋文 元刻明修
本 八冊 存十九卷（四十二至六十）

360000－1911－0000040 40

春秋左傳釋人十二卷世系一卷年表一卷附錄
一卷 （清）范照藜撰 清嘉慶八年（1803）范
氏如不及齋刻本 三冊 存七卷（二至八）

360000－1911－0000041 41

春秋左傳杜注三十卷首一卷 （清）姚培謙撰
清乾隆十一年（1746）吳郡小鬱林陸氏刻本
八冊

360000－1911－0000042 42

春秋左傳註疏六十卷 （晉）杜預注 （唐）孔
穎達疏 （唐）陸德明音義 明崇禎十一年
（1638）毛氏汲古閣刻十三經注疏本 十九冊
存五十七卷（一至十五、十九至六十）

360000－1911－0000043 43

左傳鈔六卷 （清）高嵣集評 清乾隆五十三
年（1788）雙桐書屋刻本 四冊 存四卷（一

至二、五至六）

360000－1911－0000044 44

監本附音春秋公羊註疏二十八卷 （漢）何休
注 （唐）徐彥疏 （唐）陸德明音義 元刻明
修本 十冊

360000－1911－0000045 45

春秋公羊註疏二十八卷 （漢）何休注 （唐）
徐彥疏 （唐）陸德明音義 明崇禎七年
（1634）古虞毛氏汲古閣刻十三經註疏本
八冊

360000－1911－0000046 46

春秋公羊註疏二十八卷 （漢）何休注 （唐）
徐彥疏 （唐）陸德明音義 明崇禎七年
（1634）古虞毛氏汲古閣刻十三經註疏本
八冊

360000－1911－0000047 47

監本附音春秋穀梁註疏二十卷 （晉）范甯集
解 （唐）楊士勛疏 （唐）陸德明釋文 元刻
明修本 四冊

360000－1911－0000048 48

春秋穀梁註疏二十卷 （晉）范甯集解 （唐）
楊士勛疏 （唐）陸德明音義 明崇禎八年
（1635）古虞毛氏汲古閣刻十三經注疏本
四冊

360000－1911－0000049 49

欽定春秋傳說彙纂三十八卷首二卷 （清）王
掞等撰 清康熙六十年（1721）尊經閣刻本
八冊 存十九卷（一至十七、首二卷）

360000－1911－0000050 50

欽定春秋傳說彙纂三十八卷首二卷 （清）王
掞等撰 清康熙六十年（1721）刻本 二十冊

360000－1911－0000051 51

春秋王霸列國世紀編三卷 （宋）李琪撰 清
康熙十九年（1680）成德通志堂刻本 一冊

360000－1911－0000052 52

石林先生春秋傳二十卷 （宋）葉夢得撰 清
康熙十九年（1680）成德通志堂刻本 二冊

存十一卷(六至十六)

360000－1911－0000053　53
止齋先生春秋後傳十二卷　(宋)陳傅良撰
清康熙十九年(1680)成德通志堂刻本　一冊
存六卷(一至六)

360000－1911－0000054　54
讀春秋存稿四卷　(清)趙佑撰　清乾隆刻本
一冊　存二卷(三至四)

360000－1911－0000055　55
孝經註疏九卷　(唐)玄宗李隆基注　(宋)邢
昺疏　元泰定三年(1326)刻明修本　一冊

360000－1911－0000056　56
論語註疏解經二十卷　(三國魏)何晏集解
(宋)邢昺疏　明崇禎十年(1637)古虞毛氏汲
古閣刻十三經註疏本　四冊　存十九卷(一
至十九)

360000－1911－0000057　57
鄉黨圖考十卷　(清)江永撰　清乾隆三十八
年(1773)潛德堂刻本　四冊

360000－1911－0000058　58
孟子註疏解經十四卷　(漢)趙岐注　(宋)孫
奭疏　明崇禎六年(1633)古虞毛氏汲古閣刻
十三經註疏本　五冊

360000－1911－0000059　59
四書約旨十九卷　(清)任啟運撰　清乾隆三
十六年(1771)清芬堂刻本　六冊

360000－1911－0000060　60
四書釋地一卷續一卷　(清)閻若璩撰　清東
浯王氏刻本　一冊

360000－1911－0000061　61
四書考異總考三十六卷條考三十六卷　(清)
翟灝撰　清乾隆無不宜齋刻本　二冊　存十
卷(條考十三至二十二)

360000－1911－0000062　62
皇清經解一千四百卷首一卷　(清)阮元輯
清道光九年(1829)廣東學海堂刻本　一百六
十六冊　存五百八十九卷(一至十、二十二、

三十八至四十一、五十一至六十三、一百四至
一百十九、一百五十一至一百五十五、一百六
十三至一百六十六、一百九十至一百九十四、
一百九十五至二百三十三、二百四十至二百
四十六、二百五十六至二百六十三、二百八十
八至二百九十、三百九十三至五百三十九、五
百五十四至六百二十八、六百三十至六百四
十八、六百五十一、六百五十五、六百六十四
至六百七十六、六百八十五至六百八十七、七
百五至七百十、七百三十五至七百三十九、七
百五十八至八百八、九百九十一至九百九十
六、一千二十一至一千二十六、一千五十五至
一千六十三、一千六十八至一千七十四、一千
八十八至一千九十一、一千九十三至一千九
十九、一千一百十七至一千一百十九、一千
一百四十至一千一百四十二、一千一百七十至
一千一百七十七、一千二百二十九至一千二
百四十七、一千二百五十至一千二百七十、一
千二百七十七至一千三百十二、一千三百十
八至一千三百二十二、一千三百三十一至一
千三百四十九)

360000－1911－0000063　63
**經讀考異八卷補一卷句讀敍述二卷補一卷附
翟晴江四書考異內句讀一卷**　(清)武億撰
清乾隆五十四年(1789)小石山房刻授堂遺書
本　一冊　存四卷(經讀考異一至二、句讀敍
述二卷)

360000－1911－0000064　64
古微書三十六卷　(明)孫瑴撰　清嘉慶十五
年(1810)山淵堂活字印本　七冊　存三十一
卷(一至三、九至三十六)

360000－1911－0000065　65
六經圖十卷　(清)鄭之僑輯　清乾隆九年
(1744)鄭氏刻本　十冊

360000－1911－0000066　66
十三經拾遺十六卷　(清)王朝榘撰　清嘉慶
五年(1800)刻本　三冊　存十三卷(四至十
六)

360000－1911－0000067　67

易堂問目四卷 （清）吳鼎撰 清乾隆三十七年(1772)刻本 一冊 存二卷(三至四)

360000－1911－0000068　68

爾雅注疏十一卷 （晉）郭璞注 （宋）邢昺疏 元刻明修本 三冊

360000－1911－0000069　69

爾雅三卷 （晉）郭璞注 明嘉靖十七年(1538)吳元恭刻本 一冊

360000－1911－0000070　70

爾雅音圖三卷 （晉）郭璞注 （清）姚之麟摹圖 清嘉慶六年(1801)刻本 四冊

360000－1911－0000071　71

說文解字十五卷 （漢）許慎撰 （宋）徐鉉校 清初古虞毛氏汲古閣刻本 六冊

360000－1911－0000072　72

增訂金壺字考一集十九卷二集二十一卷 （宋）釋適之撰 （清）田朝恒增訂 清乾隆貽安堂刻本 六冊

360000－1911－0000073　73

重刊許氏說文解字五音韻譜十二卷 （宋）李燾撰 明麟瑞堂刻本 五冊 存十卷(三至十二)

360000－1911－0000074　74

說文解字繫傳四十卷附錄一卷 （五代）徐鍇撰 清乾隆四十七年(1782)汪啟淑刻本 八冊

360000－1911－0000075　75

六書通十卷 （清）閔齊伋撰 清乾隆六十年(1795)刻本 六冊

360000－1911－0000076　76

六書辨通五卷 （清）楊錫觀撰 清乾隆八年(1743)刻本 二冊 存二卷(一、五)

360000－1911－0000077　77

御定康熙字典十二集三十六卷總目一卷檢字一卷辨似一卷等韻一卷補遺一卷備考一卷 （清）張玉書等纂 清康熙五十五年(1716)內府刻本 四十冊 存三十六卷(御定康熙字典十二集三十六卷)

360000－1911－0000078　78

十七史 明崇禎至清順治琴川毛氏汲古閣刻本 二百三十五冊

360000－1911－0000079　79

史記集解一百三十卷 （南朝宋）裴駰撰 清順治十四年(1657)趙氏刻本 十三冊 存一百十七卷(一至十四、二十八至一百三十)

360000－1911－0000080　80

南史八十卷 （唐）李延壽撰 明萬曆三十一年(1603)北京國子監刻二十一史本 二冊 存八卷(六十九至七十六)

360000－1911－0000081　81

北史一百卷 （唐）李延壽撰 明萬曆刻明清遞修本 二十二冊 存七十一卷(一至四十二、四十五至七十、八十至八十二)

360000－1911－0000082　82

北史一百卷 （唐）李延壽撰 明萬曆二十六年(1598)北京國子監刻二十一史本 八冊 存二十三卷(一至二十、三十至三十二)

360000－1911－0000083　83

函史上編八十一卷下編二十一卷 （明）鄧元錫撰 明崇禎十一年(1638)刻清順治、乾隆遞修本 五十四冊 存八十八卷(上編一至三十六、四十八至八十一,下編一至七、十、十二至二十一)

360000－1911－0000084　84

藏書六十八卷 （明）李贄撰 明萬曆二十七年(1599)焦竑刻本 十七冊 存六十二卷(五至六十六)

360000－1911－0000085　85

續藏書二十七卷 （明）李贄撰 明萬曆三十九年(1611)王若屏刻本 十冊 存二十二卷(三至二十四)

360000－1911－0000086　86

前漢書一百卷 （漢）班固撰 （明）吳勉學校 明吳勉學刻本 十六冊 存七十二卷(一

至六、二十四至二十七、三十一至六十九、七十五至八十九、九十三至一百)

360000 - 1911 - 0000087   87

三國志六十五卷　(晉)陳壽撰　(南朝宋)裴松之注　清同治六年(1867)金陵書局木活字印本　十四冊　存四十五卷(魏書四至二十八,蜀書一至五、十二至十五,吳書一至十一)

360000 - 1911 - 0000088   88

宋書一百卷　(南朝梁)沈約撰　明萬曆二十六年(1598)北京國子監刻二十一史本　三冊　存十四卷(一至十一、二十七至二十九)

360000 - 1911 - 0000089   89

南齊書五十九卷　(南朝梁)蕭子顯撰　明崇禎十年(1637)汲古閣刻清順治九年(1652)重修十七史本　四冊　存三十二卷(二十八至五十九)

360000 - 1911 - 0000090   90

梁書五十六卷　(唐)姚思廉撰　明萬曆三十三年(1605)北京國子監刻二十一史本　十冊

360000 - 1911 - 0000091   91

梁書五十六卷　(唐)姚思廉撰　清乾隆四年(1739)武英殿刻二十四史本　十冊　存三十七卷(一至三十七)

360000 - 1911 - 0000092   92

梁書五十六卷　(唐)姚思廉撰　明崇禎六年(1633)汲古閣刻清順治重修本　一冊　存十二卷(十八至二十九)

360000 - 1911 - 0000093   93

陳書三十六卷　(唐)姚思廉撰　明崇禎四年(1631)琴川毛氏汲古閣刻十七史本　一冊　存三卷(一至三)

360000 - 1911 - 0000094   94

陳書三十六卷　(唐)姚思廉撰　明萬曆三十三年(1605)北京國子監刻二十一史本　一冊　存五卷(五至九)

360000 - 1911 - 0000095   95

魏書一百十四卷　(北齊)魏收撰　明萬曆二十四年至二十五年(1596 – 1597)刻本　二十二冊　存七十三卷(一至二十九、四十一至六十七、七十七至八十、九十六至九十八、一百五至一百十四)

360000 - 1911 - 0000096   96

北齊書五十卷　(唐)李百藥撰　明崇禎趙氏刻本　三冊　存三十九卷(十二至五十)

360000 - 1911 - 0000097   97

周書五十卷　(唐)令狐德棻等撰　明萬曆三十二年(1604)北京國子監刻二十一史本　十冊

360000 - 1911 - 0000098   98

周書五十卷　(唐)令狐德棻等撰　明崇禎五年(1632)毛氏汲古閣刻本　五冊

360000 - 1911 - 0000099   99

隋書八十五卷　(唐)魏徵等撰　明萬曆二十六年(1598)北京國子監刻二十一史本　二十冊

360000 - 1911 - 0000100   100

隋書八十五卷　(唐)魏徵等撰　明萬曆二十六年(1598)北京國子監刻二十一史本　二冊　存五卷(一至三、十八至十九)

360000 - 1911 - 0000101   101

隋書八十五卷　(唐)魏徵等撰　清順治八年(1651)汲古閣刻本　十冊　存七十五卷(一至十二、十七至三十一、三十八至八十五)

360000 - 1911 - 0000102   102

唐書二百二十五卷　(宋)歐陽修　(宋)宋祁等撰　釋音二十五卷　(宋)董衝撰　明萬曆三十三年(1605)南京國子監刻本　一冊　存二卷(唐書一至二)

360000 - 1911 - 0000103   103

唐書二百卷　(五代)劉昫等撰　明嘉靖十八年(1539)聞人詮刻本　一冊　存三卷(一至三)

360000 - 1911 - 0000104   104

南唐書三十卷附考異一卷　(宋)馬令撰　清

嘉慶十八年(1813)刻本　五冊　存二十八卷
(四至三十、考異一卷)

360000－1911－0000105　105
明史三百三十二卷目錄四卷　(清)張廷玉等
撰　清乾隆四年(1739)武英殿刻二十四史本
七十六冊　存三百二十卷(一至一百二十
三、一百三十至二百十、二百十八至二百二十
一、二百二十五至三百三十二,目錄四卷)

360000－1911－0000106　106
十七史商榷一百卷　(清)王鳴盛撰　清乾隆
五十二年(1787)刻本　十八冊　存九十卷
(八至九、十三至一百)

360000－1911－0000107　107
前漢紀三十卷　(漢)荀悅撰　清康熙三十五
年(1696)襄平蔣氏樂三堂刻兩漢紀本　一冊
存六卷(二十五至三十)

360000－1911－0000108　108
資治通鑑二百九十四卷　(宋)司馬光撰　明
嘉靖二十三年至二十四年(1544－1545)孔天
胤刻本　四十五冊　存一百七十卷(一至三
十二、三十七至四十四、七十五至九十六、一
百至一百五、一百十至一百五十三、一百六十
六至一百七十二、一百八十三至一百八十五、
一百九十六至一百九十九、二百二十四至二
百三十、二百三十五至二百五十二、二百五十
七至二百五十九、二百六十七至二百七十四、
二百八十三至二百九十)

360000－1911－0000109　109
宋元通鑑一百五十七卷　(明)薛應旂撰
(明)陳仁錫評　明天啓六年(1626)陳仁錫刻
本　二十三冊　存八十八卷(一至八十八)

360000－1911－0000110　110
繹史一百六十卷　(清)馬驌撰　清初刻本
十三冊　存九十四卷(一至二十一、四十四至
五十四、七十一至七十八、九十五至一百十
二、一百二十一至一百四十六、一百五十一至
一百六十)

360000－1911－0000111　111

學統五十六卷　(清)熊賜履撰　清康熙刻本
四冊　存十九卷(八至十九、四十至四十
一、四十三至四十七)

360000－1911－0000112　112
重刻朱文端公三傳五十一卷首一卷　(清)朱
軾　(清)蔡世遠輯　清古歡齋刻本　二十三
冊　存四十九卷(歷代名臣傳一至三十五、歷
代名儒傳一至八、歷代循吏傳一至六)

360000－1911－0000113　113
歷代名臣傳三十五卷　(清)朱軾　(清)蔡世
遠輯　清康熙刻本　六冊　存二十一卷(四
至九、十三至十九、二十四至二十七、三十二
至三十五)

360000－1911－0000114　114
歷代名賢齒譜九卷　(清)易宗涒輯　清雍正
三年(1725)刻本　二十八冊　存八卷(一至
八)

360000－1911－0000115　115
漢雋十卷　(宋)林鉞輯　清康熙刻本　二冊
存六卷(一至六)

360000－1911－0000116　116
文獻通考三百四十八卷　(元)馬端臨撰　明
刻本　一冊　存四十三卷(一百六十五至一
百六十七、一百七十一至一百七十三、二百五
十三至二百五十五、二百五十八至二百五十
九、二百六十五至二百九十六)

360000－1911－0000117　117
文獻通考詳節二十四卷　(元)馬端臨撰
(清)嚴虞惇節錄　清乾隆二十九年(1764)刻
本　九冊　存二十卷(五至二十四)

360000－1911－0000118　118
西漢會要七十卷　(宋)徐天麟撰　清乾隆三
十九年(1774)武英殿木活字印本　七冊　存
二十九卷(一至十二、十七至二十一、二十七
至三十三、五十九至六十三)

360000－1911－0000119　119
唐會要一百卷　(宋)王溥撰　清刻本　十七
冊　存七十五卷(二十二至五十九、六十四至

一百）

360000 – 1911 – 0000120　120

元豐九域志十卷　（宋）王存等撰　清乾隆四十九年(1784)桐鄉馮集梧刻五十三年(1788)重修本　五冊　存九卷(二至十)

360000 – 1911 – 0000121　121

大明一統志九十卷　（明）李賢等纂修　明萬壽堂刻清印本　七冊　存十四卷(一至三、八至十、二十一、六十五至六十六、七十二至七十三、八十八至九十)

360000 – 1911 – 0000122　122

大清一統志表不分卷　（清）陳蘭森撰　清乾隆五十二年(1787)刻本　二冊

360000 – 1911 – 0000123　123

[雍正]畿輔通志一百二十卷　（清）唐執玉（清）李衛修　（清）陳儀　（清）田易纂　清雍正十三年(1735)刻本　八冊　存十七卷(四十一至四十二、四十六至四十七、六十一至六十二、六十五、七十四至七十五、七十八至八十一、八十六、九十五至九十七)

360000 – 1911 – 0000124　124

[康熙]汶上縣志八卷　（明）栗可仕修（明）王命新纂　明萬曆三十六年(1608)刻清康熙五十六年(1717)補刻　二冊

360000 – 1911 – 0000125　125

[康熙]續修汶上縣志六卷　（清）聞元炅纂修　清康熙五十六年(1717)刻本　一冊　存三卷(四至六)

360000 – 1911 – 0000126　126

[康熙]西江志二百六卷圖一卷　（清）白潢修（清）查慎行等纂　清康熙五十九年(1720)刻本　三冊　存九卷(二十九至三十一、三十五至三十八、五十至五十一)

360000 – 1911 – 0000127　127

[雍正]江西通志一百六十二卷首三卷　（清）謝旻等修　（清）陶成　（清）惲鶴生纂　清雍正十年(1732)刻本　一冊　存三卷(二十三至二十五)

360000 – 1911 – 0000128　128

[乾隆]南安府大庾縣志二十卷首一卷　（清）余光璧纂修　清乾隆十三年(1748)刻本　一冊　存二卷(十一至十二)

360000 – 1911 – 0000129　129

[康熙]饒州府志四十卷首一卷　（清）王澤洪修　（清）吳俊等纂　清康熙十一年(1672)刻康熙二十二年(1683)黃家遴增刻本　十一冊　存十卷(二至五、十二至十五、二十一至二十二)

360000 – 1911 – 0000130　129 – 1

鄱郡史事考十卷　（清）史珥撰　清同治稿本　二冊

360000 – 1911 – 0000131　130

[乾隆]樂平縣志三十二卷首一卷續志四卷（清）陳訥　（清）王猷修　（清）楊人傑（清）歐陽聯等纂　清乾隆十七年(1752)刻本　四冊　存二十卷(五至十、十八至二十七，續志四卷)

360000 – 1911 – 0000132　131

[康熙]婺源縣志十二卷　（清）劉光宿修（清）詹養沉纂　清康熙八年(1669)刻本　三冊　存六卷(一至二、五至八)

360000 – 1911 – 0000133　132

[同治]安仁縣志三十六卷首一卷末一卷（清）朱潼修　（清）徐彥楠　（清）劉兆傑纂　清抄本　一冊　存一卷(節烈武事祥異藝文)

360000 – 1911 – 0000134　133

[康熙]餘干縣志十二卷首一卷　（清）呂瑋修（清）胡思藻　（清）黃家遴纂　清康熙二十三年(1684)刻本　六冊

360000 – 1911 – 0000135　134

欽定日下舊聞考一百六十卷　（清）于敏中（清）竇光鼐等纂修　清乾隆三十九年(1774)刻本　四十七冊　存一百五十七卷(一至五十九、六十三至一百六十)

360000 – 1911 – 0000136　135

水道提綱二十八卷 （清）齊召南撰　清乾隆
四十一年(1776)傳經書屋刻本　八冊

360000－1911－0000137　136
天下河山兩戒考十四卷 （清）徐文靖撰　清
雍正刻本　五冊

360000－1911－0000138　137
兩漢金石記二十二卷 （清）翁方綱撰　清乾
隆五十四年(1789)大興翁方綱南昌使院刻本
二冊　存七卷(一至四、七至九)

360000－1911－0000139　138
荀子二十卷校勘補遺一卷 （唐）楊倞注
（清）盧文弨 （清）謝墉輯校　清乾隆五十一
年(1786)嘉善謝墉安雅堂刻本　三冊　存十
七卷(五至二十、補遺一卷)

360000－1911－0000140　139
二程全書六十七卷 （宋）程顥 （宋）程頤撰
（宋）朱熹輯　清康熙石門呂氏寶誥堂刻本
十六冊

360000－1911－0000141　140
大學衍義四十三卷 （宋）真德秀撰 （明）陳
仁錫評　明崇禎陳仁錫刻本　五冊　存二十
三卷(一至九、三十至四十三)

360000－1911－0000142　141
大學衍義補一百六十卷首一卷 （明）丘濬撰
明刻本　三冊　存九卷(一至三、八至十
一,首一卷)

360000－1911－0000143　142
大學衍義補刪三十卷首一卷 （明）邱濬撰
(清)張能鱗刪　清初刻本　十五冊　存二十
三卷(一至七、十六至三十,首一卷)

360000－1911－0000144　143
薛氏醫按七十八卷 （明）薛己撰　清乾隆、
嘉慶刻本　六冊　存十二卷

360000－1911－0000145　144
張氏醫通十六卷 （清）張璐撰　清康熙四十
七年(1708)裕德堂刻本　十二冊　存十二卷
(一至五、七、九、十一至十四、十六)

360000－1911－0000146　145
重訂外科正宗十二卷 （明）陳實功撰 （清）
張鶯翼重訂　清乾隆四十五年(1780)鴻文堂
刻本　三冊　存九卷(一至二、六至十二)

360000－1911－0000147　146
欽定儀象考成三十卷首二卷 （清）允祿等撰
清乾隆十九年(1754)武英殿刻本　二冊
存八卷(二十至二十五、首二卷)

360000－1911－0000148　147
御製曆象考成上編十六卷下編十卷表十六卷
（清）允祿等撰　清刻本　十五冊　存二十
八卷(上編一至七、九至十六,下編五至十,表
一至七)

360000－1911－0000149　148
御製曆象考成後編十卷 （清）顧琮等編　清
乾隆七年(1742)刻本　八冊

360000－1911－0000150　149
御製數理精蘊上編五卷下編四十卷表八卷
(清)聖祖玄燁撰　清刻本　二十八冊　存四
十六卷(下編一至二、五至四十,表八卷)

360000－1911－0000151　150
鐵網珊瑚書品十卷畫品六卷 （明）朱存理輯
清雍正六年(1728)年希堯澄鑒堂刻本(目
錄、卷一配清抄本)　十冊

360000－1911－0000152　151
封氏聞見記十卷 （唐）封演撰　清乾隆二十
一年(1756)德州盧氏刻雅雨堂叢書本　一冊

360000－1911－0000153　152
容齋隨筆十六卷續筆十六卷三筆十六卷四筆
十六卷五筆十卷 （宋）洪邁撰　明崇禎三年
(1630)馬元調刻本　十四冊

360000－1911－0000154　153
困學紀聞二十卷 （宋）王應麟撰 （清）閻若
璩箋 （清）何焯評　清汪垕桐華書塾刻本
四冊

360000－1911－0000155　154
池北偶談二十六卷 （清）王士禎撰　清康熙

167

四十年(1701)刻王漁洋遺書本　八冊

360000－1911－0000156　155
名句文身表異錄二十卷　(明)王志堅撰　清康熙四十七年(1708)刻本　一冊

360000－1911－0000157　156
日知錄三十二卷　(清)顧炎武撰　清康熙三十四年(1695)潘耒遂初堂刻本　七冊　存二十二卷(一至六、十七至三十二)

360000－1911－0000158　157
玉芝堂談薈三十六卷　(明)徐應秋輯　清初刻本　十七冊　存三十四卷(一至三十四)

360000－1911－0000159　158
長城金鏡六卷　(清)石景芬撰　清同治五年(1866)木活字印本　二冊　存二卷(二、五)

360000－1911－0000160　159
世說新語六卷　(南朝宋)劉義慶撰　(南朝梁)劉孝標注　明吳中珩刻本　五冊　存五卷(一至二、四至六)

360000－1911－0000161　160
摭言十五卷　(五代)王定保撰　清乾隆二十一年(1756)德州盧氏刻雅雨堂叢書本　二冊

360000－1911－0000162　161
摭言十五卷　(五代)王定保撰　清乾隆二十一年(1756)德州盧氏刻雅雨堂叢書本　二冊

360000－1911－0000163　162
天文會通占□□卷　(□)□□撰　明抄本　四冊　存十一卷(二十一至三十一)

360000－1911－0000164　163
壬課纂義十二卷　題(□)真一山人撰　明抄本　六十冊

360000－1911－0000165　164
元經十卷　題(晉)郭璞撰　(晉)趙戴注　清乾隆五十五年(1790)顧鶴庭樂真堂刻本　二冊

360000－1911－0000166　165
藝文類聚一百卷　(唐)歐陽詢輯　明嘉靖六年至七年(1527－1528)胡纘宗、陸采刻本

十六冊

360000－1911－0000167　166
冊府元龜一千卷目錄十卷　(宋)王欽若等輯　明崇禎十五年(1642)黃國琦刻本　三十二冊　存一百七卷(三十一至四十、三百二十八至三百三十一、三百八十一至三百九十七、四百八十一至四百八十六、五百五至五百十二、五百四十七至五百七十三、七百五十一至七百五十六、八百四十七至八百五十七、九百六十四至九百六十七、九百七十二至九百七十七、九百九十三至一千)

360000－1911－0000168　167
玉海二百卷辭學指南四卷詩考一卷詩地理考六卷漢藝文志考證十卷通鑑地理通釋十四卷漢制考四卷踐阼篇集解一卷周易鄭康成注一卷姓氏急就篇二卷急就篇補注四卷周書王會補注一卷小學紺珠十卷六經天文編二卷通鑑答問五卷　(宋)王應麟撰　清嘉慶十一年(1806)合河康基田江寧刻本　十四冊　存二十六卷(玉海二十六至二十八、九十七至九十八、一百一至一百四,周易鄭康成注一卷,小學紺珠十卷,六經天文編二卷,通鑑答問二至五)

360000－1911－0000169　168
新增說文韻府羣玉二十卷　(元)陰時夫輯　(元)陰中夫注　(明)王元貞校　明刻本　五冊　存十卷(一至二、五至十、十九至二十)

360000－1911－0000170　169
增刪韻府羣玉定本二十卷　(元)陰時夫輯　(元)陰中夫注　(清)謝人鳳增刪　清康熙二十六年(1687)刻本　九冊　存十八卷(一至十六、十九至二十)

360000－1911－0000171　170
對類二十卷　(□)□□撰　明刻本　十冊　存十九卷(一、三至二十)

360000－1911－0000172　171
古今萬姓統譜一百四十卷歷代帝王姓系統譜六卷氏族博考十四卷　(明)凌迪知輯　明萬曆刻本　六十六冊　存一百三十四卷(一至

九、十二至十三、十八至三十四、三十七至五十八、六十至六十一、六十四至七十一、七十三至八十七、九十至一百二十四、一百二十七至一百三十六,氏族博考十四卷)

360000－1911－0000173　172

潛確居類書一百二十卷首二卷　(明)陳仁錫輯　明刻本　七十一冊　存一百八卷(五至四十一、四十六至七十六、八十一至一百二十)

360000－1911－0000174　173

元和姓纂十卷　(唐)林寶撰　(清)孫星衍(清)洪瑩校補　清嘉慶七年(1802)洪瑩刻本　三冊　存五卷(三至七)

360000－1911－0000175　174

格致鏡原一百卷　(清)陳元龍輯　清雍正刻本　十九冊　存八十卷(五至六十七、七十六至九十二)

360000－1911－0000176　175

類腋五十五卷　(清)姚培謙　(清)張卿雲輯補遺三卷　(清)張隆孫輯　清乾隆七年(1742)綠蔭堂刻本　十九冊　存四十一卷(天部一至八,地部一至八、十一至十六,人部一至三、十一至十二,物部三至十六)

360000－1911－0000177　176

江左三大家詩鈔九卷　(清)顧有孝　(清)趙澐輯　清康熙六年(1667)刻本　六冊

360000－1911－0000178　177

憑山閣增輯留青新集三十卷　(清)陳枚輯(清)陳德裕增輯　清康熙刻本　二十冊

360000－1911－0000179　178

樂府詩集一百卷目錄二卷　(宋)郭茂倩輯明末毛氏汲古閣刻本　八冊　存九十三卷(八至一百)

360000－1911－0000180　179

選詩補註八卷補遺二卷續編四卷　(元)劉履撰　明嘉靖三十一年(1552)顧存仁養吾堂刻本　五冊　存六卷(二至四、六至八)

360000－1911－0000181　180

廣廣文選二十四卷　(明)周應治輯　明崇禎八年(1635)周元孚刻本　十四冊　存二十一卷(一至三、五至七、十至二十四)

360000－1911－0000182　181

書記洞詮一百十六卷目錄十卷　(明)梅鼎祚輯　明萬曆二十五年(1597)玄白堂刻本　十一冊　存四十一卷(一至三十四,目錄一至四、八至十)

360000－1911－0000183　182

古文淵鑒六十四卷　(清)徐乾學等輯　清康熙內府刻五色套印本　二十六冊　存五十八卷(四至十五、十九至六十四)

360000－1911－0000184　183

歷代詩家初集五十六卷二集八十六卷　(清)范士楫　(清)戴明說輯　清順治十三年(1656)刻本　六冊　存七十一卷(初集一至二十七,二集一至二十九、三十一至三十二、三十四、四十二至四十七、五十一至五十六)

360000－1911－0000185　184

慧眼山房原本古今文小品八卷　(明)陳天定輯並評　清刻本　七冊

360000－1911－0000186　185

文選六十卷　(南朝梁)蕭統輯　(唐)李善注清乾隆三十七年(1772)葉氏海錄軒刻朱墨套印本　十六冊

360000－1911－0000187　186

御定歷代賦彙一百四十卷外集二十卷逸句二卷補遺二十二卷目錄三卷　(清)陳元龍輯清康熙四十五年(1706)內府刻本　十七冊存五十五卷(二十九至三十、三十四至四十五、五十五至六十一、七十一至七十三、九十五至九十八、一百一至一百十二、一百三十二至一百三十五、一百三十八至一百四十,外集一至二、九至十一,補遺十五至十七)

360000－1911－0000188　187

唐文粹詩選六卷　(清)王士禛輯　清康熙二十六年(1687)刻本　二冊

江西省樂平市圖書館古籍普查登記目錄

360000 - 1911 - 0000189　188

東嵒草堂評訂唐詩鼓吹十卷　(金)元好問輯　(元)郝天挺注　(明)廖文炳解　(清)朱三錫評　清康熙刻本(卷八配清初陸貽典刻本)　五冊　存八卷(二至六、八至十)

360000 - 1911 - 0000190　189

唐雅同聲五十卷目錄二卷　(明)朱謀㙔輯　(清)朱統鉽重編　清順治十八年(1661)朱統鉽刻本　十九冊　存五十一卷(一至十七、十九至五十,目錄二卷)

360000 - 1911 - 0000191　190

唐雅同聲五十卷目錄二卷　(明)朱謀㙔輯　(清)朱統鉽重編　清順治十八年(1661)朱統鉽刻本　八冊　存二十八卷(十四至十八、二十三至二十七、三十三至五十)

360000 - 1911 - 0000192　191

中晚唐詩叩彈集十二卷續集三卷　(清)杜詔　(清)杜庭珠輯　清康熙刻本　二冊　存六卷(五至十)

360000 - 1911 - 0000193　192

唐試律箋二卷　(清)朱琰撰　清康熙刻本　一冊

360000 - 1911 - 0000194　193

唐詩解五十卷　(明)唐汝詢輯　清順治十六年(1659)趙孟龍萬笈堂刻本　十五冊　存三十八卷(一至二十四、三十一至三十五、三十九至四十七)

360000 - 1911 - 0000195　194

明詩綜一百卷　(清)朱彝尊輯　清康熙刻本　二十一冊　存四十四卷(三至十二、十八至二十三、二十七至四十、五十八至六十四、七十一至七十七)

360000 - 1911 - 0000196　195

庾開府集二卷　(北周)庾信撰　明婁東張氏刻漢魏六朝百三名家集本　一冊　存一卷(一)

360000 - 1911 - 0000197　196

魏特進集一卷　(北齊)魏收撰　明婁東張氏

刻漢魏六朝百三名家集本　一冊

360000 - 1911 - 0000198　197

漢魏六朝百三名家集　(明)張溥輯　明婁東張氏刻本　一冊　存二種

360000 - 1911 - 0000199　198

漢魏六朝百三名家集　(明)張溥輯　明婁東張氏刻本　一冊　存二種

360000 - 1911 - 0000200　199

白香山詩長慶集二十卷後集十七卷別集一卷補遺二卷　(唐)白居易撰　(清)汪立名編　清康熙四十一年至四十二年(1702 - 1703)汪立名一隅草堂刻本　八冊　存三十六卷(長慶集五至二十、後集十七卷、別集一卷、補遺二卷)

360000 - 1911 - 0000201　200

杜詩論文五十六卷　(清)吳見思撰　(清)潘眉評　清康熙十一年(1672)常州岱淵堂刻本　十二冊

360000 - 1911 - 0000202　201

讀杜心解六卷首二卷　(清)浦起龍撰　清雍正二年至三年(1724 - 1725)前澗浦氏寧我齋刻本　六冊

360000 - 1911 - 0000203　202

司馬溫公文集八十二卷　(宋)司馬光撰　明崇禎元年(1628)吳時亮刻本　十八冊　存七十卷(三至二十八、三十六至六十三、六十七至八十二)

360000 - 1911 - 0000204　203

鄱陽集四卷首一卷末一卷　(宋)洪皓撰　清同治刻本　一冊

360000 - 1911 - 0000205　204

新刻臨川王介甫先生文集一百卷目錄二卷　(宋)王安石撰　明萬曆四十年(1612)王鳳翔光啟堂刻本　三冊　存二十五卷(一至九、二十五至三十八,目錄二卷)

360000 - 1911 - 0000206　205

王荊文公詩五十卷　(宋)王安石撰　(宋)李

壁箋注　清乾隆五年至六年(1740－1741)張宗松清綺齋刻本　六冊

360000－1911－0000207　206

東坡先生全集七十五卷　（宋）蘇軾撰　明末刻本　二十六冊　存七十二卷(一至七十二)

360000－1911－0000208　207

東坡先生全集七十五卷　（宋）蘇軾撰　明末刻本　十八冊　存四十一卷(十至十七、二十七至四十九、六十六至七十五)

360000－1911－0000209　208

東坡詩選十二卷　（明）袁宏道閱　（明）譚元春選　東坡先生年譜一卷　（宋）王宗稷編　明天啓刻本　五冊

360000－1911－0000210　209

東坡先生編年詩五十卷年表一卷　（宋）蘇軾撰　（清）查慎行補注　清乾隆二十六年(1761)香雨齋刻本　五冊　存十一卷(一至二、五至六、十一至十五、十九至二十)

360000－1911－0000211　210

青邱高季迪先生詩集十八卷遺詩一卷鳧藻集五卷扣舷集一卷　（明）高啓撰　（清）金檀輯注　年譜一卷　（清）金檀撰　清雍正六年(1728)金氏文瑞樓刻本　六冊　存十三卷(詩集一至十一、十六至十七)

360000－1911－0000212　211

徐文長文集三十卷四聲猿一卷　（明）徐渭撰　（明）袁宏道評點　明萬曆四十二年(1614)鍾人傑刻本　十二冊

360000－1911－0000213　212

解文毅公集十六卷附錄一卷　（明）解縉撰　清乾隆三十二年(1767)吉水解氏刻本　六冊

360000－1911－0000214　213

虎溪漁叟集十八卷　（清）劉命清撰　清康熙三十八年(1699)帶玉堂刻本　五冊　存十六卷(一至九、十二至十八)

360000－1911－0000215　214

刪後詩四卷　（清）程作舟撰　清康熙三十九年(1700)雩園刻本　二冊　存二卷(一、三)

360000－1911－0000216　215

銅鼓書堂遺藁三十二卷　（清）查禮撰　清乾隆五十七年(1792)刻本　四冊

360000－1911－0000217　216

漁洋山人評選研村集五卷　（清）汪沅撰　鹿門近體詩一卷　（清）汪柯玥撰　清康熙四十四年(1705)刻本　一冊

360000－1911－0000218　217

憺園文集三十六卷　（清）徐乾學撰　清康熙三十六年(1697)冠山堂刻本　十一冊　存三十二卷(一至九、十四至三十六)

360000－1911－0000219　218

董白鄉全集三十四卷　（清）董元憲撰　清道光二十九年(1849)梅花吟館刻本　十冊

360000－1911－0000220　219

董白鄉全集三十四卷　（清）董元憲撰　清道光二十九年(1849)梅花吟館刻本　十冊

360000－1911－0000221　220

董白鄉全集三十四卷　（清）董元憲撰　清道光二十九年(1849)梅花吟館刻本　五冊　存十一卷(詩鈔六至八、文鈔一至四、詠史樂府九至十二)

360000－1911－0000222　221

誦清閣文鈔四卷　（清）石景芬撰　清同治十年(1871)刻本　三冊　存三卷(一、三至四)

360000－1911－0000223　222

誦清閣文鈔四卷　（清）石景芬撰　清同治十年(1871)刻本　二冊　存二卷(三至四)

360000－1911－0000224　223

秋江集六卷　（清）黃任撰　清乾隆二十一年(1756)刻本　二冊

360000－1911－0000225　224

彙纂詩法度鍼三十三卷　（清）徐文弼輯　清乾隆二十四年(1759)刻本　八冊

360000－1911－0000226　225

稗海　（明）商濬輯　（清）李絨補　明萬曆會

稽商氏半埜堂刻清康熙振鷺堂補刻本　二十
二冊　存十六種

360000－1911－0000227　226
石齋先生經傳九種　（明）黃道周撰　清康熙
三十二年(1693)晉安鄭氏刻本　十九冊　存
八種

360000－1911－0000228　227
鄭氏易譜十二卷　（明）鄭旒撰　清乾隆三十
九年(1774)刻本　三冊　存八卷(一、六至十
二)

360000－1911－0000229　228
鄭氏易譜十二卷　（明）鄭旒撰　清乾隆三十
九年(1774)刻本　一冊　存三卷(六至八)

360000－1911－0000230　229
欽定書經傳說彙纂二十一卷首二卷書序一卷
　（清）王頊齡等撰　清雍正刻本　二冊　存
四卷(十三至十四、十七至十八)

360000－1911－0000231　230
清獻堂全編　（清）趙佑撰　清乾隆二十九年
(1764)刻本　四冊　存二種八卷(尚書質疑
上、下,尚書異讀考一至六)

360000－1911－0000232　231
周禮注疏刪翼三十卷　（明）王志長撰　清乾
隆六十年(1795)醉墨齋刻本　十六冊

360000－1911－0000233　232
欽定儀禮義疏四十八卷首二卷　（清）朱軾等
撰　清乾隆刻本　二十六冊

360000－1911－0000234　233
欽定禮記義疏八十二卷首二卷　（清）鄂爾泰
等撰　清乾隆刻本　三十二冊　存六十五卷
(一至三十八、四十七至五十四、五十七至六
十五、六十八至七十二、七十五至七十九)

360000－1911－0000235　234
鄉黨圖考十卷　（清）江永撰　清乾隆三十八
年(1773)刻本　四冊

360000－1911－0000236　235
鄉黨圖考十卷　（清）江永撰　清乾隆五十七

年(1792)刻本　七冊

360000－1911－0000237　236
四書襯十九卷　（清）駱培撰　清乾隆坦吉堂
刻本　六冊

360000－1911－0000238　237
爾雅正義二十卷　（清）邵晉涵撰　清乾隆刻
本　七冊　存十五卷(二至十四、十八至十
九)

360000－1911－0000239　238
康熙字典十二集三十六卷總目一卷檢字一卷
辨似一卷等韻一卷補遺一卷備考一卷　（清）
張玉書等纂　清康熙刻本　三十五冊　存三
十五卷(子中下、丑上中下、寅上中下、卯上中
下、辰上中下、巳上下、午上中下、未上中下、
申上中下、酉上中下、戌中下、亥上中下,補遺
一卷,備考一卷)

360000－1911－0000240　239
御定康熙字典十二集三十六卷總目一卷檢字
一卷辨似一卷等韻一卷補遺一卷備考一卷
（清）張玉書等纂　清康熙五十五年(1716)刻
本　四十冊

360000－1911－0000241　240
康熙字典十二集三十六卷總目一卷檢字一卷
辨似一卷等韻一卷補遺一卷備考一卷　（清）
張玉書等纂　清康熙刻本　四十冊

360000－1911－0000242　241
孔子家語十卷　（三國魏）王肅注　清乾隆四
十五年(1780)刻本　二冊

360000－1911－0000243　242
農桑輯要七卷　（元）司農司撰　清乾隆刻本
　三冊　存五卷(三至七)

360000－1911－0000244　243
欽定授時通考七十八卷　（清）鄂爾泰等撰
清乾隆刻本　九冊　存六十五卷(七至三十
二、三十六至七十四)

360000－1911－0000245　244
沈氏尊生書　（清）沈金鰲撰　清乾隆四十九

年(1784)無錫沈氏刻本　十三冊　存四種

360000 - 1911 - 0000246　245
絳雪園古方選注三卷附得宜本草一卷 （清）
王子接撰　清雍正十年(1732)刻本　四冊

360000 - 1911 - 0000247　246
芥子園畫傳三集不分卷 （清）王槩等輯　清
康熙四十年(1701)文光堂刻本　一冊

360000 - 1911 - 0000248　247
匯東手談三十二卷 （清）史珥撰　清康熙刻
本　二冊　存六卷(四至六、二十六至二十
八)

360000 - 1911 - 0000249　248
欽定四庫全書考證一百卷 （清）王太岳等撰
清乾隆武英殿木活字印武英殿聚珍版書本
五冊　存八卷(三至五、十至十一、五十三
至五十四、五十九)

360000 - 1911 - 0000250　249
說郛續四十六卷 （明）陶珽輯　清順治三年
(1646)兩浙督學周南李際期宛委山堂刻本
三冊　存三卷(二十七、二十九至三十)

360000 - 1911 - 0000251　250
陰隲文圖說不分卷 （清）司馬聖弼撰　清康
熙刻本　四冊

360000 - 1911 - 0000252　251
聊齋志異新評十六卷 （清）蒲松齡撰　（清）
王士禎評　（清）呂湛恩注　（清）但明倫新評
清道光二十二年(1842)但氏刻朱墨套印本
四冊　存四卷(二、四、七、十三)

360000 - 1911 - 0000253　252
彙輯地理水法宗旨二卷 （清）陳永芳撰　清
乾隆刻本　一冊

360000 - 1911 - 0000254　253
蘭雪堂古事苑定本十二卷 （明）鄧志謨輯
清康熙二十五年(1686)蘭雪堂刻本　六冊

360000 - 1911 - 0000255　254
唐詩金粉十卷 （清）沈炳震輯　清乾隆刻本
二冊　存五卷(六至十)

360000 - 1911 - 0000256　255
文選六十卷 （南朝梁）蕭統輯　（唐）李善注
明末海虞毛氏汲古閣刻本　一冊　存五卷
(二十五至二十九)

360000 - 1911 - 0000257　256
文選六十卷 （南朝梁）蕭統輯　（唐）李善注
明末毛氏汲古閣刻清康熙二十五年(1686)
錢士謐重修本　二冊　存十一卷(一至十一)

360000 - 1911 - 0000258　257
文選六十卷 （南朝梁）蕭統輯　（唐）李善注
清乾隆三十七年(1772)刻朱墨套印本　十
六冊

360000 - 1911 - 0000259　258
文選六十卷 （南朝梁）蕭統輯　（唐）李善注
（清）何焯評　清乾隆三十七年(1772)葉氏
海錄軒刻朱墨套印本　十二冊

360000 - 1911 - 0000260　259
古文分編集評四集二十二卷 （清）于光華輯
清乾隆五十二年(1787)友于堂刻本　十四
冊　存十六卷(初集上一至二、下一,二集上二
至三、下一至二,三集一至四、八,四集一至四)

360000 - 1911 - 0000261　260
**唐宋八大家文分體讀本一集八卷二集八卷三
集八卷** （清）王份輯　清康熙五十八年
(1719)遄喜齋刻本　十一冊　存十卷(一集
七,二集三至四、八,三集一至五、八)

360000 - 1911 - 0000262　261
唐宋八家文讀本三十卷 （清）沈德潛輯　清
乾隆十五年(1750)小欝林刻本　九冊　存二
十三卷(一至十四、十八至二十、二十五至三
十)

360000 - 1911 - 0000263　262
詩體明辯十卷論詩一卷 （明）徐師曾輯
（清）汪淇等箋評　清順治十五年(1658)還讀
齋刻本　三冊　存六卷(一、三至四、八至十)

360000 - 1911 - 0000264　263
詩林韶濩二十卷 （清）顧嗣立輯　清康熙四
十四年(1705)顧氏秀野草堂刻本　二冊　存

173

四卷(一至二、五至六)

360000－1911－0000265　264
寓意錄四卷　（清）繆曰藻撰　清乾隆四十五年(1780)刻本　一冊　存二卷(三至四)

360000－1911－0000266　265
全唐詩九百卷目錄十二卷　（清）曹寅等輯　清康熙四十四年至四十六年(1705－1707)揚州詩局刻本　八冊　存八冊(六函八至九,八函二、八,九函三、八至九,十一函八)

360000－1911－0000267　266
唐人應試賦選八卷　（清）劉文蔚箋　（清）姚兀宗輯　清乾隆二十五年(1760)刻本　二冊　存四卷(一至二、七至八)

360000－1911－0000268　267
本朝名媛詩鈔六卷　（清）胡孝思　（清）朱珖輯　清康熙五十五年(1716)凌雲閣刻本　二冊　存四卷(三至六)

360000－1911－0000269　268
楚辭集註八卷　（宋）朱熹撰　清康熙聽雨齋刻朱墨套印本　三冊　存六卷(一、四至八)

360000－1911－0000270　269
李太白文集三十六卷　（唐）李白撰　（清）王琦輯注　清乾隆二十五年(1760)寶笏樓刻本　十四冊

360000－1911－0000271　270
讀杜心解六卷首二卷　（清）浦起龍撰　清雍正二年至三年(1724－1725)前澗浦氏寧我齋刻本　四冊　存六卷(一之六、二之一至二、三之四至六、四之一,首二卷)

360000－1911－0000272　271
李長吉歌詩四卷外集一卷首一卷　（唐）李賀撰　（清）王琦彙解　清乾隆二十五年(1760)寶笏樓刻本　一冊　存三卷(一至二、首一卷)

360000－1911－0000273　272
白香山詩長慶集二十卷　（唐）白居易撰　（清）汪立名編　清康熙四十一年至四十二年

(1702－1703)汪立名一隅草堂刻本　二冊　存十三卷(八至二十)

360000－1911－0000274　273
蘇東坡詩集註三十二卷失編補注一卷附宋史本傳一卷　（宋）蘇軾撰　（宋）呂祖謙編　（宋）王十朋輯　（清）朱從延校　年譜一卷　（宋）王宗稷編　清康熙三十七年(1698)朱從延文蔚堂刻本　十二冊　存三十四卷(詩集註三十二卷、本傳一卷、年譜一卷)

360000－1911－0000275　274
西山先生真文忠公文集五十五卷　（宋）真德秀撰　清康熙四年(1665)刻本　五冊　存九卷(八至十一、二十六、二十九至三十二)

360000－1911－0000276　275
箋釋梅亭先生四六標準四十卷　（宋）李劉撰　（明）孫雲翼箋釋　清乾隆五年(1740)李氏刻本　五冊　存六卷(一至六)

360000－1911－0000277　276
曾文定公全集二十卷首一卷末一卷　（宋）曾鞏撰　（清）彭期編　清康熙三十六年(1697)刻本　十一冊　存十九卷(一至十二、十六至二十,首一卷,末一卷)

360000－1911－0000278　277
張古城先生文集六卷補遺一卷　（明）張吉撰　清乾隆刻本　四冊

360000－1911－0000279　278
吳詩集覽二十卷補注二十卷　（清）吳偉業撰　（清）靳榮藩注　談藪二卷談藪拾遺一卷　（清）靳榮藩撰　清乾隆刻本　十六冊

360000－1911－0000280　279
漁洋山人精華錄箋注十二卷補一卷附年譜一卷　（清）王士禎撰　（清）金榮箋注　清金氏鳳翽堂刻乾隆三年(1738)續刻本　一冊　存十三卷(漁洋山人精華錄箋注十二卷、補一卷)

360000－1911－0000281　280
小倉山房詩集三十四卷詩補遺二卷文集三十一卷外集七卷　（清）袁枚撰　清乾隆五十八

年(1793)刻本　四冊　存十一卷(詩集二十一至三十一)

360000－1911－0000282　281

壯悔堂文集十卷　(清)侯方域撰　清康熙三十四年(1695)刻本　五冊　存八卷(一至三、六至十)

360000－1911－0000283　282

雨峯詩鈔不分卷　(清)齊翀撰　清乾隆刻本　一冊

360000－1911－0000284　283

今雨堂同懷稿不分卷　(清)金虞　(清)金甡撰　清乾隆三十年(1765)刻本　八冊

360000－1911－0000285　284

詩法度鍼三十三卷　(清)徐文弻輯　清乾隆怡蓮堂刻本　八冊　存三十二卷(一至三十、三十二至三十三)

360000－1911－0000286　285

詩法度鍼三十三卷　(清)徐文弻輯　清乾隆刻本　二冊　存十一卷(十九至二十九)

360000－1911－0000287　286

增訂漢魏叢書　(清)王謨輯　清乾隆五十三年(1788)刻本　五十七冊　存五十三種

360000－1911－0000288　286－1

禮記析疑四十八卷　(清)方苞撰　清乾隆五十三年(1788)刻本　一冊　存七卷(四至十)

360000－1911－0000289　287

抱經堂叢書　(清)盧文弨輯　清乾隆至嘉慶盧氏抱經堂刻本　三十九冊　存十四種

360000－1911－0000290　389

張皋文箋易詮全集　(清)張惠言撰　清嘉慶道光刻本　五冊　存五種

360000－1911－0000291　390

周易四卷　(宋)朱熹本義　清嘉慶十年(1805)刻本　二冊

360000－1911－0000292　391

周易四卷　(宋)朱熹本義　清光緒十二年(1886)湖北官書處刻本　二冊

360000－1911－0000293　393

周易四卷　(宋)朱熹本義　清兩儀堂刻本　二冊

360000－1911－0000294　394

周易本義四卷　(宋)朱熹撰　清同治十三年(1874)湖南書局刻本　二冊　存三卷(一至三)

360000－1911－0000295　396

周易四卷　(宋)朱熹本義　清會友堂刻本　二冊

360000－1911－0000296　397

周易四卷　(宋)朱熹本義　清慎詒堂刻本　二冊

360000－1911－0000297　398

周易四卷　(宋)朱熹本義　清文光堂刻本　二冊

360000－1911－0000298　399

易經精華六卷末一卷　(清)薛嘉穎撰　清光緒二十年(1894)學庫山房刻本　三冊

360000－1911－0000299　400

易經精華六卷末一卷　(清)薛嘉穎撰　清光緒六年(1880)刻本　四冊

360000－1911－0000300　401

易經精華六卷末一卷　(清)薛嘉穎撰　清光緒十三年(1887)光霽堂刻本　三冊

360000－1911－0000301　402

楚蒙山房易經解十六卷　(清)晏斯盛撰　清刻本　十一冊

360000－1911－0000302　403

易經備旨十卷　(清)鄒聖脈輯　清道光二年(1822)務本堂刻本　三冊　存七卷(一至七)

360000－1911－0000303　404

易經體註大全合參四卷　(清)李兆賢輯　清兩儀堂刻本　三冊

360000－1911－0000304　405

易經體註大全合參四卷　(清)李兆賢輯　清文富堂刻本　二冊

360000 – 1911 – 0000305　406

御纂周易折中二十二卷　（清）李光地等撰
清刻本　一冊　存一卷(三)

360000 – 1911 – 0000306　407

朱子周易大全十六卷　（宋）朱熹撰　（清）吳
世尚輯　清刻本　七冊

360000 – 1911 – 0000307　408

新刻來瞿唐先生易註十五卷首一卷末一卷
（明）來知德撰　清刻本　七冊　存十五卷
(一至十一、十四至十五,首一卷,末一卷)

360000 – 1911 – 0000308　409

孔易闡真二卷　（清）劉一明撰　清刻本
一冊

360000 – 1911 – 0000309　410

承春堂易學玩圖錐指三十六卷　（清）湯道煦
撰　清嘉慶二年(1797)茗香齋刻本　十冊
存三十一卷(三至三十三)

360000 – 1911 – 0000310　411

周易校辨三卷　（清）石寶書撰　清光緒十三
年(1887)見心書屋木活字印本　三冊

360000 – 1911 – 0000311　412

周易校辨三卷　（清）石寶書撰　清光緒十三
年(1887)見心書屋木活字印本　一冊　存一
卷(一)

360000 – 1911 – 0000312　413

周易本義辯證五卷　（清）惠棟撰　清常熟蔣
氏省吾堂刻本　一冊　存二卷(一至二)

360000 – 1911 – 0000313　288

尚書大傳四卷　（漢）伏勝撰　（漢）鄭玄注
考異一卷補遺一卷續補遺一卷　（清）盧文弨
輯　清乾隆二十一年(1756)德州盧氏刻雅雨
堂叢書本　一冊

360000 – 1911 – 0000314　289

大戴禮記十三卷　（漢）戴德撰　（北周）盧辯
注　清乾隆二十一年(1756)德州盧氏刻雅雨
堂叢書本　二冊

360000 – 1911 – 0000315　290

周易四卷　（宋）朱熹本義　清兩儀堂刻本
二冊

360000 – 1911 – 0000316　291

周易四卷　（宋）朱熹本義　清會友堂刻本
二冊

360000 – 1911 – 0000317　414

圖書疑問十九卷首一卷　（清）杜峯撰　清道
光五年(1825)刻本　四冊

360000 – 1911 – 0000318　415

書經六卷　（宋）蔡沈集傳　清同治十三年
(1874)江西書局刻本　四冊

360000 – 1911 – 0000319　418

書經六卷　（宋）蔡沈集傳　清會友堂刻本
四冊

360000 – 1911 – 0000320　419

書經六卷　（宋）蔡沈集傳　清宣統元年
(1909)金陵奎壁齋刻本　二冊

360000 – 1911 – 0000321　420

書經六卷　（宋）蔡沈集傳　清恕堂刻本
四冊

360000 – 1911 – 0000322　422

監本書經六卷　（宋）蔡沈集傳　清寶文堂刻
本　四冊

360000 – 1911 – 0000323　423

慎詒書經六卷　（宋）蔡沈集傳　清會友堂刻
本　四冊

360000 – 1911 – 0000324　424

慎詒書經六卷　（宋）蔡沈集傳　清會友堂刻
本　四冊

360000 – 1911 – 0000325　425

書經增訂旁訓四卷　（宋）蔡沈集傳　清厚德
堂刻本　一冊

360000 – 1911 – 0000326　426

書經增訂旁訓四卷　（宋）蔡沈集傳　清留耕
堂刻本　一冊

360000 – 1911 – 0000327　427

書經體註大全合參六卷 （清）范翔參訂
（清）錢希祥輯　清學源堂刻本　四冊

360000－1911－0000328　428

書經體註大全合參六卷 （清）范翔參訂
（清）錢希祥輯　清同治五年(1866)刻本
四冊

360000－1911－0000329　430

欽定書經圖說五十卷 （清）孫家鼐撰　清光
緒三十一年(1905)武英殿石印本　十三冊
存四十三卷(一至三、六至十三、十六至十七、
二十一至五十)

360000－1911－0000330　431

書經精華六卷 （清）薛嘉穎撰　清光緒六年
(1880)會文堂刻本　二冊

360000－1911－0000331　432

寄傲山房塾課纂輯書經備旨蔡註捷録七卷首
一卷 （清）鄒聖脈輯　清紫文閣刻本　四冊

360000－1911－0000332　433

寄傲山房塾課纂輯書經備旨蔡註捷録七卷
（清）鄒聖脈輯　清紫文閣刻本　三冊

360000－1911－0000333　435

尚書離句六卷 （清）錢在培輯注　清英德堂
刻本　二冊

360000－1911－0000334　436

詩經八卷 （宋）朱熹集傳　清同治十三年
(1874)江西書局刻本　四冊

360000－1911－0000335　437

詩經八卷 （宋）朱熹集傳　清光緒二十一年
(1895)湖北官書處刻本　四冊

360000－1911－0000336　438

詩經八卷 （宋）朱熹集傳　清宣統元年
(1909)天機書局石印本　四冊

360000－1911－0000337　439

詩經八卷 （宋）朱熹集傳　清會友堂刻本
二冊

360000－1911－0000338　440

詩經八卷 （宋）朱熹集傳　清會友堂刻本
四冊

360000－1911－0000339　292

詩經八卷 （宋）朱熹集傳　清會友堂刻本
四冊

360000－1911－0000340　441

詩經八卷 （宋）朱熹集傳　清宣統三年
(1911)上海章福記石印本　四冊

360000－1911－0000341　443

詩經八卷 （宋）朱熹集傳　清刻本　四冊

360000－1911－0000342　444

重增詩經旁訓四卷 （清）石寶書撰　清光緒
見心書屋刻本　四冊

360000－1911－0000343　445

詩經體註大全合參八卷 （清）沈世楷輯　清
同治五年(1866)刻本　四冊

360000－1911－0000344　446

周禮折衷六卷 （清）胡興粦撰　清經元堂刻
本　六冊

360000－1911－0000345　447

周禮精華六卷 （清）陳龍標輯　清嘉慶寶文
堂刻本　五冊　存五卷(一至五)

360000－1911－0000346　448

周官精義十二卷 （清）連斗山編　清光緒十
三年(1887)兩儀堂刻本　六冊

360000－1911－0000347　349

周禮會通六卷 （清）胡魁元輯　清咸豐元年
(1851)翥山書院刻本　二冊

360000－1911－0000348　450

儀禮圖六卷 （清）張惠言撰　清刻本　一冊
存一卷(五)

360000－1911－0000349　451

儀禮析疑十七卷 （清）方苞撰　清刻本　一
冊　存二卷(十六至十七)

360000－1911－0000350　452

讀儀禮彙編四卷 （清）王煥奎編　清道光二
十八年(1848)刻本　三冊

360000－1911－0000351　453

儀禮精義鈔署六卷　(清)陸錫璞撰　清刻本
五冊　存五卷(二至六)

360000－1911－0000352　454

禮記集說十卷　(元)陳澔撰　清光緒十二年
(1886)湖北官書處刻本　十冊

360000－1911－0000353　455

禮記集說十卷　(元)陳澔撰　清同治五年
(1866)金陵書局刻本　五冊　存五卷(一至
五)

360000－1911－0000354　456

禮記集說十卷　(元)陳澔撰　清嘉慶十年
(1805)刻本　十冊

360000－1911－0000355　457

禮記集說十卷　(元)陳澔撰　清同治十三年
(1874)江西書局刻本　十冊

360000－1911－0000356　458

禮記集說十卷　(元)陳澔撰　清松盛堂刻本
十冊

360000－1911－0000357　459

禮記集說十卷　(元)陳澔撰　清刻本　九冊
存九卷(二至十)

360000－1911－0000358　460

禮記集說十卷　(元)陳澔撰　清刻本　十冊
存四卷(一至二、四至五)

360000－1911－0000359　461

禮記集說十卷　(元)陳澔撰　清刻本　十冊

360000－1911－0000360　462

禮記集說十卷　(元)陳澔撰　清光緒三年
(1877)刻本　十冊

360000－1911－0000361　293

禮記集說十卷　(元)陳澔撰　清光緒三年
(1877)刻本　十冊

360000－1911－0000362　294

禮記集說十卷　(元)陳澔撰　清光緒三年
(1877)刻本　十冊

360000－1911－0000363　463

禮記集說十卷　(元)陳澔撰　清會友堂刻本
七冊　存七卷(四至十)

360000－1911－0000364　464

禮記集說十卷　(元)陳澔撰　清恕堂刻本
六冊　存六卷(一至六)

360000－1911－0000365　465

禮記增訂旁訓六卷　(元)陳澔集說　清留耕
堂刻本　七冊

360000－1911－0000366　466

禮記章義十卷　(清)姜兆錫撰　清刻本　二
冊　存三卷(五至七)

360000－1911－0000367　467

全本禮記體註十卷　(清)徐瑄輯　清聚錦堂
刻本　一冊　存一卷(二)

360000－1911－0000368　468

禮記音訓十卷　(□)□□撰　清刻本　二冊
存二卷(三至四)

360000－1911－0000369　469

禮記精華十卷　(清)薛悟邨輯　清道光十九
年(1839)光韠堂刻本　二冊　存四卷(一至
二、九至十)

360000－1911－0000370　471

寄傲山房塾課纂輯禮記全文備旨十一卷
(清)鄒聖脈輯　清刻本　二冊　存四卷(一
至二、六至七)

360000－1911－0000371　472

寄傲山房塾課纂輯禮記全文備旨十一卷
(清)鄒聖脈輯　清刻本　五冊　存九卷(三
至十一)

360000－1911－0000372　473

漱芳軒合纂禮記體註四卷　(清)范翔輯　清
兩儀堂刻本　四冊

360000－1911－0000373　295

漱芳軒合纂禮記體註四卷　(清)范翔輯　清
兩儀堂刻本　四冊

360000－1911－0000374　474

三禮通釋二百八十卷首一卷目錄四卷 （清）林昌彝撰 清同治三年(1864)廣州刻本 二十三冊 存一百四十八卷(一至二十五、三十四至四十一、四十九至一百五十三、一百九十五至二百,目錄四卷)

360000－1911－0000375 475
學禮管釋十八卷 （清）夏炘撰 清刻本 一冊 存五卷(十至十四)

360000－1911－0000376 476
儀禮經傳通解三十七卷 （宋）朱熹撰 續二十九卷 （宋）黃幹撰 清呂氏寶誥堂刻本 二十三冊 存六十五卷(二至三十七、續二十九卷)

360000－1911－0000377 477
禮書綱目八十五卷首三卷 （清）江永編 清嘉慶十五年(1810)刻本 十五冊 存三十七卷(十一至十五、十八至四十九)

360000－1911－0000378 478
禮書綱目八十五卷首三卷 （清）江永編 清嘉慶十五年(1810)刻本 二十六冊 存七十二卷(一至二十六、四十至八十五)

360000－1911－0000379 479
春秋左傳五十卷 （晉）杜預注 （宋）林堯叟補注 （唐）陸德明音義 清光緒三十四年(1908)上海商務印書館石印本 十二冊

360000－1911－0000380 480
春秋左傳五十卷 （晉）杜預注 （宋）林堯叟補注 （唐）陸德明音義 清光緒三十四年(1908)上海商務印書館石印本 十二冊

360000－1911－0000381 296
春秋左傳五十卷 （晉）杜預注 （宋）林堯叟補注 （唐）陸德明音義 清光緒三十四年(1908)上海商務印書館石印本 十二冊

360000－1911－0000382 481
春秋左傳五十卷 （晉）杜預注 （宋）林堯叟補注 （唐）陸德明音義 清務本堂刻本 十二冊 存四十四卷(一至十四、十八至四十七)

360000－1911－0000383 482
春秋左傳三十卷首一卷 （晉）杜預注 （唐）陸德明音義 （宋）林堯叟附注 （清）馮李驊集解 清光緒十二年(1886)湖北官書處刻本 十二冊

360000－1911－0000384 483
春秋左傳杜注三十卷首一卷 （清）姚培謙撰 清同治五年(1866)金陵書局刻十三經讀本本 九冊 存二十六卷(一至二、七至三十)

360000－1911－0000385 485
評點春秋綱目左傳句解彙雋六卷 （清）韓菼重訂 清會友堂刻本 六冊

360000－1911－0000386 297
評點春秋綱目左傳句解彙雋六卷 （清）韓菼重訂 清會友堂刻本 六冊

360000－1911－0000387 490
評點春秋綱目左傳句解彙雋六卷 （清）韓菼重訂 清末石印本 四冊 存四卷(三至六)

360000－1911－0000388 493
左繡三十卷首一卷 （清）馮李驊 （清）陸浩評輯 清兩儀堂刻本 十六冊

360000－1911－0000389 492
左繡三十卷首一卷 （清）馮李驊 （清）陸浩評輯 清光緒二十八年(1902)新化三味書室刻本 十六冊

360000－1911－0000390 494
左繡三十卷首一卷 （清）馮李驊 （清）陸浩評輯 清華川書屋刻本 十二冊

360000－1911－0000391 495
左繡三十卷首一卷 （清）馮李驊 （清）陸浩評輯 清宣統三年(1911)會文堂石印本 十六冊

360000－1911－0000392 498
左繡三十卷首一卷 （清）馮李驊 （清）陸浩評輯 清末刻本 十二冊 存十九卷(二至五、八至十一、二十至三十)

360000－1911－0000393 499

御案春秋左傳經解備旨十二卷　（清）鄒聖脈
輯　清刻本　六冊

360000 - 1911 - 0000394　500
左傳事緯十二卷附錄八卷　（清）馬驌撰　清
道光十二年(1832)刻本　十二冊

360000 - 1911 - 0000395　298
左傳事緯十二卷附錄八卷　（清）馬驌撰　清
道光十二年(1832)刻本　十二冊

360000 - 1911 - 0000396　501
曲江書屋新訂批註左傳快讀十八卷首一卷
（清）李紹崧輯　清曲江書屋刻本　十六冊

360000 - 1911 - 0000397　503
左傳評苑不分卷　（□）□□輯　清燕靈堂抄
本　五冊

360000 - 1911 - 0000398　504
監本附音春秋公羊注疏二十八卷　（漢）何休
注　（唐）徐彥疏　（唐）陸德明音義　附校勘
記二十八卷　（清）阮元撰　（清）盧宣旬摘錄
　　清同治十二年(1873)江西書局刻本　九冊
　　存二十五卷(一至二十二、二十六至二十
八)

360000 - 1911 - 0000399　505
春秋公羊傳十一卷　（漢）何休注　（唐）陸德
明音義　清光緒十二年(1886)星沙文昌書局
刻本　二冊　存六卷(一至二、八至十一)

360000 - 1911 - 0000400　506
春秋公羊傳不分卷　（唐）徐彥疏　清道光刻
本　二冊

360000 - 1911 - 0000401　507
春秋穀梁傳二十卷　（晉）范甯集解　（唐）陸
德明音義　清光緒十二年(1886)星沙文昌書
局刻本　二冊　存六卷(三至八)

360000 - 1911 - 0000402　508
春秋尊經錄四卷首一卷　（清）羅鯤撰　清嘉
慶十六年(1811)刻本　二冊

360000 - 1911 - 0000403　509
春秋精義四卷首一卷　（清）黃淦輯　清嘉慶

十年(1805)刻本　二冊

360000 - 1911 - 0000404　510
春秋客難二十四卷　（清）龔元玠撰　清刻本
一冊　存四卷(八至十一)

360000 - 1911 - 0000405　511
春秋三傳十六卷首一卷附陸氏三傳釋文音義
十六卷　（清）□□輯　清嘉慶十年(1805)揚
州鮑氏刻本　十六冊

360000 - 1911 - 0000406　512
論語十卷　（宋）朱熹集注　清慎詒堂刻本
一冊　存五卷(六至十)

360000 - 1911 - 0000407　515
增訂二論引端詳解四卷　（清）劉忠輯　清會
友堂刻本　二冊

360000 - 1911 - 0000408　516
增訂二論引端詳解四卷　（清）劉忠輯　清兩
儀堂刻本　二冊

360000 - 1911 - 0000409　517
鄉黨圖考十卷　（清）江永撰　清乾隆五十七
年(1792)刻本　三冊　存七卷(三至六、八至
十)

360000 - 1911 - 0000410　518
鄉黨典制節要二卷　（清）沈丞輯　清嘉慶二
十一年(1816)刻本　一冊

360000 - 1911 - 0000411　519
四書十卷　（宋）朱熹集注　清嘉慶十年
(1805)刻本　六冊　存七卷(大學、中庸、論
語上下、孟子上中下)

360000 - 1911 - 0000412　521
四書集注十九卷　（宋）朱熹撰　清光緒三十
四年(1908)掃葉山房石印本　六冊

360000 - 1911 - 0000413　525
裏如堂四書集注十九卷　（宋）朱熹撰　清兩
儀堂刻本　六冊

360000 - 1911 - 0000414　526
新訂四書補注備旨十卷　（明）鄧林撰　（清）
杜定基增訂　清光緒三十年(1904)兩儀堂刻

本　六冊

360000－1911－0000415　528
新訂四書補注備旨十卷　（明）鄧林撰　（清）
杜定基增訂　清光緒二十九年(1903)忠信堂
刻本　六冊

360000－1911－0000416　531
新訂四書補注備旨十卷　（明）鄧林撰　（清）
杜定基增訂　清光緒二十三年(1897)石印本
三冊　存五卷(上論一至二、孟子一至三)

360000－1911－0000417　532
新訂四書補注備旨十卷　（明）鄧林撰　（清）
杜定基增訂　清刻本　三冊　存六卷(大學
一、中庸一、論語一至四)

360000－1911－0000418　533
新訂四書補注備旨十卷　（明）鄧林撰　（清）
杜定基增訂　清會友堂刻本　六冊

360000－1911－0000419　299
新訂四書補注備旨十卷　（明）鄧林撰　（清）
杜定基增訂　清會友堂刻本　六冊

360000－1911－0000420　534
新訂四書補注備旨十卷　（明）鄧林撰　（清）
杜定基增訂　清末鉛印本　二冊　存二卷
(上孟一、下孟三)

360000－1911－0000421　536
四書補注備旨十卷　（明）鄧林撰　（清）杜定
基增訂　清宣統三年(1911)掃葉山房石印本
六冊　存八卷(大學、中庸、論語一至二、孟
子一至四)

360000－1911－0000422　537
四書補注備旨十卷　（明）鄧林撰　（清）杜定
基增訂　清光緒二十三年(1897)石印本
六冊

360000－1911－0000423　539
皇朝四書彙解七十五卷　（清）凌賡揚輯　清
光緒三十年(1904)刻本　六冊　存三十七卷
(一至二、十至二十三、四十二至六十二)

360000－1911－0000424　540

四書典制類聯音注三十三卷　（清）閻其淵輯
清光緒二年(1876)烏草堂刻本　六冊

360000－1911－0000425　541
四書本義匯參不分卷　（清）王步青輯　清光
緒十年(1884)上海同文書局石印本　八冊

360000－1911－0000426　542
四書本義匯參不分卷　（清）王步青輯　清光
緒十五年(1889)上海積山書局石印本　五冊

360000－1911－0000427　543
四書本義匯參不分卷　（清）王步青輯　清光
緒二十八年(1902)上海書局石印本　五冊
存四卷(大學上、下,論語中,孟子下)

360000－1911－0000428　544
四書本義匯參不分卷　（清）王步青輯　清光
緒十年(1884)上海同文書局石印本　七冊

360000－1911－0000429　545
四書本義匯參四十五卷　（清）王步青輯　清
乾隆十年(1745)敦復堂刻本　九冊　存二十
卷(論語十五至二十、孟子一至十四)

360000－1911－0000430　546
四書朱子大全精言四十一卷　（清）周大璋輯
清康熙四十七年(1708)寶旭齋刻本　四十
冊　存四十一卷(大學三卷、中庸四卷、論語
二十卷、孟子十四卷)

360000－1911－0000431　547
四書題鏡不分卷　（清）汪鯉翔纂　清兩義堂
刻本　四冊

360000－1911－0000432　548
四書題鏡不分卷　（清）汪鯉翔纂　清同治三
年(1864)刻本　八冊

360000－1911－0000433　549
張謇批選四書義六卷續六卷　張謇輯　清光
緒三十年(1904)上海文新書局石印本　六冊
存六卷(四書義六卷)

360000－1911－0000434　550
張謇批選四書義六卷續六卷　張謇輯　清光
緒三十年(1904)上海文新書局石印本　九冊

181

360000－1911－0000435　551

張謇批選四書義六卷續六卷　張謇輯　清光緒三十年（1904）上海文新書局石印本　十二冊

360000－1911－0000436　552

大文堂四書體註合講十九卷圖說一卷　（清）翁復編　清大文堂刻本　六冊

360000－1911－0000437　553

四書味根錄三十七卷　（清）金澄撰　清道光二十三年（1843）粲花吟館刻本　十一冊　存三十二卷（一至三十二）

360000－1911－0000438　554

三經精華二十二卷末一卷　（清）薛嘉穎輯　清道光元年至六年（1821－1826）光韙堂刻本　八冊

360000－1911－0000439　555

皇朝五經彙解二百七十卷　（清）抉經心室主人輯　清光緒十四年（1888）鴻文書局石印本　三十二冊

360000－1911－0000440　556

皇朝五經彙解二百七十卷　（清）抉經心室主人輯　清光緒十九年（1893）寶文書局石印本　三十二冊

360000－1911－0000441　557

經義五美不分卷　（清）陸一鳴撰　清刻本　八冊

360000－1911－0000442　558

御纂五經　（清）李光地輯　清光緒二十八年（1902）寶文書局石印本　十七冊

360000－1911－0000443　559

東山五經備解　（清）周封魯輯　清道光元年（1821）六經堂刻本　四冊

360000－1911－0000444　560

五經集解三十三卷　（清）馮世瀛輯　清同治八年（1869）味無味齋刻本　四十冊

360000－1911－0000445　562

五經備旨　（清）鄒聖脈輯　清光緒十二年（1886）上海點石齋石印本　十一冊

360000－1911－0000446　563

五經備旨　（清）鄒聖脈輯　清光緒十二年（1886）上海點石齋石印本　十二冊

360000－1911－0000447　300

五經備旨　（清）鄒聖脈輯　清光緒十二年（1886）上海點石齋石印本　十二冊

360000－1911－0000448　564

五經備旨　（清）鄒聖脈輯　清光緒十年（1884）兩儀書坊刻本　十七冊　存四種

360000－1911－0000449　565

五經備旨　（清）鄒聖脈輯　清光緒十五年（1889）積山書局石印本　十二冊

360000－1911－0000450　566

御纂七經　清光緒三十年（1904）育文書局石印本　十六冊

360000－1911－0000451　567

御纂七經　清光緒二十年（1894）上海書局石印本　十六冊　存六種

360000－1911－0000452　568

七經精義　（清）黃淦撰　清嘉慶八年（1803）江西尚德堂刻本　十三冊

360000－1911－0000453　569

經笥質疑易義原則四種　（清）張瓚昭輯　清道光七年（1827）蘭朋堂刻本　七冊　存三種

360000－1911－0000454　570

經解斟十二卷　（清）楊述臣等輯　清咸豐十年（1860）刻本　一冊

360000－1911－0000455　571

經史辨體不分卷　（清）徐楊貢輯　清聽松齋刻本　十三冊

360000－1911－0000456　572

經典釋文三十卷　（唐）陸德明撰　**附考證三十卷**　（清）盧文弨撰　清同治八年（1869）湖北崇文書局刻本　十二冊

360000－1911－0000457　573

皇清經解總目十六卷分編二百十三卷 （清）
阮元撰 清光緒二十一年（1895）上海鴻寶齋
石印本 三十二冊

360000－1911－0000458 574

雪樵經解三十卷附錄三卷 （清）馮世瀛輯
清光緒十五年（1889）銅古齋石印本 八冊

360000－1911－0000459 575

經餘必讀三編四卷 （清）雷琳等輯 清嘉慶
十一年（1806）經術堂刻本 一冊

360000－1911－0000460 576

經餘必讀八卷續編八卷三編四卷 （清）雷琳
等輯 清嘉慶十一年（1806）經術堂刻本
八冊

360000－1911－0000461 577

六經奧論六卷首一卷 （宋）鄭樵撰 清刻本
一冊 存四卷（三至六）

360000－1911－0000462 578

四書五經義初編不分卷 （清）王慶洛編 清
光緒三十一年（1905）上海書局石印本 二冊

360000－1911－0000463 579

十三經策案二十二卷 （清）王謨輯 清琉璃
廠刻本 八冊

360000－1911－0000464 580

重刊宋本十三經注疏 附校勘記 （清）阮元
撰 （清）盧宣旬摘錄 清道光刻本 七冊
存四種

360000－1911－0000465 581

袖珍十三經註 （清）□□輯 清同治十二年
（1873）江西稽古樓刻本 十八冊 存六種

360000－1911－0000466 582

重刊宋本十三經注疏 附校勘記 （清）阮元
撰 （清）盧宣旬摘錄 清道光四年（1824）南
昌府學刻本 三十四冊 存十種

360000－1911－0000467 583

重刊宋本十三經注疏 附校勘記 （清）阮元
撰 （清）盧宣旬摘錄 清光緒二十三年
（1897）上海點石齋石印本 二十一冊 存

七種

360000－1911－0000468 584

重刊宋本十三經注疏 附校勘記 （清）阮元
撰 （清）盧宣旬摘錄 清光緒十三年（1887）
上海脈望仙館石印本 三十二冊

360000－1911－0000469 585

重刊宋本十三經注疏 附校勘記 （清）阮元
撰 （清）盧宣旬摘錄 清同治十二年（1873）
江西書局刻本 一百五十八冊

360000－1911－0000470 586

重刊宋本十三經注疏 附校勘記 （清）阮元
撰 （清）盧宣旬摘錄 清嘉慶二十年（1815）
南昌府學刻本 三十七冊 存七種

360000－1911－0000471 587

駢林摘豔五十卷 （清）胡又安輯 清光緒二
十年（1894）點石齋石印本 八冊 存三十八
卷（一至十四、十七至三十、四十一至五十）

360000－1911－0000472 588

廣雅疏證十卷 （清）王念孫撰 博雅音十卷
（清）王引之撰 清嘉慶元年（1796）王氏刻
本 十二冊

360000－1911－0000473 589

臨文便覽不分卷 （清）龍啟瑞輯 清光緒二
年至六年（1876－1880）京都松竹齋刻本
二冊

360000－1911－0000474 590

經籍纂詁一百六卷首一卷補遺一百六卷
（清）阮元撰 清嘉慶十七年（1812）揚州阮元
琅嬛仙館刻本 三十八冊 存七十八卷（一
至十八、二十一至四十四、七十一至一百六）

360000－1911－0000475 591

經籍纂詁一百六卷首一卷 （清）阮元撰 清
光緒九年（1883）上海點石齋石印本 九冊
存九十六卷（上平一至十五、下平一至十五、
上聲一至二十九、去聲十一至三十、入聲一至
十七）

360000－1911－0000476 592

十三經集字摹本不分卷　（清）彭玉雯輯　清道光二十九年(1849)江右彭氏刻本　十二冊

360000 – 1911 – 0000477　596

說文解字注三十二卷六書音韻表二卷　（清）段玉裁撰　清嘉慶二十年(1815)金壇段氏經韻樓刻本　八冊　存八卷(二、七、十三至十四、十九、二十三至二十五)

360000 – 1911 – 0000478　597

說文解字注十五卷六書音韻表二卷　（清）段玉裁撰　說文部目分韻一卷　（清）陳煥編　說文通檢十四卷首一卷末一卷　（清）黎永椿編　說文解字注匡謬八卷　（清）徐承慶撰　清宣統二年(1910)上海江左書局石印本　一冊　存七卷(說文解字注一至六、部目分韻一卷)

360000 – 1911 – 0000479　599

說文解字注十五卷附六書音韻表五卷　（清）段玉裁撰　清光緒三十四年(1908)上海江左書林鉛印本　五冊　存十七卷(四至十五、六書音韻表五卷)

360000 – 1911 – 0000480　600

說文解字注匡謬八卷　（清）徐承慶撰　清宣統二年(1910)上海江左書林石印本　一冊　存七卷(二至八)

360000 – 1911 – 0000481　601

康熙字典不分卷　（清）張玉書等纂　清光緒二十七年(1901)文盛書局石印本　六冊

360000 – 1911 – 0000482　602

康熙字典十二集三十六卷總目一卷檢字一卷辨似一卷等韻一卷備考一卷補遺一卷　（清）張玉書等纂　清黃文林刻本　三十六冊

360000 – 1911 – 0000483　603

康熙字典十二集三十六卷總目一卷檢字一卷辨似一卷等韻一卷備考一卷補遺一卷　（清）張玉書等纂　清道光七年(1827)刻本　三十六冊　存三十二卷(子上中下、丑上中下、寅上下、卯中、辰上中、巳下、午上中下、未上中下、申上中下、酉上中下、戌上中下、亥上中

下,備考一卷,補遺一卷)

360000 – 1911 – 0000484　604

康熙字典十二集三十六卷總目一卷檢字一卷辨似一卷等韻一卷備考一卷補遺一卷　（清）張玉書等纂　清光緒十年(1884)上海點石齋石印本　六冊

360000 – 1911 – 0000485　605

康熙字典十二集三十六卷總目一卷檢字一卷辨似一卷等韻一卷備考一卷補遺一卷　（清）張玉書等纂　清光緒十六年(1890)上海鴻文書局石印本　六冊

360000 – 1911 – 0000486　608

康熙字典十二集三十六卷總目一卷檢字一卷辨似一卷等韻一卷備考一卷補遺一卷　（清）張玉書等纂　清刻本　十一冊　存十卷(子中下、丑上下、午中、申中、戌中下、亥上中)

360000 – 1911 – 0000487　609

康熙字典十二集三十六卷總目一卷檢字一卷辨似一卷等韻一卷備考一卷補遺一卷　（清）張玉書等纂　清光緒二十二年(1896)上海瀛華書局石印本　四冊　缺一卷(辨似一卷)

360000 – 1911 – 0000488　610

康熙字典十二卷　（清）張玉書等纂　清道光七年(1827)刻本　三十三冊　存十一卷(一至七、九至十二)

360000 – 1911 – 0000489　615

千字文釋義一卷　（清）汪嘯尹輯　清徐士業刻本　一冊

360000 – 1911 – 0000490　617

景紫堂全書　（清）夏炘撰　清咸豐、同治刻本　一冊

360000 – 1911 – 0000491　618

正字略定本一卷　（清）王筠撰　清道光十九年(1839)刻本　一冊

360000 – 1911 – 0000492　619

澄衷蒙學堂字課圖說四卷首一卷　（清）劉樹屏撰　清光緒三十一年(1905)澄衷蒙學堂印

書處石印本　五冊　存四卷（一、二下、三、四下）

360000－1911－0000493　620
澄衷蒙學堂字課圖說四卷首一卷　（清）劉樹屏撰　清光緒三十一年（1905）澄衷蒙學堂印書處石印本　八冊

360000－1911－0000494　621
說文通訓定聲十八卷分部柬韻一卷說雅一卷古今韻準一卷附聲母千字一卷說文六書爻例一卷行述一卷　（清）朱駿聲撰　清光緒十三年（1887）上海積山書局石印本　八冊

360000－1911－0000495　622
說文通訓定聲十八卷分部柬韻一卷說雅一卷古今韻準一卷附聲母千字一卷說文六書爻例一卷行述一卷　（清）朱駿聲撰　清道光二十年（1840）刻本　三十二冊

360000－1911－0000496　623
詩韻集成十卷　（清）余照輯　清郁文堂刻本　四冊

360000－1911－0000497　624
詩韻集成十卷　（清）余照輯　清文奎堂刻本　四冊

360000－1911－0000498　627
詩韻合璧五卷　（清）湯文潞輯　虛字韻藪一卷　（清）潘維城輯　清光緒上洋公興書局鉛印本　五冊

360000－1911－0000499　629
詩句題解韻編續集六卷　（清）葉蘭輯　清咸豐六年（1856）刻本　六冊

360000－1911－0000500　631
王先生十七史蒙求十六卷　（宋）王令撰　李氏蒙求補注六卷　（唐）李瀚撰　（清）金三俊補注　清刻本　一冊　存四卷（十四至十六、補注一）

360000－1911－0000501　632
廿四史菁華錄七十六卷　（清）汪慶生撰　清光緒刻本　六冊　存四十二卷（七至十三、十九至二十五、三十一至四十二、六十一至七十六）

360000－1911－0000502　633
二十四史　清光緒二十八年（1902）武林竹簡齋石印本　一百九十一冊　存二十三種

360000－1911－0000503　634
史記一百三十卷　（漢）司馬遷撰　（南朝宋）裴駰集解　（唐）司馬貞索隱　（唐）張守節正義　清光緒三十年（1904）武林竹簡齋石印本　三冊　存四十六卷（一至六、九十一至一百三十）

360000－1911－0000504　635
史記一百三十卷首一卷　（漢）司馬遷撰　（南朝宋）裴駰集解　（唐）司馬貞索隱　（唐）張守節正義　清道光十四年（1834）三元堂刻本　二十一冊　存八十七卷（一至二十一、二十五至四十三、五十五至八十九、一百十八至一百二十八，首一卷）

360000－1911－0000505　638
史記一百三十卷　（漢）司馬遷撰　（南朝宋）裴駰集解　（唐）司馬貞索隱　（唐）張守節正義　清道光十四年（1834）三元堂刻本　五冊　存十三卷（五至六、十九至二十、三十七至四十二、一百二十八至一百三十）

360000－1911－0000506　640
南史八十卷　（唐）李延壽撰　清同治十一年（1872）金陵書局刻二十四史本　一冊　存四卷（一至四）

360000－1911－0000507　641
北史一百卷　（唐）李延壽撰　清同治十一年（1872）金陵書局刻二十四史本　二十四冊　存八十卷（一至五、十二至十七、二十一至八十五、九十至九十三）

360000－1911－0000508　643
舊五代史一百五十卷目錄二卷附考證　（宋）薛居正等撰　清同治十一年（1872）湖北崇文書局刻二十四史本　十四冊　存一百三十卷（一至六十一、七十四至一百四十，目錄二卷）

360000－1911－0000509　644

史記辨證十卷　（清）尚鎔撰　清同治刻本
一冊

360000－1911－0000510　645

九通提要十二卷　（清）柴紹炳撰　清光緒二
十八年(1902)鴻寶齋石印本　六冊

360000－1911－0000511　646

欽定續通志六百四十卷　（清）嵇璜等纂修
清光緒二十七年(1901)上海圖書集成局鉛印
本　五十九冊　存六百二十三卷(一至二百
八十、二百九十八至六百四十)

360000－1911－0000512　648

史腴二卷　（清）周金壇輯　清雍正三年
(1725)刻本　二冊

360000－1911－0000513　649

尚史七十二卷　（清）李鍇撰　清嘉慶十年
(1805)刻本　十九冊　存六十六卷(世系圖
一卷、本紀一至四、世家一至十二、列傳一至
三十四、年表一至四、志一至十、序傳一)

360000－1911－0000514　651

前漢書一百卷　（漢）班固撰　（唐）顏師古注
清光緒三十一年(1905)武林竹簡齋石印本
十冊

360000－1911－0000515　652

前漢書一百卷　（漢）班固撰　（唐）顏師古注
清光緒十八年(1892)武林竹簡齋石印本
六冊　存四十八卷(二十七至二十九、五十六
至一百)

360000－1911－0000516　653

漢書一百二十卷　（漢）班固撰　（唐）顏師古
注　清同治十二年(1873)刻本　二十冊

360000－1911－0000517　655

前漢書一百卷　（漢）班固撰　（唐）顏師古注
清同治八年(1869)金陵書局刻本　十六冊

360000－1911－0000518　656

後漢書一百二十卷　（南朝宋）范曄撰　（唐）
李賢注　（晉）司馬彪撰志　（南朝梁）劉昭注

補　清光緒十八年(1892)武林竹簡齋石印本
八冊

360000－1911－0000519　301

後漢書一百二十卷　（南朝宋）范曄撰　（唐）
李賢注　（晉）司馬彪撰志　（南朝梁）劉昭注
補　清光緒十八年(1892)武林竹簡齋石印本
八冊

360000－1911－0000520　658

後漢書一百二十卷　（南朝宋）范曄撰　（唐）
李賢注　（晉）司馬彪撰志　（南朝梁）劉昭注
補　清同治十二年(1873)刻本　二十冊

360000－1911－0000521　659

後漢書一百二十卷　（南朝宋）范曄撰　（唐）
李賢注　（晉）司馬彪撰志　（南朝梁）劉昭注
補　清同治八年(1869)金陵書局刻二十四史
本　十二冊　存一百二卷(一至六十七、八十
六至一百二十)

360000－1911－0000522　660

後漢書一百二十卷　（南朝宋）范曄撰　（唐）
李賢注　（晉）司馬彪撰志　（南朝梁）劉昭注
補　清刻本　一冊　存十卷(二十一至三十)

360000－1911－0000523　661

續後漢書九十卷　（元）郝經撰　（元）茍宗道
注　附劄記四卷　（清）郁松年撰　清道光二
十一年(1841)上海郁氏刻宜稼堂叢書本　二
冊　存八卷(三至九、六十五)

360000－1911－0000524　662

兩漢刊誤補遺十卷　（宋）吳仁傑撰　清同治
七年(1868)金陵書局木活字印本　二冊

360000－1911－0000525　663

三國志六十五卷　（晉）陳壽撰　（南朝宋）裴
松之注　清同治九年(1870)金陵書局刻二十
四史本　五冊　存三十四卷(魏書一至二十
五、吳書十二至二十)

360000－1911－0000526　664

三國志六十五卷　（晉）陳壽撰　（南朝宋）裴
松之注　清光緒十八年(1892)武林竹簡齋石
印本　三冊　存五十二卷(魏書十四至三十、

蜀書一至十五、吳書一至二十)

360000－1911－0000527　665

三國志六十五卷 （晉）陳壽撰 （南朝宋）裴松之注　清光緒三十一年(1905)武林竹簡齋石印本　一冊　存十八卷(魏志十三至三十)

360000－1911－0000528　666

重訂三國志辨微六卷 （清）尚鎔撰　清道光十三年(1833)刻本　一冊

360000－1911－0000529　667

宋書一百卷 （南朝梁）沈約撰　清同治十一年(1872)金陵書局刻二十四史本　二冊

360000－1911－0000530　668

南齊書五十九卷 （南朝梁）蕭子顯撰　清同治十三年(1874)金陵書局刻二十四史本　四冊

360000－1911－0000531　669

梁書五十六卷 （唐）姚思廉撰　清同治十三年(1874)金陵書局刻二十四史本　十冊

360000－1911－0000532　670

陳書三十六卷 （唐）姚思廉撰　清同治十一年(1872)金陵書局刻二十四史本　四冊

360000－1911－0000533　671

西魏書二十四卷 （清）謝啟昆撰　清光緒十八年(1892)刻本　四冊　存十七卷(八至二十四)

360000－1911－0000534　672

北齊書五十卷 （唐）李百藥撰　清同治十三年(1874)金陵書局刻二十四史本　四冊

360000－1911－0000535　673

北齊書五十卷 （唐）李百藥撰　清同治十三年(1874)金陵書局刻二十四史本　八冊

360000－1911－0000536　674

周書五十卷 （唐）令狐德棻等撰　清同治十三年(1874)金陵書局刻二十四史本　八冊

360000－1911－0000537　675

隋書八十五卷附考異 （唐）魏徵等撰　清同治十年(1871)淮南書局刻二十四史本　十

二冊

360000－1911－0000538　676

舊唐書二百卷 （五代）劉昫等撰　清同治刻本　十冊　存四十四卷(五至八、五十四至五十七、七十五至八十、一百五十一至一百八十)

360000－1911－0000539　677

南唐書十八卷 （宋）陸游撰 （清）湯運泰注　清道光二年(1822)刻本　七冊　存十七卷(一至十七)

360000－1911－0000540　678

遼史一百十五卷附考證 （元）脫脫等撰　清同治十二年(1873)江蘇書局刻二十四史本　十二冊　存一百一卷(一至四十三、四十六至五十、六十三至一百十五)

360000－1911－0000541　642

五代史記七十四卷 （宋）歐陽修撰 （宋）徐無黨注 （清）彭元瑞補注 （清）劉鳳誥排次　清道光八年(1828)刻本　十一冊　存二十八卷(二十一至二十三、二十七至四十三、五十至五十二、六十七至七十一)

360000－1911－0000542　650

尚史七十二卷 （清）李鍇撰　清嘉慶十年(1805)刻本　五冊　存十八卷(世家一至三、傳三十八、年表一至四、志一至十)

360000－1911－0000543　654

漢書一百卷 （漢）班固撰 （唐）顏師古注　清同治八年(1869)金陵書局刻二十四史本　十四冊　存九十四卷(一上下,二至十四,十六至十八,十九上下,二十,二十一上下,二十二至二十三,二十四上下,二十五上下,二十六,二十七上、中之上下、下之上下,三十三至五十六,五十七上下,五十八至六十三,六十四上下,六十五至八十六,八十七上下,八十八至九十三,九十四上下,九十五,九十六上下,九十七上下,九十八,九十九上中下,一百上下)

360000－1911－0000544　657

後漢書一百二十卷　（南朝宋）范曄撰　（唐）
李賢注　（晉）司馬彪續撰　（南朝梁）劉昭續
注　清光緒十八年(1892)武林竹簡齋石印本
　三冊　存五十六卷(十一至五十、九十四至
一百九)

360000 – 1911 – 0000545　679

金史一百三十五卷附考證　（元）脫脫等撰
清同治十三年(1874)江蘇書局刻二十四史本
　二十四冊

360000 – 1911 – 0000546　680

明史三百三十二卷　（清）張廷玉等撰　清吳
門刻本　二十冊　存五十二卷(一至三、六十
五至六十七、七十四至七十五、八十至八十
一、一百十八至一百二十、一百四十四至一百
四十七、一百七十一至一百七十六、一百九十
八至二百十三、二百六十一至二百六十四、三
百九至三百十、三百十三至三百十四、三百二
十七至三百二十九、三百三十一至三百三十
二)

360000 – 1911 – 0000547　681

司馬溫公稽古錄二十卷　（宋）司馬光撰　清
同治十一年(1872)湖北崇文書局刻本　四冊

360000 – 1911 – 0000548　302

司馬溫公稽古錄二十卷　（宋）司馬光撰　清
同治十一年(1872)湖北崇文書局刻本　四冊

360000 – 1911 – 0000549　682

資治通鑑外紀十卷　（宋）劉恕撰　（清）胡克
家補注　清光緒二十八年(1902)上海積山書
局石印本　一冊

360000 – 1911 – 0000550　683

資治通鑑二百九十四卷　（宋）司馬光撰　**通
鑑釋文辯誤十二卷**　（元）胡三省撰　清光緒
二十八年(1902)上海積山書局石印本　三十
一冊

360000 – 1911 – 0000551　684

資治通鑑二百九十四卷　（宋）司馬光撰　**通
鑑釋文辯誤十二卷**　（元）胡三省撰　清光緒
二十八年(1902)上海積山書局石印本　三十

一冊

360000 – 1911 – 0000552　687

續資治通鑑二百二十卷　（清）畢沅撰　**明紀
六十卷**　（清）陳鶴撰　（清）陳克家參訂　清
光緒二十八年(1902)上海積山書局石印本
二十八冊

360000 – 1911 – 0000553　688

續資治通鑑二百二十卷　（清）畢沅撰　**明紀
六十卷**　（清）陳鶴撰　（清）陳克家參訂　**外
紀十卷**　（宋）劉恕撰　清光緒二十八年
(1902)上海積山書局石印本　二十九冊

360000 – 1911 – 0000554　690

綱鑑會纂三十九卷首一卷　（明）王世貞撰
御撰資治通鑑綱目三編二十卷　（清）張廷玉
編　清四教堂刻本　四十六冊　存五十七卷
(一至二十七、二十九至三十四、三十六至三
十九,三編二十卷)

360000 – 1911 – 0000555　691

綱鑑會纂三十九卷　（明）王世貞撰　清末刻
本　三十冊　存三十六卷(二至七、九至二十
七、二十九至三十九)

360000 – 1911 – 0000556　692

綱鑑會纂三十九卷首一卷　（明）王世貞撰
**御撰資治通鑑綱目三編四卷附福唐桂王本末
一卷**　（清）張廷玉編　清光緒二十五年
(1899)上海美華書局石印本　十二冊

360000 – 1911 – 0000557　693

綱鑑補註三十九卷首一卷　（明）王世貞撰
清宣統元年(1909)上海美華書局石印本　五
冊　存十八卷(一至二、八至十一、十六至二
十三、三十一至三十四)

360000 – 1911 – 0000558　694

綱鑑擇語十卷　（清）司徒修輯　清道光十六
年(1836)文盛書局石印本　六冊

360000 – 1911 – 0000559　695

歷代綱鑑總論不分卷　（清）周道卿編　清光
緒二十九年(1903)兩儀堂刻本　六冊

360000－1911－0000560　696

綱鑑總論二卷　（清）周道卿編　清光緒石印本　一冊

360000－1911－0000561　697

綱鑑總論二卷　（清）周道卿編　清光緒二十七年(1901)上海煥文書局石印本　四冊

360000－1911－0000562　699

通鑑綱目分註補遺四卷書法存疑一卷　（清）芮長恤撰　清光緒十六年(1890)溧陽繆德葇小岯山館刻本　四冊

360000－1911－0000563　700

鑑綱詠略八卷　（清）張應鼎撰　（清）柯龍章輯注　清同治十二年(1873)歸安張氏刻本　八冊

360000－1911－0000564　704

鼎鍥趙田了凡袁先生編纂古本歷史大方綱鑑補三十九卷首一卷　（明）袁黃編　御批資治通鑑綱目三編二十卷　清寶尚德刻本　三十二冊

360000－1911－0000565　706

鼎鍥趙田了凡袁先生編纂古本歷史大方綱鑑補三十九卷首一卷　（明）袁黃編　御批資治通鑑綱目三編二十卷　清寶尚德刻本　三十一冊　存五十八卷(二至三十九、三編二十卷)

360000－1911－0000566　705

鼎鍥趙田了凡袁先生編纂古本歷史大方綱鑑補三十九卷首一卷　（明）袁黃編　御批資治通鑑綱目三編二十卷　清寶尚德刻本　二十九冊　存三十八卷(一至十二、十五至十八、二十一至二十四、二十六至三十二、三十五、三十七、三十九,三編八至十五)

360000－1911－0000567　707

御批增補了凡綱鑑四十卷首一卷　（明）袁黃編　清光緒二十八年(1902)上海慎記書莊石印本　十冊

360000－1911－0000568　708

御批增補了凡綱鑑四十卷首一卷　（明）袁黃

編　清光緒三十年(1904)上海同文升記書局鉛印本　十八冊

360000－1911－0000569　709

御批增補了凡綱鑑四十卷首一卷　（明）袁黃編　御撰資治通鑑綱目三編六卷　（清）張廷玉等編　清光緒三十年(1904)上海同文升記書局鉛印印本　十八冊　存四十二卷(一至五、九至十三、十六至四十,首一卷,三編六卷)

360000－1911－0000570　710

新刊袁了凡綱鑑補三十九卷　（明）袁黃撰　清同治五年(1866)大文堂刻本　三十五冊　存三十八卷(一至十九、二十一至三十九)

360000－1911－0000571　711

袁王綱鑑合編三十九卷首一卷　（明）袁黃（明）王世貞編　清光緒三十年(1904)上海商務印書館鉛印本　十一冊　存二十六卷(五至十三、二十四至三十九,首一卷)

360000－1911－0000572　712

袁王綱鑑合編三十九卷首一卷附明紀細目二十卷　（明）袁黃　（明）王世貞編　清光緒三十年(1904)上海商務印書館鉛印本　十六冊

360000－1911－0000573　714

增補綱鑑輯要四十卷首一卷　（明）袁黃撰　清兩儀堂刻本　二十二冊　存二十二卷(一至十八、二十至二十二,首一卷)

360000－1911－0000574　715

史鑑節要便讀六卷　（清）鮑東里編　清光緒二十五年(1899)上海昌記書局石印本　四冊

360000－1911－0000575　716

增定課讀鑑略妥註善本六卷　（明）李廷機撰　清光緒二十九年(1903)文奎堂石印本　二冊

360000－1911－0000576　717

尺木堂綱鑑易知錄二十卷　（清）吳乘權等撰　御撰資治通鑑綱目三編四卷　（清）張廷玉等撰　清光緒十三年(1887)上海點石齋石印本　十二冊

360000 – 1911 – 0000577　718

尺木堂綱鑑易知錄九十二卷明鑑易知錄十五卷　（清）吳乘權等撰　清光緒二十七年(1901)上海商務印書館鉛印本　十六冊

360000 – 1911 – 0000578　303

尺木堂綱鑑易知錄九十二卷明鑑易知錄十五卷　（清）吳乘權等撰　清光緒二十七年(1901)上海商務印書館鉛印本　十六冊

360000 – 1911 – 0000579　304

尺木堂綱鑑易知錄九十二卷明鑑易知錄十五卷　（清）吳乘權等撰　清光緒二十七年(1901)上海商務印書館鉛印本　十六冊

360000 – 1911 – 0000580　719

尺木堂綱鑑易知錄九十二卷明鑑易知錄十五卷　（清）吳乘權等撰　清光緒二十七年(1901)上海商務印書館鉛印本　十二冊　存七十九卷(一至五十三、六十至六十六、七十四至八十、八十七至九十二,明鑑易知錄一至六)

360000 – 1911 – 0000581　721

綱鑑易知錄九十二卷明鑑易知錄十五卷(清)吳乘權等輯　清康熙五十三年(1714)三元堂刻本　三十五冊　存九十四卷(三至二十、二十七至三十二、三十八至九十二,明鑑易知錄十五卷)

360000 – 1911 – 0000582　722

御批歷代通鑑輯覽一百二十卷　（清）傅恒等撰　清同治十年(1871)刻朱墨套印本　一百十四冊

360000 – 1911 – 0000583　723

御批歷代通鑑輯覽一百二十卷　（清）傅恒等撰　清光緒二十七年(1901)慎記書莊石印本　十冊

360000 – 1911 – 0000584　724

御批歷代通鑑輯覽一百二十卷　（清）傅恒等撰　清光緒二十八年(1902)上海文林書局石印本　十冊

360000 – 1911 – 0000585　725

御批歷代通鑑輯覽一百二十卷　（清）傅恒等撰　清光緒二十八年(1902)上海文林書局石印本　十九冊　存一百十三卷(一至十四、二十二至一百二十)

360000 – 1911 – 0000586　726

御批歷代通鑑輯覽一百二十卷　（清）傅恒等撰　清光緒二十八年(1902)上海天章書局石印本　二十冊

360000 – 1911 – 0000587　727

御批歷代通鑑輯覽一百二十卷　（清）傅恒等撰　清光緒二十九年(1903)上海商務印書館鉛印本　二十四冊

360000 – 1911 – 0000588　728

御批歷代通鑑輯覽一百二十卷　（清）傅恒等撰　清光緒三十年(1904)上海商務印書館鉛印本　二十三冊　存二十三卷(一至九、十一至二十四)

360000 – 1911 – 0000589　729

御批歷代通鑑輯覽一百二十卷　（清）傅恒等撰　清光緒二十九年(1903)蜚英書局石印本　二十冊

360000 – 1911 – 0000590　730

御批歷代通鑑輯覽一百二十卷　（清）傅恒等撰　清光緒二十八年(1902)上海仁記書局石印本　二十冊

360000 – 1911 – 0000591　731

御批歷代通鑑輯覽一百二十卷　（清）傅恒等撰　清光緒二十八年(1902)三省堂石印本　十九冊　存一百十五卷(一至五十七、六十三至一百二十)

360000 – 1911 – 0000592　732

御批通鑑輯覽一百十六卷附明唐桂二王本末三卷　（清）傅恒等撰　清末石印本　四冊　存十五卷(五十三至六十一、一百十四至一百十六,明唐桂二王本末三卷)

360000 – 1911 – 0000593　734

竹書紀年集證五十卷首一卷　（清）陳逢衡撰　清嘉慶十八年(1813)裏露軒刻江都陳氏叢

書本 七冊 存二十一卷(三十至五十)

360000－1911－0000594 735

普通新歷史十章 (清)普通學書室編 清光緒二十七年(1901)上海普通學書室鉛印本 二冊

360000－1911－0000595 736

歷代帝王年表一卷 (清)萬本儀撰 清同治十年(1871)刻本 一冊

360000－1911－0000596 737

宏簡錄二百五十四卷 (明)邵經邦撰 **續弘簡錄元史類編四十二卷** (清)邵遠平撰 清乾隆刻本 七十三冊

360000－1911－0000597 738

東華錄三十二卷 (清)蔣良騏撰 清道光刻本 五冊 存十六卷(四至六、十至十六、二十至二十五)

360000－1911－0000598 739

東華錄詳節二十四卷 (清)鄔樹庭編 清光緒二十六年(1900)上海東文學堂石印本 十六冊

360000－1911－0000599 740

御撰資治通鑑綱目三編二十卷 (清)張廷玉等編 清大文堂刻本 四冊

360000－1911－0000600 741

御撰資治通鑑綱目三編六卷 (清)張廷玉等編 清光緒三十年(1904)同文升記書局石印本 一冊 存三卷(一至三)

360000－1911－0000601 743

清史攬要四卷 (日本)增田貢撰 清光緒二十八年(1902)香港書局石印本 三冊 存三卷(一、三至四)

360000－1911－0000602 744

元史紀事本末二十七卷 (明)陳邦瞻撰 (明)張溥論正 清同治十三年(1874)江西書局刻紀事本末五種本 四冊

360000－1911－0000603 745

國語二十一卷 (三國吳)韋昭注 **劄記一卷** (清)黃丕烈撰 **考異四卷** (清)汪遠孫撰 清同治八年(1869)湖北崇文書局刻本 四冊 存二十卷(一至三、九至二十一,考異四卷)

360000－1911－0000604 746

國語二十一卷 (三國吳)韋昭注 清文盛堂刻本 四冊

360000－1911－0000605 747

國語二十一卷 (三國吳)韋昭注 清文盛堂刻本 二冊 存十二卷(四至十五)

360000－1911－0000606 748

國語韋解補正二十一卷 (清)吳曾祺撰 清宣統二年(1910)上海商務印書館鉛印本 四冊

360000－1911－0000607 749

戰國策三十三卷 (宋)鮑彪注 清乾隆三十年(1765)刻本 五冊 存八卷(一至六、九至十)

360000－1911－0000608 750

戰國策三十三卷 (漢)高誘注 **劄記三卷** (清)黃丕烈撰 清同治八年(1869)湖北崇文書局刻本 四冊 存三十卷(一至十八、二十五至三十三,劄記三卷)

360000－1911－0000609 751

戰國策三十三卷 (漢)高誘注 清乾隆二十一年(1756)德州盧氏刻雅雨堂叢書本 四冊

360000－1911－0000610 753

戰國策補註三十三卷 (漢)高誘注 (宋)姚宏續注 吳曾祺補注 清宣統二年(1910)上海商務印書館鉛印本 四冊

360000－1911－0000611 754

戰國策選不分卷 (清)儲欣評選 清受祉堂本 三冊

360000－1911－0000612 755

重訂路史全本前紀九卷後紀十四卷國名紀八卷發揮六卷餘論十卷 (宋)羅泌撰 (宋)羅苹注 (明)吳弘基訂 清末刻本 六冊 存

十四卷(國名紀一至四、六至八,餘論一至三、七至十)

360000－1911－0000613　757

原富五部　(英國)斯密亞丹撰　嚴復譯　清光緒二十八年(1902)南洋公學譯書院鉛印本　七冊

360000－1911－0000614　758

日本維新史十二編附國勢進步表　(日本)東京博文館輯　羅孝高譯　清光緒二十八年(1902)鉛印本　六冊

360000－1911－0000615　759

十九世紀列國政治文編十四卷　邵義輯　清光緒二十九年(1903)教育世界社鉛印本　七冊　存八卷(一、三至八、十一)

360000－1911－0000616　760

節本泰西新史攬要八卷　(英國)馬懇西撰　(英國)李提摩太譯　周慶雲節錄　清光緒二十七年(1901)上海書局石印本　四冊

360000－1911－0000617　761

山海經箋疏十八卷圖讚一卷訂譌一卷敍錄一卷　(晉)郭璞傳　(清)郝懿行箋疏　清光緒十九年(1893)石印本　四冊　存十二卷(一至十二)

360000－1911－0000618　762

三五紀略補不分卷　(清)張瓚昭撰　清道光十年(1830)蘭朋堂刻本　一冊

360000－1911－0000619　763

鑄史駢言十二卷　(清)孫玉田撰　清光緒十八年(1892)上海文淵山房石印本　二冊

360000－1911－0000620　764

中外時務海防新策十四卷　題(清)局外旁觀人編　清光緒二十三年(1897)石印本　四冊

360000－1911－0000621　765

典故列女全傳四卷　(明)解縉撰　清末李光明莊刻本　四冊

360000－1911－0000622　766

宋名臣言行錄□□卷　(宋)朱熹輯　(宋)李幼武續輯　清同治七年(1868)刻本　十二冊

360000－1911－0000623　767

歷代名臣言行錄二十四卷　(清)朱桓編　清光緒二十七年(1901)上海文盛堂石印本　八冊

360000－1911－0000624　768

歷代名臣言行錄二十四卷　(清)朱桓編　清末石印本　一冊　存三卷(十九至二十一)

360000－1911－0000625　770

漢名臣傳三十二卷　(清)國史館編　清末京都榮錦書坊刻本　三十冊　存三十卷(一至十五、十七至二十二、二十四至三十二)

360000－1911－0000626　771

中興名臣事略八卷　(清)朱孔彰撰　清光緒二十七年(1901)上海書局石印本　四冊

360000－1911－0000627　772

史外八卷　(清)汪有典撰　清同治三年(1864)廬陵尋樂山房刻本　八冊

360000－1911－0000628　773

史外八卷　(清)汪有典撰　清同治三年(1864)廬陵尋樂山房刻本　四冊　存四卷(一至四)

360000－1911－0000629　774

國朝歷科題名碑錄初集不分卷　(清)李周望輯　清嘉慶刻本　十冊

360000－1911－0000630　775

國朝歷科題名碑錄不分卷　(清)李周望輯　清同治二年(1863)刻本　十二冊

360000－1911－0000631　776

吳郡名賢圖傳贊二十卷　(清)顧沅輯　清道光九年(1829)長洲顧氏刻本　六冊　存十八卷(一至五、八至二十)

360000－1911－0000632　777

增廣古今人物論三十六卷　(明)鄭賢輯　續編十二卷　(清)願學齋同人輯　清光緒二十八年(1902)墨耨山房石印本　八冊

360000－1911－0000633　778

江人事四卷首一卷末一卷　（清）宋佚撰
（清）吳啟楠補　清咸豐二年(1852)乙藜齋刻
本　三冊

360000－1911－0000634　779
增廣尚友錄統編二十二卷　（清）應祖錫輯
清光緒二十八年(1902)鴻寶齋石印本　十
二冊

360000－1911－0000635　780
廣理學備考八十種　（清）范鄗鼎輯　清康熙
洪洞范鄗鼎五經堂刻道光五年(1825)洪洞張
恢重修本　十冊

360000－1911－0000636　781
勤果公〔張曜〕行述不分卷　（清）瑞常撰　清
同治四年(1865)木活字印本　一冊

360000－1911－0000637　786
武威石氏宗譜□□卷　（清）□□纂修　清光
緒刻本　一冊　存一卷(四)

360000－1911－0000638　787
朱氏篤慶支譜□□卷　（清）□□纂修　清道
光刻本　一冊　存一卷(十五)

360000－1911－0000639　789
史姓韻編六十四卷　（清）汪輝祖輯　清光緒
十年(1884)上海中西書局石印本　四冊

360000－1911－0000640　790
國朝御史題名錄不分卷　（清）黃叔璥輯　滿
洲蒙古御史題名錄不分卷　（清）蘇芳阿輯
清光緒十三年(1887)京畿道刻本　三冊

360000－1911－0000641　791
湖北省楚南同官錄不分卷　（清）□□輯　清
刻本　二冊

360000－1911－0000642　792
廿一史約編八卷首一卷　（清）鄭元慶撰　清
光緒十三年(1887)上海積山書局石印本
五冊

360000－1911－0000643　793
廿二史劄記三十六卷補遺一卷　（清）趙翼撰
清光緒二十六年(1900)上海書局石印本

八冊

360000－1911－0000644　794
廿二史論贊三十八卷　（明）沈國元撰　清乾
隆三十二年(1767)天一堂刻本　二十三冊
存二十九卷(十至三十八)

360000－1911－0000645　795
廿四史論贊七十八卷　（清）陳闡輯　清光緒
二十八年(1902)文淵山房石印本　六冊

360000－1911－0000646　799
史記菁華錄六卷　（清）姚苧田輯　清光緒二
十二年(1896)上海書局石印本　六冊

360000－1911－0000647　800
史記菁華錄六卷　（清）姚苧田輯　清光緒二
十二年(1896)上海書局石印本　二冊

360000－1911－0000648　802
前後漢書菁華錄六卷附蜀漢六卷　（清）高塘
撰　清光緒二十六年(1900)上海書局石印本
二冊

360000－1911－0000649　805
歷代史論十二卷附宋史論三卷元史論一卷
（明）張溥撰　明史論四卷　（清）谷應泰撰
左傳史論二卷　（清）高士奇撰　清光緒九年
(1883)蒼松山房刻朱墨套印本　五冊　存十
三卷(歷代史論十至十二、宋史論三卷、元史
論一卷、明史論四卷、左傳史論二卷)

360000－1911－0000650　806
歷代史論十六卷　（明）張溥撰　明史論四卷
（清）谷應泰撰　左傳史論二卷　（清）高士
奇撰　清光緒十二年(1886)兩儀堂刻本
六冊

360000－1911－0000651　807
歷代史論十六卷　（明）張溥撰　明史論四卷
（清）谷應泰撰　左傳史論二卷　（清）高士
奇撰　清光緒十二年(1886)兩儀堂刻本　五
冊　存十二卷(四至七、宋史論三卷、明史論
二至四、左傳史論二卷)

360000－1911－0000652　808

歷代史論十六卷 (明)張溥撰 **明史論四卷**
(清)谷應泰撰 **左傳史論二卷** (清)高士
奇撰 清光緒十八年(1892)紫文書局刻本
十冊

360000－1911－0000653 809
歷代史事論海三十二卷 (清)知新子輯 清
光緒二十八年(1902)石印本 三十一冊 存
三十一卷(一至三十一)

360000－1911－0000654 810
古今史論觀海甲編二十二卷乙編二十卷丙編
二十六卷丁編二十二卷 (清)恥不逮齋主人
編 清光緒二十八年(1902)上海鴻文書局石
印本 三十一冊

360000－1911－0000655 811
古今史論觀海甲編二十二卷乙編二十卷丙編
二十六卷丁編二十二卷 (清)恥不逮齋主人
編 清光緒二十八年(1902)上海鴻文書局石
印本 十九冊 存五十九卷(甲編二十二卷、
乙編二十卷、丙編一至十七)

360000－1911－0000656 813
三才略三卷 (清)蔣德鈞輯 清光緒二十年
(1894)文彬書局刻本 二冊

360000－1911－0000657 815
讀史論略二卷 (清)杜詔撰 清桂林九經堂
刻本 一冊 存一卷(下)

360000－1911－0000658 817
史事備題論藪二十卷首一卷 (清)代耕齋同
人輯 清光緒二十九年(1903)上海書局石印
本 十六冊

360000－1911－0000659 818
鑑語經世編二十七卷 (清)魏裔介撰 清康
熙十四年(1675)柏鄉魏氏刻本 五冊 存十
七卷(一至二、九至二十、二十五至二十七)

360000－1911－0000660 819
論纂四卷 (清)何剛德輯 清光緒二十四年
(1898)建昌府署刻本 二冊

360000－1911－0000661 820

新選論策十六種 (清)松巖輯 清光緒二十
七年(1901)刻本 四冊

360000－1911－0000662 821
東萊博議四卷 (宋)呂祖謙撰 清光緒十八
年(1892)兩儀堂刻本 四冊

360000－1911－0000663 827
評選船山史論二卷 (清)王夫之撰 林紓評
選 清宣統二年(1910)商務印書館鉛印本
二冊

360000－1911－0000664 830
文獻通考三百四十八卷附考證三卷 (元)馬
端臨撰 清光緒二十七年(1901)上海圖書集
成局石印本 四十四冊

360000－1911－0000665 831
文獻通考三百四十八卷 (元)馬端臨撰 清
光緒二十八年(1902)貫吾齋鉛印九通全書本
二十冊

360000－1911－0000666 832
文獻通考纂二十二卷 (元)馬端臨撰 (清)
郎星輯 清康熙三年(1664)金匱山房刻本
十六冊

360000－1911－0000667 833
續文獻通考纂二十二卷 (明)王圻撰 清康
熙三年(1664)心遠堂刻本 六冊

360000－1911－0000668 834
續文獻通考纂二十二卷 (明)王圻撰 清康
熙三年(1664)心遠堂刻本 四冊 存十三卷
(九至十、十二至二十二)

360000－1911－0000669 835
文獻通考詳節二十四卷 (元)馬端臨撰
(清)嚴虞惇節錄 清光緒二十五年(1899)上
海著易堂書局鉛印本 四冊

360000－1911－0000670 836
皇朝文獻通考詳節二十六卷 (清)嵇璜等纂
(清)平陽主人節錄 清光緒二十七年
(1901)上海鴻寶書局石印本 七冊 存二十
三卷(一至十六、二十至二十六)

360000－1911－0000671　837

皇朝文獻通考輯要二十六卷　湯壽潛輯　清
光緒二十五年(1899)圖書集成局鉛印本
十冊

360000－1911－0000672　838

皇朝文獻通考輯要二十六卷　湯壽潛輯　清
光緒二十五年(1899)圖書集成局鉛印本　十
冊　存二十五卷(二至二十六)

360000－1911－0000673　839

欽定續文獻通考輯要二十六卷　湯壽潛輯
清光緒二十五年(1899)圖書集成局鉛印三通
考輯要本　十冊

360000－1911－0000674　840

三通考輯要　湯壽潛輯　清光緒二十五年
(1899)圖書集成局鉛印本　三十冊

360000－1911－0000675　841

九通序四卷　(唐)杜佑等撰　清光緒二十八
年(1902)石印本　四冊

360000－1911－0000676　842

欽定學政全書八十六卷首一卷　(清)恭阿拉
等修　(清)童璜等纂　清嘉慶刻本　六冊
存三十卷(三十四至四十、五十一至五十五、
六十二至七十九)

360000－1911－0000677　843

洋務新論六卷　(英國)李提摩太撰　(清)仲
英輯　清光緒二十年(1894)長白吏隱仙館石
印本　六冊

360000－1911－0000678　844

洋務新論六卷　(英國)李提摩太撰　(清)仲
英輯　清光緒二十七年(1901)上海書局石印
本　六冊

360000－1911－0000679　845

廣治平略正集三十六卷續集八卷　(清)蔡方
炳輯　清光緒十六年(1890)上海廣百宋齋鉛
印本　四冊

360000－1911－0000680　846

分類史事論十二卷　(清)儲桂山編　清光緒

三十年(1904)上海同文館石印本　六冊

360000－1911－0000681　847

時務通考三十一卷首一卷　(清)杞廬主人輯
清光緒二十三年(1897)上海點石齋石印本
二十冊

360000－1911－0000682　848

新輯時務匯通一百八卷　(清)李作棟輯　清
光緒二十九年(1903)上海崇新書局石印本
二十八冊　存一百二卷(一至一百二)

360000－1911－0000683　849

策海十卷　(清)瞿曾輯　清道光十九年
(1839)同志館刻本　十冊

360000－1911－0000684　850

盛世危言六卷續編四卷　鄭觀應撰　清光緒
二十四年(1898)煥文書局石印本　十冊

360000－1911－0000685　851

增訂盛世危言新編十四卷首一卷　鄭觀應撰
清光緒二十四年(1898)石印本　五冊　存
八卷(一、四至七、十二至十四)

360000－1911－0000686　852

漢官舊儀二卷補遺一卷　(漢)衛宏撰　清刻
本　一冊

360000－1911－0000687　853

保甲書四卷　(清)徐棟輯　清道光二十八年
(1848)興國李氏刻本　二冊

360000－1911－0000688　854

牧令書二十三卷　(清)徐棟輯　清咸豐元年
(1851)刻本　二十冊

360000－1911－0000689　855

洋務時事彙編八卷　(清)葛子源輯　**誥授建
威將軍封光錄大夫程壯勤公事略不分卷**
(清)程恩培撰　清光緒二十四年(1898)上海
書局石印本　十三冊

360000－1911－0000690　859

廿二史策案十二卷　(清)王鎏輯　清同治八
年(1869)刻本　六冊

360000－1911－0000691　860

資治新書初集十四卷首一卷 （清）李漁輯
清光緒二十年(1894)上海圖書集成印書局鉛
印本 四冊

360000－1911－0000692 861

資治新書二集二十卷 （清）李漁輯 清光緒
二十年(1894)上海圖書集成印書局鉛印本
八冊

360000－1911－0000693 862

新政真詮六編 何啟 胡禮垣撰 清光緒二
十七年(1901)上海格致新報館鉛印本 六冊

360000－1911－0000694 864

大清律例集解四十七卷 （清）三泰等纂修
清咸豐八年(1858)刻本 十八冊 存二十九
卷(四至二十六、三十五至四十)

360000－1911－0000695 865

誥授建威將軍封光祿大夫程壯勤公事略不分
卷 （清）程恩培撰 清石印本 一冊

360000－1911－0000696 866

曾文正公奏議十卷首一卷末一卷 （清）曾國
藩撰 （清）薛福成輯 清同治十三年(1874)
上海吳氏醉六堂刻本 十二冊

360000－1911－0000697 867

樂平城廂保嬰紀略不分卷 （清）李曾珂撰
清光緒十年(1884)李氏刻本 一冊

360000－1911－0000698 868

月日紀古十二卷 （清）蕭智漢撰 清道光二
十八年(1848)經元堂刻本 十二冊

360000－1911－0000699 869

輿地紀勝二百卷首一卷 （宋）王象之編 清
咸豐五年(1855)南海伍崇曜粵雅堂刻本 十
七冊 存一百五十一卷(十三至五十一、五十
五至一百三十五、一百三十七至一百三十九、
一百四十五至一百七十一、一百七十三)

360000－1911－0000700 870

天下郡國利病書詳節十八卷 （明）顧炎武撰
（清）蔣錫祁節錄 清光緒二十八年(1902)
紹文石印書局石印本 八冊

360000－1911－0000701 871

讀史方輿紀要詳節二十二卷方輿全圖總說五
卷 （清）顧祖禹撰 （清）蔣錫祁輯 清光緒
二十八年(1902)紹文書局石印本 九冊 存
十九卷(一至二、十一至二十二,總說五卷)

360000－1911－0000702 872

皇朝輿地略不分卷 （清）六承如編 清同治
二年(1863)廣州寶華坊刻本 二冊

360000－1911－0000703 873

地球韻言四卷 （清）張士瀛撰 清光緒二十
七年(1901)刻本 一冊

360000－1911－0000704 305

地球韻言四卷 （清）張士瀛撰 清光緒二十
七年(1901)刻本 一冊

360000－1911－0000705 874

蒙學課本地球歌韻四卷 （清）張士瀛編 清
光緒二十七年(1901)藻文書局石印本 二冊

360000－1911－0000706 876

江西考古錄十卷 （清）王謨撰 清乾隆三十
二年(1767)刻本 二冊

360000－1911－0000707 877

[光緒]江西通志一百八十卷首五卷 （清）劉
坤一等修 （清）劉鐸等纂 清光緒七年
(1881)刻本 一百十七冊

360000－1911－0000708 879

[同治]南昌縣志三十六卷首一卷末一卷
（清）陳紀麟 （清）汪世澤修 （清）劉于潯
（清）曾作舟纂 清同治九年(1870)刻本
九冊 存十卷(一、二十五、二十九至三十一、
三十三至三十六,首一卷)

360000－1911－0000709 880

南昌縣志補不分卷 （清）□□纂 清末刻本
四冊

360000－1911－0000710 881

[同治]饒州府志三十二卷首一卷 （清）錫德
修 （清）石景芬等纂 清同治十一年(1872)
刻本 十六冊

360000－1911－0000711　882

[同治]饒州府志三十二卷首一卷　（清）錫德修　（清）石景芬等纂　清同治十一年(1872)刻本　十一冊　存二十二卷(八至二十四、二十七至三十,首一卷)

360000－1911－0000712　883

[同治]饒州府志三十二卷首一卷　（清）錫德修　（清）石景芬等纂　清同治十一年(1872)刻本　八冊　存十五卷(八至十二、十五至十九、二十三至二十四、二十七至二十八,首一卷)

360000－1911－0000713　884

[同治]饒州府志三十二卷首一卷　（清）錫德修　（清）石景芬等纂　清同治十一年(1872)刻本　四冊　存七卷(十一至十二、十五、二十三至二十四、二十七至二十八)

360000－1911－0000714　885

[道光]鄱陽縣志三十二卷首一卷末一卷　(清)陳驤等修　（清）張瓊英等纂　清道光四年(1824)刻本　一冊　存一卷(三十一)

360000－1911－0000715　886

[同治]鄱陽縣志二十四卷首一卷末一卷附忠烈錄三卷　（清）陳志培修　（清）王廷鑑等纂　清同治十年(1871)刻本　十一冊　存二十七卷(二至二十四、末一卷、忠烈錄三卷)

360000－1911－0000716　887

[道光]餘干縣志二十三卷首一卷　（清）李暕修　（清）洪錫光纂　清道光三年(1823)刻本　十冊　存十二卷(五至七、九至十、十六至二十二)

360000－1911－0000717　888

餘干縣志三十卷　（□）□□纂修　清同治抄本　八冊

360000－1911－0000718　889

[同治]樂平縣志十卷首一卷　（清）董蕚榮修　（清）梅毓翰修　（清）汪元祥　（清）陳謨纂　清同治九年(1870)刻本　十二冊

[同治]樂平縣志十卷首一卷　（清）董蕚榮修　（清）梅毓翰修　（清）汪元祥　（清）陳謨纂　清同治九年(1870)刻本　十二冊

360000－1911－0000720　307

[同治]樂平縣志十卷首一卷　（清）董蕚榮修　（清）梅毓翰修　（清）汪元祥　（清）陳謨纂　清同治九年(1870)刻本　十二冊

360000－1911－0000721　890

[同治]樂平縣志十卷首一卷　（清）董蕚榮修　（清）梅毓翰修　（清）汪元祥　（清）陳謨纂　清同治九年(1870)刻本　四冊　存四卷(一至三、八)

360000－1911－0000722　892

[光緒]婺源縣志六十四卷首一卷　（清）吳鶚修　（清）汪正元纂　清光緒九年(1883)刻本　一冊　存三卷(五十九至六十一)

360000－1911－0000723　894

德興縣志□□卷　（□）□□纂修　清末抄本　五冊

360000－1911－0000724　895

[道光]安仁縣志三十二卷首一卷　（清）陳天爵　（清）沈廷枚修　（清）鄭大琮　（清）鄭善徵纂　清道光六年(1826)刻本　六冊　存三十卷(一至十八、二十二至三十二,首一卷)

360000－1911－0000725　896

[道光]萬年縣志二十二卷首一卷末一卷　(清)張宗裕等纂修　清道光七年(1827)刻本　十冊

360000－1911－0000726　897

[道光]萬年縣志二十二卷首一卷末一卷　(清)張宗裕等纂修　清道光七年(1827)刻本　十三冊

360000－1911－0000727　899

[同治]弋陽縣志十四卷首一卷　（清）俞致中修　（清）汪炳熊等纂　清同治十年(1871)刻本　九冊　存十三卷(三至十四、首一卷)

360000－1911－0000728　900

[道光]南康縣志二十四卷首一卷　（清）劉繩武修　（清）賴相棟纂　清道光三年（1823）刻本　九冊　存十四卷（一至三、五至六、九至十、十五、十七、十九至二十、二十三至二十四,首一卷）

360000－1911－0000729　901

[道光]南豐縣續志節錄二十六卷　（清）徐湘潭輯　清道光二十三年（1843）刻本　三冊　存十九卷（八至二十六）

360000－1911－0000730　902

[同治]樂安縣志十一卷首一卷附兵難殉節錄二卷　（清）朱奎章修　（清）胡芳杏纂　清同治十年（1871）刻本　五冊　存八卷（四至五、八至十一,殉節錄二卷）

360000－1911－0000731　903

[同治]清江縣志十卷首一卷　（清）潘懿（清）胡湛修　（清）朱孫詒等纂修　清同治九年（1870）刻本　五冊　存六卷（三至八）

360000－1911－0000732　905

江西全省輿圖十四卷首一卷　（清）劉坤一等纂　清同治七年（1868）刻本　十五冊

360000－1911－0000733　911

饒州古蹟不分卷　（□）□□撰　清刻本　一冊

360000－1911－0000734　912

饒州古蹟匯覽六卷　（清）朱士文　（清）徐坤輯　清道光徐維藩抄本　一冊

360000－1911－0000735　916

石鐘山志十六卷首一卷　（清）李成謀　（清）丁義方輯　（清）方宗誠　（清）胡傳釗訂　清光緒九年（1883）聽濤眺雨軒刻本　八冊

360000－1911－0000736　308

石鐘山志十六卷首一卷　（清）李成謀　（清）丁義方輯　（清）方宗誠　（清）胡傳釗訂　清光緒九年（1883）聽濤眺雨軒刻本　八冊

360000－1911－0000737　309

石鐘山志十六卷首一卷　（清）李成謀　（清）

丁義方輯　（清）方宗誠　（清）胡傳釗訂　清光緒九年（1883）聽濤眺雨軒刻本　八冊

360000－1911－0000738　919

西湖志四十八卷　（清）李衛等修　（清）傅王露等纂　清雍正十三年（1735）刻本　四冊　存十一卷（一至二、二十一至二十三、二十七至二十九、三十七至三十九）

360000－1911－0000739　920

水經注四十卷首一卷　（漢）桑欽撰　（北魏）酈道元注　清乾隆三十九年（1774）廣雅書局刻武英殿聚珍版書本　十一冊　存三十八卷（一至三十七、首一卷）

360000－1911－0000740　921

蜀中名勝記三十卷　（明）曹學佺撰　清抄本　五冊　存二十六卷（五至三十）

360000－1911－0000741　922

西域記八卷　（清）七十一撰　清嘉慶十九年（1814）武寧盧浙味經堂刻本　二冊

360000－1911－0000742　923

海國圖志一百卷　（清）魏源撰　清咸豐二年（1852）古微堂刻本　三十冊

360000－1911－0000743　924

萬國史記二十卷　（日本）岡本監輔撰　清光緒二十一年（1895）讀有用書齋石印本　十冊

360000－1911－0000744　925

萬國史記二十卷　（日本）岡本監輔撰　清光緒二十四年（1898）上海書局石印本　八冊

360000－1911－0000745　926

金石文字辨異十二卷　（清）邢澍撰　清嘉慶十九年（1814）刻本　十冊　存十卷（三至十二）

360000－1911－0000746　927

金石萃編一百六十卷　（清）王昶撰　清嘉慶刻本　八冊　存二十二卷（二十二至四十三）

360000－1911－0000747　928

濟南金石志四卷　（清）馮雲鵷撰　清道光二十年（1840）濟南郡齋刻本　四冊

360000－1911－0000748　929

常山貞石志二十四卷　（清）沈濤撰　清道光二十二年(1842)刻本　八冊

360000－1911－0000749　930

寰宇訪碑錄十二卷　（清）孫星衍　（清）邢澍撰　清嘉慶七年(1802)蘭陵孫氏刻平津館叢書本　四冊　存九卷(一至八、十一)

360000－1911－0000750　931

欽定四庫全書總目二百卷首一卷　（清）紀昀等編　清同治七年(1868)廣東書局刻本　三十冊　存二十三卷(六十九至七十、一百二十七至一百四十七)

360000－1911－0000751　932

欽定四庫全書簡明目錄二十卷　（清）紀昀等編　清乾隆四十七年(1782)浙江書局刻本　十四冊

360000－1911－0000752　934

彙刻書目初編十卷　（清）顧修編　**續編二卷**　（清）陳光照輯　清同治九年(1870)崇雅堂木活字印本　十二冊

360000－1911－0000753　935

彙刻書目十卷　（清）顧修編　清光緒刻本　四冊　存四卷(四、六、八至九)

360000－1911－0000754　936

書目答問四卷國朝著述姓名一卷　（清）張之洞撰　清光緒四年(1878)淞隱閣刻本　二冊

360000－1911－0000755　937

子書二十八種　清光緒二十三年(1897)上海圖書集成局鉛印本　三十七冊　存二十三種

360000－1911－0000756　940

子書二十五種　清光緒三十年(1904)上海育文書局石印本　二十五冊　存二十三種

360000－1911－0000757　941

揭子書五種四十三卷　（清）揭暄撰　清咸豐九年(1859)濠塘補刻本　十四冊　存五種三十六卷(揭子性書五卷,揭子昊書七卷,璇璣遺述四至十,揭子戰書一至二、六至十七,揭子兵書三卷)

360000－1911－0000758　945

孔子家語十卷　（三國魏）王肅注　清光緒勤思堂刻本　四冊

360000－1911－0000759　310

孔子家語十卷　（三國魏）王肅注　清光緒勤思堂刻本　四冊

360000－1911－0000760　311

孔子家語十卷　（三國魏）王肅注　清光緒勤思堂刻本　四冊

360000－1911－0000761　947

荀子二十卷首一卷　（唐）楊倞注　清光緒掃葉山房石印本　八冊

360000－1911－0000762　948

賈子新書十卷　（漢）賈誼撰　（清）盧文弨校　清光緒二十三年(1897)文瑞樓鉛印本　一冊

360000－1911－0000763　949

朱子原訂近思錄十四卷　（宋）朱熹　（宋）呂祖謙輯　（清）江永集注　清嘉慶十九年(1814)江西王鼎刻本　四冊

360000－1911－0000764　950

朱子語類一百四十卷　（宋）黎靖德輯　清刻本　四十冊

360000－1911－0000765　951

五子近思錄十四卷　（宋）朱熹　（宋）呂祖謙編　（清）汪佑合編　清刻本　二冊　存七卷(三至九)

360000－1911－0000766　952

淵鑒齋御纂朱子全書六十六卷　（宋）朱熹撰　（清）李光地等編　清淵鑒齋刻本　六冊　存八卷(一、十二、十六至十九、三十八、六十六)

360000－1911－0000767　954

西山先生真文忠公讀書記六十一卷　（宋）真德秀撰　清刻本　十四冊　存十三卷(八至十二、十五、二十三、三十至三十一、三十三至

三十五、三十七）

360000－1911－0000768　955

漢儒通義七卷　（清）陳澧撰　清咸豐八年（1858）番禺陳氏刻番禺陳氏東塾叢書本　二冊

360000－1911－0000769　956

勸學篇二卷　（清）張之洞撰　清光緒二十四年（1898）江西書局刻本　一冊

360000－1911－0000770　962

戊笈談兵十卷首一卷　（清）汪紱撰　補校錄一卷　（清）戴彭撰　附四翼附編四卷　（清）戴彭撰　奇門遁甲啟悟一卷　（清）朱榮璪輯　清光緒二十一年（1895）皖江別墅刻汪雙池先生叢書本　十冊　存十四卷（二至十、四翼附編四卷、奇門遁甲啟悟一卷）

360000－1911－0000771　963

前庭與後園二卷　（日本）片山春耕撰　陶昌善譯　清末鉛印本　一冊

360000－1911－0000772　964

御纂醫宗金鑑九十卷　（清）吳謙等撰　清刻本　三十七冊　存八十四卷（一至十七、二十至六十八、七十三至九十）

360000－1911－0000773　965

御纂醫宗金鑑九十卷　（清）吳謙等撰　清宣統元年（1909）刻本　六冊　存十三卷（四至十六）

360000－1911－0000774　967

張氏醫通十六卷　（清）張璐撰　清光緒三十三年（1907）上海書局石印張氏醫書七種本　八冊　存九卷（一至二、十至十六）

360000－1911－0000775　972

陳修園醫書二十三種　（清）陳念祖撰　清光緒二十九年（1903）湖南益元書局刻本　二十冊　存十一種

360000－1911－0000776　978

增補醫方一盤珠全集十卷首一卷　（清）洪金鼎撰　清刻本　二冊　存六卷（小兒一盤珠一至二、眼科一盤珠一卷、醫方一盤珠三至五）

360000－1911－0000777　981

圖註本草醫方合編六卷　（清）汪昂輯　清大文堂刻本　六冊

360000－1911－0000778　982

黃帝內經素問九卷　（清）高世栻注　清光緒十三年（1887）浙江書局刻本　七冊

360000－1911－0000779　986

靈樞經九卷　（清）張志聰集注　清光緒十六年（1890）浙江書局刻本　六冊　存七卷（一至五、八至九）

360000－1911－0000780　987

靈素集註節要十二卷　（清）陳念祖撰　清光緒三十一年（1905）刻本　四冊　存十卷（三至十二）

360000－1911－0000781　988

本草綱目五十二卷首一卷附圖三卷　（明）李時珍撰　清同治十一年（1872）芥子園刻本　三十七冊

360000－1911－0000782　989

本草綱目五十二卷首一卷附圖三卷　（明）李時珍撰　清同治十一年（1872）芥子園刻本　二十九冊

360000－1911－0000783　998

脈經十卷　（晉）王叔和撰　清道光二十九年（1849）刻本　二冊

360000－1911－0000784　999

醫學心悟五卷　（清）程國彭撰　清刻本　一冊　存一卷（二）

360000－1911－0000785　1001

增訂壽世編不分卷　題（清）三近居士輯　清同治九年（1870）刻本　一冊

360000－1911－0000786　1002

新刊醫林狀元壽世保元十卷　（明）龔廷賢撰　清刻本　二冊　存三卷（五至七）

360000－1911－0000787　1003

醫方捷經二卷 （明）羅必燁訂 清閩書林楊能儒刻本 一冊

360000 – 1911 – 0000788 1004

醫方集解三卷附本草備要四卷 （清）汪昂撰 清刻本 三冊

360000 – 1911 – 0000789 1005

醫方集解二十一卷附急就良方一卷勿藥元詮一卷 （清）汪昂撰 清道光二十五年(1845)瓶花書屋刻瓶花書屋醫書本 二冊 存十一卷(二至六、十八至二十一,急就良方一卷,勿藥元詮一卷)

360000 – 1911 – 0000790 1007

金匱方歌括六卷 （清）陳念祖撰 清光緒二十九年(1903)湖南益元書局刻本 二冊

360000 – 1911 – 0000791 1012

醫門法律十二卷 （清）喻昌撰 清錫環堂刻本 三冊 存四卷(一至三、六)

360000 – 1911 – 0000792 1014

醫學指南上集五卷下集五卷 （清）韋進德輯 清咸豐八年(1858)刻本 六冊 存六卷(上集四至五,下集一、三至五)

360000 – 1911 – 0000793 1015

臨證指南醫案十卷 （清）葉桂撰 清刻本 四冊 存四卷(四至六、九)

360000 – 1911 – 0000794 1019

問心堂溫病條辨六卷 （清）吳瑭撰 清嘉慶十八年(1813)馮繼善問心堂刻本 四冊 存五卷(一至二、四至六)

360000 – 1911 – 0000795 1022

瘍醫大全四十卷 （清）顧世澄輯 （清）錢之柏校 清末石印本 三冊 存二十六卷(六至三十一)

360000 – 1911 – 0000796 1023

濟陰綱目十四卷 （明）武之望撰 （清）汪淇箋釋 清光緒刻本 一冊 存二卷(十三至十四)

360000 – 1911 – 0000797 1024

達生編二卷 （清）亟齋居士撰 清刻本 一冊

360000 – 1911 – 0000798 1027

馮氏錦囊秘錄雜症大小合參十四卷 （清）馮兆張撰 清刻馮氏錦囊秘錄本 五冊 存五卷(一至二、四至六)

360000 – 1911 – 0000799 1029

天文淺說三十一章 （美國）薛承恩譯 清同治八年(1869)福州美華書局鉛印本 一冊

360000 – 1911 – 0000800 1030

圜天圖說三卷續編二卷首一卷 （清）李明徹撰 清嘉慶二十四年(1819)松梅軒刻本 五冊

360000 – 1911 – 0000801 1031

數學教科書二卷 （清）葉懋宣編 清光緒三十一年(1905)上海通社久記鉛印本 二冊

360000 – 1911 – 0000802 1032

數學啟蒙二卷 （英國）偉烈亞力撰 清光緒二十四年(1898)同文正記書莊鉛印本 四冊

360000 – 1911 – 0000803 1033

筆算數學三卷 （美國）狄考文輯 清光緒三十二年(1906)上海美華書館鉛印本 二冊

360000 – 1911 – 0000804 1034

晚笑堂畫傳(晚笑堂竹莊畫傳)不分卷明太祖功臣圖不分卷 （清）上官周撰並繪 清末影印本 一冊

360000 – 1911 – 0000805 1035

大唐三藏聖教序 （晉）王羲之書 （唐）釋懷仁集字 清拓本 一冊

360000 – 1911 – 0000806 1041

李氏秘笈九種 （清）□□輯 清道光九年(1829)李宗翰秘笈本 九冊

360000 – 1911 – 0000807 1049

唐拓九成宮醴泉銘一卷 （唐）歐陽詢書 清末影印本 一冊

360000 – 1911 – 0000808 1050

魏公先廟碑銘一卷 （唐）柳公權書 拓本

一册

360000－1911－0000809　1051

柳公權楷書一卷　（唐）柳公權書　拓本
一册

360000－1911－0000810　1057

黃庭堅法帖一卷　（宋）黃庭堅撰　拓本
一册

360000－1911－0000811　1058

黃山谷草書　（宋）黃庭堅撰　拓本　一册

360000－1911－0000812　1063

岳忠武奏草真蹟一卷　（宋）岳飛撰並書　拓
本　一册

360000－1911－0000813　1064

御刻三希堂石渠寶笈法帖一卷　（清）梁詩正
等編　清末石印本　一册

360000－1911－0000814　1065

梅花道人畫冊一卷　（元）吳鎮繪　清末影印
本　一册

360000－1911－0000815　1086

名人尺牘墨寶六卷　（清）上海文明書局編
清宣統二年（1910）影印本　三册　存三卷
（二、四至五）

360000－1911－0000816　1087

翁方綱隸書　（清）翁方綱書　拓本　一册

360000－1911－0000817　1088

翁松禪手劄十卷　（清）翁同龢撰　清宣統三
年（1911）石印本　十册

360000－1911－0000818　1109

劉石庵叢帖正續集不分卷　（清）劉墉書　清
末上海碧梧山莊影印本　六册

360000－1911－0000819　1133

成親王四體千字文不分卷　（清）永瑆書　清
拓本　一册

360000－1911－0000820　1154

隸書碑帖　（□）□□撰　拓本　一册

360000－1911－0000821　1157

鄧石如篆書不分卷　（清）鄧石如書　清嘉慶
九年（1804）拓本　五册

360000－1911－0000822　1163

物理小識十二卷　（明）方以智撰　清道光嵩
崑書農刻本　一册　存二卷（六至七）

360000－1911－0000823　1164

明齋小識十二卷　（清）諸聯撰　清道光十四
年（1834）刻本　四册

360000－1911－0000824　1165

晏子春秋七卷　音義二卷　（清）孫星衍撰
校勘記二卷　（清）黃以周撰　清光緒二年
（1876）掃葉山房石印本　六册

360000－1911－0000825　1166

新增石可錄不分卷　（清）石希賢輯　清光緒
八年（1882）恩心書室活字印本　三册

360000－1911－0000826　1167

羣學肄言十六卷　（英國）斯賓塞爾撰　嚴復
譯　清光緒二十九年（1903）上海文明編譯書
局鉛印本　四册

360000－1911－0000827　1168

硯北雜誌一卷　（元）陸友撰　清道光十年
（1830）長白榮氏刻得月簃叢書本　一册

360000－1911－0000828　1169

天演論不分卷　（英國）赫胥黎撰　嚴復譯
清光緒二十四年（1898）鉛印本　二册

360000－1911－0000829　1170

日知錄三十二卷日知錄之餘四卷　（清）顧炎
武撰　清刻本　三册　存六卷（十一至十二、
日知錄之餘四卷）

360000－1911－0000830　1171

困學紀聞注二十卷　（宋）王應麟撰　（清）翁
元圻輯注　清咸豐元年（1851）小嬛嬛山館刻
本　八册

360000－1911－0000831　1172

困學紀聞二十卷首一卷　（宋）王應麟撰
（清）閻若璩等箋　清道光二年（1822）近聖堂
刻本　十二册

360000－1911－0000832　1173

翁註困學紀聞二十卷首一卷　（宋）王應麟撰　（清）翁元圻注　清光緒十五年（1889）上海點石齋石印本　六冊

360000－1911－0000833　1174

校訂困學紀聞三箋二十卷　（宋）王應麟撰　（清）閻若璩　（清）何焯　（清）全祖望注　（清）屠繼序補注　清嘉慶七年（1802）刻本　三冊　存十六卷（一至四、九至二十）

360000－1911－0000834　1175

校訂困學紀聞五箋集證二十卷　（宋）王應麟撰　（清）閻若璩等輯注　（清）屠繼序校補　（清）萬希槐集證　清嘉慶刻本　四冊　存八卷（四至五、七至八、十五至十八）

360000－1911－0000835　1176

師道薪傳二卷　（清）劉琢齋輯　清咸豐九年（1859）心水齋刻本　一冊

360000－1911－0000836　1177

羣書典彙十四卷　（明）黃道周輯　明崇禎敦古齋刻本　十一冊　存十一卷（二至九、十一至十三）

360000－1911－0000837　1178

聚星劄記一卷　（清）尚鎔撰　清末刻本　一冊

360000－1911－0000838　1179

增智囊補二十八卷　（明）馮夢龍輯　清文富堂刻本　六冊

360000－1911－0000839　1180

增智囊補二十八卷　（明）馮夢龍輯　清三讓堂刻本　十三冊

360000－1911－0000840　1181

江城舊事十六卷附錄一卷　（清）朱樂撰　清道光高安朱氏刻古唐九芝仙館外集本　二冊　存四卷（十一至十四）

360000－1911－0000841　1182

諸子彙函二十六卷　（明）歸有光輯　明天啓刻本　六冊　存六卷（五、十、十二至十三、二十一、二十五）

360000－1911－0000842　1184

新鐫分類評注文武合編百子金丹十卷　（明）郭偉選注　（明）郭中吉編次　（明）王星聚校訂　清刻本　二冊　存三卷（五、八至九）

360000－1911－0000843　1185

耳食錄十二卷二編八卷　（清）樂鈞撰　清道光刻本　三冊　存六卷（五至十）

360000－1911－0000844　1187

聊齋誌異新評十六卷　（清）蒲松齡撰　（清）王士禛評　（清）呂湛恩注　（清）但明倫新評　清聚盛堂刻本　十三冊　存十三卷（一至七、十一至十六）

360000－1911－0000845　1189

勸戒近錄六卷　（清）梁恭辰撰　清咸豐二年（1852）乙藜齋刻本　二冊

360000－1911－0000846　1190

勸戒三錄六卷　（清）梁恭辰撰　清咸豐二年（1852）乙藜齋刻本　二冊

360000－1911－0000847　1191

埋憂集十卷續集二卷　（清）朱翊清撰　清光緒元年（1875）文元堂刻本　六冊

360000－1911－0000848　1192

夷堅志二十卷　（宋）洪邁撰　清光緒五年（1879）歸安陸氏刻十萬卷樓叢書本　三冊　存十五卷（六至二十）

360000－1911－0000849　1194

李氏蒙求補注六卷　（唐）李瀚撰　（清）金三俊補注　清刻本　二冊　存五卷（二至六）

360000－1911－0000850　1195

文章遊戲初編八卷二編八卷三編八卷四編八卷　（清）繆艮輯　清道光五年（1825）藕花館刻本　三冊　存六卷（初編一至二、五至六，三編六至七）

360000－1911－0000851　1196

元包經傳五卷　（北周）衛元嵩撰　（唐）蘇源明傳　（唐）李江注　（宋）韋漢卿音釋　清嘉

慶二十年(1815)文昌閣刻本　一冊

360000－1911－0000852　1197

焦氏易林四卷　（漢）焦贛撰　清光緒元年
(1875)湖北崇文書局刻本　四冊

360000－1911－0000853　1199

河洛理數七卷　題(宋)陳摶撰　清末上海錦
章書局石印本　四冊

360000－1911－0000854　1200

奇門遁甲統宗十二卷　題(三國蜀)諸葛亮撰
　清南陽石室刻本　六冊

360000－1911－0000855　1204

新訂崇正闢謬通書十四卷　（清）李奉來輯
清兩儀堂刻本　四冊

360000－1911－0000856　1206

新鐫曆法便覽象吉備要通書大全二十九卷
(清)魏鑑輯　清康熙六十年(1721)刻本　十
二冊

360000－1911－0000857　1210

仕學備餘六卷　（清）紀大奎撰　清刻本　三
冊　存四卷(三至六)

360000－1911－0000858　1212

增補星平會海命學全書十卷首一卷　（清）水
中龍編　清刻本　一冊　存一卷(首一卷)

360000－1911－0000859　1213

命度盤說二卷數表一卷　（清）陶淑宇撰　清
道光三年(1823)姑蘇心遠堂刻本　一冊　存
一卷(一)

360000－1911－0000860　1215

增補地理直指原真大全三卷首一卷　（清）釋
如玉撰　清末上海廣益書局石印本　四冊

360000－1911－0000861　1216

增補地理直指原真大全三卷首一卷　（清）釋
如玉撰　清光緒十五年(1889)兩儀堂刻本
四冊

360000－1911－0000862　1218

重刊人子須知資孝地理心學統宗八卷首一卷
　（明）徐善繼　（明）徐善述撰　清宣統三年

(1911)江左書林石印本　八冊

360000－1911－0000863　312

重刊人子須知資孝地理心學統宗八卷首一卷
　（明）徐善繼　（明）徐善述撰　清宣統三年
(1911)江左書林石印本　八冊

360000－1911－0000864　1219

重刊人子須知資孝地理心學統宗八卷首一卷
　（明）徐善繼　（明）徐善述撰　清末石印本
一冊　存四卷(一至四)

360000－1911－0000865　1221

重刊人子須知資孝地理心學統宗十六卷首一
卷　（明）徐善繼　（明）徐善述撰　清味經堂
刻本　十六冊

360000－1911－0000866　1225

重鐫官板地理天機會元續編雜錄備覽三十五
卷　（宋）廖瑀撰　清末校經山房石印本　十
冊　存十六卷(二十至三十五)

360000－1911－0000867　1234

山法全書十九卷　（清）葉泰輯　清嘉慶二十
五年(1820)同文堂刻本　五冊

360000－1911－0000868　1236

妙法蓮華經七卷　（後秦）釋鳩摩羅什譯　清
光緒九年(1883)瑪瑙經房刻本　一冊　存一
卷(一)

360000－1911－0000869　1237

金剛般若波羅蜜經一卷　（後秦）釋鳩摩羅什
譯　清刻本　一冊

360000－1911－0000870　1238

金剛般若波羅蜜經一卷　（後秦）釋鳩摩羅什
譯　清刻本　一冊

360000－1911－0000871　1239

法苑珠林一百卷　（唐）釋道世輯　清道光七
年(1827)燕園蔣氏刻本　八冊　存二十五卷
(一至二十二、六十九至七十一)

360000－1911－0000872　1240

佛說梵網經二卷　（後秦）釋鳩摩羅什譯　清
光緒十年(1884)金陵刻經處刻本　一冊

360000 – 1911 – 0000873   313

佛說梵網經二卷　（後秦）釋鳩摩羅什譯　清光緒十年(1884)金陵刻經處刻本　一冊

360000 – 1911 – 0000874   1244

聖經度仙合編五卷　董良材傳筆　金本存校　清光緒七年(1881)教忠堂刻本　五冊

360000 – 1911 – 0000875   1245

蓮邦菁華一卷　（□）道積修子撰　清光緒十年(1884)教忠堂刻本　一冊

360000 – 1911 – 0000876   1246

八字覺原不分卷　（清）滄洲子注　清道光四年(1824)乾一堂刻本　一冊

360000 – 1911 – 0000877   1247

暗室燈二卷　（清）深山居士輯　清嘉慶十二年(1807)乙照齋刻本　一冊

360000 – 1911 – 0000878   1248

古史像解不分卷　（清）上海慈母堂書館繪　清光緒三十一年(1905)上海土山灣慈母堂石印本　一冊

360000 – 1911 – 0000879   1249

重訂事類賦三十卷　（宋）吳淑撰並注　（明）華麟祥校　清乾隆至嘉慶大文堂刻本　四冊

360000 – 1911 – 0000880   1250

重訂事類賦三十卷　（宋）吳淑撰並注　（明）華麟祥校　清嘉慶六年(1801)玉軸樓刻本　四冊

360000 – 1911 – 0000881   1251

重訂事類賦三十卷　（宋）吳淑撰並注　（明）華麟祥校　清會文堂刻本　四冊

360000 – 1911 – 0000882   1252

重訂廣事類賦四十卷　（清）華希閔撰　清嘉慶六年(1801)會文堂刻本　一冊　存三卷（一至三）

360000 – 1911 – 0000883   1253

重訂廣事類賦四十卷　（清）華希閔撰　清嘉慶六年(1801)玉軸樓刻本　五冊

360000 – 1911 – 0000884   1254

重訂廣事類賦四十卷　（清）華希閔撰　清道光二十三年(1843)大文堂刻本　八冊

360000 – 1911 – 0000885   1255

續廣事類賦三十三卷　（清）王鳳喈撰　清嘉慶六年(1801)大文堂刻本　十二冊

360000 – 1911 – 0000886   1256

廣廣事類賦三十二卷　（清）吳世旂撰　清嘉慶十三年(1808)大文堂刻本　四冊

360000 – 1911 – 0000887   1257

廣廣事類賦三十二卷　（清）吳世旂撰　清嘉慶元年(1796)刻本　四冊

360000 – 1911 – 0000888   1258

廣廣事類賦三十二卷　（清）吳世旂撰　清英德堂刻本　四冊

360000 – 1911 – 0000889   1259

事類賦補遺十四卷　（清）張均撰　清嘉慶十六年(1811)同人堂刻本　四冊

360000 – 1911 – 0000890   1260

事類賦補遺十四卷　（清）張均撰　清大文堂刻本　四冊

360000 – 1911 – 0000891   1261

事類賦補遺十四卷　（清）張均撰　清英德堂刻本　四冊

360000 – 1911 – 0000892   1262

增補事類統編九十三卷首一卷　（清）黃葆貞輯　清光緒十九年(1893)上海書局石印本　十一冊　存八十九卷（一至二十二、二十八至九十三,首一卷）

360000 – 1911 – 0000893   1263

增補事類統編九十三卷首一卷　（清）黃葆貞輯　清光緒十四年(1888)上海積山書局石印本　十二冊

360000 – 1911 – 0000894   1265

增補事類統編九十三卷首一卷　（清）黃葆貞輯　清光緒二十年(1894)雨記書局石印本　十二冊

360000 – 1911 – 0000895   1266

增補事類統編九十三卷首一卷　（清）黃葆貞輯　清道光二十九年（1849）丹陽黃氏敦好堂刻本　三十七冊　存八十四卷（一至二十八、三十至四十、四十四至八十七，首一卷）

360000－1911－0000896　1267

增補事類統編九十三卷首一卷　（清）黃葆貞輯　清刻本　十八冊　存四十二卷（一至二十三、二十七至四十四,首一卷）

360000－1911－0000897　1268

太平御覽一千卷目錄十五卷　（宋）李昉等輯　清嘉慶歙縣鮑崇城刻本　十六冊　存一百四十七卷（九至十五、二十七至九十二、一百二至一百九、一百十七至一百五十四、一百六十四至一百七十二、二百十八至二百二十六、二百八十至二百八十九）

360000－1911－0000898　1269

佩文韻府一百六卷　（清）張玉書等編　拾遺一百六卷　（清）張廷玉等編　清光緒二十一年（1895）上海點石齋石印本　二十四冊

360000－1911－0000899　1270

欽定佩文韻府一百六卷　（清）張玉書等輯　拾遺一百六卷　（清）張廷玉等輯　清光緒十二年（1886）同文書局石印本　六十冊

360000－1911－0000900　1271

佩文韻府一百六卷　（清）張玉書等編　清光緒同文書局石印本　一冊　存三卷（十一至十三）

360000－1911－0000901　1272

韻府約編二十四卷　（清）鄧愷輯　清縮秀閣刻本　二十四冊

360000－1911－0000902　1273

增廣試帖玉芙蓉五卷續集二卷三集四卷　題（清）吟香館主人編　清光緒十九年（1893）石印本　十二冊

360000－1911－0000903　1274

增廣試帖玉芙蓉五卷續集二卷　（清）□□輯　清光緒同文書局石印本　八冊

360000－1911－0000904　1275

增廣試帖玉芙蓉五卷續集二卷　（清）□□輯　清光緒同文書局石印本　六冊　存五卷（一至三、續集二卷）

360000－1911－0000905　1276

增廣試帖玉芙蓉六卷　題（清）願學廬主人輯　清光緒二十二年（1896）積山書局石印本　六冊

360000－1911－0000906　1277

策學總纂大成四十六卷目錄二卷　（清）蔡壽祺輯　清光緒三年（1877）經藝堂刻本　十二冊

360000－1911－0000907　1278

策府統宗六十五卷　（清）劉昌齡輯　清光緒二十七年（1901）同文書局石印本　二十六冊

360000－1911－0000908　1279

策府統宗六十五卷　（清）劉昌齡輯　清光緒二十三年（1897）耕餘書屋石印本　二十冊

360000－1911－0000909　1280

策學淵萃四十六卷目錄二卷　（清）□□編　清光緒四年（1878）藤花小舫刻本　十八冊　缺一卷（目錄二）

360000－1911－0000910　1281

中外時務策府統宗四十四卷　（清）文盛書局編　清光緒二十三年（1897）上海文盛書局石印本　二十冊

360000－1911－0000911　1282

子史精華一百六十卷　（清）允祿　（清）吳襄等輯　清刻本　二十一冊　存一百三十八卷（一至二十二、四十五至一百六十）

360000－1911－0000912　1283

子史精華一百六十卷　（清）允祿　（清）吳襄等輯　清光緒十三年（1887）上海積山書局石印本　十冊

360000－1911－0000913　1285

類賦玉盆珠五卷　（清）梁樹輯　清同治十二年（1873）掃葉山房刻本　十冊

360000－1911－0000914　1286

類賦玉盆珠五卷　（清）梁樹輯　清同治十二年(1873)掃葉山房刻本　三冊　存三卷(一至三)

360000－1911－0000915　1287

分類賦鵠十二卷首一卷　（清）廣百宋齋主人輯　清光緒十二年(1886)保文書局石印本　十二冊

360000－1911－0000916　1288

新纂氏族箋釋八卷　（清）熊峻運撰　清刻本　二冊　存四卷(四至七)

360000－1911－0000917　1290

夢華廬賦海三十卷　（清）夢華廬主人輯　清光緒十八年(1892)上海鴻寶齋石印本　八冊

360000－1911－0000918　1291

夢華廬賦海三十卷　（清）夢華廬主人輯　清光緒十七年(1891)上海鴻寶齋石印本　七冊　存二十七卷(一至三、七至三十)

360000－1911－0000919　1292

四書五經類典集成三十四卷　（清）戴兆春輯　清光緒二十二年(1896)慎記書莊石印本　二十三冊　存三十二卷(一至十二、十五至三十四)

360000－1911－0000920　1293

四書五經類典集成三十四卷　（清）戴兆春輯　清光緒十四年(1888)同文書局石印本　五冊

360000－1911－0000921　1294

四書五經典林十二卷　（清）求是齋主人輯　清光緒十五年(1889)積山書局石印本　六冊

360000－1911－0000922　1295

四書人物類典串珠四十卷　（清）臧志仁輯　清嘉慶六年(1801)文富堂刻本　四冊

360000－1911－0000923　1296

詩韻類錦十二卷　（清）郭化霖編　清同治十三年(1874)兩儀堂刻本　六冊

360000－1911－0000924　1297

青樓小名錄八卷　（清）趙慶楨輯　清宣統二年(1910)上海國學扶輪社鉛印本　四冊

360000－1911－0000925　1298

和文漢譯讀本八卷　（日本）坪內雄藏撰　（清）沙頌虞　（清）張肇熊譯　清光緒三十二年(1906)上海商務印書館鉛印本　八冊

360000－1911－0000926　1299

和文漢譯讀本八卷　（日本）坪內雄藏撰　（清）沙頌虞　（清）張肇熊譯　清光緒上海商務印書館鉛印本　二冊　存二卷(三至四)

360000－1911－0000927　1300

經濟學瀦集成四十卷　（清）安瀾主人輯　清光緒十七年(1891)上海涵碧軒石印本　二十四冊

360000－1911－0000928　1301

詞林分類次韻便讀三字錦九卷末一卷　（清）趙暄輯　清光緒二十二年(1896)刻本　六冊

360000－1911－0000929　1302

西學格致大全二十一種　（英國）傅蘭雅輯　清光緒二十三年(1897)香港書局石印本　四冊　存八種

360000－1911－0000930　1303

西學啟蒙十六種　（英國）赫德輯　（英國）艾約瑟譯　清光緒二十四年(1898)石印本　九冊　存九種

360000－1911－0000931　1304

精選政治策論新編五十二卷首一卷　（清）葉耀元輯　清光緒二十八年(1902)上海書局石印本　二十一冊　存四十八卷(一至二十一、二十五至三十三、三十五至五十二)

360000－1911－0000932　1305

崑山玉六卷　（清）李道輯　清嘉慶十二年(1807)崇德堂刻本　六冊

360000－1911－0000933　1308

琴學入門二卷　（清）張鶴輯　清同治六年(1867)刻本　二冊

360000－1911－0000934　314

琴學入門二卷 （清）張鶴輯 清同治六年
(1867)刻本 二冊

360000－1911－0000935 1309

可儀堂一百二十名家制義 （清）俞長城輯
清康熙三十八年(1699)俞氏可儀堂刻本 十
五冊 存三十六種

360000－1911－0000936 1310

金元明八大家文選 （清）李祖陶輯 清道光
二十五年(1845)吉安刻本 七冊 存五種

360000－1911－0000937 1311

文選六十卷 （南朝梁）蕭統輯 （唐）李善注
清末石印本 二冊 存二卷(二、五)

360000－1911－0000938 1312

文選六十卷 （南朝梁）蕭統輯 （唐）李善注
文選考異十卷 （清）胡克家撰 清宣統三
年(1911)上海會文堂石印本 十六冊

360000－1911－0000939 1313

文選六十卷 （南朝梁）蕭統輯 （唐）李善注
文選考異十卷 （清）胡克家撰 清末上海
鴻文書局石印本 六冊

360000－1911－0000940 1314

文苑英華選六十卷 （清）宮夢仁輯 清刻本
十九冊 存四十九卷(三至二十六、二十九
至三十七、四十三至四十九、五十二至六十)

360000－1911－0000941 1315

古文析義十六卷 （清）林雲銘評注 清英德
堂刻本 十六冊

360000－1911－0000942 1316

古文析義十六卷 （清）林雲銘評注 清康熙
五十五年(1716)大文堂刻本 十六冊

360000－1911－0000943 1317

古文析義六卷 （清）林雲銘評注 清大文堂
刻本 六冊

360000－1911－0000944 1318

古文析義十六卷 （清）林雲銘評注 清刻本
四冊 存四卷(二至五)

360000－1911－0000945 1319

古文析義十六卷 （清）林雲銘評注 清兩儀
堂刻本 十五冊 存十五卷(一至六、八至十
六)

360000－1911－0000946 1320

古文析義十六卷 （清）林雲銘評注 清積秀
堂刻本 十五冊 存十五卷(一至十一、十三
至十六)

360000－1911－0000947 1321

古文釋義新編八卷 （清）余誠評注 清瀋江
會友書局刻本 八冊

360000－1911－0000948 1324

兩儀堂重訂古文釋義新編八卷 （清）余誠評
注 清兩儀堂刻本 四冊

360000－1911－0000949 1325

古文釋義新編八卷 （清）余誠評注 清翠筠
山房刻本 四冊

360000－1911－0000950 1326

古文釋義新編八卷 （清）余誠評注 清刻本
一冊 存二卷(五至六)

360000－1911－0000951 1329

古文分編集評二十二卷 （清）于光華輯 清
務本堂刻本 十八冊

360000－1911－0000952 1330

古文分編集評二十二卷 （清）于光華輯 清
務本堂刻本 十冊 存十二卷(初集上二、下
二,二集上三、下二,三集一至二、五至七,四
集一、三至四)

360000－1911－0000953 1331

古文分編集評二十二卷 （清）于光華輯 清
刻本 十三冊 存十六卷(初集上二、下一至
三,二集上一至三、下一至二,三集一至七)

360000－1911－0000954 1332

古文分編集評二十二卷 （清）于光華輯 清
刻本 一冊 存一卷(三集二)

360000－1911－0000955 1334

重訂文選集評十五卷首一卷末一卷 （清）于
光華輯 清崇儒書屋刻本 十五冊 存十六

卷(一至九、十一至十五,首一卷,末一卷)

360000－1911－0000956 1335
重訂文選集評十五卷首一卷末一卷 （清)于光華輯 清刻本 八冊 存九卷(四、七至十二、十五,末一卷)

360000－1911－0000957 1336
重訂文選集評十五卷首一卷末一卷 （清)于光華輯 清刻本 九冊 存十卷(一、八至十五,末一卷)

360000－1911－0000958 1337
重訂文選集評十五卷首一卷末一卷 （清)于光華輯 清刻本 六冊 存七卷(一、四、七至八、十二、十五,末一卷)

360000－1911－0000959 1338
重訂文選集評十五卷首一卷末一卷 （清)于光華輯 清刻本 十冊 存十一卷(三至十、十四至十五,末一卷)

360000－1911－0000960 1341
增補古文合評十二卷 （清)王步青定 （清)王以誠等編 清經綸堂刻本 十冊 存十卷(一至八、十一至十二)

360000－1911－0000961 1343
文選考異十卷 （清)胡克家撰 清嘉慶十四年(1809)刻本 一冊 存四卷(一至四)

360000－1911－0000962 1344
文選補遺四十卷 （宋)陳仁子輯 清刻本 二冊 存四卷(四至五、十七至十八)

360000－1911－0000963 1345
文選集腋六卷 （清)胥斌輯 清嘉慶十八年(1813)文奎堂刻本 二冊

360000－1911－0000964 1346
古文觀止十二卷 （清)吳乘權 （清)吳大職輯 清光緒三十二年(1906)兩儀堂刻本 六冊

360000－1911－0000965 1348
古文辭類纂七十四卷 （清)姚鼐輯 **續古文辭類纂三十四卷** 王先謙輯 清光緒三十三

年(1907)上海商務印書館鉛印本 十二冊

360000－1911－0000966 1349
古文辭類纂十五卷 （清)姚鼐輯 **續古文辭類纂十卷** 王先謙輯 清光緒十六年(1890)上海文瑞樓鉛印本 九冊 存二十三卷(三至十五、續古文辭類纂十卷)

360000－1911－0000967 1355
古文筆法八卷 （清)李扶九輯 清光緒三十年(1904)上海書局石印本 二冊

360000－1911－0000968 1357
古文快筆貫通解四卷 （清)杭永年評解 清文奎堂刻本 二冊

360000－1911－0000969 1361
古唐詩合解十二卷古詩四卷 （清)王堯衢注 清藻文堂刻本 四冊

360000－1911－0000970 1362
古唐詩合解十二卷古詩四卷 （清)王堯衢注 清文光堂刻本 四冊

360000－1911－0000971 1363
古唐詩合解十二卷古詩四卷 （清)王堯衢注 清光緒十八年(1892)兩儀堂刻本 四冊

360000－1911－0000972 1364
古唐詩合解十二卷古詩四卷 （清)王堯衢注 清光緒十八年(1892)兩儀堂刻本 五冊 存十四卷(古唐詩合解十二卷、古詩一至二)

360000－1911－0000973 1368
古唐詩合解十二卷古詩四卷 （清)王堯衢注 清大文堂刻本 六冊

360000－1911－0000974 1369
古唐詩合解十二卷古詩四卷 （清)王堯衢注 清聚錦堂刻本 二冊 存九卷(一至九)

360000－1911－0000975 1370
古詩源十四卷 （清)沈德潛輯 清刻本 五冊 存八卷(一至四、四至七)

360000－1911－0000976 1371
漁洋山人古詩選三十二卷 （清)王士禛輯 **惜抱軒今體詩選十八卷** （清)姚鼐輯 清同

治五年(1866)金陵書局刻本　九冊　存四十六卷(五言詩一至十七、七言詩歌行鈔五至十五、五言今體詩一至九、七言今體詩一至九)

360000－1911－0000977　1373

六朝唐賦讀本二卷　(清)馬傳庚選注　清末點石齋石印本　二冊

360000－1911－0000978　315

六朝唐賦讀本二卷　(清)馬傳庚選注　清末點石齋石印本　二冊

360000－1911－0000979　1374

唐宋八大家文選□□卷　(明)鍾惺輯　清刻本　十冊　存二十八卷(三至十三、十八至二十、二十三至三十六)

360000－1911－0000980　1375

唐宋八大家類選十四卷　(清)儲欣評　清刻本　三冊　存五卷(二、九至十二)

360000－1911－0000981　1376

御選唐宋詩醇四十七卷目錄二卷　(清)高宗弘曆選輯　清光緒七年(1881)刻本　十八冊　存四十五卷(一至五、九至四十七,目錄上)

360000－1911－0000982　1379

經書源流三禮義制歷代姓氏詞訣三卷　(清)李鐘倫撰　清成雲山房刻本　一冊

360000－1911－0000983　1380

分類詩腋八卷　(清)李槇編　清英華樓刻本　四冊

360000－1911－0000984　1381

論海四種　(清)蔡和鏘輯　清光緒二十八年(1902)上海千頃堂石印本　三十一冊

360000－1911－0000985　1383

歷代名人書劄二卷　吳曾祺編　清宣統二年(1910)上海商務印書館鉛印本　二冊

360000－1911－0000986　1384

文體明辯八十四卷　(明)徐師曾輯　(明)沈芬　(明)沈騏箋注　清刻本　四冊　存十三卷(二至五、十二至二十)

360000－1911－0000987　1385

評注賦體雲蒸三卷　(清)燕果安編　清光緒二年(1876)亦政書齋刻本　一冊

360000－1911－0000988　1386

重編留青新集二十四卷　(清)陳枚輯　(清)馮善長編　清光緒十六年(1890)鉛印本　十二冊

360000－1911－0000989　1387

增廣留青新集二十四卷附泰西禮俗考一卷　(清)陳枚輯　(清)伊氏增輯　清光緒二十五年(1899)石印本　十一冊

360000－1911－0000990　1388

重編留青新集二十四卷　(清)陳枚輯　(清)馮善長編　清末鉛印本　五冊　存九卷(三至四、六、八至九、十一至十二、二十三至二十四)

360000－1911－0000991　1389

目耕齋全集三種　(清)沈叔眉輯　清光緒十九年(1893)善寶堂刻本　六冊

360000－1911－0000992　1390

目耕齋全集讀本不分卷　(清)沈叔眉輯　清儒雅堂刻本　六冊

360000－1911－0000993　1391

槐軒解湯海若先生纂輯名家詩二卷　(清)夏世欽輯　清文奎堂刻本　一冊

360000－1911－0000994　1392

評注時藝雲蒸五卷　(清)燕果安編　清同治十三年(1874)亦政書齋刻本　六冊

360000－1911－0000995　1393

評注試律雲蒸十四卷首一卷　(清)燕果安編　清同治八年(1869)亦政書齋刻本　七冊

360000－1911－0000996　1394

賦學正鵠集釋十一卷　(清)李元度輯　清光緒十八年(1892)上海煥文書局石印本　二冊

360000－1911－0000997　1395

賦學正鵠集釋十一卷　(清)李元度輯　清光緒七年(1881)長沙奎光樓刻本　六冊

360000－1911－0000998　1396

賦學正鵠集釋十一卷　（清）李元度輯　清光緒九年（1883）文義堂刻本　五冊　存八卷（一至五、九至十一）

360000 – 1911 – 0000999　1397

賦學正鵠集釋十一卷　（清）李元度輯　清光緒九年（1883）文義堂刻本　一冊　存一卷（一）

360000 – 1911 – 0001000　1398

賦鈔箋略十五卷　（清）雷琳　（清）張杏濱輯　清嘉慶二十二年（1817）文萃堂刻本　二冊　存七卷（一至七）

360000 – 1911 – 0001001　1399

律賦箋注衡裁五卷　（清）湯稼堂選　清芸生堂刻本　四冊

360000 – 1911 – 0001002　1400

玉堂森寶四十二卷　（□）□□撰　清刻本　三十七冊　存三十七卷（三至二十、二十二至二十九、三十一至四十、四十二）

360000 – 1911 – 0001003　1401

四字經不分卷　（□）□□撰　清延古樓黃炳三刻本　一冊

360000 – 1911 – 0001004　1402

全唐詩九百卷目錄十二卷　（清）曹寅等輯　清刻本　四冊　存二十八卷（十函一至二十、十二函一至八）

360000 – 1911 – 0001005　1403

唐詩三百首注疏六卷　（清）孫洙輯　（清）章燮注　唐詩三百首續選不分卷　（清）于慶元輯　清道光十五年（1835）松盛堂刻本　六冊

360000 – 1911 – 0001006　1404

唐詩三百首注疏六卷　（清）孫洙輯　（清）章燮注　唐詩三百首續選不分卷　（清）于慶元輯　清道光二十五年（1845）英德堂刻本　二冊

360000 – 1911 – 0001007　1405

唐詩三百首注疏六卷　（清）孫洙輯　（清）章燮注　唐詩三百首續選不分卷　（清）于慶元

輯　清兩儀堂刻本　四冊

360000 – 1911 – 0001008　1407

唐詩三百首注釋不分卷　（清）孫洙編　清兩儀堂刻本　二冊

360000 – 1911 – 0001009　1408

唐詩簡練四卷　（□）俞世英編　清抄本　四冊

360000 – 1911 – 0001010　1410

唐詩貫珠六十卷　（清）胡以梅箋釋　清乾隆蘇州素心堂刻本　二十一冊　存五十三卷（一至四十八、五十一至五十五）

360000 – 1911 – 0001011　1411

應試唐詩類釋十九卷　（清）臧岳編　清刻本　四冊　存十五卷（五至十九）

360000 – 1911 – 0001012　1413

宋詩鈔初集　（清）呂留良　（清）吳之振（清）吳爾堯輯　清康熙十年（1671）吳氏鑑古堂刻本　九冊　存二十五種

360000 – 1911 – 0001013　1414

明文鈔不分卷　（明）湯顯祖輯　清刻本　一冊

360000 – 1911 – 0001014　1415

明文鈔不分卷　（清）路德輯　清道光大文堂刻本　四冊

360000 – 1911 – 0001015　1416

七家詩選七卷　（清）張熙宇輯評　清大文堂刻本　四冊

360000 – 1911 – 0001016　1417

七家詩選七卷　（清）張熙宇輯評　清道光務本堂刻本　二冊

360000 – 1911 – 0001017　1418

六名家賞心集不分卷　（清）張錚評選　清上達堂刻本　四冊

360000 – 1911 – 0001018　1419

兩漢策要十二卷　（宋）陶叔獻輯　清光緒三年（1887）上海同文書局石印本　八冊

360000－1911－0001019　1420

庚辰集五卷附唐人試律說一卷　（清）紀昀輯
清積秀堂刻本　五冊　存五卷(一至三、
五,唐人試律說一卷)

360000－1911－0001020　1421

雲樣集八卷　（清）高陳謨編　清嘉慶玉軸樓
刻本　二冊

360000－1911－0001021　1422

雲樣集八卷　（清）高陳謨編　清嘉慶會文堂
刻本　一冊　存四卷(一至四)

360000－1911－0001022　1423

湖海詩傳四十六卷　（清）王昶輯　清刻本
八冊　存二十一卷(八至十、二十至二十八、
三十一至三十九)

360000－1911－0001023　1424

湖海文傳七十五卷　（清）王昶輯　清刻本
七冊　存二十八卷(十四至四十一)

360000－1911－0001024　1425

犀利集不分卷　（清）黃夢菊評選　清同治四
年(1865)敷文堂刻本　二冊

360000－1911－0001025　1426

江湖後集二十四卷　（宋）陳起輯　清嘉慶六
年(1801)石門顧氏讀畫齋刻南宋羣賢小集本
二冊　存六卷(十五至二十)

360000－1911－0001026　1427

邱園集詠三卷　（清）龍光甸編　清道光二十
年(1840)刻本　一冊

360000－1911－0001027　1428

蓉樓集詠一卷　（清）黃本驥輯　清道光十九
年(1839)刻本　一冊

360000－1911－0001028　1429

花笑軒彙編十八卷　（清）高延福選　清光緒
五年(1879)汝東官舍花笑軒刻本　六冊

360000－1911－0001029　1430

注釋八銘塾鈔初集不分卷二集不分卷　（清）
吳懋政輯　清乾隆四十七年(1782)兩儀堂刻
本　四冊

360000－1911－0001030　1431

隨園八十壽言六卷　（清）袁枚輯　清隨園刻
隨園三十種本　二冊

360000－1911－0001031　1432

皇朝經世文編一百二十卷姓名總目二卷
（清）賀長齡　（清）魏源輯　清光緒十六年
(1890)上海廣百宋齋鉛印本　二十四冊

360000－1911－0001032　1433

皇朝經世文編一百二十卷姓名總目二卷
（清）賀長齡　（清）魏源輯　清光緒十六年
(1890)上海廣百宋齋鉛印本　二十三冊　存
一百十六卷(一至三十九、四十六至一百二
十,總目二卷)

360000－1911－0001033　1434

皇朝經世文新編二十一卷　（清）麥仲華輯
清光緒上海書局石印本　十六冊

360000－1911－0001034　1435

皇朝經世文新編二十一卷　（清）麥仲華輯
清光緒二十七年(1901)上海書局石印本　六
冊　存十一卷(一至十一)

360000－1911－0001035　1436

皇朝經世文新編二十一卷　（清）麥仲華輯
清光緒二十四年(1898)上海譯書局石印本
二十四冊

360000－1911－0001036　1437

皇朝經世文新編二十一卷　（清）麥仲華輯
清光緒二十八年(1902)上海瑤林書局石印本
十六冊

360000－1911－0001037　1438

皇朝經世文續編一百二十卷　（清）葛士濬輯
清光緒二十四年(1898)上海文盛書局石印
本　二十冊

360000－1911－0001038　1439

皇朝經世文續編一百二十卷　（清）葛士濬輯
清光緒十四年(1888)石印本　五冊　存二
十三卷(九十八至一百二十)

360000－1911－0001039　1440

皇朝經世文續編一百二十卷 （清）葛士濬輯
清光緒二十四年(1898)上海宏文閣鉛印本
二十三冊　存一百十四卷(一至十七、二十
四至一百二十)

360000－1911－0001040　1441

皇朝經世文三編八十卷 （清）陳忠倚輯　清
光緒二十七年(1901)上海書局石印本　十
六冊

360000－1911－0001041　1443

皇朝經世文四編五十二卷 （清）何良棟輯
清光緒二十八年(1902)上海鴻寶書局石印本
十二冊

360000－1911－0001042　1444

國朝名文春霆集不分卷 （清）李鳴謙　（清）
吳承緒輯　清光緒十八年(1892)寶善堂刻本
五冊

360000－1911－0001043　1445

國朝名文春霆集不分卷 （清）李鳴謙　（清）
吳承緒輯　清光緒十八年(1892)寶善堂刻本
六冊

360000－1911－0001044　1470

考卷清雅三卷 （清）何希軾輯　清道光三年
(1823)東山書院刻本　四冊

360000－1911－0001045　1471

新科考卷約選七卷 （清）李錫瓚編　清道光
十四年(1834)文聚堂刻本　八冊

360000－1911－0001046　1472

試律大觀三十二卷續試律大觀三十二卷
（清）竹屏居士輯　清鳳池亭刻本　十七冊
存六十二卷(試律大觀三十二卷,續一、四至
三十二)

360000－1911－0001047　1473

小題三萬選不分卷 題（清）求是齋主人輯
清光緒十六年(1890)芸碧山房影印本　二十
八冊

360000－1911－0001048　1474

小題三萬選不分卷 題（清）求是齋主人輯

清光緒十八年(1892)同文書局石印本　二十
八冊

360000－1911－0001049　1475

小題十萬選初集不分卷 題（清）吾好齋主人
輯　清光緒二十年(1894)上海鴻寶齋石印本
六十四冊

360000－1911－0001050　1476

塾課小題正鵠三集 （清）李元度輯　**訓蒙草
一卷** （清）路德撰　**養正草一卷** （清）李元
度撰　清道光兩儀堂刻本　六冊

360000－1911－0001051　1477

塾課小題正鵠三集 （清）李元度輯　**訓蒙草
一卷** （清）路德撰　**養正草一卷** （清）李元
度撰　清道光兩儀堂刻本　四冊

360000－1911－0001052　1478

小題文藪不分卷 （清）沈荷汀輯　清光緒九
年(1883)上海點石齋石印本　五冊

360000－1911－0001053　1479

增廣大題文府初二集合編不分卷 藕湖漁隱
(金城)輯　清光緒十三年(1887)石印本　二
十二冊

360000－1911－0001054　1480

小題文府不分卷續集不分卷 題（清）積山書
局主人輯　清光緒二十一年(1895)上海積山
書局石印本　三十冊

360000－1911－0001055　1481

養雲山館試帖注釋四卷 （清）許球撰　（清）
王榮紱注釋　清道光二十七年(1847)挹爽齋
刻本　四冊

360000－1911－0001056　1482

養雲山館試帖四卷 （清）許球撰　（清）王榮
紱注釋　清同治七年(1868)立文堂刻本
四冊

360000－1911－0001057　1483

養雲山館試帖四卷 （清）許球撰　（清）王榮
紱注釋　清同治七年(1868)立文堂刻本
二冊

360000－1911－0001058　1484

青雲集分韻試帖詳註四卷　（清）楊逢春
（清）蕭應槐輯　清道光兩儀堂刻本　四冊

360000－1911－0001059　1485

青雲集分韻試帖詳註四卷　（清）楊逢春
（清）蕭應槐輯　清道光十九年(1839)務本堂
刻本　二冊

360000－1911－0001060　1486

小搭珠林六十四卷　題(清)夢花主人輯　清
同治江棉山館刻本　六十二冊　存六十二卷
（一至六十、六十二至六十三）

360000－1911－0001061　1487

制藝鎔裁上論八卷下論八卷　題(清)桂香齋
主人輯　清同治九年(1870)刻本　十二冊
存十三卷（上論一、三至四、六、八，下論八卷）

360000－1911－0001062　1488

經藝選腴三編不分卷　（清）浣溪主人輯　清
同治三年(1864)浣溪草舍刻本　三十二冊

360000－1911－0001063　1489

藝林珠玉五編　題(清)玉玲瓏山館主人輯
清同治四年(1865)刻本　二十二冊

360000－1911－0001064　1490

新選律賦金鍼初集不分卷附增別體賦　（清）
趙元輯　清光緒二十二年(1896)橘園刻本
二冊

360000－1911－0001065　1491

新選無情巧搭不分卷　題(清)三樂軒主人輯
清光緒十五年(1889)石印本　五冊

360000－1911－0001066　1492

鍥十竹居注釋雲翰搜奇□□卷　（清）袁黃輯
（清）茅坤注　清刻本　一冊　存三卷（二
至四）

360000－1911－0001067　1493

論策不分卷　（清）盧榮先撰　清刻本　三冊

360000－1911－0001068　1494

續富國策四卷　（清）瑤林館主(陳熾)撰　清
光緒二十二年(1896)刻本　四冊

360000－1911－0001069　1495

四書精義正宗不分卷　（清）徐璿常編　清光
緒二十四年(1898)刻本　二冊

360000－1911－0001070　1496

五經鴻裁□□卷　（清）薛時雨輯　清同治十
二年(1873)雙鳳家塾刻本　十冊　存十卷
（易一至四、書一至四、詩一至二）

360000－1911－0001071　1497

五經文郛十八卷　題(清)夢花主人編　清同
治九年(1870)刻本　十九冊　存十七卷（一
至十七）

360000－1911－0001072　1504

普通尺牘全璧八卷　（清）西湖俠漢編　清光
緒三十四年(1908)上海商業書局石印本　七
冊　存七卷（二至八）

360000－1911－0001073　1505

雲林別墅新輯酬世錦囊書啟合編初集八卷
（清）鄒景揚輯　清八壽堂刻本　二冊

360000－1911－0001074　1506

雲林別墅新輯酬世錦囊書全集十九卷　（清）
鄒景揚輯　清乾隆英德堂刻本　八冊　存十
六卷（初集一至八、二集二至七、三集一至二）

360000－1911－0001075　1507

雲林別墅新輯酬世錦囊書啟合編十九卷
（清）鄒景揚輯　清乾隆文奎堂刻本　六冊
存十九卷（初集一至八、二集一至七、三集一
至二、四集一至二）

360000－1911－0001076　1508

雲林別墅新輯酬世錦囊書啟合編十二卷
（清）鄒景揚輯　清光緒二十年(1894)鴻寶齋
石印本　三冊

360000－1911－0001077　1510

廣東文獻二集九卷　（清）羅學鵬編　清嘉慶
刻同治二年(1863)春暉堂印本　一冊　存一
卷（一）

360000－1911－0001078　1511

豫章十代文獻畧五十卷　（清）王謨輯　清刻

本　三冊　存十三卷(三至七、二十至二十七)

360000－1911－0001079　1513
安徽試牘立誠編不分卷　(清)汪廷珍編　清刻本　一冊

360000－1911－0001080　1514
會試闈墨八卷　(清)市隱知新客編　清光緒二十九年(1903)上海同文書局鉛印本　八冊

360000－1911－0001081　1515
壬寅直省闈藝八卷　(清)坦元主人輯　清光緒二十八年(1902)上海書局石印本　八冊

360000－1911－0001082　1516
直省鄉墨從新□□卷　(清)秦焕評選　清光緒三年(1877)京都琉璃廠刻本　一冊　存一卷(一)

360000－1911－0001083　1517
增廣各省課藝匯海九卷　題(清)擷雲腴山館主人輯　清光緒十四年(1888)鴻寶齋石印本　十二冊

360000－1911－0001084　1518
各省課藝匯海七卷　(清)擷雲腴山館主人輯　清光緒十五年(1889)鴻寶齋石印本　十一冊　存六卷(一至四、六至七)

360000－1911－0001085　1519
古草堂墨選不分卷　題(□)宣橋氏編　清同治十三年(1874)刻本　四冊

360000－1911－0001086　1520
格致書院課藝不分卷　(清)王韜編　清光緒二十三年(1897)上海書局石印本　十三冊

360000－1911－0001087　1521
格致書院課藝不分卷　(清)王韜編　清光緒二十四年(1898)上海圖書集成印書局鉛印本　五冊

360000－1911－0001088　1522
鐵網珊瑚集課藝三集　(清)沈鏡堂輯　清光緒十六年(1890)兩儀堂刻本　六冊

360000－1911－0001089　1523

蔡氏九儒書九卷首一卷　(明)蔡有鵾編　(清)蔡重補編　清同治七年(1868)盱南蔡學蘇三餘書屋刻本　五冊　存八卷(二至九)

360000－1911－0001090　1524
蔡氏九儒書九卷首一卷　(明)蔡有鵾編　(清)蔡重補編　清同治七年(1868)盱南蔡學蘇三餘書屋刻本　四冊　存五卷(二、六至九)

360000－1911－0001091　1525
茂林賦鈔不分卷　(清)吳學洙輯　清同治八年(1869)一正堂刻本　一冊

360000－1911－0001092　1527
陶淵明文集十卷　(晉)陶潛撰　清宣統元年(1909)石印本　三冊　存六卷(一、四至八)

360000－1911－0001093　1529
陶淵明集箋注十卷首一卷末一卷　(晉)陶淵明撰　(清)顧嶠編　清末文瑞樓石印本　四冊

360000－1911－0001094　1530
庾子山集十六卷　(北周)庾信撰　(清)倪璠注　清同治八年(1869)刻本　十冊　存十四卷(三至十六)

360000－1911－0001095　1531
庾子山集十六卷　(北周)庾信撰　(清)倪璠注　清刻本　五冊　存十四卷(三至十六)

360000－1911－0001096　1535
杜詩會粹二十四卷　(唐)杜甫撰　(清)張遠箋　清刻本　六冊　存十二卷(三至六、十三至二十)

360000－1911－0001097　1538
昌黎先生全集四十卷外集十卷遺文一卷傳一卷　(唐)韓愈撰　(明)葛肅校　明末葛氏永懷堂刻本　六冊　存三十卷(五至二十一、二十八至四十)

360000－1911－0001098　1539
朱文公校昌黎先生文集四十卷　(唐)韓愈撰　(宋)朱熹考異　(宋)王伯大音釋　明萬曆

三十三年（1605）刻本　七冊　存二十六卷
（二至二十一、三十一至三十六）

360000－1911－0001099　1542
王貞白詩一卷補遺一卷 （唐）王貞白撰　**附錄一卷** （清）邵啓賢輯　清宣統元年（1909）餘姚邵氏刻本　一冊

360000－1911－0001100　1543
可之先生文集二卷 （唐）孫樵撰　清宣統二年（1910）上海會文堂石印本　一冊

360000－1911－0001101　316
可之先生文集二卷 （唐）孫樵撰　清宣統二年（1910）上海會文堂石印本　一冊

360000－1911－0001102　1544
樊南文集補編十二卷 （唐）李商隱撰　（清）錢振倫　（清）錢振常箋注　清同治五年（1866）吳氏望三益齋刻本　三冊　存九卷（一至九）

360000－1911－0001103　1545
王臨川文集四卷首一卷 （宋）王安石撰　清宣統二年（1910）上海會文堂書局石印本　四冊

360000－1911－0001104　1546
王荆公詩五十卷 （宋）王安石撰　（宋）李壁注　清末影印本　八冊

360000－1911－0001105　1549
東坡詩選十二卷 （宋）蘇軾撰　（明）譚元春選　（明）袁宏道評　**東坡先生年譜一卷**（宋）王宗稷編　明天啓文盛堂刻本　七冊

360000－1911－0001106　1550
古香齋鑒賞袖珍施注蘇詩四十二卷 （宋）蘇軾撰　（宋）施元之注　（清）顧嗣立　（清）邵長蘅　（清）宋至刪補　**王註正譌一卷**（清）邵長蘅撰　**續補遺二卷** （清）馮景補注　清同治至光緒南海孔氏刻古香齋袖珍十種本　五冊　存十六卷（一至五、十一至二十、續補遺一）

360000－1911－0001107　1556

象山先生全集三十六卷 （宋）陸九淵撰（清）李紱輯　清道光三年（1823）金溪陸邦瑞槐堂書齋刻本　十一冊

360000－1911－0001108　1557
陸象山先生文集三十六卷附校勘記一卷（宋）陸九淵撰　（清）李紱評點　**象山陸先生年譜一卷** （宋）李子願編　**少湖徐先生學則辨一卷** （明）徐階撰　**陸梭山公家制一卷**（宋）陸九韶撰　清光緒七年（1881）陸氏刻本　十冊　缺二卷（少湖徐先生學則辨一卷、陸梭山公家制一卷）

360000－1911－0001109　1560
重刊文信國公全集十七卷 （宋）文天祥撰　清道光二十五年（1845）文柱堂刻本　四冊　存六卷（九至十一、十五至十七）

360000－1911－0001110　1561
謝疊山先生文集九卷首一卷詩傳註疏三卷（宋）謝枋得撰　（清）陳喬樅輯　清咸豐十年（1860）章永孚弋陽刻本　三冊

360000－1911－0001111　1562
劍南詩鈔六卷 （宋）陸游撰　（清）楊大鶴選　清光緒五年（1879）善成堂刻本　八冊　存五卷（一至四、六）

360000－1911－0001112　1565
雙峰猥稿九卷首一卷末一卷 （宋）舒邦佐撰　清道光二十九年（1849）刻本　一冊　存三卷（八至九、末一卷）

360000－1911－0001113　1567
鈐山堂集四十卷 （明）嚴嵩撰　清嘉慶十一年（1806）刻本　十冊

360000－1911－0001114　1571
甌北全集 （清）趙翼撰　清乾隆至嘉慶陽湖趙氏湛貽堂刻本　二十七冊　存五種

360000－1911－0001115　1572
甌北集五十三卷 （清）趙翼撰　清嘉慶十七年（1812）陽湖趙氏湛貽堂刻甌北全集本　七冊　存三十卷（十二至三十七、四十一至四十四）

360000 – 1911 – 0001116　1574

定盦文集三卷續集四卷補編四卷文集補二卷別集二卷拾遺一卷 （清）龔自珍撰　**定盦先生年譜一卷** （清）吳昌綬編　清宣統元年（1909）上海國學扶輪社鉛印本　七冊

360000 – 1911 – 0001117　1575

笠翁一家言全集十六卷 （清）李漁撰　清末上海會文堂書局石印本　十二冊

360000 – 1911 – 0001118　1576

笠翁一家言全集十六卷 （清）李漁撰　清雍正芥子園刻本　五冊　存五卷（文集三至四，閒情偶寄二、四、六）

360000 – 1911 – 0001119　1577

笠翁一家言全集十六卷 （清）李漁撰　清雍正芥子園刻本　十五冊　存十五卷（文集一至四、詩集五至七、餘集八、別集十、偶寄一至六）

360000 – 1911 – 0001120　1578

船山詩草二十卷 （清）張問陶撰　清刻本　四冊　存七卷（十四至二十）

360000 – 1911 – 0001121　1579

船山詩註二十卷 （清）張問陶撰　（清）李岑注　（清）江海清增注　清同治九年（1870）席珍山館刻本　四冊　存五卷（四至七、十）

360000 – 1911 – 0001122　1580

袁文箋正十六卷補注一卷 （清）袁枚撰（清）石韞玉箋　清嘉慶十七年（1812）吳縣石氏鶴壽山堂刻本　四冊

360000 – 1911 – 0001123　1581

袁文箋正十六卷補注一卷 （清）袁枚撰（清）石韞玉箋　清嘉慶十四年（1809）松壽山房刻本　六冊

360000 – 1911 – 0001124　1582

增訂袁文箋正十六卷 （清）袁枚撰　（清）石韞玉箋　清末上海文瑞樓石印本　五冊

360000 – 1911 – 0001125　1586

飲冰室文集全編十八卷 梁啟超撰　清光緒

二十九年（1903）廣智書局鉛印本　六冊　存六卷（一、三、七至九、十三）

360000 – 1911 – 0001126　1587

壬寅飲冰室文集不分卷 梁啟超撰　清宣統元年（1909）普新瑞記書局石印本　十六冊

360000 – 1911 – 0001127　1592

有正味齋駢體文續集八卷詩續集八卷 （清）吳錫麒撰　清刻本　二冊　存十三卷（四至八、詩續集八卷）

360000 – 1911 – 0001128　1593

有正味齋詩集十六卷駢體文二十四卷詞集八卷 （清）吳錫麒撰　清嘉慶十三年（1808）錢塘吳氏刻本　九冊　存四十一卷（詩集十六卷、駢體文一至十七、詞集八卷）

360000 – 1911 – 0001129　1595

寄嶽雲齋試體詩選詳註四卷 （清）聶銑敏撰　（清）張學蘇箋　清嘉慶二十年（1815）英德堂刻本　一冊　存二卷（三至四）

360000 – 1911 – 0001130　1596

寄嶽雲齋試體詩選詳註四卷 （清）聶銑敏撰　（清）張學蘇箋　清嘉慶二十年（1815）英德堂刻本　二冊

360000 – 1911 – 0001131　1597

墨香樓時文一卷補編一卷 （清）聶銑敏撰　清嘉慶二十一年（1816）令德堂刻本　二冊

360000 – 1911 – 0001132　1598

知味軒稟言四卷 （清）陳毓靈撰　清道光十三年（1833）凌雲閣刻本　四冊

360000 – 1911 – 0001133　1599

知味軒啟事四卷 （清）陳毓靈撰　清道光十九年（1839）凌雲閣刻本　四冊

360000 – 1911 – 0001134　1600

四憶堂詩集六卷遺稿一卷 （清）侯方域撰　清刻本　二冊

360000 – 1911 – 0001135　1602

小倉山房詩集三十一卷補遺一卷 （清）袁枚撰　清隨園刻本　四冊　存二十五卷（一至

八、十五至三十一)

360000 – 1911 – 0001136　1604

曾文正公家書十卷　(清)曾國藩撰　清末鉛
印本　四冊　存八卷(一至八)

360000 – 1911 – 0001137　1606

少岊賦草四卷　(清)夏思沺撰　清道光十一
年(1831)務本堂刻本　二冊

360000 – 1911 – 0001138　1607

箋註少岊賦四卷續集一卷　(清)夏思沺撰
(清)李之鼎箋　清道光刻本　一冊　存一卷
(三)

360000 – 1911 – 0001139　1608

賭棋山莊文集七卷　(清)謝章鋌撰　清光緒
十年(1884)刻賭棋山莊全集本　四冊

360000 – 1911 – 0001140　1610

星槎先生遺集(藏書五種)六卷　(清)程作舟
撰　清道光二十九年(1849)刻本　五冊　存
五卷(一、三至六)

360000 – 1911 – 0001141　1611

忠雅堂詩集二十七卷補遺二卷銅絃詞二卷
(清)蔣士銓撰　清道光二十三年(1843)藏園
刻本　六冊　存二十七卷(一至三、六至二十
七,補遺二卷)

360000 – 1911 – 0001142　1612

高雅堂時文稿十二卷睦堂先生試體詩不分卷
　(清)徐湘潭撰　(清)劉穆士選　(清)王
典編　清道光二十六年(1846)刻本　七冊

360000 – 1911 – 0001143　1613

雪門詩草十四卷　(清)許瑤光撰　清同治十
三年(1874)刻本　六冊

360000 – 1911 – 0001144　1615

龍尾山房詩存六卷　(清)胡永煥撰　清光緒
十五年(1889)刻本　二冊

360000 – 1911 – 0001145　1616

後村詩集四卷附錄一卷　(清)喻指撰　清刻
本　一冊　存三卷(三至四、附錄一卷)

360000 – 1911 – 0001146　1617

野學堂詩存□卷　(清)江式撰　清末刻本
三冊　存三卷(四至六)

360000 – 1911 – 0001147　1618

亦拙詩草十二卷　(清)歐陽翹撰　清光緒七
年(1881)新城學署刻本　三冊

360000 – 1911 – 0001148　1620

恥躬堂詩鈔十六卷文鈔十卷　(清)彭士望撰
　清咸豐二年(1852)刻本　五冊　存十七卷
(詩鈔一至十一、文鈔三至八)

360000 – 1911 – 0001149　1621

樹經堂詠史詩八卷　(清)謝啟昆撰　清道光
五年(1825)樹經堂刻本　六冊

360000 – 1911 – 0001150　1622

西澗舊廬詩稿四卷　(清)劉樞撰　清同治十
一年(1872)刻本　二冊

360000 – 1911 – 0001151　1623

香蘇山館古體詩鈔十七卷　(清)吳嵩梁撰
清道光六年(1826)刻本　一冊　存七卷(一
至七)

360000 – 1911 – 0001152　1625

持雅堂詩集二卷　(清)尚鎔撰　清道光十一
年(1831)刻本　一冊

360000 – 1911 – 0001153　1626

憶秋軒詩鈔一卷　(清)范淑撰　清道光二十
九年(1849)刻本　一冊

360000 – 1911 – 0001154　1627

瓻餘詩鈔十六卷　(清)胡翔雲撰　清嘉慶刻
本　一冊　存八卷(一至八)

360000 – 1911 – 0001155　1628

餞秋試詩一卷　(清)路德撰　清光緒八年
(1882)江西撫署刻本　一冊

360000 – 1911 – 0001156　1629

銀臺古今體詩存不分卷　(清)喬遠英撰　清
道光刻本　一冊

360000 – 1911 – 0001157　1630

硯食齋詩鈔四卷　(清)彭定瀾撰　清同治二
年(1863)刻本　三冊　存三卷(一、三至四)

360000－1911－0001158　1631

卷石山房詩鈔一卷　（清）董思盤撰　清同治
九年(1870)刻本　一冊

360000－1911－0001159　317

卷石山房詩鈔一卷　（清）董思盤撰　清同治
九年(1870)刻本　一冊

360000－1911－0001160　1632

甲申銷夏錄四卷　（清）徐元橡撰　清咸豐二
年(1852)刻本　一冊

360000－1911－0001161　1633

角山樓賦鈔二卷　（清）趙克宜撰　清道光二
十三年(1843)愛石山房刻本　二冊

360000－1911－0001162　1635

談荐鄰稿二卷　（清）談藻撰　清道光二十六
年(1846)九思堂刻本　四冊

360000－1911－0001163　1636

紅杏村人文稿不分卷　（清）方正撰　清光緒
二年(1876)刻本　三冊

360000－1911－0001164　1637

衡齋遺書九卷　（清）汪萊撰　清咸豐四年
(1854)當塗夏燮鄱陽縣署刻衡齋算學遺書合
刻本　一冊

360000－1911－0001165　1638

小萬卷齋文稿二十四卷首一卷末一卷經進稿
四卷詩稿三十二卷續稿十二卷　（清）朱珔撰
清光緒十一年(1885)朱臧成嘉樹山房刻本
二十四冊

360000－1911－0001166　1642

詠雪樓詩存(詠雪樓稿)五卷首一卷附歸舟圖
詩徵一卷　（清）甘立媃撰　清道光二十三年
(1843)半偈齋刻本　五冊

360000－1911－0001167　1643

張臯文箋易詮全集　（清）張惠言撰　清嘉慶
至道光刻本　三冊　存三種

360000－1911－0001168　1644

歟夫文稿四卷時體詩七卷冊子四卷粵東詩五
卷　（清）李夢松撰　清嘉慶六年(1801)傲雪

山房刻本　四冊　存十一卷(文稿四卷,時體
詩一至三、七,冊子一至三)

360000－1911－0001169　1645

陳檢討集二十卷　（清）陳維崧撰　（清）程師
恭注　清道光二年(1822)金閶步月樓刻本
三冊　存十三卷(三至五、十一至二十)

360000－1911－0001170　1646

存悔齋集二十八卷外集四卷　（清）劉鳳誥撰
清道光刻本　四冊　存十九卷(十四至二
十八、外集四卷)

360000－1911－0001171　1647

益清堂初集二卷　（清）周海春撰　清同治四
年(1865)刻本　二冊

360000－1911－0001172　1648

得月山房文鈔不分卷　（清）黃鳴珂撰　清刻
本　一冊

360000－1911－0001173　318

得月山房文鈔不分卷　（清）黃鳴珂撰　清刻
本　一冊

360000－1911－0001174　1649

思適齋集十八卷　（清）顧廣圻撰　清道光二
十九年(1849)刻同治八年(1869)補刻春暉堂
叢書本　二冊　存八卷(十一至十八)

360000－1911－0001175　1650

求志居集三十六卷外集一卷　（清）陳世鎔撰
清刻本　一冊　存四卷(二十六至二十九)

360000－1911－0001176　1651

邁堂文畧四卷　（清）李祖陶撰　清刻本　二
冊　存二卷(三至四)

360000－1911－0001177　1653

湘中草六卷　（清）湯傳楹撰　清末石印本
一冊　存三卷(一至三)

360000－1911－0001178　1654

漪香山館文集不分卷　（清）吳曾祺撰　清宣
統三年(1911)上海商務印書館鉛印本　一冊

360000－1911－0001179　1655

含暉堂遺稿二卷　（清）陳觀西撰　清同治七

年(1868)崧山官廨刻本　一冊

360000－1911－0001180　1656

楚蒙山房集不分卷　（清）晏斯盛撰　清道光
刻本　一冊

360000－1911－0001181　1658

家珍集文鈔不分卷　（清）董思盤撰　清同治
九年(1870)刻本　一冊

360000－1911－0001182　1659

銅劍堂存藁不分卷　（清）王蓮尚撰　清光緒
二十八年(1902)刻本　一冊

360000－1911－0001183　1660

靜觀齋遺稿一卷　（清）李仁元撰　清同治十
一年(1872)崧山書院刻本　一冊

360000－1911－0001184　1661

蓼蟲集二卷　（清）胡友蘭撰　清同治十二年
(1873)刻本　一冊

360000－1911－0001185　1662

韞山堂時文初集一卷二集二卷三集一卷
（清）管世銘撰　清光緒十六年(1890)上海文
盛堂石印本　四冊

360000－1911－0001186　1664

第六絃谿文鈔四卷　（清）黃廷鑑撰　清光緒
常熟鮑氏刻後知不足齋叢書本　四冊

360000－1911－0001187　1665

湘畹製藝(滋蘭堂文稿)二卷　（清）劉芬撰
清道光二十七年(1847)滋蘭堂刻本　四冊

360000－1911－0001188　1666

善卷堂四六　（清）陸繁弨撰　（清）吳自高注
清道光二年(1822)金閶步月樓刻本　三冊

360000－1911－0001189　1667

讀書作文譜十二卷父師善誘法二卷　（清）唐
彪撰　清光緒四年(1878)經園堂刻本　一冊

360000－1911－0001190　1669

賭棋山莊集詞話十二卷續五卷　（清）謝章鋌
撰　清光緒十年(1884)陳寶璐刻賭棋山莊全
集本　六冊

360000－1911－0001191　1670

雲林別墅繪像妥注第六才子書六卷　（元）王
德信撰　清一也軒刻本　四冊

360000－1911－0001192　1673

吳門畫舫錄三卷　題(清)箇中生撰　清末石
印本　一冊

360000－1911－0001193　1674

第一才子書六十卷一百二十回　（明）羅本撰
（清）毛宗崗評　清光緒十六年(1890)刻本
十五冊

360000－1911－0001194　1675

新刻劍嘯閣批評東西漢演義傳十八卷　（明）
甄偉　（明）謝詔撰　（明）鍾惺評　清兩儀堂
刻本　十二冊

360000－1911－0001195　1676

東周列國全志二十三卷一百八回　（明）馮夢
龍撰　（清）蔡昇評點　清文光堂刻本　十
二冊

360000－1911－0001196　1677

東周列國全志二十三卷一百八回　（明）馮夢
龍撰　（清）蔡昇評點　清味經堂刻本　十
六冊

360000－1911－0001197　1679

新鐫重訂出像通俗演義東西晉全傳十二卷
(清)陳氏尺蠖齋編評　清周氏文光堂刻本
八冊

360000－1911－0001198　1682

增評補像全圖金玉緣一百二十回首一卷
(清)曹霑撰　（清）高鶚續撰　清光緒三十四
年(1908)求不負齋石印本　十六冊

360000－1911－0001199　1684

四大奇書第一種(三國演義)六十卷一百二十
回　（明）羅本撰　（清）金人瑞批　（清）毛
宗崗評　清兩儀堂刻本　十一冊　存五十六
卷(一至五、十至六十)

360000－1911－0001200　1685

上下古今談四卷二十回　吳敬恒撰　清宣統

三年(1911)上海文明書局鉛印本　一冊　存一卷(一)

360000 – 1911 – 0001201　1686

苕溪漁隱叢話前集六十卷後集四十卷　(宋)胡仔撰　清乾隆五年(1740)耘經樓刻本　九冊

360000 – 1911 – 0001202　1690

隨園詩話十六卷補遺十卷　(清)袁枚撰　清刻本　十冊　存二十二卷(三至四、七至十六,補遺十卷)

360000 – 1911 – 0001203　1691

隨園詩話十六卷補遺十卷　(清)袁枚撰　清光緒十八年(1892)勤裕堂鉛印隨園三十八種本　四冊　存二十卷(詩話十六卷、補遺一至四)

360000 – 1911 – 0001204　1692

隨園詩話十六卷補遺十卷　(清)袁枚撰　清乾隆至嘉慶小倉山房刻隨園廿八種本　十二冊

360000 – 1911 – 0001205　1693

射鷹樓詩話二十四卷　(清)林昌彝輯　清咸豐元年(1851)福州林氏刻本　二冊　存六卷(七至十二)

360000 – 1911 – 0001206　1695

西政叢書三十三種　梁啟超輯　清光緒二十三年(1897)慎記書莊石印本　三十二冊　存三十一種

360000 – 1911 – 0001207　1696

武英殿聚珍版書　清乾隆浙江刻本　九十三冊　存三十二種

360000 – 1911 – 0001208　1697

璜川吳氏經學叢書　(清)吳志忠等輯　清道光三年(1823)璜川吳氏刻本　十一冊　存八種

360000 – 1911 – 0001209　1698

漢魏遺書鈔　(清)王謨輯　清嘉慶三年(1798)金溪王氏刻本　四冊　存三十種

360000 – 1911 – 0001210　1701

惜陰軒叢書　(清)李錫齡輯　清道光十四年至咸豐八年(1834 – 1858)刻本　九十五冊　存二十九種

360000 – 1911 – 0001211　1702

粵雅堂業書　(清)伍崇曜輯　清道光至光緒南海伍氏刻本　一百五十七冊　存八十種

360000 – 1911 – 0001212　1703

小嫏嬛山館彙刊類書十二種　(清)□□輯　清嘉慶五年(1800)刻本　五冊　存十種

360000 – 1911 – 0001213　1704

平津館叢書　(清)孫星衍輯　清嘉慶蘭陵孫氏刻本　二十五冊　存三十六種

360000 – 1911 – 0001214　1705

浦城遺書(浦城宋元明儒遺書)　(清)祝昌泰等輯　清嘉慶浦城祝氏留香室刻本　十九冊　存十一種

360000 – 1911 – 0001215　1707

榕村全書四十六種　(清)李光地撰　清道光元年至十年(1821 – 1830)李維迪刻本　七十七冊　存三十四種

360000 – 1911 – 0001216　1709

隨園三十八種　(清)袁枚輯　清光緒十八年(1892)勤裕堂鉛印本　三十冊　存三十四種

360000 – 1911 – 0001217　1710

隨園三十八種　(清)袁枚輯　清光緒十八年(1892)勤裕堂鉛印本　三十四冊　存三十四種

360000 – 1911 – 0001218　1712

王船山經史論八種　(清)王夫之撰　清光緒二十五年(1899)慎記書莊石印本　二冊　存二種

360000 – 1911 – 0001219　319

元史二百十卷目錄二卷　(明)宋濂　(明)王禕等撰　明萬曆三十年(1602)北京國子監刻二十一史本　一冊　存四卷(四至七)

《江西省景德鎮市圖書館古籍普查登記目録》
書名筆畫字頭索引

十一畫

十二畫

《江西省景德鎮市圖書館古籍普查登記目錄》
書名筆畫索引

三畫

四畫

五畫

239

八畫

九畫

247

248

十畫

十一畫

十二畫

256

257

十四畫

十五畫

十六畫

十七畫

十八畫

十九畫

二十畫

《江西省樂平市圖書館古籍普查登記目錄》
書名筆畫字頭索引

273

《江西省樂平市圖書館古籍普查登記目錄》
書名筆畫索引

277

五畫

六畫

281

九畫

十二畫

288

十四畫

十五畫